湘西苗族民间传统文化丛书
【第三辑】

客师科仪

【第三册】

石寿贵 ◎ 编

中南大学出版社

出版说明

罗康隆

　　少数民族文化是中华民族宝贵的文化遗产，是中华文化的重要组成部分，是各民族在几千年历史发展进程中创造的重要文明成果，具有丰富的内涵。搜集、整理、出版少数民族文化丛书，不仅可以为学术研究提供真实可靠的文献资料，同时对继承和发扬各民族的优秀传统文化，振奋民族精神，增强民族团结，促进各民族的发展繁荣，意义深远。随着全球化趋势的加强和现代化进程的加快，我国的文化生态发生了巨大变化，非物质文化遗产受到越来越大的冲击。一些文化遗产正在不断消失，许多传统技艺濒临消亡，大量有历史文化价值的珍贵实物与资料遭到毁弃或流失境外。加强我国非物质文化遗产的保护已经刻不容缓。

　　苗族是中华民族大家庭中较古老的民族之一，是一个历史悠久且文化内涵独特的民族，也是一个久经磨难的民族。纵观其发展历史，是一个不断迁徙与适应新环境的历史发展过程，也是一个不断改变旧生活环境、适应新生活环境的发展历程。迁徙与适应是苗族命运的历史发展主线，也是造就苗族独特传统文化与坚韧民族精神的起源。由于苗族没有自己独立的文字，其千百年来的历史和精神都是通过苗族文化得以代代相传的。苗族传统文化在其发展的过程中经历的巨大的历史社会变迁，在一定程度上影响了苗族传统文化原生态保存，这也就使对苗族传统文化的抢救成了一个迫切问题。在实际情况中，其文化特色也是十分丰富生动的。一方面，苗族人民的口头文学是极其发达的，比如内容繁多的传说与民族古歌，是苗族人民世世代代的生存、奋斗、探索的总结，更是苗族人民生活的百科全书。苗族的大量民间传说也是苗族民间文学的重要组成部分，它所蕴含的理论价值体系是深深植入苗族社会的生产、生活中的。另一方面，苗族文化中的象形符号文化也是极其发达的，这些符号成功地传递了苗族文化的信息，从而形成了苗族文化体系的又一特点。苗族人民的生活实践也是苗族传统文化产生的又一来源，形成了一整套的文化生成与执行系统，使苗族人民的文化认同感和族群意识凸显。传统文化存在的意义是一种文化多元性与文化生态多样性的有机结合，对苗族文化的保护，首先就要涉及对苗族民间传统文化的保护。

《湘西苗族民间传统文化丛书》立足苗族东部方言区，从该方言区苗族民间传统文化的原生性出发，聚焦该方言区苗族的独特文化符号，忠实地记录了该方言区苗族的文化事实，着力呈现该方言区苗族的生态、生计与生命形态，揭示出该方言区苗族的生态空间、生产空间、生活空间与苗族文化的相互作用关系。

本套丛书的出版将会对湘西苗族民间传统文化艺术的抢救和保护工作提供指导，也会为民间传统文化艺术的学术理论研究提供有益的帮助，促进民间艺术传习进入学术体系，朝着高等研究体系群整合研究方向发展；其出版将会成为铸牢中华民族共同体意识的文化互鉴素材，成为我国乡村振兴在湘西地区落实的文化素材，成为人类学、民族学、社会学、民俗学等学科在湘西地区的研究素材，成为我国非物质文化遗产——苗族巴代文化遗产保护的宝库。

（作者系吉首大学历史与文化学院院长、湖南省苗学学会第四届会长）

总　序

刘昌刚

　　苗族是一个古老的民族，也是一个世界性的民族。据 2010 年第六次全国人口普查统计，我国苗族有 940 余万人，主要分布在贵州、湖南、云南、四川、广西、湖北、重庆、海南等省市区。国外苗族约有 300 万人，主要分布于越南、老挝、泰国、缅甸、美国、法国、澳大利亚等国家。

一

　　《苗族通史》导论记载：苗族，自古以来，无论是在文臣武将、史官学子的奏章、军录和史、志、考中，还是在游侠商贾、墨客骚人的纪行、见闻和辞、赋、诗里，都被当成一个神秘的"族群"，或贬或褒。在中国历史的悠悠长河中，苗族似一江春水时涨时落，如梦幻仙境时隐时现。整个苗疆，就像一本无字文书，天机不泄。在苗族人生活的大花园中，有着宛如仙境的武陵山、缙云山、梵净山、织金洞、九龙洞以及花果山水帘洞似的黄果树大瀑布等天工杰作；在苗族的民间故事里，有着极古老的蝴蝶妈妈、枫树娘娘、竹简兄弟、花莲姐妹等类似阿凡提的美丽传说；在苗族的族群里，嫡传着槃瓠（即盘瓠）后世、三苗五族、夜郎子民、楚国臣工；在苗族的习尚中，保留着八卦占卜、易经卜算、古傩祭祀、老君法令和至今仍盛行着的苗父医方、道陵巫术、三峰苗拳……在这个盛产文化精英的民族中，走出了蓝玉、沐英、王宪章等声震全国的名将，还诞生了熊希龄、滕代远、沈从文等教育家、政治家、文学家。闻一多在《伏羲考》一文中认为"延维"或"委蛇"指伏羲，是南方苗之神。远古时期居住在东南方的人统称为"夷"，伏羲是古代夷部落的大首领。苗族人民中确实流传着伏羲和女娲的传说，清初陆次云的《峒溪纤志》载："苗人腊祭日报草。祭用巫，设女娲、伏羲位。"历史学家芮逸夫在《人类学集刊》上发表的《苗族洪水故事与伏羲、女娲的传说》中说："现代的人类学者经过实地考察，才得到这是苗族传说。据此，苗族全出于伏羲、女娲。他们本为兄妹，遭遇洪水，人烟断绝，仅此二人存。他们在盘古的撮合下，结为夫妇，绵延人类。"闻一多还写过《东皇太一考》，经他考证，苗族里的伏羲就是《九歌》里的东皇太一。

《中国通史》（范文澜著，人民出版社1978年版第1册第19页）载："黄帝族与炎帝族，又与夷族、黎族、苗族的一部分逐渐融合，形成春秋时期称为华族、汉以后称为汉族的初步基础。"远古时代就居住在中国南方的苗、黎、瑶等族，都有传说和神话，可是很少见于记载。一般说来，南方各族中的神话人物是"槃瓠"。三国时徐整作《三五历纪》吸收"槃瓠"入汉族神话，"槃瓠"衍变成开天辟地的盘古氏。

在历史上，苗族为了实现民族平等，屡战屡败，但又屡败屡战，从不屈服。苗族有着悠久、灿烂的文化，为中华文化的形成和发展做出了巨大贡献，在不同的历史阶段，涌现出了许多可歌可泣的英雄人物。

苗族不愧为中华民族中的一个伟大民族。苗族文化是苗族几千年的历史积淀，其丰厚的文化底蕴成就了今天这部灿烂辉煌的历史巨著。苗族是一个灾难深重的民族，又是一个勤劳、善良、富有开拓性与创造性的伟大民族，还是一个世界性的民族，不断开拓和创造着新的历史文化。

历史上公认的是，九黎之苗时期的五大发明是苗族对中国文化的原创性贡献。盛襄子在其《湖南苗史述略·三苗考》中论述道："此族（苗族）为中国之古土著民族，曾建国曰三苗。对于中国文化之贡献约有五端：发明农业，奠定中国基础，一也；神道设教，维系中国人心，二也；观察星象，开辟文化园地，三也；制作兵器，汉人用以征伐，四也；订定刑罚，以辅先王礼制，五也。"

苗族历史可以分为五个时期：先民聚落期（原始社会时期）、拓土立国期（九黎时期至公元前223年楚国灭亡）、苗疆分理期（公元前223年楚国灭亡至1873年咸同起义失败）、民主革命期（1873年咸同起义失败到1949年中华人民共和国成立）、民族区域自治期（1949年中华人民共和国成立至今）。相应地，苗族历史文化大致也可以分为五个时期，且各个时期具有不尽相同的文化特征：第一期以先民聚落期为界，巫山人进化成为现代智人，形成的是原始文化，即高庙文明初期；第二期以九黎、三苗、楚国为标志，属于苗族拓土立国期，形成的是以高庙文明为代表的灿烂辉煌的苗族原典文化；第三期是以苗文化为母本，充分吸收了诸夏文化，特别是儒学思想形成的高庙苗族文化；第四期是苗族历史上的民主革命期（1873年咸同起义失败到1949年中华人民共和国成立），形成了以苗族文化为母本，吸收了集电学、光学、化学、哲学等基本内容的东土苗汉文化与西洋文化于一体的近现代苗族文化；第五期是苗族进入民族区域自治期（1949年中华人民共和国成立至今），此期形成的是以苗族文化为母本，进一步融合传统文化、西方文化、当代中国先进文化的当代苗族文化。

二

苗族是我国一个古老的人口众多的民族，又是一个世界性的民族。她以其悠久的历史和深厚的文化而著称于世，传承着历史文化、民族精神。由田兵主编的《苗族古歌》，马学良、今旦译注的《苗族史诗》，龙炳文、龙秀祥等整理译注的《古老话》，是苗族古代的编年史和苗族百科全书，也是苗族最主要的哲学文献。

距今7800—5300年的高庙文明所包含的不仅是一个高庙文化遗址，其同类文化还遍布亚洲大陆。其中期虽在建筑、文学和科技等方面不及苏美尔文明辉煌，却比苏美尔文明早2300年，初期文明程度更高，后期又不像苏美尔文明那样中断，是世界上一直绵延不断、发展至今，并最终创造出辉煌华夏文明的人类文明。在高庙文化区域的湖南省常德市安乡县汤家岗遗址出土有蚩尤出生档案记录盘。

苗族人民口耳相传的苗族古歌记载了祖先蝴蝶妈妈及蚩尤的出生：蝴蝶妈妈是从枫木心中变出来的。蝴蝶妈妈一生下来就要吃鱼，鱼在哪里？鱼在继尾池。继尾古塘里，鱼儿多着呢！草帽般大的瓢虫，仓柱般粗的泥鳅，穿枋般大的鲤鱼。这里的鱼给她吃，她好喜欢。一次和水上的泡沫"游方"恋爱而怀孕后生下了12个蛋。后经鹡宇鸟（有的也写成鸡宇鸟）悉心孵养，12年后，生出了雷公、龙、虎、蛇、牛和苗族的祖先姜央（一说是龙、虎、水牛、蛇、蜈蚣、雷和姜央）等12个兄弟。

《山海经·卷十五·大荒南经》中也记载了蚩尤与枫树以及蝴蝶妈妈的不解之缘："有宋山者，有赤蛇，名曰育蛇。有木生山上，名曰枫木。枫木，蚩尤所弃其桎梏，是为枫木。有人方齿虎尾，名曰祖状之尸。"姜央是苗族祖先，蝴蝶妈妈自然是苗族始祖了。

澳大利亚人类学家格迪斯说过："世界上有两个苦难深重而又顽强不屈的民族，他们就是中国的苗族和分散在世界各地的犹太民族。"诚如所言，苗族是一个灾难深重而又自强不息的民族。唯其灾难深重，才能在磨砺中锤炼筋骨，迸发出民族自强不屈的魂灵，撰写出民族文化的鸿篇巨制。近年来，随着国家民族政策的逐步完善，对寄寓在民族学大范畴下的民族历史文化研究逐步深入，苗族作为我国少数民族百花园中的重要一支，其历史足迹与文化遗址逐渐为世人所知。

　　苗族口耳相传的古歌记载，苗族祖先曾经以树叶为衣、以岩洞或树巢为家、以女性为首领。从当前一些苗族地区的亲属称谓制度中，也可以看出苗族从母权制到父权制、从血缘婚到对偶婚的演变痕迹。诸如此类的种种佐证材料，无不证明着苗族的悠远历史。苗族祖先凭借优越的地理条件，辛勤开拓，先后发明了冶金术和刑罚。他们团结征伐，雄踞东方，强大的部落联盟在史书上被冠以"九黎"之称。苗族历史上闪耀夺目的九黎部落首领是战神蚩尤，他依靠坚甲利兵，纵横南北，威震天下。但是，蚩尤与同时代的炎黄部落逐鹿中原时战败，从此开启了漫长的迁徙逆旅。

　　总体来看，苗族的迁徙经历了从南到北、从北到南、从东到西、从大江大河到小江小河，乃至栖居于深山老林的迁徙轨迹。5000年前，战败的蚩尤部落大部分南渡黄河，聚集江淮，留下先祖渡"浑水河"的传说。这一支经过休养生息的苗族先人汇聚江淮，披荆斩棘，很快就一扫先祖战败的屈辱和阴霾，组建了强大的三苗集团。然而，历史的车轮总是周而复始的，他们最终还是不敌中原部落的左右夹攻，他们中的一部分到达西北并随即南下，进入川、滇、黔边区。三苗主干则被流放崇山，进入鄱阳湖、洞庭湖腹地，秦汉以来不属王化的南蛮主支蔚然成势。夏商春秋战国乃至秦汉以后的历代正史典籍，充斥着云、贵、湘地南蛮不服王化的"斑斑劣迹"。这群发端于蚩尤的苗族后裔，作为中国少数民族的重要代表，深入武陵山脉心脏，抱团行进，男耕女织，互为凭借，势力强大，他们被封建统治阶级称为"武陵蛮"。据史料记载，东汉以来对武陵蛮的刀兵相加不可胜数，双方各有死伤。自晋至明，苗族在湖北、河南、陕西、云南、江西、湖南、广西、贵州等地辗转往复，与封建统治者进行了长期艰苦卓绝的不屈斗争。清朝及民国，苗族驻扎在云南的一支因战火而大量迁徙至滇西边境和东南亚诸国，进而散发至欧洲、北美、澳大利亚。

　　苗族遂成为一个世界性的民族！

三

苗族同胞在与封建统治者长期的争夺征战中，不断被压缩生存空间，又不断拓展生存空间，从而形成了其民族极为独特的迁徙文化现象。苗族历史上没有文字，却保存有大量的神话传说，他们有感于迁徙繁衍途中的沧桑征程，对天地宇宙产生了原始朴素的哲理认知。每迁徙一地，他们都结合当地实际，丰富、完善本民族文化内涵，从而形成了一系列以"蝴蝶""盘瓠""水牛""枫树"为表象的原始图腾文化。苗族虽然没有文字，却有丰富的口传文化。这些口传文化经后人整理，散见于贵州、湖南等地流传的《苗族古歌》《古老话》《苗族史诗》等典籍，它们承载着苗族后人对祖先口耳相传的族源、英雄、历史、文化的再现使命。

苗族迁徙的历程是艰辛、苦难的，迁徙途中的光怪陆离却是迷人的。他们善于从迁徙途中寻求生命意义，又从苦难中构建人伦规范，他们赋予迁徙以非同一般的意义。他们充分利用身体、语言、穿戴、图画、建筑等媒介，表达对天地宇宙的认识、对生命意义的理解、对人伦道德的阐述、对生活艺术的想象。于是，基于迁徙现象而产生的苗族文化便变得异常丰富。苗族将天地宇宙挑绣在服饰上，得出了天圆地方的朴素见解；将历史文化唱进歌声里，延续了民族文化一以贯之的坚韧品性；将跋涉足迹画在了岩壁上，应对苦难能始终奋勇不屈。其丰富的内涵、奇特的形式、隐忍的表达，成为这个民族独特的魅力，成为这个民族极具异禀的审美旨趣。从这个层面扩而大之，苗族的历史文化，便具备了一种神秘文化的潜在魅力与内涵支撑。苗族神秘文化最为典型的表现是巴代文化现象。从隐藏的文化内涵因子分析来看，巴代文化实则是苗族生存发展、生产生活、伦理道德、物质精神等文化现象的活态传承。

苗族丰富的民族传奇经历造就了其深厚的历史文化，但其不羁的民族精神又使得这个民族成为封建统治者征伐打压的对象。甚至可以说，一部封建史，就是一部苗族的压迫屈辱史。封建统治者压迫苗族同胞惯用的手段，一是征战屠杀，二是愚昧民众，历经千年演绎，苗族同胞之于本民族历史、祖先伟大事功，被慢慢忽略，甚至抹杀性遗忘。

一个伟大民族的悲哀莫过于此！

四

历经苦难，走向辉煌。中华人民共和国成立后，得益于党的民族政策，苗族与全国其他少数民族一样，依托民族区域自治法，组建了具有本民族特色的少数民族自治机构。千百年被压在社会底层的苗族同胞，翻身当家做主人，他们重新直面苗族的历史文化，系统挖掘、整理、提升本民族历史文化，切实找到了民族的历史价值和民族文化自信。贵州和湖南湘西武陵山区一带，自古就是封建统治阶级口中的"武陵蛮"的核心区域。这一块曾经被统治阶级视为不毛之地的蛮荒地区，如今得到了国家的高度重视，中央整合武陵山片区 4 省 71 个县市，实施了武陵山片区扶贫攻坚战略。作为国家区域大扶贫战略中的重要组成部分，武陵山区苗族同胞的脱贫发展牵动着党中央、国务院的心。武陵山区苗族同胞感恩党中央，激发内生动力，与党中央同频共振，掀起了一场轰轰烈烈的脱贫攻坚世纪大战。

苗族是湘西土家族苗族自治州两大主体民族之一，要推进湘西发展，当前基础性的工作就是要完成两大主体民族脱贫攻坚重点工作，自然，苗族承担历史使命责无旁贷。在这样的情境下，推进湘西发展、推进苗族聚集区同胞脱贫致富，就是要充分用好、用活苗族深厚的历史文化资源，以挖掘、提升民族文化资源品质，提升民族文化自信心；要全面整合苗族民族文化资源精华，去芜存菁，把文化资源转化为现实生产力，服务于湘西州经济社会的发展。

正是贯彻这样的理念，湘西土家族苗族自治州立足少数民族自治地区的民族资源特色禀赋，提出了生态立州、文化强州的发展理念，围绕生态牌、文化牌打出了"全域旅游示范区建设""国内外知名生态文化公园"系列组合拳，使得民族文化旅游业蓬勃发展，民族地区脱贫攻坚工作突飞猛进。在具体操作层面，州委、州政府提出了"以'土家探源''神秘苗乡'为载体、深入推进我州文化旅游产业发展"的口号，重点挖掘和研究红色文化、巫傩文化、苗疆文化、土司文化。基于此，州政协按照服务州委、州政府中心工作和民生热点难点的履职要求，组织相关专家学者，联合相关出版机构，在申报重点课题的基础上，深度挖掘苗族历史文化，按课题整理、出版苗族历史文化丛书。

人类具有社会属性，所以才会对神话故事、掌故、文物和文献进行著录和收传。以民族出版社出版、吴荣臻主编的五卷本《苗族通史》和贵州民族出版社出版的《苗族古歌》系列著作为标志，苗学研究进入了一个新的历史时期。

湘西土家族苗族自治州政协组织牵头的《湘西苗族民间传统文化丛书》记载了苗疆文化的主要内容，是苗族文化研究的重要成果。它不但整理译注了浩如烟海的有关苗疆的历史文献，出版了史料文献丛书，还记录整理了苗族人民口传心授的苗族古歌系列、巴代文化系列等珍贵资料，并展示了当代文化研究成果。

　　党的十八大以来，以习近平同志为核心的党中央，以"一带一路"倡议为抓手，不断推进人类命运共同体建设，以实现中华民族伟大复兴的中国梦为目标，不断推进道路自信、理论自信、制度自信和文化自信。没有包括苗族文化在内的各个少数民族文化的复兴，也不会有完全的中华民族伟大复兴。

　　因此，从苗族历史文化中探寻苗族原典文化，发现新智慧、拓展新路径，从而提升民族文化自信力，服务湘西生态文化公园建设，推进精准扶贫、精准脱贫，实现乡村振兴，进而实现湘西现代化建设目标，善莫大焉！

　　此为序！

2018 年 9 月 5 日

专家序一

掀起湘西苗族巴代文化的神秘面纱

汤建军

  2017 年 9 月 7 日，根据中共湖南省委安排，我在中共湘西州委做了题为"砥砺奋进的五年"的形势报告。会后，在湘西州社科联谭必四主席的陪同下，考察了一直想去的花垣县双龙镇十八洞村。出于对民族文化的好奇，考察完十八洞村后，我根据中共湖南省委网信办在花垣县挂职锻炼的范东华同志的热诚推荐，专程拜访了苗族巴代文化奇人石寿贵老先生，参观其私家苗族巴代文化陈列基地。石寿贵先生何许人也？花垣县双龙镇洞冲村人。他是本家祖传苗师"巴代雄"第 32 代掌坛师、客师"巴代扎"第 11 代掌坛师、民间正一道第 18 代掌坛师。石老先生还是湘西州第一批"非物质文化遗产（以下简称'非遗'）保护"名录"苗老司"代表性传承人、湖南省第四批"非遗"名录"苗族巴代"代表性传承人、吉首大学客座教授、中国民俗学会蚩尤文化研究基地蚩尤文化研究会副会长、巴代文化学会会长。他长期从事巴代文化、道坛丧葬文化、民间习俗礼仪文化等苗族文化的挖掘搜集、整编译注及研究传承工作。一直以来，他和家人，动用全家之财力、物力和人力，经过近 50 年的全身心投入，在本家积累 32 代祖传资料的基础上，又走访了贵州、四川、湖北、湖南、重庆等省市周边 20 多个县市有名望的巴代坛班，通过本家厚实的资料库加上广泛搜集得来的资料，目前已整编译注出 7 大类 76 本 2500 多万字及 4000 余幅仪式彩图的《巴代文化系列丛书》，且准备编入《湘西苗族民间传统文化丛书》进行出版。这 7 大类 76 本具体包括：第一类，基础篇 9 本；第二类，苗师科仪 20 本；第三类，客师科仪 10 本；第四类，道师科仪 5 本；第五类，侧记篇 4 本；第六类，苗族古歌 13 本；第七类，历代手抄本扫描 13 本。除了书稿资料以外，石寿贵先生还整理了 8000 多分钟的仪式影像、238 件套的巴代实物、1000 多分钟的仪式音乐、此前他人出版的有关苗族巴代民俗的藏书 200 余册以及包括一整套待出版的《湘西苗族民间传统文化丛书》在内的资料档案。此前，他还主笔出版了《苗族道场科仪汇编》《苗师通书诠释》《湘西苗族古老歌话》《湘西苗族巴代古歌》四本著作。其巴代文化研究基地已建立起巴代文化的 3 大仪式、2 大体系、8 大板块、37 种苗族文化数据库，成为全国乃至海内外苗族巴代文化资料最齐全系统、最翔实厚重、最丰富权威的亮点单位。"苗族巴代"在 2016 年 6 月入选第四批湖南省"非遗"保护名录。2018 年 6 月，石寿贵老先生获批为湖南省第四批"非遗"保护项目"苗族巴代"代表性传承人。

走进石寿贵先生的巴代文化挖掘搜集、整编译注、研究及陈列基地，这是一栋两层楼的陈列馆，没有住人，全部都是用来作为巴代文化资料整编译注和陈列的。一楼有整编译注工作室和仪式影像投影室等，中堂为有关图片及字画陈列，文化气息扑面而来。二楼分别为巴代实物资料、文字资料陈列室和仪式腔调录音室及仪式影像资料制作室等，其中 32 个书柜全都装满了巴代书稿和实物，真可谓书山文海、千册万卷、博大精深、琳琅满目。

石老先生所收藏和陈列的巴代文化各种资料、物件和他本人的研究成果极大地震撼了我们一行人。我初步翻阅了石老先生提供的《湘西苗族巴代揭秘》一书初稿，感觉这些著述在中外学术界实属前所未闻、史无前例、绝无仅有。作者运用独特的理论体系资料、文字体系资料以及仪式符号体系资料等，全面揭露了湘西苗族巴代的奥秘。此书必将为研究苗族文化、苗族巴代文化学和中国民族学、民俗学、民族宗教学的学者，以及苗族地区摄影专家、民族文化爱好者提供线索、搭建平台与铺设道路。我当即与湘西州社科联谭必四主席商量，建议他协助和支持石老先生将《湘西苗族巴代揭秘》一书申报湖南省社科普及著作出版资助。经过专家的严格评选，该书终于获得了出版资助，在湖南教育出版社得到出版。因为这是一本在总体上全面客观、科学翔实、通俗形象地介绍苗族巴代及其文化的书，我相信此书一定会成为广大读者喜闻喜阅、喜欣喜爱的书，一定能给苗族历代祖先以慰藉，一定能更好地传播苗族文化精华，一定能深入弘扬中华民族优秀传统文化。

2017年12月6日，我应邀在中南大学出版社宣讲党的十九大精神时，结合如何策划选题，重点推介了石寿贵先生的苗族巴代文化系列研究成果，希望中南大学出版社在前期积累的基础上，放大市场眼光，挖掘具有民族特色的文化遗产，积极扶持石老先生巴代文化成果的出版。这个建议得到了吴湘华社长及其专业策划团队的高度重视。2018年1月30日，国家出版基金资助项目公示，由中南大学出版社挖掘和策划的石寿贵编著的《巴代文化系列丛书》中的10本作为第一批《湘西苗族民间传统文化丛书》入选。该丛书以苗族巴代原生态的仪式脚本(包括仪式结构、仪式程序、仪式形态、仪式内容、仪式音乐、仪式气氛、仪式因果等)记录为主要内容，原原本本地记录了苗师科仪、客师科仪、道师绕棺戏科仪以及苗族古歌、巴代历代手抄本扫描等脚本资料，建立起了科仪的文字记录、图片静态记录、影像动态记录、历代手抄本文献记录、道具法器实物记录等资料数据库，是目前湘西苗族地区种类较为齐全、内容翔实、实物彩图丰富生动的原生态民间传统资料，充分体现了苗族博大精深的文化内涵和艺术价值，对今后全方位、多视角、深层次研究苗族历史文化有着极其重要的价值和深远的意义。

从《湘西苗族民间传统文化丛书》中所介绍的内容来看，可以说，到目前为止，这套丛书是有关领域中内容最系统翔实、最丰富完整、最难能可贵的资料了。此套书籍如此广泛深入、全面系统、尽数囊括，实为古今中外之罕见，堪称绝无仅有、弥足珍贵，也是有史以来对苗族巴代文化的全面归纳和科学总结。我想，这既是石老先生和家人以及社会各界对苗族文化的热爱、执着、拼搏、奋斗、支持、帮助的结果，也体现出了石寿贵老先生对苗族文化所做出的巨大贡献。这套丛书将成为苗族传统文化保护传承、研究弘扬的新起点和里程碑。用学术化的语言来说，这300余种巴代科仪就是历代以来的巴代所主持的苗族祭祀仪式、习俗仪式以及各种社会活动仪式的具体内容。但仪式所表露出来的仅仅只是表面形式而已，更重要的是包含在仪式里面的文化因子与精神特质。关于这一点，石寿贵老先生在丛书中也剖析得相当清晰，他认为巴代文化的形成是苗族文化因子的作用所致。他认为：世界上所有的民族和教派都有不同于其他民族的文化因子，比如佛家的因果轮回、慈善涅槃、佛国净土，道家的五行生克、长生久视、清净无为，儒家的忠孝仁义、三纲五常、齐家治国，以及纳西族的"东巴"、羌族的"释比"、满族的"萨满"、土家族的"梯玛"等，无不都是严格区别于其他民族或教派的独特文化因子。由某个民族文化因子所产生出来的文化信念，在内形成了该民族的观念、性格、素质、气节和精神，在外则形成了该民族的风格、习俗、形象、身份和标志。通过内外因素的共同作用，形成支撑该民族生生不息、发展壮大、繁荣富强的不竭动力。苗族巴代文化的核心理念是人类的"自我不灭"真性，在这一文化因子的影响下，形成了"自我崇拜"或"崇拜自我、维护自我、服务自我"的人类生存哲学体系。这种理论和实践体现在苗师"巴代雄"祭祀仪式的方方面面，比如上供时所说的"我吃你吃，我喝你喝"。说过之后，还得将供品一滴不漏地吃进口中，意思为我吃就是我的祖先吃，我喝就是我的祖先喝，我就是我的祖先，我的祖先就是我，祖先虽亡，但他的血液在我的身上流淌，他的基因附在我的身上，祖先的化身就是当下的我，并且一直延续到永远，这种自我真性没有被泯灭掉。同时，苗师"巴代雄"所祭祀的对象既不是木偶，也不是神像，更不是牌位，而是活人，是舅爷或德高望重的活人。这种祭祀不同于汉文化中的灵魂崇拜、鬼神崇拜或自然崇拜，而是实实在在的、活生生的自我崇拜。这就是巴代传承古代苗族主流文化（因子）的内在实质和具体内容。无怪乎如来佛祖降生时一手指天，一手指地，所说的第一句话就是："天上地下，唯我独尊。"佛祖所说的这个"我"，指的绝非本人，而是宇宙间、世界上的真性自我。

石老先生认为，从生物学的角度来说，世界上一切有生命的动植物的活动都是维护自我生存的活动，维护自我毋庸置疑。从人类学的角度来说，人类的真性自我不生不灭，世间人类自身的一切活动都是围绕有利于自我生存和发展这个主旨来开展的，背离了这个主旨的一切活动都是没有任何价值和意义的活动。从社会科学的角度来说，人类社会所有的科普项目、科学文化，都是从有利于人类自我生存和发展这个主题来展开的，如果离开了这条主线，科普也就没有了任何价值和意义。从人类生存哲学的角度来说，其主要的逻辑范畴，也是紧紧地把握人类这个大的自我群体的生存和发展目标去立论拓展的，自我生存成为最大的逻辑范畴；从民族学的角度来说，每个要维护自己生生不息、发展壮大的民族，都要有自己强势优越、高超独特、先进优秀的文化来作为支撑，而要得到这种文化支撑的主体便是这个民族大的自我。

石老先生还说，从维护小的生命、个体的小自我到维护大的人类、群体的大自我，是生物世界始终都绕不开的总话题。因而，自我不灭、自我崇拜或崇拜自我、服务自我、维护自我，在历史上早就成为巴代文化的核心理念。正是苗师"巴代雄"所奉行的这个"自我不灭论"宗旨教义，所行持的"自我崇拜"的教条教法，涵盖了极具广泛意义的人类学、民族学以及哲学文化领域中的人类求生存发展、求幸福美好的理想追求。也正是这种自我真性崇拜的文化因子，才形成了我们的民族文化自信，锻造了民族的灵魂素质，成就了民族的精神气节，才能坚定民族自生自存、自立自强的信念意识，产生出民族生生不息、发展壮大的永生力量。这就充分说明，苗族的巴代文化，既不是信鬼信神的巫鬼文化，也不是重巫尚鬼的巫傩文化，而是从基因实质的文化信念到灵魂素质、意识气魄的锻造殿堂，是彻头彻尾的精神文化，这就是巴代文化和巫鬼文化、巫傩文化的本质区别所在。

乡土的草根文化是民族传统文化体系的基因库，只要正向、确切、适宜地打开这个基因库，我们就能找到民族的根和魂，感触到民族文化的神和命。巴代作为古代苗族主流文化的传承者，作为一个族群社会民众的集体意识，作为支撑古代苗族生存发展、生生不息的强大的精神支柱和崇高的文化图腾，作为苗族发展史、文明史曾经的符号，作为中华民族文化大一统中的亮丽一簇，很少被较为全面系统、正向正位地披露过。

巴代是古代苗族祭祀仪式、习俗仪式、各种社会活动仪式这三大仪式的主持者，更是苗族主流文化的传承者。因为苗族在历史上频繁迁徙、没有文字、不属王化、封闭保守等因素，再加上历史条件的限制与束缚，为了民族的生存和发展，苗族先人机灵地以巴代所主持的三大仪式为本民族的显性文化表象，来传承苗族文化的原生基因、本根元素等这些只可意会、不可言传的隐性文化实质。又因这三大仪式的主持者叫巴代，故其所传承、主导、影响的苗族主流文化又被称为巴代文化，巴代也就自然而然地成为聚集古代苗族的哲学家、法学家、思想家、社会活动家、心理学家、医学家、史学家、语言学家、文学家、理论家、艺术家、易学家、曲艺家、音乐家、舞蹈家、农业学家等诸大家之精华于一身的上层文化人，自古以来就一直受到苗族人民的信任、崇敬和尊重。

巴代文化简单说来就是 3 大仪式、2 大体系、8 大板块和 37 种文化。其包括了苗族生存发展、生产生活、伦理道德、物质精神等从里到表、方方面面、各个领域的文化。巴代文化必定成为有效地记录与传承苗族文化的载体、百科全书以及活态化石，必定成为带领苗族人民从远古一直走到今天的精神支柱和家园，必定成为苗族文化的根、魂、神、质、形、命的基因实质，必定成为具有苗族代表性的文化符号与文化品牌，必定成为苗族优秀的传统文化、神秘湘西的基本要素。

石老先生委托我为他的丛书写篇序言，因为我的专业不是民族学研究，不能从专业角度给予中肯评价，为读者做好向导，所以我很为难，但又不好拒绝石老先生。工作之余，我花了很多时间认真学习他的相关著述，总感觉高手在民间，这些文字是历代苗族文化精华之沉淀，文字之中透着苗族人的独特智慧，浸润着石老先生及历代巴代们的心血智慧，更体现出了石老先生及其家人一生为传承苗族文化所承载的常人难以想象的艰辛、曲折、困苦、执着和担当。

这次参观虽然不到2个小时，却发现了苗族巴代文化的正宗传人。遇见石老先生，我感觉自己十分幸运，亦深感自己有责任、有义务为湘西苗族巴代文化及其传人积极推荐，努力让深藏民间的优秀民族文化遗产能够公开出版。石老先生的心愿已了，感恩与我们一样有这种情结的评审专家和出版单位对《湘西苗族民间传统文化丛书》的厚爱和支持。我相信，大家努力促成这些书籍公开出版，必将揭开湘西苗族巴代文化的神秘面纱，必将开启苗族巴代文化保护传承、研究弘扬、推介宣传的热潮，也必将引发湘西苗族巴代文化旅游的高潮。

略表数言，抛砖引玉，是为序。

（作者系湖南省社会科学院党组成员、副院长，湖南省省情研究会会长、研究员）

专家序二

罗康隆

　　我来湘西 20 年，不论是在学校，还是在村落，听得最多的当地苗语就是"巴代"（分"巴代雄"与"巴代扎"）。起初，我也不懂巴代的系统内涵，只知道巴代是湘西苗族的"祭师"，但经过 20 年来循序渐进的认识与理解，我深知，湘西苗族的"巴代"，并非用"祭师"一词就可以简单替代。

　　说实在的，我是通过《湘西苗族调查报告》和《湘西苗族实地调查报告》这两本书来了解湘西的巴代文化的。1933 年 5 月，国立中央研究院的凌纯声、芮逸夫来湘西苗区调查，三个月后凌纯声、芮逸夫离开湘西，形成了《湘西苗族调查报告》（2003 年 12 月由民族出版社出版）。该书聚焦于对湘西苗族文化的展示，通过实地摄影、图画素描、民间文物搜集，甚至影片拍摄，加上文字资料的说明等，再现了当时湘西苗族社会文化的真实图景，其中包含了不少关于湘西苗族巴代的资料。

　　当时，湘西乾州人石启贵担任该调查组的顾问，协助凌纯声、芮逸夫在苗区展开调查。凌纯声、芮逸夫离开湘西时邀请石启贵代为继续调查，并请国立中央研究院聘石启贵为湘西苗族补充调查员，从此，石启贵正式走上了苗族研究工作的道路。经过多年的走访调查，石启贵于 1940 年完成了《湘西苗族实地调查报告》（2008 年由湖南人民出版社出版）。在该书第十章"宗教信仰"中，他用了 11 节篇幅来介绍湘西苗族的民间信仰。2009 年由中央民族大学"985 工程"中国少数民族非物质文化研究与保护中心与台湾研究院历史语言研究所联合整理，在民族出版社出版了《民国时期湘西苗族调查实录（1~8 卷）》（套装全 10 册），包括习俗卷、椎猪卷、文学卷、接龙卷、祭日月神卷、祭祀神辞汉译卷、还傩愿卷、椎牛卷（上）、椎牛卷（中）、椎牛卷（下）。

由是，人们对湘西苗族"巴代"有了更加系统的了解。

我作为苗族的一员，虽然不说苗语了，但对苗族文化仍然充满着热情与期待。在我主持学校民族学学科建设之初，就将苗族文化列为重点调查与研究领域，利用课余时间行走在湘西的腊尔山区苗族地区，对苗族文化展开调查，主编了《五溪文化研究》丛书和《文化与田野》人类学图文系列丛书。在此期间结识了不少巴代，其中就有花垣县董马库的石寿贵。此后，我几次到石寿贵家中拜访，得知他不仅从事巴代活动，而且还长期整理湘西苗族的巴代资料，对湘西苗族巴代有着系统的了解和较深的理解。

我被石寿贵收集巴代资料的精神所感动，决定在民族学学科建设中与他建立学术合作关系，首先给他配备了一台台式电脑和一台摄像机，可以用来改变以往纯手写的不便，更可以将巴代的活动以图片与影视的方式记录下来。此后，我也多次邀请他到吉首大学进行学术交流。在台湾"中央研究院"康豹教授主持的"深耕计划"中，石寿贵更是积极主动，多次对他所理解的"巴代"进行阐释。他认为湘西苗族的巴代是一种文化，巴代是古代苗族祭祀仪式、习俗仪式、各种社会活动仪式这三大仪式的主持者，是苗族文化的传承载体之一，是湘西苗族"百科全书"的构造者。

巴代文化成为苗族文化的根、魂、神、质、形、命的基因实质。这部《湘西苗族民间传统文化丛书》含7大类76本2500多万字及4000余幅仪式彩图，还有8000多分钟仪式影像、238件套巴代实物、1000多分钟仪式音乐等，形成了巴代文化资料数据库。这些资料弥足珍贵，以苗族巴代仪式结构、仪式程序、仪式形态、仪式内容、仪式音乐、仪式气氛、仪式因果为主要内容进行记录。这是作者在本家32代祖传所积累丰厚资料的基础上，通过近50年对贵州、四川、湖南、湖北、重庆等省市周边有名望的巴代坛班走访交流，行程达10万多公里，耗资40余万元，竭尽全家之精力、人力、财力、物力，对巴代文化资料进行挖掘、搜集与整理所形成的资料汇编。

这些资料的样本存于吉首大学历史与文化学院民间文献室，我安排人员对这批资料进行了扫描，准备在2015年整理出版，并召开过几次有关出版事宜的会议，但由于种种原因未能出版。今天，它将由中南大学出版社申请到的国家出版基金资助出版，也算是了结了我多年来的一个心愿，这是苗族文化史上的一件大好事。这将促进苗族传统文化的保护，极大地促进民族精神的传承和发扬，有助于加强、保护与弘扬传统文化，对落实党和国家加强文化大发展战略有着特殊的使命与价值。

（作者系吉首大学历史与文化学院院长、湖南省苗学学会第四届会长）

概　述

　　《湘西苗族民间传统文化丛书》以苗族巴代原生态的仪式脚本(包括仪式结构、仪式程序、仪式形态、仪式内容、仪式音乐、仪式气氛、仪式因果等)记录为主要内容,原原本本地记录了苗师科仪、客师科仪、道师绕棺戏科仪以及苗族古歌、巴代历代手抄本扫描等脚本资料,建立起了科仪文字记录、图片静态记录、影像动态记录、历代手抄本文献记录、道具法器实物记录等资料数据库,为抢救、保护、传承、研究这些濒临灭绝的苗族传统文化打牢了基础,搭建了平台,提供了必需的条件。

　　巴代是古代苗族祭祀仪式、习俗仪式、各种社会活动仪式这三大仪式的主持者,也是苗族主流文化的传承载体之一。古代苗族在涿鹿之战后因为频繁迁徙、分散各地、没有文字、不属王化、封闭保守等因素,形成了具有显性文化表象和隐性文化实质这二元文化的特殊架构。基于历史条件的限制与束缚,为了民族的生存和发展,苗族先人机灵地以巴代所主持的三大仪式为本民族的显性文化表象,来传承苗族文化的原生基因、本根元素等这些只可意会、不可言传的隐性文化实质。因为三大仪式的主持者叫巴代,故其所传承、主导、影响的苗族主流文化又被称为巴代文化,巴代也就自然而然地成为聚集古代苗族的哲学家、史学家、宗教家等诸大家之精华于一身的上层文化人,自古以来就一直受到苗族人民的信任、崇敬和尊重。

　　巴代文化简单说来就是3大仪式、2大体系、8大板块和37种文化。其包括了苗族生存发展、生产生活、伦理道德、物质精神等从里到表、方方面面、各个领域的文化。巴代文化必定成为有效地记录与传承苗族文化的载体、百科全书以及活态化石，必定成为带领苗族人民从远古一直走到今天的精神支柱和家园，必定成为苗族文化的根、魂、神、质、形、命的基因实质，必定成为具有苗族代表性的文化符号与文化品牌，必定成为苗族优秀的传统文化之一、神秘湘西的基本要素。

苗族的巴代文化与纳西族的东巴文化、羌族的释比文化、满族的萨满文化、汉族的儒家文化、藏族的甘珠尔等一样，是中华文明五千年的文化成分和民族文化大花园中的亮丽一簇，是苗族文化的本源井和柱标石。巴代文化的定位是苗族文化的全面归纳、科学总结与文明升华。

近代以来，由于种种原因，巴代文化濒临灭绝。为了抢救这种苗族传统文化，笔者在本家32代祖传所积累丰厚资料的基础上，又通过近50年以来对贵州、四川、湖南、湖北、重庆等省市周边有名望的巴代坛班走访交流，行程10多万公里，耗资40余万元，竭尽全家之精力、人力、财力、物力，全身心投入巴代文化资料的挖掘、搜集、整编译注、保护传承工作中，到目前已形成了7大类76本2500多万字及4000余幅仪式彩图的《湘西苗族民间传统文化丛书》(以下简称《丛书》)，整理了8000多分钟的仪式影像、238件套的巴代实物、1000多分钟的仪式音乐等巴代文化资料数据库。该《丛书》已成为当今海内外唯一的苗族巴代文化资源库。

7大类76本2500多万字及4000余幅仪式彩图的《丛书》在学术界也称得上是鸿篇巨制了。为了使读者能够在大体上了解这套《丛书》的基本内容，在此以概述的形式来逐集进行简介是很有必要的。

这套洋洋大观的《丛书》，是一个严谨而完整的不可分割的体系，按内容属性可分为7大类型。因整套《丛书》的出版分批进行，在出版过程中根据实际情况对《丛书》结构做了适当调整，调整后的内容具体如下：

第一类：基础篇。分别为：《许愿标志》《手诀》《巴代法水》《巴代道具法器》《文疏表章》《纸扎纸剪》《巴代音乐》《巴代仪式图片汇编》《湘西苗族民间传统文化丛书通读本》等。

第二类：苗师科仪。分别为：《接龙》(第一、二册)，《汉译苗师通鉴》(第一、二、三册)，《苗师通鉴》(第一、二、三、四、五、六、七、八册)，《苗师"不青"敬日月车祖神科仪》(第一、二、三册)，《敬家祖》，《敬雷神》，《吃猪》，《土昂找新亡》。

第三类：客师科仪。分别为：《客师科仪》(第一、二、三、四、五、六、七、八、九、十册)。

第四类：道师科仪。分别为：《道师科仪》(第一、二、三、四、五册)。

第五类：侧记篇之守护者。

第六类：苗族古歌。分别为：《古杂歌》，《古礼歌》，《古阴歌》，《古灰歌》，《古仪歌》，《古玩歌》，《古堂歌》，《古红歌》，《古蓝歌》，《古白歌》，《古人歌》，《汉译苗族古歌》(第一、二册)。

第七类：历代手抄本扫描。

本套《丛书》的出版将为抢救、保护、传承、研究这些濒临灭绝的苗族传统文化打牢基础、搭建平台和提供必需的条件；为研究苗族文化，特别是研究苗族巴代文化学、民族学、民俗学、民族宗教学等，以及这些学科的完善和建设做出贡献；为研究、关注苗族文化的专家学者以及来苗族地区的摄影者提供线索与方便。《丛书》的出版，将有力地填补苗族巴代文化学领域里的空缺和促进苗族传统文明、文化体系的完整，使苗族巴代文化成为中华民族文化大花园中的亮丽一簇。

石寿贵
2020 年秋于中国苗族巴代文化研究中心

前　言

　　客师"巴代扎"是苗族经过部落纷争、涿鹿之战、频繁迁徙这些历史事件后，在漫长的历史时期中好不容易才形成苗汉杂居的社会格局而产生的苗汉文化相互交融的人物。客师"巴代扎"的产生，可视作苗族在历史发展过程中，由于文化交融的作用，原有牢固单一的文化体系受到冲击而被迫作出的回应，体现出苗族对外族文化的包容性。其启教在后，在祭祀中以动态(站或舞)为主进行，其神辞全是汉语，其身着红色法衣、头戴红巾加上冠扎，主要道具法器为师刀绺巾、牛角马鞭、朝笏神笤，一派武将神员的装饰打扮。因为其成教于苗汉杂居而形成的文化交融时期，并且其经典神辞全系汉语，其仪轨的语言形态也非苗族原生状态，所以人们将其称为客师，即巴代教的客人，乡间将其称为"客教""武教"或"客老师(司)"。又因其启教于苗区，成教于苗地，行教于苗乡，故为苗族巴代的种类之一。其所祭祀的对象有道教神、本地域内所公认的祖神和一些行业神。据目前不完全统计，其科仪有164堂之多，也就是人们常说的三十六堂神、七十二庙鬼。"巴代扎"为苗汉杂居之后的多神教，其祭祀对象是木偶、神像及牌位，木偶如"傩公傩娘"等，神像如"宗坛神轴"等，牌位如"玉皇牌位""太上老君牌位"等。其供品也须奠洒于地下敬奉。其与道教等宗教一样，在某些程度上包含巫鬼的成分，是苗族巴代体系中的附着物。历代专家学者此前在研究苗族文化特别是祭祀仪式问题时，一直都是以客师"巴代扎"科仪(仪式)为蓝本和依据的，他们忽视了苗师"巴代雄"才是苗族巴代教的本根、主体、大教这个根本问题，才导致把苗族定格为"重巫尚鬼"的民族，把"巴代"定格为"巫师或鬼师"。客师"巴代扎"虽然也是苗族巴代的种类之一，但其却不是苗族巴代的本根、主体、大教，而是巴代教与其他文化的融合物，是客教，体现不了苗族文化的根本性质。

巴代所主持的每堂仪式，都是一场完整的地戏，其中的结构与框架、语言与形态、内容与轨迹、诉求与效果既有其相似性和共性，又有其差异性和个性，犹如人们盖房子一般，材料虽然都是砖木瓦石，但用法用量、组合方式却大有区别，所建造出来的房子千种百样。论其共性，房子都能供人居住，但每幢房子却各具个性，比如形状、大小、宽窄、高矮、作用、价值等的千差万别，各有千秋。祭祀仪式也是一样，虽然其所用素材大致相同，但具体组合方式及篇幅长短各有不同。在每一小段神辞中，哪怕只有几句略有不同，都是一种不可忽视的差异。正如化工调料一样，原料的成分与调和的比例将能直接左右最终效果。如上述所言，在巴代所主持的几百堂祭祀仪式中，虽然其基本素材大致相同，但通过不同顺序、不同分量、不同形式的组合之后却形成了千差万别的各种模式，加上历代先民所坚定的"祭神如神在"的虔诚意念，以及在历代祖师爷们所定下来的必须"原原本本"地持诵由心传口授所学来的神辞的铁规制约之下，仪轨也就如同铁打一般，不可随意改变一丝一毫。这体现出各种仪式的个体性、完整性和严密性。

我们是本着完整记录各种仪式的个体性、整体性和严密性的原则来记录和整编译注巴代的祭祀科仪。科仪是地戏的脚本，演员们在演唱地戏的时候不可能在交叉的脚本中去寻找、参阅类似的台词，即使找到了也不一定能够全部用上，且这些科仪面临着被扭曲的趋势，逐渐变形、变态、变味、变质，甚至濒临灭绝。因此，在整编译注巴代的祭祀科仪的时候，尤其是整编译注每堂完整的个体资料的时候，我们都按原生态流传的口碑资料包括文字与标点一字不漏地收录，这是记录科仪不同于平时写文章的地方。因此，在本系列书中，会出现类似重复的地方，请读者理解。

目前已搜集整理成书的客师"巴代扎"科仪共有164堂，我们把这些科仪汇编为10册，以方便广大读者阅读、探索和研究。

本册共收录了客师祭祀科仪25种(堂)，分别为：一、众寨议款科仪。二、隔邪师科仪。三、赎魂科仪。四、小做大赎魂科仪。五、筒骨烧纸科仪。六、土地寄儿科仪。七、古树寄儿科仪。八、井泉寄儿科仪。九、炭窑寄儿科仪。十、铁铺寄儿科仪。十一、架天桥求子科仪。十二、架木桥求子科仪。十三、架岩桥求子科仪。十四、案桌寄狗科仪。十五、洞穴寄蛇科仪。十六、山洞寄虎科仪。十七、悬崖寄猴科仪。十八、年饭敬祖师科仪。十九、新年迎祖师科仪。二十、解牢狱枷锁科仪。二十一、祭云雄王科仪。二十二、填空科仪。二十三、解丧门星科仪。二十四、解五鬼煞科仪。二十五、赶白虎鬼科仪。从上面的这些科仪神辞字眼中，我们可以看到十分明显的汉文化内容实质。

石寿贵
2018 年春于洞冲巴代文化保护基地

目 录

一、众寨议款科仪 ·· 1

二、隔邪师科仪 ·· 10

三、赎魂科仪 ·· 26

四、小做大赎魂科仪 ·· 42

五、筒骨烧纸科仪 ·· 71

六、土地寄儿科仪 ·· 86

七、古树寄儿科仪 ·· 94

八、井泉寄儿科仪 ··· 103

九、炭窑寄儿科仪 ··· 112

十、铁铺寄儿科仪 ··· 120

十一、架天桥求子科仪 ····································· 128

十二、架木桥求子科仪 ····································· 143

十三、架岩桥求子科仪 ····································· 156

十四、案桌寄狗科仪 ······································· 169

十五、洞穴寄蛇科仪 …………………………………… 177

十六、山洞寄虎科仪 …………………………………… 187

十七、悬崖寄猴科仪 …………………………………… 195

十八、年饭敬祖师科仪 ………………………………… 203

十九、新年迎祖师科仪 ………………………………… 228

二十、解牢狱枷锁科仪 ………………………………… 236

二十一、祭云雄王科仪 ………………………………… 248

二十二、填空科仪 ……………………………………… 267

二十三、解丧门星科仪 ………………………………… 281

二十四、解五鬼煞科仪 ………………………………… 295

二十五、赶白虎鬼科仪 ………………………………… 308

后　记 …………………………………………………… 318

一、众寨议款科仪

【题解】

湘西苗族过去是一个没有文字、不通王化、没有官府管辖，以村寨为家园、以血缘为纽带、以村规寨款为法度来维持自身的生存和发展的民族。因此，规款就是苗寨的制度，是保护村寨命运的法条。村规寨款对苗族村寨来说，就显得特别重要。

苗寨的规款是由全村民众共同商议出来的。议款的方法是由寨中德高望重的长者或者巴代召集大家到村中坪场空地集中，由巴代主持议款仪式。

事前，由有意议款的人四处询问、征集大众意见，取得一致后，由一些年轻人抬箩筐去各家各户收集米粮，集中到一起，用米粮换取供品、香纸、鸡、猫、酒肉等物用来祭祀。

届时，在空坪中摆一张大桌，桌上陈设大鼓一面，鼓前摆上刀头酒礼。在大桌前摆四张饭桌，每桌上各有一碗香米、一碗肉、一碗酒，分别供养天、地、水、阳四类神众。同时，此四桌还分别为"天款桌""地款桌""人款桌""物款桌"的象征。其中：

天款桌一般所议的是一些有关保护村寨、抵御外敌入侵的条款；地款桌所议的是全村修筑一些有益村寨如修桥铺路的条款；人款桌所议的是一些有关全村人际道德、防盗、防火、防水灾害的条款；物款桌所议的是一些护山、护龙脉、护林、护稼等类条款。

四张饭桌的左边拴鸡一只，右边拴猫一只，宰杀后将其血滴入酒中，以供众人定款歃盟。

仪式先由巴代手拿鼓槌击鼓三通，众人肃静。村寨中德高望重的召集者们(包括巴代在内，统称为"香头")各个焚香三炷，对坛三拜九叩后将香插入大桌上的大炉中。又击鼓三通，由香蜡师、斩猫师、斩鸡师、酒师共四人各焚香三炷，三拜九叩后将香分别插入四张饭桌上的香炉内。再击鼓三通，由巴代于坛前高声朗诵请神神辞，三请后打顺箸，烧纸奠酒，然后众议条款，杀鸡斩猫，众人依次绕桌饮血酒，饮毕即成。最后由巴代送神拆坛，条款生效。

苗族议款，重在仪式，庄严神圣，气氛肃穆，主题明确，内容简单。其起鼓、上香仪式都非常严肃，令观者震撼。巴代请神灵之过程，也能使人寒毛倒竖，恐怖畏惧。仪式中，斩猫杀鸡，滴血入酒，众人沾饮，异口同心，共同遵守，坚决执行。仪式之后，众志成城。对于违规犯款的人，除了有"打碗逐出村寨，打罐取消人格""得活拿活、得死拿死""打杀勿论""捆岩沉潭"等惩罚之外，更重要的也最使人害怕的是会殃及子孙后代，比如"九代九绝""九代当牛做马""代代呕血而亡""代代贫穷潦倒，不发不旺"等诅咒。正是这种以利收心、以祸镇心、以存安心的思维及做法，促使苗家的条款起到每议必成、每成必效、每守必发、每犯必难、每违必祸的效果。据说苗村苗寨在历朝历代都是靠规款来起到保安护利、保生护存的良好效果。传说苗寨近代的一次议"天款"，是在"乾嘉起义"时期，苗寨与清朝政府战争期间。

【神辞】

烧香洋洋，琳琅振响。十方肃清，三界清净，河海静默，山岳吞云。万灵镇伏，招集群真。天无氛秽，地无妖尘。冥慧洞清，大量玄玄云。以此宝香烧起，遍满大千世界。香烟渺渺，上达天朝。香烟纷纷，上达天庭。香烟洋洋，上达天堂。不请外道神鬼，不奉别教别坛。单请弟子本坛本教，本祖本宗。传教祖师，演教本师。

法由心造，心借香传。香焚在炉，心诚清源。户主诚心敬奉，弟子虔心执坛。心香焚在正坛炉中，凡供摆在正坛桌上。传教祖师，掌教宗师。乘起坛上金炉香烟，飘达本堂法筵胜会。加持法事，拥护叩行。虔诚焚起一炷真香，二炷陈香，三炷琉璃宝香。叩请本坛祖师，本教宗师。

大金刀，破太上老君上元盘古肚。小金刀，破太上真君中元盘古肚。第三金刀，破太上道君下元盘古肚。化会我身，变会我身。我身藏在太上老君上元盘古肚，藏在太上真君中元盘古肚，藏在太上道君下元盘古肚。阴药来盖，阳药来作。合太上老君上元盘古肚，合太上真君中元盘古肚，合太上道君下元盘古肚。金华锁线，银华锁线。人看不知，鬼看不见。脑壳变作螺蛳田，头发变作万里青山。眼睛变作日月二宫，耳朵变作老君朋扇。鼻子变作天通地亮，牙齿变作金咬大王。左手变作左营兵，右手变作右营兵。大肠变作大江河，小肠变作小江河。脚杆变作冲天桅杆。头戴五百蛮雷，脚踏九州四海。

吾奉太上老君化验化灵、急急如律令。

奉请太上老君造化圣水，张赵二郎造化圣水，祖师造化圣水，本师造化圣水，弟子造化圣水。弟子变作五百蛮雷，变作五百黄斑饿虎。人见人吓，鬼见鬼怕。收起一魂藏上天，二魂九州藏，三魂藏在五龙圣水，圣水上化龙船一只，收魂藏在五龙圣水中。弟子要反龙船一只，人不见，鬼不见，八面山河也不见。人汪汪，鬼汪汪，八面山河也汪汪。庙庙神祇也汪汪。人不清，鬼不清，八面山河也不请。人看不见，鬼看不明。

吾奉太上老君化验化灵、急急如律令。

藏我身，变我身，水牛肚内去藏身。石的岩板不见脚，水井拖刀不见光。头戴九州龙天，脚踏九重云雾。

吾奉太上老君急急如律令。

起鼓

一打天地动、二打鬼神惊、三打人长寿、四打鬼神亡、五打五等不正邪师魑魅魍魉，来吾鼓中绝，来吾鼓中灭。

吾奉太上老君急急如律令。

奉请太上老君三昧真火，不烧儿魂女命、本魂本命、三魂七魄。当烧巧脚弄手、巧手弄匠、弹匠勾匠、剃头道士、光头和尚、游傩打卦、讨米叫花、红衣老司、黑衣道士、苗师客师、十二五等不正邪师、邪神邪法、邪诀邪鬼、烧起远远退在十方门下。

吾奉太上老君急急如律令。

上打鼓叮咚，下打鼓叮咚，上下齐起打，扫断邪师人。

吾奉太上老君急急如律令敕。

起鼓词1

伏以：神恩浩大，圣德昭彰。凡有祈投，必蒙感应。鼓声播动，响彻十方！一通鼓！

起鼓词 2

伏以：坛场鼓声响如雷，地动天摇鬼神惊。上打三十三重天，下打十八地狱门。二通鼓！

起鼓词 3

伏以：天庭鼓响镇天下，坛场鼓响请神灵。天地水阳齐赴会，四府高真降来临。三通鼓！

说香

伏以：弟子于夏历岁次某某某某年某某月某某日某某时，受村大任，负寨重托。逢此日吉时良，天地开昌。在起村寨之中，旷坪空地。众寨人民，众村人户。发心启建，议款坛场。天条有灵，地律有验。有灵有验，百做百顺。

谨当烧起一炷真香，造化神界。焚起二炷陈香，造立神坛。燃起三炷宝香，缭绕神殿。以此香烟，化定围界。妖鬼远离，邪魔远散。坛界肃清，正气充满。天条敕令，违者当斩。

请神

香烟洋洋，遍满十方。香烟浓浓，遍满虚空。香烟纷纷，遍满坛庭。谨焚真香，一心奉请：

上坛七千祖师，下坛八万兵马。南郊大王，北郊天子。敲角七声，三元盘古，三元法主，三桥王母，三清大道。弟子法堂会中，师郎宝殿坛上。阴传阴教，阳传阳教。前传后教，不传自教。梦传梦教，祖传师教。三坛两教，同坛共教。拥我护我，源渊祖师。坐坛师，管坛师，镇坛师，护坛师。巡坛师，鉴坛师。掌坛大法师尊，兴教大法师人。左边执肃静，右边拿回避。抬旗掌号，鸣锣开道。天仙猛将，地仙神兵。闻今有请，急速降临。出离老君大堂，离别玉皇大殿。请降法筵，受今迎请。

一心奉请：上坛七千祖师，下坛八万兵马。南郊大王，北郊天子。东路东营木神兵马，南路南营火神兵将。西路西营金神兵马，北路北营水神兵将。中路中营土神兵马，五路五营兵马兵将。五营四哨武猖，五路五界武猖。牛头马面武猖，青脸蓝面武猖。翻天倒地武猖，吃毛吃血、吃生吃熟武猖。拿枷把锁，拿枷把锁、拿锤把棒武猖。抬旗掌号，追魂翻案武猖。三十六部护法，三十六道武猖。

奉请玉皇正教，老君门下。法堂宝殿，老堂旧殿。法堂法殿，法坛法会。十二统兵大旗，十二统天大将。红旗红号旗头鸡毛，黄旗黄号旗下兵马。旗头雄兵千百万，旗下猛将万百千。大将军管大营盘，小将军镇五方界。伏魔大帝大将军，镇妖将王大元帅。四方四大四天王，八轮八大八金刚。左右护坛，赵大元帅。阴阳护法，钟馗神王。上坛七千官将，下坛百万雄兵。呼风唤雨，飞沙走石。穿山破牢，追魂翻案。五圣神祖，兵主神王。五路武猖，五营兵马。南郊大王，北郊天子。天仙兵马，地仙兵将。降临法会，受今迎请。

一心奉请：东西南北即刻到，十方上下一时临。传达法音，护持法会。行香走火去传奏，腾云驾雾传法音。骑凤天界，张大功曹。骑虎地界，狄大功曹。骑龙水界，肖大功曹。骑虎阳界，陈大功曹。天地水阳，张狄肖陈，四京四值功曹，四官四姓功曹。急急传奏功曹，忙忙传信功曹。龙神土地功曹，值坛值殿功曹，当坛当值功曹神众。

一心奉请：玉皇正教，老君门下。法堂宝殿，功曹神众。天界功曹，骑凤飞云驾雾传奏，天府浩浩，天京上圣，各神圣真宫口殿下呈疏。地界功曹，骑虎出幽入冥传奏，地府冥冥，地府王官，各殿阎君大王案下呈疏。水界功曹，骑龙漂洋过海传奏，水府滔滔，水国真仙，各海龙王水晶宫殿呈疏。阳界功曹，骑马翻山越岭传奏，阳府烈烈，阳元祀典，三下五岳神祠庙宇呈疏。三界四府，三十六路七十二道神众功曹。请为传奏，当坛鉴盟。

一心奉请：本境土地，瑞庆夫人。招财童子，进宝郎君。五方五位，五土龙神。本坊通灵土地，老尊正神。屋檐童子，把门将军。过往虚空，无边真宰。溪源潭洞，水土龙神。良民相老，地主恩官。地神地主，地脉龙神。一村之祖，一寨之宗。先来先开，先居先坐。地盘是你先开，村寨是你先立。经代代繁衍而满村，过世世生养而满寨。公公发一村而为村祖，婆婆养一寨而成寨宗。先时古木树下岩块为屋，而今古老树下岩板为祠。管虎狼猛兽不伤人畜，除瘟疫火灾不殃村寨。每家祭祖必先请你，每户敬神必先奉驾。保得清吉，佑得平安。大宗大祖，土地尊神。降临法会，受今迎请。

一心奉请：众家人民，众寨人等，家家户户，各族各房。家奉儒释道三教，净荤有感一切福神。斋神功德，佛道真仙。文昌开化，梓潼帝君。伏魔大帝，关圣帝君。求财有感，四官大神。九天司命，太乙府君。灶公灶母，灶王灶君。当年太岁。至德真神。一村祖先。一寨家亡先祖，老少众魂。闻今有请，急速降临。

谨焚净香，虔诚奉请：

天府浩浩，天京上圣。上司三十三天、昊天金阙，玉皇大帝。南斗六星、北斗七星，周天二十八宿星君。日月星斗，河汉群真神众。闻今有请，急速降临。请降仪坛，鉴察证盟。

谨焚真香，一心奉请：

地府冥冥，地府王官。一殿阎君，秦广大王。二殿阎君，楚江大王。三殿阎君，宋帝大王。四殿阎君，五官大王。五殿阎君，阎罗天子。六殿阎君，卡程大王。七殿阎君，泰山大王。八殿阎君，平顶大王。九殿阎君，都市大王。十殿阎君，转轮大王。牛头狱官，马面鬼王。善恶二簿，铁笔判官等众。闻今有请，急速降临。请降仪坛，鉴察证盟。

谨焚真香，一心奉请：

水府滔滔，水国真仙。水府扶桑，丹霞大帝，阳谷帝君，五湖四海。东洋大海，敖广龙王。南洋大海，敖胜龙王。西洋大海，敖夷龙王。北洋大海，敖斌龙王。中洋大海，五海龙王。七河七海，七子龙王。九湖九海，九子龙王。井泉龙王，溪河龙王。水府界内，万灵真宰。闻今有请，急速降临。请降仪坛，鉴察证盟。

谨焚真香，一心奉请：

阳府烈烈，阳元祀典。乾天之下，坤地之上。名山大川，海湖河泊。高山大岭，高岩大洞。悬崖峭壁，万丈深潭。大冲大川，大峡大谷。凶山陡水，险滩大坝。山神地神，岩神土神。河神海神，溪神潭神。滩神坝神，阴神洞神等众。闻今有请，急速降临。请降仪坛，鉴察证盟。

谨焚真香，一心奉请：

东岳泰山，齐天仁圣皇帝。南岳衡山，司天昭圣皇帝。西岳华山，金天顺圣皇帝。北岳恒山，安天玄圣皇帝。中岳嵩山，中天天崇大帝。五天五岳，五宫五盟皇后夫人。五岳神主，明山神君等众。闻今有请，急速降临。请降仪坛，鉴察证盟。

谨焚真香，一心奉请：

千个高坡陡岭，万个高岩大洞。三十六堂神君，七十二庙神祇。山山祠堂寺庙，处处土地龙神。本村村头龙神，本寨寨尾土地。当坊土地，老尊正神。五方五位，五土龙神。本坊通灵土地，里域正神。过往虚空，无边真宰。城隍社稷，地主恩官。地神地主，地脉龙神。闻今有请，急速降临。请降仪坛，鉴察证盟。

谨焚真香，一心奉请：

本村千家坛神香火，本寨万户灶王神君。户户家亡先祖，家家三教福神。上至高尊祖考，下至玄远宗亲。男昌伯叔，女妹姑嫜。老不真名，少不到此。所有宗支，普请同来。闻今有请，急速降临。请降仪坛，鉴察证盟。

谨焚真香，一心奉请：

天府鉴察神，地府鉴察神，水府鉴察神，阳府鉴察神。主掌天条律令，纠察善恶神君。惩恶扶善，铁面判官。执行律条，增福延寿，发达发旺福德正神。违反律条，降灾兴祸，掌管责罚大神。过往虚空，无边神众。闻今有请，急速降临。请降仪坛，鉴察证盟。

敬献酒食

尚来，香迎礼请，众神降临。信众人等，因为合议村规寨款一事，虔备刀头酒礼，斋荤二供，露水净茶，诚心上献。

虔诚初献，伏望众神慈悲纳受。（一献供品）

虔诚亚献，伏望众神慈悲纳受。（二献供品）

虔诚三献，伏望众神慈悲纳受。（三献供品）

三呈三献，三供三敬。众神领受。今有全村人民，全寨人众。为议天款、地款、人款、物款律条，异人同心，异心同想，异口同议，异舌同说。大家共议，众人共遵。今有规款，当众宣读。凭阴凭阳，凭人凭神。众约所归，众议所成。

读款

款一……

款二……

款三……

条款词

今天日时皆好，天地一派和谐。可是村中有了大事，寨内有了纠纷，今为某某某……事情，恭凭天地日月诸神，请来弟子前来烧香，烦请祖师兵马，神员兵将。阳间把持，阴间作证。本因此事，争论不决，议论不休，是非曲直，无有公断。人们上场买得公鸡，寨中擒得老猫。打来了酒，买得了肉。焚香感动了天地，烧纸恭凭鬼神。今天阳间请来了寨老巴代，各家户主家长，当事众人。阴间请来了天地鬼神，村宗寨祖土地龙神，各家祖先灶神。烧香烧纸发誓，鸡血猫血诅咒。庇佑良心善心直心真心，诅咒坏心盗心曲心歪心。诅咒不良之事，咒骂不善之人。天地神灵为证，鸡血猫血为凭。鸡血猫血之酒一喝，当代后代都有显灵。良心善心直心真心之人依言获吉，老的添福加寿，少的添子发孙。人财两发，富贵双全。坏心盗心曲心歪心依咒获罪。断子绝孙，有屋无人住，有地无人耕，有饭无人吃，有钱无人用。死尽死绝，死完死光。上天为证，上帝为证，上神为证，上方为证。大地为证，大神为证，大官为证，众人为证。

以上所议，众心所思，众口所说，众人所定，众望所归。大家共同遵守，大众共同施行。伏愿：天府鉴察神，地府鉴察神，水府鉴察神，阳府鉴察神。主掌天条律令，纠察善恶神君。惩恶扬善，铁面判官。执行律条，增福延寿，发达发旺福德正神。违反律条，降灾兴祸，掌管责罚大神。大张感应，大显威灵。铁面无私，倒断无情。好人好报，恶人恶应。丝毫不差，显威显灵。

斩猫咒

此猫此猫，非凡之猫。在生本命大，死去血为凭。遵守条款、定能得好报，违犯条款、必遭恶报应。

先咒后斩，有灵有验。

先咒后斩，有灵有验。

先咒后斩，有灵有验。

杀鸡咒

此鸡此鸡，非凡之鸡。在人间名为五德，在吾手化为血咒。遵守条款、定能得好报，违犯条款、必遭恶报应。

先咒后斩，有灵有验。

先咒后斩，有灵有验。

先咒后斩，有灵有验。

血咒

凭天凭地一碗血，凭阴凭阳一碗咒。

说灵就灵，讲应就应。

遵守条款，定能得好报，

违犯条款，必遭恶报应。

有效日时未过，依此奉行。

有效日时一过，无须依遵。

鉴察大神急急如律令。

尚来，合行议款已毕，条款成立。众人遵依，众人吉利。弟子主坛，弟子增福延寿，福慧齐增，吉康安泰，大吉大利。议款圆满，圣事圆毕。伏愿天神归天，地神归地。天地水阳，各归原位。家祖回归家堂，福德回归家殿。来有香烟迎请，去有钱财奉送。志心恭敬，虔诚奉送。

来时有迎有请，去时有别有送。人请三回，礼上圆满，神送三道，仪上圆毕。一别一送，回去你的千年本堂，二别二送，转到你的万年本殿。三别三送，有堂归堂，三送三别，有殿归殿。若是无堂无殿，各自逃散。此地再无奉请，此处再无供奉。众寨了此心愿，信士消灾免难。人要讲理，神要讲信。心愿还了得保，神愿做了得到。从此之后，人神之间，一刀两断。还了之后，永无再欠。众神归府，列位天了地散归殿。千年不许回头，万代不许转面。一刀两断，永不相见。

先祖归堂，土地归祠，祖师回堂，本师回殿。阴归阴路，阳归阳路，阴阳各别。弟子背负正魂本命，三魂七魄。荣华富贵，福禄寿喜，财宝利禄，大吉大利。平安坐得千年，吉康活过百岁。

（朝坛外撒米，作三个揖表示奉送。）

众寨大发大旺，大清大泰，大吉大利！

二、隔邪师科仪

【题解】

隔邪师是指一些人中邪之后，出现一些颠三倒四、本末倒置、不辨是非甚至神经错乱、癫狂昏沉、见鬼见神、胡言乱语的现象，同时也指反复染上一些疑难杂症，以及良药无效、久治不愈的病症。人们遇到这种情况，便会认为是中了"草鬼婆"施放的毒蛊，或者是中了邪师邪教邪神邪鬼所施的邪法邪术的祸害，因此就要请巴代为其举行"隔邪师"仪式。

传说湘西古代的邪师是很厉害的，邪师可以将杀死修净但未开膛破肚的猪羊偷走；可以用一条缠头帕子变成一条大蛇上树吃（摘）桃子；可以把两只草鞋抛上天空，让其不停地翻滚打架；可以用刷条抽打木凳行走；可以用白纸剪成鲤鱼放进水盆中变成活鱼，并且还可捉来煎在锅中用来下饭；可以差动鬼神搬运物体；可以变幻物像；可以让死在外地的死尸自己走路回家；可以用马鞭抽打两个大树苑，让其变成水牛打架；可以在茅草房顶上烧火；可以让水碾房里的碾盘跑出岩槽，追赶守碾子的人；可以让猪圈里的猪在关紧圈门的情况下随时跑到圈外；可以隐身藏体；等等。总之，中邪之后，一些平常根本不可能发生和出现的奇怪现象都有可能发生和出现。

这种邪术，可施在人身上，也可施放在物体上。比如传说过去有一家人建造新屋，请了几个木匠。这家人天生吝啬，舍不得拿好吃的招待匠人，偶尔弄一顿好吃的，也故意放很多的盐，让匠人吃不了。匠人也不言语，干完了自己该干的活就回去了。等到主人新屋立起、搬进新屋后，发现新屋的柱头天天流臭水，每天早上起床时，床头上总有两只癞蛤蟆准时迎接自己。这家人百思不得其解，直到有一天才猛然想起是不是自己对待匠人太过分了，匠人施放了邪术。于是登门谢罪，给几个匠人各送了一只鸡、两包糖。第二天柱头不流水了，癞蛤蟆也不光顾了。

据说中邪会严重地影响人的正常生活，给当事人的生活、健康及事业带来很大的危害。因此，人们就会请巴代来家举行"隔邪师"仪式，苗语叫作"茶穷茶卡"。

隔邪师仪式在主家的堂屋中举行。将一张饭桌摆在堂屋中，上摆刀头酒礼、糍粑果供、一碗桃叶热水，五沓纸钱分五方摆在桌下，一只公鸡拴于桌腿上。

巴代先于桌前烧纸叩师、藏身收祚，再请神兵将帅、武猖灵官。请来之后，通呈保佑，敬送吃喝，然后踩九州发兵发马，用鸡隔邪，掐破鸡冠，将鸡血分别涂在地上的五沓纸钱上，并扯下几片鸡腿毛混合鸡血沾在纸钱上，用马鞭一方一方地抽打师邪教，驱赶邪诀邪咒、邪法邪术，并烧纸和鸡毛鸡血，一方一方地送出门外，用桃枝丫沾桃叶水洗中邪人，逐房洒桃叶水。接着送出门外，并用桃叶水沿门槛倒于大门外，表示隔除邪师在门外了。最后送神，翻倒供桌即可。

【神辞】

妄心拂动起妖尘，福星消减祸灾临，八难三途唯心造，皆因贪嗔痴自身。净心为缘，善念福生，观心自在，返觉本真。弟子脚踏罡步，头戴紫云。法由心显，灵从口应。

伏以钱财告报：天地水阳，年月日时，四值功曹。请降仪坛，领受钱财。（烧三张纸钱，作一个揖）

伏以钱财告报：弟子法坛会上，无量高尊。左右临坛，赵大元帅。金山启教，应供祖师。南泉教主，普愿祖师。西天东土，历代祖师。法坛会上，宗本祖师。上坛七千祖师，下坛八万兵马。南郊大王，北郊天子。天仙兵马，地仙兵将。请降仪坛，领受钱财。（烧三张纸钱，作一个揖）

伏以钱财告报：交钱祖师、度钱祖师、前传后教、宗本二师。请降仪坛，领受钱财。（烧三张纸钱，作一个揖）

伏以钱财上奉已毕，弟子在于香炉头上，焚香叩请祖师石法高、石法旺、石法胜、石法高①。叩在弟子身前身后，身左身右。同我弟子起手成法成诀，动脚成罡成步。早讲早灵，夜讲夜顺。

注：
①石法高——两人为重名。

祖师收来邪师邪教，本师收来邪神邪鬼、邪诀邪法。祖师加持用诀，本师加持用法。铜绞绞在天牢，铁绞绞在地井。铜锁锁在天牢，铁锁锁在地井。铜叉叉在天牢，铁叉叉在地井。铜撑撑在天牢，铁撑撑在地井。铜钩钩在天牢，铁钩钩在地井。铜链链在天牢，铁链链在地井。下铜宝盖，铁宝盖，高上金铁银宝盖。下三十六道城铁脉，盖在天牢，压在地井，盖在千丈深潭，压在万丈古井。莫惊莫动，莫走莫行。

吾奉太上老君急急如律令。

祖师赐下真法，弟子念动真诀。太上老君赐下天隔地隔，阴隔阳隔，山隔水隔，河隔海隔，铜隔铁隔。不隔儿魂女命，不隔三魂七魄。当隔巧脚弄手，巧手弄匠，弹匠勾匠，剃头道士，光头和尚，游傩打卦老司，叫花讨米老司，红衣老司，黑衣道士，苗师客师，十二五等不正邪师，邪神邪法，邪师邪教，邪诀邪鬼。风大隔风，雨大隔雨，是事不许动作。弟子一步隔上一千里，二步隔上二千里，三步隔上三千八万八百八九里。隔在一边河，安在一边海，把山为界，把水为平。远看太太平洋，近看黄土神墙。有风不许乱吹，有雨不许乱淋。风吹树木莫动，百草不准抬头。

抬眼看青天，师父在眼前。闭眼看身后，师父在左右。太上老君随前随后，随左随右。身左身右。同我弟子起手成法成诀，动脚成罡成步。莲华宝座，莲华宝诀。三十六道正法，七十二道真诀。收我弟子正魂本命，三魂七魄。收在十二洞前洞后，十二洞左洞右。人看不知，鬼看不见。百无禁忌，大吉大利。（三次）

借大金刀，破太上老君上元盘古肚。小金刀，破太上真君中元盘古肚。第三金刀，破太上道君下元盘古肚。化变我身，变化我身。我身藏在太上老君上元盘古肚、太上真君中元盘古肚、太上道君下元盘古肚内。金化索丝，银化索线。缝合无缝，缝合无间。阴药来敷，阳药来治。人看不知，鬼看不见。吾奉太上老君急急如律令。（三次）

含也——（三声，作三个揖）

今据公元二某某某某年某某月某某日某某时，在起信士户主某某氏门中，堂屋之中，中堂里内。

伏以——兵马未动，粮草先行。先要动粮，后才动兵。神灵未曾启请，先得宝香先焚。借动祖师三昧真火，将这龙凤宝香先焚。烧起真香，燃起青烟。腾腾瑞气满金炉，霭霭祥云遍三界。仗此香烟来奉请，所请真神降来临。有请则到，无请不临。若犯禁戒，律令施行。请则三千玄应，行则万类

皆宁。奉请祖师,迎请宗师。祖师随香来到,宗师随请来临。拥护弟子前后左右,加持法事始起终结。谨当奉请:

一心皈命礼请:法堂宝殿,老堂旧殿。法堂法殿,高堂大殿。宗本堂中,祖师殿内。教师堂中,教法堂内。香火坛中,香灯坛内。开坛演教,护坛传教。祖师大殿,兵马大营。坛上七千,坛下八万。

奉请开坛演教石法高,后代行坛演教石法旺。掌教祖师石法全,行香走火石法德、石法灵、石法胜、龙法灵、龙法胜。应教祖师张法召、龙法清、龙法通、龙法高、龙法旺、江法灵、吴法德、侯法斌、田法魁、田法寿、吴法成。掌度祖师龙法胜,前代安坛刘法旺,后代祖师龙法胜、龙法明、龙法胜、石法明、石法胜。高公祖师石法德,尊公祖师石法高、石法魁。后代安坛石法德,行坛弟子石法明。[①]闻今有请,急速降临。出离老君大堂,离别玉皇大殿。请降法筵,受今迎请。

注:
①这里名字相同者为重名。

奉请太上老君,正君道君。张赵二郎、圣水三郎,十二婆令大娘,花林姊妹。阴传阴教,阳传阳教,梦传梦教,不传自教,三坛两教,三十六道祖师。

奉请玉皇正教,老君门下。法堂宝殿,老堂旧殿。法堂法殿,法坛法会。十二统兵大旗,十二统天大将。红旗红号旗头鸡毛,黄旗黄号旗下兵马。旗头雄兵千百万,旗下猛将万百千。大将军管大营盘,小将军镇五方界。伏魔大帝大将军,镇妖将王大元帅。四方四大四天王,八轮八大八金刚。左右护坛,赵大元帅。阴阳护法,钟馗神王。上坛七千官将,下坛百万雄兵。呼风唤雨,飞沙走石。穿山破牢,追魂翻案。五圣神祖,兵主神王。五路武猖,五营兵马。南郊大王,北郊天子。天仙兵马,地仙兵将。降临法会,受今迎请。

一心奉请:年月日时,四值功曹。飞云驾雾功曹,走马乘风功曹。上天入地功曹,行水走土功曹。天门地府功曹,天涯海角功曹。凌云直下功曹,翻天倒地功曹。骑龙乘凰功曹,行香走火功曹。早走早到功曹,夜行夜临功曹。当坛传奏功曹,值殿传音功曹。隔山隔水功曹,隔岩隔土功曹。早喊早来功曹,夜唤夜到功曹。忠心忠义功曹,尽职尽责功曹。

出兵出在何州,请到何州。出马出在何县,请到何县。请到十重云头,九霄云雾。七里桥头,奈何桥上。老君大堂,玉皇大殿。老君殿前殿后,老君殿左殿右。学师堂中,学法堂内。教师堂中,教法堂内。云贵两广,永保二州。湖南湖北。祖师在起湖南大堂,请到湖南大堂,本师在起湖北大殿,请到湖北大殿。大兵请上八抬大轿,小兵请上高头大马。

风快请来跟风,雨快请来跟雨。山快请来跟山,水快请来跟水。铺去阴阳二桥,请下凡间之中,洞冲大寨,土地祠下。人请千家开门莫过,神请万家开户莫行。请到信士户主,某氏门中某某某,三衙门口,四脚门外。屋檐童子,接水阶前。大门之中,小门之内。堂屋之中,中堂里内。有车请来众人不要下车,有马请来众人不要下马。人人请来装车,个个请来装马。装车不请何神,发马不叫何鬼。

含也——(作一个揖)

奉请先来为大,先到为尊。先发为祖,先养为宗。先立此村此寨,先管此山此地。此村人家是你所发,此寨人户为你所兴。立为先祖,奉为先宗。生时管山管水,死后成龙成神。安在村中,奉于村内。村头古老林下岩屋为祠,寨中古老树下岩板为堂。管村管寨虎狼不凶,管坊管地瘟火不侵。接受全村香火,保佑全寨平安。本村当坊土地,本寨老祖正神。

出兵出在何州,请到何州。出马出在何县,请到何县。请到老木堂中,古树堂内。四个天门,八个地户。四个老堂,八个老殿。在堂请堂,在殿请殿。铺去阴阳二桥,请下凡间之中,洞冲大寨,土地祠下。人请千家开门莫过,神请万家开户莫行。请到信士户主,某氏门中某某某,三衙门口,四脚门外。屋檐童子,接水阶前。大门之中,小门之内。堂屋之中,中堂里内。有车请来众人不要下车,有马请来众人不要下马。人人请来装车,个个请来装马。装车不请何神,发马不叫何鬼。

含也——(作一个揖)

一心奉请:某氏堂上,某氏门中,历代祖先。家亡先祖,老少众魂。上至高尊祖考,下至玄远宗亲。男昌伯叔,女妹姑嫜。历朝历代先祖,历代历朝先人。先祖堂中众位元老,先宗堂内众位先辈。本家本姓祖宗,本房本族祖德。家堂香火,福德正神。保佑儿孙发达先祖,庇佑后代发旺先人。始宗始祖,发子发孙。发千发万,发达发旺。信士本家堂上香火,户主本族本房香灯。历代先宗先祖,历朝先公先婆,先父先母,先辈先人。堂上高尊祖考妣,炉中太祖父辈魂。查得有名不到,点得有字不齐。心到请到,意到念临。去是前后陆续,来时同请同到。到堂把持香火,到殿把持香灯。来到堂中,迎到堂内。

一份请到墓坟山水，盘龙吉地。二份请到水火炉位前，飞林子幕、花林子盖。三份请到大门之中，小门之内。堂屋之中，中堂里内。有车请来众人不要下车，有马请来众人不要下马。人人请来装车，个个请来装马。装车不请何神，发马不叫何鬼。

含也——（作一个揖）

尚来迎请，古今历代祖师，法坛护法将军。功曹传文使者，本境土地龙神。本家历朝先祖，本族历代先人。东厨灶公灶母，本年太岁神君。主家东道主者，主东福德正神。要与主东代理，阴间一切事情。

人人请来装车，个个请来装马。装车不请何神，发马不叫何鬼。

含也——（作一个揖）

奉请弟子法坛会上，无量高尊。左右临坛，赵大元帅。法坛会上，宗本祖师。上坛七千祖师，下坛八万兵马。南郊大王，北郊天子。四大天王，八大金刚。荡魔天尊，护法灵官。三元将军，四员枷栲。五营兵马，六丁六甲。七千雄兵，八万猛将。天仙兵马，地仙兵将。

东路武猖，九千九万木神兵马。南路武猖，八千八万火神兵马。西路武猖，六千六万金神兵马。北路武猖，五千五万水神兵马。中路武猖，三千三万土神兵马。五路武猖。七千抬旗抬号，八百抬弩抬箭。围拿锁监，敲枷打锁，追魂翻案。旗头毛鸡，翻跟倒斗，翻天倒地。见毛吃毛，见血吃血，见生吃生，见熟吃熟。武猖大郎、武猖二郎，张赵圣水三十六道武猖。

出兵出在何州，要来请到何州。出马出在何县，要来请到何县。请到老君大堂，玉皇大殿。老君殿前殿后，老君殿左殿右。学师堂中，学法堂内。教师堂中，教法堂内。云贵两广，永保二州。湖南湖北。祖师在起湖南大堂，请到湖南大堂，本师在起湖北大殿，请到湖北大殿。大兵请上八抬大轿，小兵请上高头大马。

风快请来跟风，雨快请来跟雨。山快请来跟山，水快请来跟水。铺去阴阳二桥，请下凡间之中，洞冲大寨，土地祠下。

人请千家开门莫过，神请万家开户莫行。请到信士户主，某氏门中某某某，三衙门口，四脚门外。屋檐童子，接水阶前。大门之中，小门之内。堂屋之中，中堂里内。有车请来众人下车，有马请来众人下马。请来上排上坐，下排下坐，排方正坐。上请莫动，下请莫游。

含也——（作一个揖）

一份来了，二份不请同来，飞云走马功曹上参。一份来到，二份不请同到，飞云走马功曹上报。二份转来奉请——

奉请弟子法坛会上，无量高尊。左右临坛，赵大元帅。法坛会上，宗本祖师。上坛七千祖师，下坛八万兵马。南郊大王，北郊天子。四大天王，八大金刚。荡魔天尊，护法灵官。三元将军，四员枷栲。五营兵马，六丁六甲。七千雄兵，八万猛将。天仙兵马，地仙兵将。

东路武猖，九千九万木神兵马。南路武猖，八千八万火神兵马。西路武猖，六千六万金神兵马。北路武猖，五千五万水神兵马。中路武猖，三千三万土神兵马。五路武猖，七千抬旗抬号，八百抬弩抬箭。围拿锁监，敲枷打锁，追魂翻案。旗头毛鸡，翻跟倒斗，翻天倒地。见毛吃毛，见血吃血，见生吃生，见熟吃熟。武猖大郎、武猖二郎，张赵圣水三十六道武猖。

出兵出在何州，要来请到何州。出马出在何县，要来请到何县。请到老君大堂，玉皇大殿。老君殿前殿后，老君殿左殿右。学师堂中，学法堂内。教师堂中，教法堂内。云贵两广，永保二州。湖南湖北。祖师在起湖南大堂，请到湖南大堂，本师在起湖北大殿，请到湖北大殿。大兵请上八抬大轿，小兵请上高头大马。

风快请来跟风，雨快请来跟雨。山快请来跟山，水快请来跟水。铺去阴阳二桥，请下凡间之中，洞冲大寨，土地祠下。

人请千家开门莫过，神请万家开户莫行。请到信士户主，某氏门中某某某，三衙门口，四脚门外。屋檐童子，接水阶前。大门之中，小门之内。堂屋之中，中堂里内。有车请来众人下车，有马请来众人下马。请来上排上坐，下排下坐，排方正坐。上请莫动，下请莫游。

含也——（作一个揖）

二份来了，三份不请同来，飞云走马功曹上参。二份来到，三份不请同到，飞云走马功曹上报。三份转来奉请——

奉请弟子法坛会上，无量高尊。左右临坛，赵大元帅。法坛会上，宗本祖师。上坛七千祖师，下坛八万兵马。南郊大王，北郊天子。四大天王，八大金刚。荡魔天尊，护法灵官。三元将军，四员枷栲。五营兵马，六丁六甲。七千雄兵，八万猛将。天仙兵马，地仙兵将。

东路武猖，九千九万木神兵马。南路武猖，八千八万火神兵马。西路武猖，六千六万金神兵马。北路武猖，五千五万水神兵马。中路武猖，三千三万土神兵马。五路武猖，七千抬旗抬号，八百抬弩抬箭。围拿锁监，敲枷打锁，追魂翻案。旗头毛鸡，翻跟倒斗，翻天倒地。见毛吃毛，见血吃血，见生吃生，见熟吃熟。武猖大郎、武猖二郎，张赵圣水三十六道武猖。

出兵出在何州，要来请到何州。出马出在何县，要来请到何县。请到老君大堂，玉皇大殿。老君殿前殿后，老君殿左殿右。学师堂中，学法堂内。教师堂中，教法堂内。云贵两广，永保二州。湖南湖北。祖师在起湖南大堂，请到湖南大堂，本师在起湖北大殿，请到湖北大殿。大兵请上八抬大轿，小兵请上高头大马。

风快请来跟风，雨快请来跟雨。山快请来跟山，水快请来跟水。铺去阴阳二桥，请下凡间之中，洞冲大寨，土地祠下。

人请千家开门莫过，神请万家开户莫行。请到信士户主，某氏门中某某某，三衙门口，四脚门外。屋檐童子，接水阶前。大门之中，小门之内。堂屋之中，中堂里内。有车请来众人下车，有马请来众人下马。请来上排上坐，下排下坐，排方正坐。上请莫动，下请莫游。

含也——（作一个揖）

人心一动，神降一时。阴间来的好客，阳间到的好马。行兵弟子，阴请阴来，阳请阳到。三请同来，四请同到。有事和你通呈，无事不敢通呈。半天云云，着耳听文。有事和你登堂，无事不敢登堂，半天洋洋，着耳听章。壶中有酒，开壶莫献。茶献一呈，酒分三献。今据公元二某某某年某某月某某日清早良旦，上午之时，下午之时，晚上之期，在起信士户主某某氏门中，不管别神外鬼，不管别处外路。

当管弟子法坛会上，无量高尊。左右临坛，赵大元帅。法坛会上，宗本祖师。上坛七千祖师，下坛八万兵马。南郊大王，北郊天子。四大天王，八大金刚。荡魔天尊，护法灵官。三元将军，四员枷栲。五营兵马，六丁六甲。七千雄兵，八万猛将。天仙兵马，地仙兵将。

东路武猖，九千九万木神兵马。南路武猖，八千八万火神兵马。西路武猖，六千六万金神兵马。北路武猖，五千五万水神兵马。中路武猖，三千三万土神兵马。五路武猖。七千抬旗抬号，八百抬弩抬箭，围拿锁监，敲枷打锁，追魂翻案。旗头毛鸡，翻跟倒斗，翻天倒地。见毛吃毛，见血吃血，见生吃生，见熟吃熟。武猖大郎、武猖二郎，张赵圣水三十六道武猖。

出兵出在何州，要来管到何州。出马出在何县，要来管到何县。管到老君大堂，玉皇大殿。老君殿前殿后，老君殿左殿右。学师堂中，学法堂内。教师堂中，教法堂内。云贵两广，永保二州。湖南湖北。祖师在起湖南大堂，管到湖南大堂，本师在起湖北大殿，管到湖北大殿。大兵管上八抬大轿，小兵管上高头大马。

风快跟风，雨快跟雨。山快跟山，水快跟水。

铺去阴阳二桥，管下凡间之中，洞冲大寨，土地祠下。人管千家开门莫过，神管万家开户莫行。管到信士户主，某氏门中某某某，三衙门口，四脚门外。屋檐童子，接水阶前。大门之中，小门之内。有车管来众人下车，有马管来众人下马。管来上排上坐，下排下坐，排方正坐。上请莫动，下请莫游。

含也——（作一个揖）

管来不为千斤大事，不为并无小难。上山不为砍木，下水不为拖船。因为信士户主，病害良人某某某，着了邪教，中了邪师。着了邪法，中了邪术。染患了某某疾病。一日不消不散，二天不减不退。男人手巾包米，女人白纸包茶。东方点香，南方卜课。点香大师坛头，卜课小师坛尾。点香不出何神，卜课不出何鬼。点香出了邪教，卜课中了邪法。

一屋人口，一家人眷。男人不做长心大胆，女人不做三心二意。算得好日，择得好字。选得留连太安，请得行兵弟子，前门跟你相求，后门给你相醉。请你为其隔去邪师，除去邪法。

面前备办何财，要来交你何财，备办何物、要来交你何物。备办长台师椅，桌台椅凳。金杯银碗，金调银筷。刀头压盘，香米利是。斋供一筵，斋筵果供。黄缸米酒，糍粑糯供。金钱银钱，纸马钱财。陈香华香，龙凤宝香。明灯照亮，灯花蜡烛。一样不少，两样不欠。项项交在你的手中，样样送在你的手内。

交纳何财，领受何财。交纳何物，领受何物。领受在前，保佑在后，领受在左，保佑在右。

上来不保千家人名，下来不保万家名字。当保信士户主，病害良人某某，大病化消化散，小病化减化退。好了不加不重，退了不反不复。灾星祸害，驱除消灭。保佑一屋人口，一家人眷。人人清吉，个个康泰。冬免三灾，夏除八难。春秋清吉，四季平安。灾难消散，祸害消除。罪孽冰消，恶果不出。灾萌不起，火盗不侵。口牙永息，是非不生。遇难成祥，逢凶化吉。凶煞退尽，吉星降临。谋事如意，心想事成。吉康安泰，吉祥如意，大吉大利。

献上黄缸米酒，一杯一碗，二呈二献。驱蛊酒呈，杀鬼酒献。

敬送弟子法坛会上，无量高尊。左右临坛，赵大元帅。法坛会上，宗本祖师。上坛七千祖师，下坛八万兵马。南郊大王，北郊天子。四大天王，八大金刚。荡魔天尊，护法灵官。三元将军，四员枷栲。五营兵马，六丁六甲。七千雄兵，八万猛将。天仙兵马，地仙兵将。

东路武猖，九千九万木神兵马。南路武猖，八千八万火神兵马。西路武猖，六千六万金神兵马。北路武猖，五千五万水神兵马。中路武猖，三千三万土神兵马。五路武猖。七千抬旗抬号，八百抬弩抬箭，围拿锁监，敲枷打锁，追魂翻案。旗头毛鸡，翻跟倒斗，翻天倒地。见毛吃毛，见血吃血，见生吃生，见熟吃熟。武猖大郎、武猖二郎，张赵圣水三十六道武猖。

上来不保千家人名，下来不保万家名字。当保信士户主，病害良人某某，隔去邪师邪教，邪神邪法，邪诀邪鬼。大病化消化散，小病化减化退。好了不加不重，退了不反不复。灾难消散，病痛消除。黄缸米酒，一杯二碗，一呈二献。破在金牙银齿，倒在金肠银肚。

含也——（倒点酒在纸钱炉内）

吃了一杯一碗，二呈二献。要来敬上三杯三碗，三呈四献。保佑酒呈，保佑酒献。

敬送弟子法坛会上，无量高尊。左右临坛，赵大元帅。法坛会上，宗本祖师。上坛七千祖师，下坛八万兵马。南郊大王，北郊天子。四大天王，八大金刚。荡魔天尊，护法灵官。三元将军，四员枷栲。五营兵马，六丁六甲。七千雄兵，八万猛将。天仙兵马，地仙兵将。

东路武猖，九千九万木神兵马。南路武猖，八千八万火神兵马。西路武猖，六千六万金神兵马。北路武猖，五千五万水神兵马。中路武猖，三千三万土神兵马。五路武猖。七千抬旗抬号，八百抬弩抬箭，围拿锁监，敲枷打锁，追魂翻案。旗头毛鸡，翻跟倒斗，翻天倒地。见毛吃毛，见血吃血，见生吃生，见熟吃熟。武猖大郎、武猖二郎，张赵圣水三十六道武猖。

吃了保佑信士某某某，病害良人某某，隔去邪师邪教，邪神邪法，邪诀邪鬼。大病化消化散，小病化减化退。好了不加不重，退了不反不复。病根脱去，灾难消除。黄缸米酒，二杯三碗，三呈四献。破在金牙银齿，倒在金肠银肚。

含也——（倒点酒在纸钱炉内）

吃了三杯四碗，三呈四献。要来敬上五杯五碗，五呈五献。保佑酒呈，保佑酒献。

敬送弟子法坛会上，无量高尊。左右临坛，赵大元帅。法坛会上，宗本祖师。上坛七千祖师，下坛八万兵马。南郊大王，北郊天子。四大天王，八大金刚。荡魔天尊，护法灵官。三元将军，四员枷栲，五营兵马，六丁六甲。

七千雄兵，八万猛将。天仙兵马，地仙兵将。

东路武猖，九千九万木神兵马。南路武猖，八千八万火神兵马。西路武猖，六千六万金神兵马。北路武猖，五千五万水神兵马。中路武猖，三千三万土神兵马。五路武猖。七千抬旗抬号，八百抬弩抬箭，围拿锁监，敲枷打锁，追魂翻案。旗头毛鸡，翻跟倒斗，翻天倒地。见毛吃毛，见血吃血，见生吃生，见熟吃熟。武猖大郎、武猖二郎，张赵圣水三十六道武猖。

后来敬上九州兵马，前师后教。功曹武猖，家亡先祖、家先等众。村头龙神，寨尾土地。灶公土地，灶王菩萨。门头老鬼，把门将军。

吃了保佑信士某某某，病害良人某某，隔去邪师邪教，邪神邪法，邪诀邪鬼。冬免三灾，夏除八难。春秋清吉，四季平安。灾难消散，祸害消除。罪孽冰消，恶果不出。灾萌不起，火盗不侵。口牙永息，是非不生。遇难成祥，逢凶化吉。凶煞退尽，吉星降临。谋事如意，心想事成。吉康安泰，吉祥如意，大吉大利。

黄缸米酒，一杯化作千杯，一碗化作千碗。千人共杯，万人共碗。阴间不吃不领，阳间不领不剩。破在金牙银齿，倒在金肠银肚。

含也——（倒点酒在纸钱炉内）

掐祖师诀于香烟上集合师众

阴间吃了得饱，阳间喝了得醉。奉请九州兵马，前师后教。功曹武猖，家亡先祖、家先等众。村头龙神，寨尾土地。灶公土地，灶王菩萨。门头老鬼，把门将军。随前随后，随左随右。同我弟子起手成法成诀，动脚成罡成步。人人装车，个个装马。装车不请何神，发马不叫何鬼。

请邪师

奉请巧脚弄手，巧手弄匠。弹匠勾匠，长发道士，光头和尚。游傩打卦老司，叫花讨米老司。红衣老司，黑衣道士。苗师客师，十二五等不正邪师。邪师邪教，邪神邪法，邪诀邪鬼。男人草匠，女人草鬼。男人挽诀，女人掐诀。白眼仙人。①有车上车，有马上马。风快请来跟风，雨快请来跟雨。山快请来跟山，水快请来跟水。铺去阴阳二桥，请下凡间之中，洞冲大寨，土地祠下。

人请千家开门莫过，神请万家开户莫行。请到信士户主，某氏门中某某某，三衙门口，四脚门外。屋檐童子，接水阶前。大门之中，小门之内。有车请来众人下车，有马请来众人下马。请来上排上坐，下排下坐，排方正坐。上请莫动，下请莫游。

含也——（作一个揖）

注：
①白眼仙人——以上各句皆指各种会弄邪法邪术的艺人。

送邪师吃喝

来随大请，到有大敬。今有大酒大肉，大粑大供。金银财宝，绸缎衣裤。
请来共享，敬与共用。享后即收邪法，用后即消邪术。吃人大供，谢人大恩。
受人大恩，保人大吉。要走快走，若不快走，太上老君动手打走！要退快退，
若不快退，五百蛮雷打退！吾奉太上老君急急如律令！

（朝外奠酒撒米表示送走邪师。）

拜法主

未曾拜法未成全，未成拜法未成圆。人人拜出九州兵，
（朝主坛半蹲，双手拿住马鞭两头，边吟下面神辞，边旋动马鞭，边拜：）
一拜玉皇当厅坐，二拜南斗七仙星。
三拜三元同弟子，四拜四仙枷栲灵。
五拜五营多兵马，六拜六丁六甲神。
七拜王母仙宫坐，八拜投坛保举人。
九拜三清并大道，十拜满堂众师尊。
拿得罡头跳罡尾，拿得罡尾跳罡头。
罡头罡大郎，罡尾罡二郎。
洞庭湖内一根草，弟子吃了长生不老。
（右手掐祖师诀，以诀之中指于桃叶水碗内沾水，点一点在自己的舌
头上。）

踩九州

（把师刀和马鞭顺着桌子摆在地上，左手掐祖师诀，举左右脚反复在其
上方作向两边旋翻状，吟诵如下话语：）
九州第一坎，九离对南阳。①
九四对七白，九离卦在九四郎。
不踩九州兵不动，不踩九离马不行。②
要踩九州兵才动，要踩九离马才行。
一差东方木神兵，木神兵马就起身。（抬左脚踩东方）

二差南方火神兵，火神兵马就起身。（退右脚踩南方）

三差西方金神兵，金神兵马就起身。（以左脚踩西方）

四差北方水神兵，水神兵马就起身。（进右脚踩北方）

五差中央土神兵，土神兵马就起身。（以左脚踩中央）

（于中央退右脚，左脚站定，按照下面每一句话的意思，双手作出相关手诀，并作打发出去的动作：）

头戴金盔银盔，身穿金甲银甲，脚穿金鞋银鞋。

化大金刀、小金刀、第三金刀。天桥地桥，金阴二桥。天车地车，阴阳二车。大马小马，银鬃马旋。黄弓大弩，腰弓弩箭。铜面将军，铁面将军。大将军、将军大炮，小将军、将军小炮。铜叉铁叉，阴阳二叉。铜钩铁钩，阴阳二钩。铜枪铁枪，阴阳二枪。铜锁铁链，阴阳锁链。铜锤铁棒，板子夹棍。双锣双鼓，双吹双号。大旗登天，小旗登地。三元将军，四员枷栲。五营兵马，六丁六甲。七千雄兵，八万猛将。麒麟狮子，黄斑饿虎。吞鬼大王，咬鬼大将……三十六道正法，七十二道真诀。

（弯下腰，左手掐祖师诀，并掐住马鞭根端的布飘带，右手拿住布飘带之尾部，反复旋转于左手的祖师诀上，念：）

一差东方木神兵，木神兵马就起身。

二差南方火神兵，火神兵马就起身。

三差西方金神兵，金神兵马就起身。

四差北方水神兵，水神兵马就起身。

五差中央土神兵，土神兵马就起身。

（右手把师刀就地猛力向大门方向拨去，念：）

发兵去杀邪师，发马去打邪法！

（以上"踩九州"要反复三次才行。）

注：

①九州第一坎，九离对南阳——此诀中的八卦顺序为：一坎二坤、三震四巽、五中六乾、七兑八艮、九离，故从第一坎直到第九离。

②踩九州——又名差九州，为差动九州兵马去执行某种任务之意。

（用左手拿鸡，右手拿马鞭，先掐鸡冠放出鸡血，并扯下几根鸡腿毛分别涂在地上的五方五沓纸钱上，然后朝五方各打一个跟斗，用马鞭抽打并送出大门边。五方如此，不再复述。）

奉请九州兵马，前师后教。功曹武猖，家亡先祖、家先等众。村头龙神，寨尾土地。灶公土地，灶王菩萨。门头老鬼，把门将军。随前随后，随左随右。同我弟子起手成法成诀，动脚成罡成步。

用鸡隔邪

伏以：此鸡此鸡，非凡之鸡。隔邪之鸡，挡煞之鸡。用来隔去巧脚弄手，巧手弄匠。弹匠勾匠，长发道士，光头和尚。游傩打卦老司，叫花讨米老司。红衣老司，黑衣道士。苗师客师，十二五等不正邪师。邪师邪教，邪神邪法，邪诀邪鬼。男人草匠，女人草鬼。男人挽诀，女人掐诀。白眼仙人。鸡血落地，邪师退位！

东路武猖，要毛领毛，要血领血，隔去隔师，远远退去。

（扯几片鸡毛扔在地上，打一个跟斗，站起后，用马鞭一路打送去大门边。五方如此，不再复述。）

隔去邪师邪教，邪神邪法，邪诀邪鬼。隔在一边河，安在一边海。千年不许回头，万代不许转面。

南路武猖，要毛领毛，要血领血，隔去隔师，远远退去。

西路武猖，要毛领毛，要血领血，隔去隔师，远远退去。

北路武猖，要毛领毛，要血领血，隔去隔师，远远退去。

中路武猖，要毛领毛，要血领血，隔去隔师，远远退去。

用桃叶水洗病人

奉请九州兵马，前师后教。功曹武猖，家亡先祖、家先等众。村头龙神，寨尾土地。灶公土地，灶王菩萨。门头老鬼，把门将军。随前随后，随左随右。同我弟子起手成法成诀，动脚成罡成步。

此水此水，非凡之水，壬癸之水，清净之水。用来洗去巧脚弄手，巧手弄匠。弹匠勾匠，长发道士，光头和尚。游傩打卦老司，叫花讨米老司。红衣老司，黑衣道士。苗师客师，十二五等不正邪师。邪师邪教，邪神邪法，邪诀邪鬼。男人草匠，女人草鬼。男人挽诀，女人掐诀。白眼仙人。从头洗到身下，从身洗到脚下。洗去退去，急速退去。吾奉太上老君急急如律令。

绕堂屋洗屋

（咒语与上段相同。）

沿大门槛倒桃叶水

此水此水，非凡之水，壬癸之水，清净之水。用来隔去巧脚弄手，巧手弄匠。弹匠勾匠，长发道士，光头和尚。游傩打卦老司，叫花讨米老司。红衣老司，黑衣道士。苗师客师，十二五等不正邪师。邪师邪教，邪神邪法，邪诀邪鬼。男人草匠，女人草鬼。男人挽诀，女人掐诀。白眼仙人。隔在一边河，安在一边海。千年不许回头，万代不许转面。吾奉太上老君急急如律令。

问邪师隔去否

尚来，邪师隔除已毕，万事吉利。

邪师隔去，信士清吉。放下顺卦，以报凡人。

邪师不去，扰乱信人。放下阴卦，以报凡人。

别鬼来缠，兴灾作祸。放下阳卦，以报凡人。

问病人病情病况

尚来，邪师隔除已毕，万事吉利。

病害良人，病根脱去，灾难消除。放下顺卦，以报凡人。

病害良人，不消不散，不减不退。放下阳卦，以报凡人。

家中怕有别鬼为殃作祸，宅内恐有外神兴灾作难。放下阳卦，以报凡人。

（再问病人何日何时得好。）

赏兵赏马

尚来，邪师隔除已毕，辛苦大众。辛苦酒呈，辛劳酒献。敬送九州兵马，前师后教。功曹武猖，家亡先祖、家先等众。村头龙神，寨尾土地。灶公土地，灶王菩萨。门头老鬼，把门将军。古往今来，历代仙师。喝在金牙银齿，倒在金肠银肚。

伏以——

交纳余供

茶来吃剩交在你的茶坊，酒来吃剩交在你的酒店。黄缸米酒，交在金缸，送在银缸。刀头压盘，香米利是。斋供一筵，斋筵果供。交在你的手中，送在你的手内。

再有金钱烧交，银钱烧送。收钱上仓，收米上库。吃了得饱，喝了得醉。茶供三盏，酒敬三杯，礼仪已周，法事圆毕。此地不许停车，里内不许停马。

有车请来上车，有马请来上马。上车上马，打马回堂。领受凡供酒礼，带起回堂转殿。回去老堂有大路，欲转此地断无门。众神回府，客官回衙。各归各位，各回各处。回到你的千年本堂，转到你的万年本殿。一刀两断，永不相见。次送先祖归堂，土地归祠，祖师回堂，本师回殿。阴归阴路，阳归阳路，阴阳各别。弟子背负正魂本命，三魂七魄。荣华富贵，福禄寿喜，财宝利禄，大吉大利。平安坐得千年，吉康活过百岁。阴堂拆堂，阴殿拆殿。拆了供坛，倒了供桌。户主清吉，人眷平安。

三、赎魂科仪

赎魂科仪

【题解】

赎魂叫作招生魂、找生魂，苗语叫作"料归"。过去，有的人受到山风、寒气、惊吓以及路过凶山险水处，回家后发冷发热、心律失常且良药无效，人们便认为是其魂失落在山坡野外所致，苗乡的传统做法是请巴代来家为其喊魂，即通过仪式把其所失落的魂魄给找回来，这就是赎魂。

赎魂有小赎魂、赎魂、中赎魂、大赎魂、追魂、水边追魂等多种做法。苗语中，小赎魂叫"抢魂"；赎魂叫"料归"或"料归单"；中赎魂叫"料归照"；大赎魂叫"料归洞"或"料归酷"；追魂叫"夏孺"；水边追魂叫"料归吾"。上述六种做法可统称为"赎魂"，即"料归"。其小做、中做或大做，是根据病人的病情而定的。病情较轻的如只是头耳发热、不想吃饭的则小做；病情较重的如冷热交替、不思饮食、脉搏浮且忽快忽慢的则中做；病情很重的如冷热剧变、上呕下泻、见幻影、讲胡话的则要大做；病情日轻夜重、拖延时间较长的如伤寒则要做水边(井泉边)赎魂才行。

传说山鬼是那些没有后代儿女、死了的人，由于没有后人供奉香火，没有火炉神壁"夯告"可居，才沦落为孤魂野鬼。它们为了得到吃喝，占山野洞穴溪河涧潭，专捉拿一些运气差的人来讨吃讨喝。敬奉它们之后，它们就放人魂魄归附其身，病就好了。当然，这仅仅只是传说。

赎魂仪式的供品很简单：将一把木凳放在门外屋檐下，面朝东方。在凳上摆一把隔筛，上放七柱糍粑，每柱糍粑上各摆一片肉或一条小鱼或一只虾，三炷香插在中间的那柱糍粑上，还摆一碗小炒肉(或鱼虾)、三碗酒、五小沓纸钱。沿筛边挂七件剪纸衣。在筛边另摆一凳，上摆一件女人衣服、一只花鞋和围裙(捆做一包)，旁边用纸钱垫后摆上一柱糍粑，上面也摆一片肉或鱼虾之类。

仪式在堂屋内大门外边举行。先要剪下病人所穿衣服的一点布头，包在一张纸钱内，谓之"包魂"。再烧几张纸钱后叩师藏身，坐下摇师刀请神通呈保佑、放魂放命、勾良勾愿、敬吃送喝、送神。完毕后巴代回屋时要用脚踢门槛问屋内："某某某(病人的名字)回到家了吗?"屋内回答："回到家了!"如此踢三下，问三声，屋内答三声，然后进屋，将原先所剪的病人衣服布头放回到床上，并高声云云："脱灾脱难，病好了!"意为魂魄已回来附体，病人可以放心了，病情也会慢慢地好转。

赎魂的愿标和女人衣鞋 　(石国鑫摄)

【神辞】

用莲花诀顺收包魂

伏以，日出东方，天地吉祥。某某某某年某某月某某日某某时，清早良旦，日吉时良，天地开张。百般祥和，大吉大昌。信士本因祈福保安盛事，奉请弟子来到家堂。开启之初，布供设坛，摆设长台师椅，桌台椅凳。金杯银碗，金调银筷。刀头酒礼，凡供之仪。烧起陈香华香，龙凤宝香。烧香不请何神，不叫何鬼。不请外往，不叫外路。抬眼看青天，师父在眼前。闭眼看身后，师父在左右。太上老君随前随后，随左随右。身左身右。同我弟子起手成法成诀，动脚成罡成步。莲花宝座，莲花宝诀。三十六道正法，七十二道真诀。收起病害良人某某某，正魂本命，三魂七魄。收在十二洞前洞后，十二洞左洞右。下铜盖，下铁盖，高上金铁银宝盖。人看不知，鬼看不见。

（用宝盖诀盖住后，卷起纸钱成一筒状，绞住两头，并对两头各吹一口气。）

师爷！香烟一烧，遍满天朝。香烟一燃，遍满三界。香烟一焚，遍满乾坤。腾腾瑞气，朵朵祥云，诚心启请，神圣降临。阴把香烟为据，阳把竹筶为凭。据虔据诚，凭人凭神。香烟能通天地，祥云能感福神。今者，在起某某省某某县，某某乡某某村土地祠下，在起东家户主，某氏某某门中。恭就福神坛下，诚心沐手，诚意焚香。不请别神，不奉外道。

伏以金钱烧交，银钱烧送。烧送交钱祖师、度钱祖师、前传后教、宗本二师。请降仪坛，领受钱财。（烧三张纸钱，作一个揖）

伏以金钱烧交，银钱烧送。烧送祖师法高法旺、法胜法高。请降仪坛，领受钱财。（烧三张纸钱，作一个揖）

伏以钱财上奉已毕，弟子在于香炉头上，焚香叩请祖师石法高、石法旺、石法胜、石法高。叩在弟子身前身后，身左身右。同我弟子起手成法成诀，动脚成罡成步。早讲早灵，夜讲夜顺。

藏我身，变我身，九霄云雾去藏身。风吹云雾纷纷动，不知哪朵是我身。

吾奉太上老君急急如律令。

藏我身，变我身，铁牛肚内去藏身，铁棍打牛牛不动，放火烧牛牛不行。

藏我身，变我身，犀牛肚内去藏身，藏在五湖并四海，别神别鬼不见身。人也看不见，鬼也看不明。

吾奉太上老君急急如律令。

含爷——也——含爷——也——

今据公元某某某某年某某月某某日某某之时（如下午之时、晚上之期等），在起信士户主某氏门中，大门之边，小门之外。

今者，弟子奉行祖师法令，宣演玉皇正教有灵。焚起一炷陈香，二炷华香，三炷龙凤宝香。焚起一炷陈香，结出天地正气。烧起二炷华香，飘出万朵香云。燃起三炷龙凤宝香，盖天盖地，封禁邪魔鬼神。鬼妖闻之丧胆，精怪惧恐亡形。三炷真香才烧起，功曹使者上遥闻。香烟上达神真府，奏启道德李老君。老君布下法令旨，宗本祖师降来临。

奉请上坛七千祖师，下坛八万兵马。南郊大王，北郊天子。法堂宝殿，老堂旧殿。宗本堂中，祖师殿内。教师堂中，教法堂内。香火坛中，香灯坛内。坛上七千，坛下八万。

奉请开坛宗师石法高，垂科演教祖师石法旺、石法灵、石法通、石法灵、石法胜。掌度祖师石法旺，护坛香火石法明、石法胜。高公祖师石法旺，尊公祖师石法高、石法魁。祖公祖师石法贤、石法明，护坛护教石法高、石法旺。行香走火石法胜，威严祖师石法高、石法旺。行兵弟子石法德、石法明。闻今有请，急速降临。出离老君大堂，离别玉皇大殿。请降法筵，受今迎请。

奉请太上老君，正君道君。张赵二郎、圣水三郎，十二婆令大娘，花林姊妹。阴传阴教，阳传阳教，梦传梦教、不传自教、三坛两教，三十六道祖师。

奉请九州兵马，法坛兵将。上元郭将军，中元唐将军，下元陈将军。游兵游将，五圣兵主。头戴八只角，身披倒毛衣。山兵土将，岩兵木将。铜兵铁将，水兵火将。牛头马脸，兽头怪面。排山倒海。赶山倒水。风火云雷，霹雳闪电。杀鬼缚魅，打邪驱瘟。破岩打洞，追魂翻案。左边千里眼，右边顺风耳。坛左青龙将，坛右白虎兵。坛前朱雀盾，坛后玄武阵。天仙护法百万将，地仙护教百万兵。

一心奉请：东西南北即刻到，十方上下一时临。传达法音，护持法会。行香走火去传奏，腾云驾雾传法音。骑凤天界，张大功曹。骑虎地界，狄大功曹。骑龙水界，肖大功曹。骑虎阳界，陈大功曹。天地水阳，张狄肖陈，四京四值功曹，四官四姓功曹。急急传奏功曹，忙忙传信功曹。龙神土地功曹，值坛值殿功曹，当坛当值功曹神众。

奉请龙虎山头张老祖，番解张五郎。左衙张天师，右衙李真人。部下雄兵千百万，旗下猛将万千员。三元将军，四员枷栲。五营兵马，六丁六甲。七千雄兵，八万猛将。上天管星斗，下界管山河。阴间伏魔王，阳间镇邪精。纠善察恶闪火眼，穿山破石捉鬼魅。披牌披甲，提枪鸣号。拿枷把锁，拿锤把棒。大旗铺天，小旗盖地。五百蛮雷打妖魔，三昧真火烧五瘟。移星换斗，扶善除恶。法坛兵将，宝殿神员。护法天王，护教元帅。敕符仙师，掌箓掌教。天仙兵马，地仙兵将。

坛前烧香传请，坛中有酒传奉。本坛所管，本部所辖。当差当值，当传当奏，土地神员，功曹神众。天界张姓功曹总官，地界狄姓功曹神员，水界肖姓功曹神将，阳界陈姓功曹总兵。四府当值，四时当差。各府部下，各部功曹。闻今有请，急速降临。来到堂中，驾赴坛内。上天入地，出幽入冥。翻山过水，往来传呈。有功之日，名书上请。即刻往返，往世不停。三十六道功曹神官，七十二路功曹神员。

出兵出在何州，请到何州。出马出在何县，请到何县。请到十重云头，九霄云雾。七里桥头，奈何桥上。老君大堂，玉皇大殿。老君殿前殿后，老君殿左殿右。学师堂中，学法堂内。教师堂中，教法堂内。云贵两广，永保二州。湖南湖北。祖师在起湖南大堂，请到湖南大堂，本师在起湖北大殿，请到湖北大殿。大兵请上八抬大轿，小兵请上高头大马。

风快请来跟风，雨快请来跟雨。山快请来跟山，水快请来跟水。铺去阴阳二桥，请下凡间之中，洞冲大寨，土地祠下。人请千家开门莫过，神请万家开户莫行。请到信士户主，某氏门中某某某，三衙门口，四脚门外。屋檐童子，接水阶前。大门之边，小门之外。有车请来众人不要下车，有马请来众人不要下马。人人请来装车，个个请来装马。装车不请何神，发马不叫何鬼。

含爷——也——含爷——也——

奉请一村之祖，一寨之宗。先来先开，先居先坐。地盘是你先开，村寨是你先立。经代代繁衍而满村，世世生养而满寨。公公发一村而为村祖，婆婆养一寨而成寨宗。先时古木树下岩块为屋，而今古老树下岩板为祠。管虎狼猛兽不伤人畜，除瘟疫火灾不殃村寨。每家祭祖必先请你，每户敬神必先奉驾。保得清吉，佑得平安。大宗大祖，土地尊神。

出兵出在何州，请到何州。出马出在何县，请到何县。请到老木堂中，古树堂内。四个天门，八个地户。四个老堂，八个老殿。在堂请堂，在殿请殿。铺去阴阳二桥，请下凡间之中，洞冲大寨，土地祠下。人请千家开门莫过，神请万家开户莫行。请到信士户主，某氏门中某某某，三衙门口，四脚门外。屋檐童子，接水阶前。大门之边，小门之外。有车请来众人不要下车，有马请来众人不要下马。人人请来装车，个个请来装马。装车不请何神，发马不叫何鬼。

含爷——也——含爷——也——

奉请家奉高尊祖考妣，堂上福禄寿喜神。家祖家宗，家先家神。历代考妣，九代公婆。发家赐福先祖，庇佑财丁先人。古时同宗共祖，先时同家共族。查名皆到，点字皆齐。点到一人相喊同来，提到一字相报同到。

有车请来众人不要下车，有马请来众人不要下马。人人请来装车，个个请来装马。装车不请何神，发马不叫何鬼。

含爷——也——含爷——也——

尚来奉请，开坛演教宗师，前传后教祖师。阴传阳教本师，边传外教仁师。三传两教祖师，同坛共教本师。武猖兵马，功曹土地。家亡先祖，灶王菩萨。门神门将，把门将军。奉请齐齐来到，满满来临。来到堂中，齐到堂内。

人人请来装车，个个请来装马。装车不请何神，发马不叫何鬼。

含爷——也——含爷——也——

奉请五方五位仙师，彭良水井，溪源水口。路头抢魂郎子，路尾拿命郎君。发旗郎子，发号郎君。讨鱼郎子，打网郎君。云雄大王，马雄大将。铜马沙郎，铁马沙将。五面药公药母，五面药子药孙。龙家、吴家、廖家、石家、麻家的姐。五姓才苗，七姓苗名，九姓乱脑，一十二名二姓。拿愿郎子，收愿郎君。

出兵出在何州，要来请到何州。出马出在何县，要来请到何县。出在七面山头，八面山尾。千个高坡陡岭，万个高岩陡洞。千年本堂，万年本殿。有车上车，有马上马。风快跟风，雨快跟雨。山快跟山，水快跟水。铺去阴阳二桥，请下凡间之中，洞冲大寨，土地祠下。人请千家开门莫过，神请万家开户莫行。请到信士户主，某氏门中某某某，三衙门口，四脚门外。屋檐童子，接水阶前。大门之边，小门之外。有车请来众人下车，有马请来众人下马。请来上排上坐，下排下坐，排方正坐。上请莫动，下请莫游。

含爷——也——含爷——也——

一份来了，二份不请同来，飞云走马功曹上参。一份来到，二份不请同到，飞云走马功曹上报。发兵去请，发马去报。二份转来奉请——

奉请五方五位仙师，彭良水井，溪源水口。路头抢魂郎子，路尾拿命郎君。发旗郎子，发号郎君。讨鱼郎子，打网郎君。云雄大王，马雄大将。铜马沙郎，铁马沙将。五面药公药母，五面药子药孙。龙家、吴家、廖家、石家、麻家的姐。五姓才苗，七姓苗名，九姓乱脑，一十二名二姓。拿愿郎子，收愿郎君。

出兵出在何州，要来请到何州。出马出在何县，要来请到何县。出在七面山头，八面山尾。千个高坡陡岭，万个高岩陡洞。千年本堂，万年本殿。有车上车，有马上马。风快跟风，雨快跟雨。山快跟山，水快跟水。铺去阴阳二桥，请下凡间之中，洞冲大寨，土地祠下。人请千家开门莫过，神请万家开户莫行。请到信士户主，某氏门中某某某，三衙门口，四脚门外。屋檐童子，接水阶前。大门之边，小门之外。有车请来众人下车，有马请来众人下马。请来上排上坐，下排下坐，排方正坐。上请莫动，下请莫游。

含爷——也——含爷——也——

二份来了，三份不请同来，飞云走马功曹上参。二份来到，三份不请同到，飞云走马功曹上报。发兵去请，发马去报。三份转来奉请——

奉请五方五位仙师，彭良水井，溪源水口。路头抢魂郎子，路尾拿命郎君。发旗郎子，发号郎君。讨鱼郎子，打网郎君。云雄大王，马雄大将。铜马沙郎，铁马沙将。五面药公药母，五面药子药孙。龙家、吴家、廖家、石家、麻家的姐。五姓才苗，七姓苗名，九姓乱脑，一十二名二姓。拿愿郎子，收愿郎君。

出兵出在何州，要来请到何州。出马出在何县，要来请到何县。出在七面山头，八面山尾。千个高坡陡岭，万个高岩陡洞。千年本堂，万年本殿。有车上车，有马上马。风快跟风，雨快跟雨。山快跟山，水快跟水。铺去阴阳二桥，请下凡间之中，洞冲大寨，土地祠下。人请千家开门莫过，神请万家开户莫行。请到信士户主，某氏门中某某某，三衙门口，四脚门外。屋檐童子，接水阶前。大门之边，小门之外。有车请来众人下车，有马请来众人下马。请来上排上坐，下排下坐，排方正坐。上请莫动，下请莫游。

含爷——也——含爷——也——

人有诚心，神有灵验。阴间来的好客，阳间到的好马。行兵弟子，阴请阴来，阳请阳到。三请同来，四请同到。有事和你通呈，无事不敢通呈。半天云云，着耳听文。有事和你登堂，无事不敢登堂，半天洋洋，着耳听章。壶中有酒，开壶奠献。茶献一呈，酒分三献。今据公元某某某某年某某月某某日清早良旦，上午之时，下午之时，晚上之期，在起信士户主某氏门中，不管别神外鬼，不管别处外路。

当管奉请五方五位仙师，彭良水井，溪源水口。路头抢魂郎子，路尾拿命郎君。发旗郎子，发号郎君。讨鱼郎子，打网郎君。云雄大王，马雄大将。

铜马沙郎，铁马沙将。五面药公药母，五面药子药孙。龙家、吴家、廖家、石家、麻家的姐。五姓才苗，七姓苗名，九姓乱脑，一十二名二姓。拿愿郎子，收愿郎君。

出兵出在何州，要来管到何州。出马出在何县，要来管到何县。

一车马头，管到七面山头，八面山尾。千个高坡陡岭，万个高岩陡洞。千年本堂，万年本殿。有车管来众人上车，有马管来众人上马。

二车马头，管到东南西北，四个天门，八个地户。四个老堂，八个老殿。在堂管堂，在殿管殿。有车管来众人上车，有马管来众人上马。

三车马头，管到湖南省花垣县董马库乡洞冲大寨，土地祠下。人管千家开门莫过，神管万家开户莫行。管到信士户主，某氏门中某某某，三衙门口，四脚门外。屋檐童子，接水阶前。大门之边，小门之外。有车管来众人下车，有马管来众人下马。管来上排上坐，下排下坐，排方正坐。上请莫动，下请莫游。

含爷——也——含爷——也——

管来不为千斤大事，不为并无小难。上山不为砍木，下水不为拖船。因为信士户主，病害良人某某某，早来行东行西，夜来行南行北。见车不会躲车、车来不得高过，见马不会躲马、马来不得高骑。左边撞着你的车头，右边碰着你的马尾。转来得病在身，困在眠床，倒在卧巾。一日不消不散，二天不减不退。

男人手巾包米，女人白纸包茶。东方点香，南方卜课。点香大师坛头，卜课小师坛尾。点香不出何神，打卦不出何鬼。是你为殃作祸，给灾作难。头上是你上枷，颈上是你上锁。标了良愿一重，许了契愿一朵。标良不把良停，许愿不把愿丢。兴良兴许，兴愿兴还。一屋人口，一家人眷。男人不做长心大胆，女人不做三心二意。算得好日，择得好字。选得留连太安，请得行兵弟子，前门跟你求求，后门给你相醉。

面前备办何财，要来交你何财。备办何物，要来交你何物。备办长台师椅，桌台椅凳。金杯银碗，金调银筷。黄缸米酒，白粮米饭。金钱银钱，纸马钱财。陈香华香，龙凤宝香。一样不少，两样不欠。项项交在你的手中，样样送在你的手内。

交纳何财，领受何财。交纳何物，领受何物。领受在前，保佑在后，领受在左，保佑在右。

上来不保千家人名，下来不保万家名字。当保信士户主，病害良人某某某，正魂在我手中，本命在我手内(把包魂纸筒夹在师刀圈根部)。身上少力，(对包魂纸吹一口气)学——化了替他添力。身上少气，(对包魂纸吹一口气)学——化了替他添气。左边添他龙力虎气，右边补他龙心虎胆。添了龙力莫倒，补了虎气莫崩。千年禄在本魂，万代马在本命。

当面有枷，要收鬼枷。颈上有锁，要收鬼锁。要收牛罗枷锁，板子夹棍。铜箍铁押，铜押铁撑。铜锤铁棒，板子夹棍。千百斤手囚，万百斤脚链。上有宽州，收去宽州。下有宽县，收去宽县。收去宽州大里，押送宽冈大县。收得过门过后，收得过堂过殿。

收了要收，要收得了，要送得完。要消得清，要除得尽。要收天煞地煞，阴煞阳煞，年煞月煞，日煞时煞，神煞鬼煞，凶煞恶煞。收煞送了，除煞务尽。不留分毫，不留命根。上有宽州，收去宽州。下有宽县，收去宽县。收去宽州大里，押送宽冈大县。收得过门过后，收得过堂过殿。

收了要收，要收早梦不灵不顺，夜梦不祥不安。早梦死人同路，夜梦死鬼同床。梦风梦雨，梦山梦水。杀牛宰马，破篾刈竹。奔田烂地，崩岩烂坎。上有宽州，收去宽州。下有宽县，收去宽县。收去宽州大里，押送宽冈大县。收得过门过后，收得过堂过殿。噩梦去了，好梦又来。早梦骑驴，夜梦跨马。早梦轿行得真，夜梦轿坐得稳。早梦日头来照，夜梦海水来淋。

收了要收，要收得了，要送得完。要消得清，要除得尽。要收晦气暗气，黑气妖气，凶气恶气，早来不许作蛊，夜来不许作怪，早来不许现头，夜来不准现面，不许为妖作祸，不许兴灾作难。上有宽州，收去宽州。下有宽县，收去宽县。收去宽州大里，押送宽冈大县。收得过门过后，收得过堂过殿。

收了要收，要收衣毛光裤。哭声登堂，喊号登殿。三块烂木，四块烂板。桐木板装，紫木板盖。灯笼篙把，毛竹火烟。黄土盖身，黑土盖面。木头两对，木马两双。男人披头，女人戴号。上有宽州，收去宽州。下有宽县，收去宽县。收去宽州大里，押送宽冈大县。收得过门过后，收得过堂过殿。

收了要收，要收得了，要送得完。要消得清，要除得尽。要收凶症，要消恶疾。有药治不了，良医治不得，疑症难症，杂症奇症，热天要收暑气来袭，冷天要收寒气来侵，心起无名之火，身染不治之症。上有宽州，收去宽州。下有宽县，收去宽县。收去宽州大里，押送宽冈大县。收得过门过后，收得过堂过殿。

收了要收，要收东方官牙，南方口嘴。西方官牙，北方口嘴。中央官牙，五方堂殿官牙口嘴，官司口气。作抄拿人，土匪抢犯，贼盗小人。天火地火，阴火阳火。天怪地怪，双猪独狗，七狗八怪、八八六十四怪。上有宽州，收去宽州。下有宽县，收去宽县。收去宽州大里，押送宽冈大县。收得过门过后，收得过堂过殿。

收了要收，要收年来失财，月来破米。失财破米，麻言怄气。年来猪瘟，月来时气。猪瘟时气，牛瘟马匠。上有宽州，收去宽州。下有宽县，收去宽县。收去宽州大里，押送宽冈大县。收得过门过后，收得过堂过殿。

收了要收，要收早来发冷，夜来发热。早来痛头，夜来痛脑。病床多久，眠床多日。天煞地煞，年煞月煞，日煞时煞，一百二十凶神恶煞。天瘟地气，天灾地难。种麻郎子，种痘郎君。屙血郎子，屙痢郎君。阴包草药，阳包草变。上有宽州，收去宽州。下有宽县，收去宽县。收去宽州大里，押送宽冈大县。收得过门过后，收得过堂过殿。

收了要收，要收得了，要送得完。要消得清，要除得尽。灾来当路，祸来当道，蛊来当路，怪来当道，无意中逢恶灾，不料中逢凶难，天炮乱打，天灾乱逢，恶人恶事，恶祸恶害，恶病恶疾，恶灾恶难。上有宽州，收去宽州。下有宽县，收去宽县。收去宽州大里，押送宽冈大县。收得过门过后，收得过堂过殿。

收了要收，要收前门猪来送屎，后门狗来送尿。前门前代伤亡，后门后代伤亡。滚坡滚岭，滚岩滚坎。早来倒在枪头，夜来死在枪尾，外音门下，本音门下，联亲门下，五音七姓男女伤亡。押送阳州以西，收送阴土地盖。早来不许相逢，夜来不许相见。若有早来相逢，夜来相见。上有宽州，收去宽州。下有宽县，收去宽县。收去宽州大里，押送宽冈大县。收得过门过后，收得过堂过殿。

收了要收，要收得了，要送得完。要消得清，要除得尽。官司相牵，官非相缠，风波打头，恶浪打腰。杀人放火，十恶不赦，小人纵放来惹，五鬼恶神来当。有意无意中伤，有作无作诽谤，伤人恶心，伤鬼恶意。上有宽州，收去宽州。下有宽县，收去宽县。收去宽州大里，押送宽冈大县。收得过门过后，收得过堂过殿。

千般收了得到，万般保了得到。上来不保千家人名，下来不保万家名字。当保信士户主，病害良人某某某，年坐清吉，月坐平安。屋场得坐，水井得吃。查名得应，点字得齐。活过百年，坐得千岁。

保了要保，佑了要佑。保佑信士户主，病害良人某某某，好了不加不重，退了不反不复。大病化小，小病化无。口讲合合，脸笑眯眯。吃茶甜肚，吃饭甜心。上山得到，下水得临。千年坐到管儿管女，万代坐到管子管孙。风吹保佑莫动，浪打保佑莫流。青龙不动，白虎不开。千年禄在本魂，万代马在本命。

保了要保，佑了要佑。保佑信士，万事如意，心想事成。所谋成就，一帆风顺。招财有路，聚宝有盆。金堆北斗，玉积满门。亿万富翁，福寿康宜。出众显达，天下扬名。

保了要保，佑了要佑。保佑信士，人财两发，财兴人旺，门庭显达，嗣息繁昌，家道兴隆，子孙旺盛，香火万年，万代繁荣。

保了要保，佑了要佑。保佑高楼养猪，低楼养羊。槽头吃水，槽尾吃糠。不养自肥，不喂自长。早长千斤，夜长万两。千年是信士户主家财家本，万代是家本家利。养公成对，养母成双。财来坐得千千余年，米来坐得万万余岁。

保了要保，佑了要佑。保佑信士，保佑财运，通达顺利。事业兴隆，财源如意。五路进财，八方进喜。求财得财，求利得利。发千发万，发财发喜。发达发旺，发富发贵。发了再发，利了再利。永无休止，福与天齐。

保了要保，佑了要佑。王儿大财，丝绸大宝。保佑黄牛大财，水牛大宝。上坡吃草，满肚肥饱。下河吃水，满肚肥了。上坡吃草，不要吃着瘟草。千年背犁得走，万代背耙得重。耙重得山。千年是信士户主家财家本，万代是家本家利。养公成对，养母成双。财来坐得千千余年，米来坐得万万余岁。

保了要保，佑了要佑。保佑信士，求子得子，求儿得生，发如竹笋，多似森林，发千发万，发家发人，金玉满堂，兰桂腾芳，千年发达，万年兴旺。

打开东方求财，东路来财。南方求米，南路来米。西方求财，西路来财，北方求米，北路来米。中央求财，中路来财，五方堂殿求米来米。不会求财，财来进家，不会求米，米来进户。财来坐得千千余年，米来坐得万万余岁。

打开正月无风扫地，二月砍草平洋，三月抛粮下种。一个落地、百个成气，一个落土、百个生口，一个落下、百个生芽。保佑七月熟谷，八月熟米。生像牛头，壮像马尾。男人得挑，女人得背。吃不了存谷烂酒，用不了存米烂饭。吃不了烂饭白财，用不尽烂饭白米。财来坐得千千余年，米来坐得万万余岁。

保佑已了，挡隔又到。上不挡州，下不挡县。

一挡一隔，病害良人某某，当面有枷、要挡鬼枷，颈上有锁、要挡鬼锁。要挡牛罗枷锁，板子夹棍。铜箍铁押，铜押铁撑。铜锤铁棒，板子夹棍。千百斤手囚，万百斤脚链。上有宽州，挡去宽州。下有宽县，挡去宽县。挡去宽州大里，隔去宽岗大县。挡得过门过后，隔得过堂过殿。

二挡二隔，要挡灾来当路，祸来当道，蛊来当路，怪来当道，无意中逢恶灾，不料中逢凶难，天炮乱打，天灾乱逢，恶人恶事，恶祸恶害，恶病恶疾，恶灾恶难。上有宽州，挡去宽州。下有宽县，挡去宽县。挡去宽州大里，隔去宽岗大县。挡得过门过后，隔得过堂过殿。

三挡三隔，要挡病害良人某某某，早来发冷，夜来发热。早来痛头，夜来痛脑。病床多久，眠床多日。天煞地煞，年煞月煞，日煞时煞，一百二十凶神恶煞。天瘟地气，天灾地难。种麻郎子，种痘郎君。屙血郎子，屙痢郎君。阴包草药，阳包草变。上有宽州，挡去宽州。下有宽县，挡去宽县。挡去宽州大里，隔去宽岗大县。挡得过门过后，隔得过堂过殿。

挡隔已了，放魂又到。人会同名同姓，发兵莫开。千人同枷同锁，发马莫放。当放信士户主，病害良人某某某，正魂本命，三魂七魄。

关在东牢，发开东路武猖打开你的东牢。（双手作剑诀朝东方一指）

关在南牢，发开南路武猖打开你的南牢。（双手作剑诀朝南方一指）

关在西牢，发开西路武猖打开你的西牢。（双手作剑诀朝西方一指）

关在北牢，发开北路武猖打开你的北牢。（双手作剑诀朝北方一指）

关在中牢，发开中路武猖打开你的中牢。（双手作剑诀朝中央一指）

关在天牢地牢、山牢水牢、岩牢土牢、竹牢木牢、亮牢黑牢、十二牢前牢后，十二牢左牢右。开牢放锁，开锁放命。大人放话，娃儿放枷。大人放口，娃儿放手。放龙归位，放虎归山。放魂放送太上老君，太上老君放送祖师，祖师放送本师。

（将双膝夹住师刀把，让刀圈朝上，双手交替将包魂纸筒从巴代颈背绕一圈，后穿过师刀圈，再从膝下绕上来，边绕边讲：）

本师带来穿山过海，穿坡过岭，穿弯过坳，穿桥过渡，放魂放到床头，放命放到床尾。放魂得了好魂，放命得了好命。放魂请放下众凭顺答，众马神骑。起在卦前卦后，倒在卦头卦尾。

含也——含也。

（打一顺答，然后将包魂纸打开，取出里面所包布头放在筛子上，然后用此包魂纸代替愿标来勾良勾愿。）

放魂已了，和你勾愿又到。前愿前勾，后愿后勾。兴良兴许，兴愿兴还。许了何财，还了何物。许了何物，还了何物。长台师椅，桌台椅凳。金杯银碗，金调银筷。还了得饱，醉了得到。细箩大肉，香米利是。还了得饱，醉了得到。斋供一筵，斋筵果供。黄缸米酒，还了得饱，醉了得到。金钱银钱，纸马钱财。陈香华香，龙凤宝香。还了得饱，醉了得到。一样不少，两样不欠。还了得饱，醉了得到。圆满毕中，圆满毕中，奉请太上老君，红笔上簿，黑笔勾销。隔五重天，把簿仙官。

大金刀大愿撤头，（拿愿标在手，用大金刀诀作砍状）

小金刀小愿撤尾。（用大金刀诀作砍状）

撤良了良，撤愿了愿。挪良了良，挪愿了愿。挪了千年不得成良，万代不得成愿。勾良请下五阴倒地，五马奔槽。起在卦前卦后，倒在卦头卦尾。

含爷也——含爷也。

（打一副阴箸，然后将愿标弄断并放在桌下烧纸处。）

赎魂的供品

勾愿已了，定阴又到。定阴定在卦中，判阳判在卦内。信士户主，求你到堂，醉你到殿。求了得保，醉了得到。病害良人，好疾好病，好病好痛。大病有消得散，小病有减得退。放下众凭神箸，众马神骑。起在卦前卦后，倒在卦头卦尾。（一块背一块面谓之顺箸）

信士户主，求你到堂，醉你到殿。求了得保，醉了得到。病害良人，大病不消不散，小病不减不退。放下五阴到地，五马奔槽。起在卦前卦后，倒

在卦头卦尾。（两块皆背谓之阴筶）

信士户主，求你到堂，醉你到殿。求了得保，醉了得到。前门怕有大鬼停车，后门怕有小鬼歇马，为殃作祸，兴灾作难。放下开天阳卦，双阳朝天。起在卦前卦后，倒在卦头卦尾。（两块皆面谓之阳筶）

细查细点祖师，细考细问本师。祖师细查细点，本师细考细问。真的报真，假的报假。莫把真的报假，莫把假的报真。真的报假，假的报真。人人说我行兵弟子，说话不灵，讲话不真。交钱不过，度纸不明。高上无雷下雨，地下无人交钱度纸。有钱无人来交，有纸无人来送。要钱不得到手，要米不得到口。

真的报真，假的报假。不把真的报假，不把假的报真。真的报真，人人说我行兵弟子，东方交钱交得清清，南方度纸度得明明。东方有请，南方有用。早不停兵，夜不歇马。要钱才得到手，要米才得到口。

信士户主，求你到堂，醉你到殿。求了得保，醉了得到。病害良人，好疾好病，好病好痛。大病有消得散，小病有减得退。放下众凭神筶，众马神骑。起在卦前卦后，倒在卦头卦尾。

第一众凭神筶不可不信，放下第二众凭神筶。起在卦前卦后，倒在卦头卦尾。（打筶，若得顺筶后再打第二筶）

第二众凭神筶不可不信，放下第三副三车凭神筶，众马神骑。起在卦前卦后，倒在卦头卦尾。（打筶，若得顺筶后再打第三筶）

（得三副顺筶后，再问几时痊愈。）

求了有消得散，醉了有减得退。再问神送到堂，鬼送到殿。有消得散，有减得退。一重大判请来定阴，小判请来定阳。定阴定在卦中，倒阳倒在卦尾。

（先看得什么筶，若得阳筶或阴筶后，再具体问是否稳当得好。如打了阴筶，就要用阳筶来落实。如打了阳筶，则要用阴筶来落实。比如上段打了阴筶的话，就按下面的话说：）

适才打了五阴倒地，五马奔槽。真是到某某时候大消大散，大减大退。圆满毕中放下开天阳卦，双阳朝天。起在卦前卦后，倒在卦头卦尾。（若没得阳筶，则再往后推，直到得阳筶为止，这样才知道病人几时得好）

定阴得了好阴，倒阳得了好阳。定阴已了，退下又到。
退下黄缸米酒，一杯一碗，二呈二献。

敬送五方五位仙师，彭良水井，溪源水口。路头抢魂郎子，路尾拿命郎君。发旗郎子，发号郎君。讨鱼郎子，打网郎君。云雄大王，马雄大将。铜马沙郎，铁马沙将。五面药公药母，五面药子药孙。龙家、吴家、廖家、石家、麻家的姐。五姓才苗，七姓苗名，九姓乱脑，一十二名二姓。拿愿郎子，收愿郎君。

吃了保佑信士，病害良人某某某，好疾好病，好病好痛。大消大散，大减大退。黄缸米酒，一杯二碗，一呈二献。破在金牙银齿，倒在金肠银肚。

含爷也——含爷也。（对酒碗吹口气，并倒点酒在纸钱炉内）

吃了一杯一碗，二呈二献。要来敬上三杯三碗，三呈四献。保佑酒呈，保佑酒献。

敬送五方五位仙师，彭良水井，溪源水口。路头抢魂郎子，路尾拿命郎君。发旗郎子，发号郎君。讨鱼郎子，打网郎君。云雄大王，马雄大将。铜马沙郎，铁马沙将。五面药公药母，五面药子药孙。龙家、吴家、廖家、石家、麻家的姐。五姓才苗，七姓苗名，九姓乱脑，一十二名二姓。拿愿郎子，收愿郎君。

吃了保佑信士户主，病害良人某某某，好了不加不重，退了不反不复。吃茶甜肚，吃饭甜心。吉康安泰，大吉大利。黄缸米酒，二杯三碗，三呈四献。破在金牙银齿，倒在金肠银肚。

含爷也——含爷也。（对酒碗吹口气，并倒点酒在纸钱炉内）

吃了三杯四碗，三呈四献。要来敬上五杯五碗，五呈五献。

先来敬送五方五位仙师，彭良水井，溪源水口。路头抢魂郎子，路尾拿命郎君。发旗郎子，发号郎君。讨鱼郎子，打网郎君。云雄大王，马雄大将。铜马沙郎，铁马沙将。五面药公药母，五面药子药孙。龙家、吴家、廖家、石家、麻家的姐。五姓才苗，七姓苗名，九姓乱脑，一十二名二姓。拿愿郎子，收愿郎君。

后来敬上九州兵马，前师后教。功曹武猖，家亡先祖、家先等众。村头龙神，寨尾土地。灶公土地，灶王菩萨。门头老鬼，把门将军。

吃了保佑信士某某某，家门清吉，人口平安。发达兴旺，富贵双全，无灾无难，大吉大利。黄缸米酒，一杯化作千杯，一碗化作千碗。千人共杯，万人共碗。阴间不吃不领，阳间不领不剩。破在金牙银齿，倒在金肠银肚。还有糍粑糯供，细炒大肉（或水下鲜鱼）也都一起破在金牙银齿，倒在金肠银肚。

含爷也——含爷也。

(对酒碗吹口气,并倒点酒在纸钱炉内,并放倒筷子,动口吃点供品。)

阴间吃了得饱,阳间喝了得醉。信士户主,冬免三灾,夏除八难。春秋清吉,四季平安。灾难消散,祸害消除。罪孽冰消,恶果不出。灾萌不起,火盗不侵。口牙永息,是非不生。遇难成祥,逢凶化吉。凶煞退尽,吉星降临。保佑信士户主,病害良人某某某,好了不加不重,退了不反不复。大病化小,小病化无。口讲合合,脸笑眯眯。吃茶甜肚,吃饭甜心。上山得到,下水得临。千年坐到管儿管女,万代坐到管子管孙。风吹保佑莫动,浪打保佑莫流。青龙不动,白虎不开。千年禄在本魂,万代马在本命。

茶来吃剩交在你的茶坊,酒来吃剩交在你的酒店。黄缸米酒,交在金缸,送在银缸。刀头压盘,香米利是。水化豆腐,白粮米饭。交在你的手中,送在你的手内。金钱银钱,纸马钱财。人会发火,火化钱财,钱财用凭火化,收钱上仓,收米上库。

来时有迎有请,去时有别有送。来时下车下马,去时上马上轿。金童玉女,判官小鬼。化财童子,搬财郎君。钱财纸马,奉送回程。奉请南方丙丁之火,烧化钱财成金银。收钱上仓带回去,收米上库转回身。回到你的老堂,转到你的老殿。坐到享乐,住着享福。莫去阳间兴风,勿去人间作浪。修到功果圆满,证得正果圆毕。自然得受天缘衣禄,到时得享福报饭碗。弟子苦口婆心,再三规劝。做神须有慈心,做鬼得有善念。苦海无边,回头是岸。从今一别,一刀两断。先祖归堂,土地归祠,祖师回堂,本师回殿。阴归阴路,阳归阳路,阴阳各别。弟子背负正魂本命,三魂七魄。荣华富贵,福禄寿喜,财宝利禄,大吉大利。平安坐得千年,吉康活过百岁。满门祥和,一堂瑞气。

四、小做大赎魂科仪

【题解】

赎魂叫作招生魂、找生魂，苗语叫作"料归"。过去，有的人受到山风、寒气、惊吓以及路过凶山险水处，回家后发冷发热、心律失常且良药无效，人们便认为是其魂失落在山坡野外所致，苗乡的传统做法是请巴代来家为其喊魂，即通过仪式把其所失落的魂魄给找回来，这就是赎魂。

赎魂有小赎魂、赎魂、中赎魂、大赎魂、追魂、水边追魂等多种做法。苗语中，小赎魂叫"抢魂"；赎魂叫"料归"或"料归单"；中赎魂叫"料归照"；大赎魂叫"料归洞"或"料归酷"；追魂叫"夏孺"；水边追魂叫"料归吾"。上述六种做法可统称为"赎魂"，即"料归"。其小做、中做或大做，是根据病人的病情而定的。病情较轻的如只是头耳发热、不想吃饭的则小做；病情较重的如冷热交替、不思饮食、脉搏浮且忽快忽慢的则中做；病情很重的如冷热剧变、上呕下泻、见幻影、讲胡话的则要大做；病情日轻夜重、拖延时间较长的如伤寒则要做水边(井泉边)赎魂才行。

传说山鬼是那些没有后代儿女、死了的人，由于没有后人供奉香火，没有火炉神壁"夯告"可居，才沦落为孤魂野鬼。它们为了得到吃喝，占山野洞穴溪河涧潭，专捉拿一些运气差的人来讨吃讨喝。敬奉它们之后，它们就放人魂魄归附其身，病就好了。当然，这仅仅只是传说。

赎魂仪式的供品很简单：将一把木凳放在门外屋檐下，面朝东方。在凳上摆一把隔筛，上放七柱糍粑，每柱糍粑上各摆一片肉或一条小鱼或一只虾，三炷香插在中间的那柱糍粑上，还摆一碗小炒肉(或鱼虾)、三碗酒、五小沓纸钱。沿筛边挂七件剪纸衣。在筛边另摆一凳，上摆一件女人衣服、一只花鞋和围裙(捆做一包),旁边用纸钱垫后摆上一柱糍粑,上面也摆一片肉或鱼虾之类。

仪式在堂屋内大门外边举行。先要剪下病人所穿衣服的一点布头,包在一张纸钱内,谓之"包魂"。再烧几张纸钱后叩师藏身,坐下摇师刀请神通呈保佑、放魂放命、勾良勾愿、敬吃送喝、送神。完毕后巴代回屋时要用脚踢门槛问屋内:"某某某(病人的名字)回到家了吗?"屋内回答:"回到家了!"如此踢三下,问三声,屋内答三声,然后进屋,将原先所剪的病人衣服布头放回到床上,并高声云云:"脱灾脱难,病好了!"意为魂魄已回来附体,病人可以放心了,病情也会慢慢地好转。

赎魂的愿标 (石开林摄)

小做大赎魂仪式的内外摆设场景 （石开林摄）

【神辞】

伏以——

祸福无门，唯人自招。善恶之报，如影随形。吾有大患，唯源自身。先古圣人，留此喻人。自观自在，唯净心行。今以虔诚明净之心，观告奏明神圣。

抬眼看青天，师父在眼前。闭眼看身后，师父在左右。太上老君随前随后，随左随右。身左身右。同我弟子起手成法成诀，动脚成罡成步。莲华宝座，莲华宝诀。三十六道正法，七十二道真诀。收起病害良人某某某，正魂本命，三魂七魄。收在十二洞前洞后，十二洞左洞右。下铜盖，下铁盖，高上金铁银宝盖。人看不知，鬼看不见。

（用宝盖诀盖住后，卷起纸钱成一筒状，绞住两头，并对两头各吹一口气。）

师爷！香烟一烧，遍满天朝。香烟一燃，遍满三界。香烟一焚，遍满乾坤。腾腾瑞气，朵朵祥云，诚心启请，神圣降临。阴把香烟为据，阳把竹筶为凭。据虔据诚，凭人凭神。香烟能通天地，祥云能感福神。今者，在起某某省某某县，某某乡某某村土地祠下，在起东家户主，某氏某某门中。恭就福神坛下，诚心沐手，诚意焚香。不请别神，不奉外道。

伏以金钱烧交，银钱烧送。烧送交钱祖师、度钱祖师、前传后教、宗本二师。请降仪坛，领受钱财。(烧三张纸钱，作一个揖)

伏以金钱烧交，银钱烧送。烧送祖师法高法旺、法胜法高。请降仪坛，领受钱财。(烧三张纸钱，作一个揖)

伏以钱财上奉已毕，弟子在于香炉头上，焚香叩请祖师石法高、石法旺、石法胜、石法高。叩在弟子身前身后，身左身右。同我弟子起手成法成诀，动脚成罡成步。早讲早灵，夜讲夜顺。

雨伞遮神兵，化作天上五色云，五色云雾盖我身。人看人不知，鬼看鬼不明。

吾奉太上老君急急如律令。

奉请第一将军本姓唐，上游下请上游郎，上游下请通四海，丝通麻布做衣裳。第二将军本姓葛，上游下请上游哥，上游下请通四海，丝通麻布做衣角。第三将军本姓周，鼻口出血口倒流，早出斩杀千万鬼，夜出八部九州愁。荡荡云雾勾荡荡，百过神走大小浪，荡浪浪荡走四方，我是天上生，我是天上人，手拿石磨飞刀界，石磨飞刀斩飞煞。

吾奉太上老君急急如律令敕。

抬眼看青天，师父在眼前。闭眼看身后，师父在左右。太上老君随前随后，随左随右。身左身右。同我弟子起手成法成诀，动脚成罡成步。莲华宝座，莲华宝诀。三十六道正法，七十二道真诀。收我弟子正魂本命，三魂七魄。收在十二洞前洞后，十二洞左洞右。人看不知，鬼看不见。

师爷！诚心为信之本，唯信方入法门。凡间凡人之道，在于诚心诚意之行。信士户主某某某，发心皈奉，诚意奉行。在中门首，设坛敬神。先当烧起宝香，焚燃宝雾。发心敬奉感应，有求必应必灵。凭此香烟感召，仗此香云感应。香达上苍，感应贞祥。香达上清，感应康宁。香达上帝，感应吉利。今当焚香奉请，本境本处土地龙神。功曹使者，传奏天庭。奉请弟子坐坛祖师，管坛祖师，前传后教，宗本祖师。历朝历代，传教演教祖本仁师。

奉请上坛七千祖师，下坛八万兵马。坐坛师，管坛师，镇坛师，护坛师。巡坛师，鉴坛师。掌坛大法师尊，香火坛中，香灯坛内。开坛演教，护坛传教。祖师大殿，兵马大营。坛上七千，坛下八万。

奉请普教祖师石法旺，龙虎大坛石法高。红旗红号石法灵、黄旗黄步石法胜、龙法灵、龙法胜。龙法通、龙法高、龙法旺。田法魁、田法寿、吴法成。传法祖师龙法胜，外公祖师刘法旺，同宗仁师龙法胜。龙法明、龙法胜、石法明、石法胜。

高公祖师石法高、尊公祖师石法魁、石法德。同坛共教龙法灵。祖公祖师石法高、石法旺。传法掌教石法高。凡昧弟子石法胜、石法相。闻今有请，急速降临。出离老君大堂，离别玉皇大殿。请降法筵，受今迎请。

奉请太上老君，正君道君。张赵二郎、圣水三郎，十二婆令大娘，花林姊妹。阴传阴教，阳传阳教，梦传梦教、不传自教、三坛两教，三十六道祖师。

奉请九州兵马，法坛兵将。上元郭将军，中元唐将军，下元陈将军。游兵游将，五圣兵主。头戴八只角，身披倒毛衣。山兵土将，岩兵木将。铜兵铁将，水兵火将。牛头马脸，兽头怪面。排山倒海。赶山倒水。风火云雷，霹雳闪电。杀鬼缚魅，打邪驱瘟。破岩打洞，追魂翻案。左边千里眼，右边顺风耳。坛左青龙将，坛右白虎兵。坛前朱雀盾，坛后玄武阵。天仙护法百万将，地仙护教百万兵。

坛前烧香宣法旨，坛下俯伏众朝臣。有事当宣，天府界内当值功曹，地府界内当值功曹，水府界内当值功曹，阳府界内当值功曹。天地水阳，年月日时当值功曹神众。早走天府，夜行幽冥。水府阳界，当差不停。早奏早到，夜传夜达。法坛官将，护教功臣神众。

出兵出在何州，请到何州。出马出在何县，请到何县。请到十重云头，九霄云雾。七里桥头，奈何桥上。老君大堂，玉皇大殿。老君殿前殿后，老君殿左殿右。学师堂中，学法堂内。教师堂中，教法堂内。云贵两广，永保二州。湖南湖北。祖师在起湖南大堂，请到湖南大堂，本师在起湖北大殿，请到湖北大殿。大兵请上八抬大轿，小兵请上高头大马。

风快请来跟风，雨快请来跟雨。山快请来跟山，水快请来跟水。铺去阴阳二桥，请下凡间之中，洞冲大寨，土地祠下。人请千家开门莫过，神请万家开户莫行。请到信士户主，某氏门中某某某，三衙门口，四脚门外。屋檐童子，接水阶前。大门之边，小门之外。有车请来众人不要下车，有马请来众人不要下马。人人请来装车，个个请来装马。装车不请何神，发马不叫何鬼。

含爷——也——含爷——也——

奉请村宗寨祖，土地龙神。一村之祖，一寨之尊。立在老木岩板屋，安在古树岩板堂。保村保寨得清吉，保子保孙得安宁。坐管溪源潭洞，尊为水土龙神。全村全寨你儿子，此山此水你为尊。保人保畜得清泰，管山管水得太平。东家先来请你，请移大驾光临。

出兵出在何州，请到何州。出马出在何县，请到何县。请到老木堂中，古树堂内。四个天门，八个地户。四个老堂，八个老殿。在堂请堂，在殿请殿。铺去阴阳二桥，请下凡间之中，洞冲大寨，土地祠下。人请千家开门莫过，神请万家开户莫行。请到信士户主，某氏门中某某某，三衙门口，四脚门外。屋檐童子，接水阶前。大门之边，小门之外。有车请来众人不要下车，有马请来众人不要下马。人人请来装车，个个请来装马。装车不请何神，发马不叫何鬼。

含爷——也——含爷——也——

奉请本家内连根祖，有请本户中共宗神。上请一百二十户，下请一千二百家。古时同一家中坐，先时共一父母生。鼻祖太祖，高祖曾祖，祖公祖婆，祖父祖母。历代先祖，历世先亡。查名不到，点字不齐。闻今有请，一同降临。

一份请到墓坟山水，盘龙吉地。二份请到水火炉位前，飞林子幕、花林子盖。三份请到大门之边，小门之外。有车请来众人不要下车，有马请来众人不要下马。人人请来装车，个个请来装马。装车不请何神，发马不叫何鬼。

含爷——也——含爷——也——

有理无理、家神先起，有请无请，家神先请。先有主人，才有嘉宾。先请主神，后请客人。先来奉请，坛头香火，法堂师尊。开坛启教宗师，立坛传教祖师。十方演教祖师，坛头行教本师。法坛法殿兵马，追魂翻案武猖。传文功曹使者，保村保寨土地。户主本家先祖，信士本家灶神。看家护院童子，守家守户门神。本家保安保吉主者，本户东道主神。人人请来装车，个个请来装马。装车不请何神，发马不叫何鬼。

含爷——也——含爷——也——

奉请五方五位仙师，彭良水井，溪源水口。路头抢魂郎子，路尾拿命郎君。发旗郎子，发号郎君。讨鱼郎子，打网郎君。云雄大王，马雄大将。铜马沙郎，铁马沙将。五面药公药母，五面药子药孙。龙家、吴家、廖家、石家、麻家的姐。五姓才苗，七姓苗名，九姓乱脑，一十二名二姓。

奉请上洞古老、九溪九岭，中洞古老、九洞名官，下洞古老，溪源潭洞，古老潭前。十二法师洞主，吕洞高坡大王、吕洞高坡二王、吕洞高坡三王。三座三王、三猪三羊公居。阿楼补雷，将刀不对洞腾土地，五句三言。拿愿郎子，收愿郎君。

出兵出在何州，要来请到何州。出马出在何县，要来请到何县。出在七面山头，八面山尾。千个高坡陡岭，万个高岩陡洞。千年本堂，万年本殿。有车上车，有马上马。风快跟风，雨快跟雨。山快跟山，水快跟水。铺去阴阳二桥，请下凡间之中，洞冲大寨，土地祠下。人请千家开门莫过，神请万家开户莫行。请到信士户主，某氏门中某某某，三衙门口，四脚门外。屋檐童子，接水阶前。大门之边，小门之外。有车请来众人下车，有马请来众人下马。请来上排上坐，下排下坐，排方正坐。上请莫动，下请莫游。

含爷——也——含爷——也——

一份来了，二份不请同来，飞云走马功曹上参。一份来到，二份不请同到，飞云走马功曹上报。发兵去请，发马去报。二份转来奉请——

奉请五方五位仙师，彭良水井，溪源水口。路头抢魂郎子，路尾拿命郎君。发旗郎子，发号郎君。讨鱼郎子，打网郎君。云雄大王，马雄大将。铜马沙郎，铁马沙将。五面药公药母，五面药子药孙。龙家、吴家、廖家、石家、麻家的姐。五姓才苗，七姓苗名，九姓乱脑，一十二名二姓。拿愿郎子，收愿郎君。

出兵出在何州，要来请到何州。出马出在何县，要来请到何县。出在七面山头，八面山尾。千个高坡陡岭，万个高岩陡洞。千年本堂，万年本殿。有车上车，有马上马。风快跟风，雨快跟雨。山快跟山，水快跟水。铺去阴阳二桥，请下凡间之中，洞冲大寨，土地祠下。人请千家开门莫过，神请万家开户莫行。请到信士户主，某氏门中某某某，三衙门口，四脚门外。屋檐童子，接水阶前。大门之边，小门之外。有车请来众人下车，有马请来众人下马。请来上排上坐，下排下坐，排方正坐。上请莫动，下请莫游。

含爷——也——含爷——也——

二份来了，三份不请同来，飞云走马功曹上参。二份来到，三份不请同到，飞云走马功曹上报。发兵去请，发马去报。三份转来奉请——

奉请五方五位仙师，彭良水井，溪源水口。路头抢魂郎子，路尾拿命郎君。发旗郎子，发号郎君。讨鱼郎子，打网郎君。云雄大王，马雄大将。铜马沙郎，铁马沙将。五面药公药母，五面药子药孙。龙家、吴家、廖家、石家、麻家的姐。五姓才苗，七姓苗名，九姓乱脑，一十二名二姓。拿愿郎子，收愿郎君。

出兵出在何州，要来请到何州。出马出在何县，要来请到何县。出在七面山头，八面山尾。千个高坡陡岭，万个高岩陡洞。千年本堂，万年本殿。有车上车，有马上马。风快跟风，雨快跟雨。山快跟山，水快跟水。铺去阴阳二桥，请下凡间之中，洞冲大寨，土地祠下。人请千家开门莫过，神请万家开户莫行。请到信士户主，某氏门中某某某，三衙门口，四脚门外。屋檐童子，接水阶前。大门之边，小门之外。有车请来众人下车，有马请来众人下马。请来上排上坐，下排下坐，排方正坐。上请莫动，下请莫游。

含爷——也——含爷——也——

人行千里，神降一时。阴间来的好客，阳间到得好马。行兵弟子，阴请阴来，阳请阳到。三请同来，四请同到。有事和你通呈，无事不敢通呈。半天云云，着耳听文。有事和你登堂，无事不敢登堂，半天洋洋，着耳听章。壶中有酒，开壶奠献。茶献一呈，酒分三献。今据公元某某某某年某某月某某日清早良旦，上午之时，下午之时，晚上之期，在起信士户主某氏门中，不管别神外鬼，不管别处外路。

当管五方五位仙师，彭良水井，溪源水口。路头抢魂郎子，路尾拿命郎君。发旗郎子，发号郎君。讨鱼郎子，打网郎君。云雄大王，马雄大将。铜马沙郎，铁马沙将。五面药公药母，五面药子药孙。龙家、吴家、廖家、石家、麻家的姐。五姓才苗，七姓苗名，九姓乱脑，一十二名二姓。

上洞古老、九溪九岭，中洞古老、九洞名官，下洞古老，溪源潭洞，古老潭前。十二法师洞主，吕洞高坡大王、吕洞高坡二王、吕洞高坡三王。三座三王、三猪三羊公居。阿楼补雷，将刀不对洞腾土地，五句三言。拿愿郎子，收愿郎君。

出兵出在何州，要来管到何州。出马出在何县，要来管到何县。

一车马头，管到七面山头，八面山尾。千个高坡陡岭，万个高岩陡洞。千年本堂，万年本殿。有车管来众人上车，有马管来众人上马。

二车马头，管到东南西北，四个天门，八个地户。四个老堂，八个老殿。在堂管堂，在殿管殿。有车管来众人上车，有马管来众人上马。

三车马头，管到湖南省花垣县董马库乡洞冲大寨，土地祠下。人管千家开门莫过，神管万家开户莫行。管到信士户主，某氏门中某某某，三衙门口，四脚门外。屋檐童子，接水阶前。大门之边，小门之外。有车管来众人下车，有马管来众人下马。管来上排上坐，下排下坐，排方正坐。上请莫动，下请莫游。

含爷——也——含爷——也——

赎魂的祭坛设置　（石开林摄）

管来不为千斤大事，不为并无小难。上山不为砍木，下水不为拖船。因为信士户主，病害良人某某某，早来行东行西，夜来行南行北。见车不会躲车、车来不得高过，见马不会躲马、马来不得高骑。左边撞着你的车头，右边碰着你的马尾。转来得病在身，困在眠床，倒在卧巾。一日不消不散，二天不减不退。

男人手巾包米，女人白纸包茶。东方点香，南方卜课。点香大师坛头，卜课小师坛尾。点香不出何神，打卦不出何鬼。是你为殃作祸，给灾作难。头上是你上枷，颈上是你上锁。标了良愿一重，许了契愿一朵。标良不把良停，许愿不把愿丢。兴良兴许，兴愿兴还。一屋人口，一家人眷。男人不做长心大胆，女人不做三心二意。算得好日，择得好字。选得留连太安，请得行兵弟子，前门跟你相求，后门给你相醉。

面前备办何财，要来交你何财，备办何物，要来交你何物。备办长台师椅，桌台椅凳。金杯银碗，金调银筷。黄缸米酒，白粮米饭。金钱银钱，纸马钱财。陈香华香，龙凤宝香。一样不少，两样不欠。项项交在你的手中，样样送在你的手内。

交纳何财，领受何财。交纳何物，领受何物。领受在前，保佑在后，领受在左，保佑在右。

上来不保千家人名，下来不保万家名字。当保信士户主，病害良人某某某，正魂在我手中，本命在我手内(把包魂纸筒夹在师刀圈根部)。身上少力，(对包魂纸吹一口气)学——化了替他添力。身上少气，(对包魂纸吹一口气)学——化了替他添气。左边添他龙力虎气，右边补他龙心虎胆。添了龙力莫倒，补了虎气莫崩。千年禄在本魂，万代马在本命。

收了要收，要收得了，要送得完。要消得清，要除得尽。要收恶人乱讲，强势乱压，捆绑绳索，披枷戴锁，前有枪逼，后有枪押，官衙官牢，官镇官压，有理无理，强词夺理，遭逢欺凌压榨，遭受冤枉官非。上有宽州，收去宽州。下有宽县，收去宽县。收去宽州大里，押送宽冈大县。收得过门过后，收得过堂过殿。

当面有枷，要收鬼枷。颈上有锁，要收鬼锁。要收牛罗枷锁，板子夹棍。铜箍铁押，铜押铁撑。铜锤铁棒，板子夹棍。千百斤手囚，万百斤脚链。上有宽州，收去宽州。下有宽县，收去宽县。收去宽州大里，押送宽冈大县。收得过门过后，收得过堂过殿。

收了要收，要收得了，要送得完。要消得清，要除得尽。要收恶疾缠体，恶病缠身，有卧无起，良药不愈，病床多久，倒床多日，内病外伤，疑难不治，失魂落魄，疯癫病狂，神志不清，世事无常，身病心病，里病外病，体病身病，骨病肉病，筋病皮病，恶疮毒疗，三包草药，四包草患。上有宽州，收去宽州。下有宽县，收去宽县。收去宽州大里，押送宽冈大县。收得过门过后，收得过堂过殿。

收了要收，要收早梦不灵不顺，夜梦不祥不安。早梦死人同路，夜梦死鬼同床。梦风梦雨，梦山梦水。杀牛宰马，破篾刘竹。奔田烂地，崩岩烂坎。上有宽州，收去宽州。下有宽县，收去宽县。收去宽州大里，押送宽冈大县。收得过门过后，收得过堂过殿。噩梦去了，好梦又来。早梦骑驴，夜梦跨马。早梦轿行得真，夜梦轿坐得稳。早梦日头来照，夜梦海水来淋。

收了要收，要收得了，要送得完。要消得清，要除得尽。山崩乱石来打，洪水滔天来淹，垮崖垮岩垮土来填，垮山垮坂倒树来压，大路要收车碾，大道要收车轧，要收凶灾奇祸来殃，要收不预之害来当。上有宽州，收去宽州。下有宽县，收去宽县。收去宽州大里，押送宽冈大县。收得过门过后，收得过堂过殿。

收了要收，要收衣毛光裤。哭声登堂，喊号登殿。三块烂木，四块烂板。桐木板装，紫木板盖。灯笼篙把，毛竹火烟。黄土盖身，黑土盖面。木头两对，木马两双。男人披头，女人戴号。上有宽州，收去宽州。下有宽县，收去宽县。收去宽州大里，押送宽冈大县。收得过门过后，收得过堂过殿。

收了要收，要收得了，要送得完。要消得清，要除得尽。要收凶症，要消恶疾。有药治不了，良医治不得，疑症难症，杂症奇症，热天要收暑气来袭，冷天要收寒气来侵，心起无名之火，身染不治之症。上有宽州，收去宽州。下有宽县，收去宽县。收去宽州大里，押送宽冈大县。收得过门过后，收得过堂过殿。

收了要收，要收东方官牙，南方口嘴。西方官牙，北方口嘴。中央官牙，五方堂殿官牙口嘴，官司口气。作抄拿人，土匪抢犯，贼盗小人。天火地火，阴火阳火。天怪地怪，双猪独狗，七狗八怪、八八六十四怪。上有宽州，收去宽州。下有宽县，收去宽县。收去宽州大里，押送宽冈大县。收得过门过后，收得过堂过殿。

收了要收，要收得了，要送得完。要消得清，要除得尽。要收早晨出门是晴，夜晚归家逢雨。好出不得好转，好去不得好回，走路碰着陷孔，走马遇着套索，逢了盗贼，遇着强盗，惹着马蜂，碰着抢犯，遇着抓丁，碰着抓夫，有去不转，好出恶回。上有宽州，收去宽州。下有宽县，收去宽县。收去宽州大里，押送宽冈大县。收得过门过后，收得过堂过殿。

收了要收，要收年来失财，月来破米。失财破米，麻言伛气。年来猪瘟，月来时气。猪瘟时气，牛瘟马匠。上有宽州，收去宽州。下有宽县，收去宽县。收去宽州大里，押送宽冈大县。收得过门过后，收得过堂过殿。

收了要收，要收早来发冷，夜来发热。早来痛头，夜来痛脑。病床多久，眠床多日。天煞地煞，年煞月煞，日煞时煞，一百二十凶神恶煞。天瘟地气，天灾地难，种麻郎子，种痘郎君。屙血郎子，屙痢郎君。阴包草药，阳包草变。上有宽州，收去宽州。下有宽县，收去宽县。收去宽州大里，押送宽冈大县。收得过门过后，收得过堂过殿。

收了要收，要收前门猪来送屎，后门狗来送尿。前门前代伤亡，后门后代伤亡。滚坡滚岭，滚岩滚坎。早来倒在枪头，夜来死在枪尾，外音门下，本音门下，联亲门下，五音七姓男女伤亡。押送阳州以西，收送阴土地盖。早来不许相逢，夜来不许相见。若有早来相逢，夜来相见。上有宽州，收去宽州。下有宽县，收去宽县。收去宽州大里，押送宽冈大县。收得过门过后，收得过堂过殿。

收了要收，要收得了，要送得完。要消得清，要除得尽。要收凶神现脸，恶鬼现面，凶兆来报恶信，凶祸来当道途，邪神引路，妖鬼引道，走入迷途，误入圈套。上有宽州，收去宽州。下有宽县，收去宽县。收去宽州大里，押送宽冈大县。收得过门过后，收得过堂过殿。

千般收了得到，万般保了得到。上来不保千家人名，下来不保万家名字。当保信士户主，病害良人某某某，年坐清吉，月坐平安。屋场得坐，水井得吃。查名得应，点字得齐。活过百年，坐得千岁。

保了要保，佑了要佑。保佑信士户主，病害良人某某某，好了不加不重，退了不反不复。大病化小，小病化无。口讲合合，脸笑眯眯。吃茶甜肚，吃饭甜心。上山得到，下水得临。千年坐到管儿管女，万代坐到管子管孙。风吹保佑莫动，浪打保佑莫流。青龙不动，白虎不开。千年禄在本魂，万代马在本命。

保了要保，佑了要佑。保佑信士，早出吉祥，夜归平安，求谋顺利，心想事成，吉祥如意，平步青云，三星在户，五福临门，富贵双全，安康吉庆。

保了要保，佑了要佑。保佑高楼养猪，低楼养羊。槽头吃水，槽尾吃糠。不养自肥，不喂自长。早长千斤，夜长万两。千年是信士户主家财家本，万代是家本家利。养公成对，养母成双。财来坐得千千余年，米来坐得万万余岁。

保了要保，佑了要佑。保佑信士，保佑财路，通达四海。事业兴隆，商机赚钱。信息灵通，佳音不断。良机多多，财路连连。人缘千合，财旺无边。大利可图，大钱可赚。条条利路，滚滚财源。接连不断，洪福齐天。财路通畅，利益无边。财来财聚，财到财添。财聚财大，财添财来。福如东海，寿比南山。

保了要保，佑了要佑。王儿大财，丝绸大宝。保佑黄牛大财，水牛大宝。上坡吃草，满肚肥饱。下河吃水，满肚肥了。上坡吃草，不要吃着瘟草。千年背犁得走，万代背耙得重。耙重得山。千年是信士户主家财家本，万代是家本家利。养公成对，养母成双。财来坐得千千余年，米来坐得万万余岁。

保了要保，佑了要佑。保佑信士，五谷丰登，六畜兴旺，财喜盈门，蒸蒸日上，般般迪吉，百业旺相，合家平安，大布祯祥。

打开东方求财，东路来财，南方求米，南路来米。西方求财，西路来财，北方求米，北路来米。中央求财，中路来财，五方堂殿求米来米。不会求财，财来进家，不会求米，米来进户。财来坐得千千余年，米来坐得万万余岁。

打开正月无风扫地，二月砍草平洋，三月抛粮下种。一个落地、百个成气，一个落土、百个生口，一个落下、百个生芽。保佑七月熟谷，八月熟米。生像牛头，壮像马尾。男人得挑，女人得背。吃不了存谷烂酒，用不了存米烂饭。吃不了烂饭白财，用不尽烂饭白米。财来坐得千千余年，米来坐得万万余岁。

保了要保，佑了要佑。保佑信士，保佑吉利，清泰安然。冬兔三灾，夏除八难。春秋清吉，四季平安。灾难消除，祸害消散。灾萌不起，火盗不现。口牙永息，是非不显。早出吉祥，夜归平安。逢凶化吉，逢危化安。凶煞退尽，吉星现前。口舌封尽，小人不犯。火盗远离，官鬼远散。无风无浪，无凶无险。无病无痛，无灾无难。无失无破，无缺无欠。财宝利路，通达直前。发财兴旺，发旺无边。兴旺繁荣，千年万代。

保佑已了，挡隔又到。上不挡州，下不挡县。

一挡一隔，病害良人某某，当面有枷、要挡鬼枷，颈上有锁、要挡鬼锁。要挡牛罗枷锁，板子夹棍。铜箍铁押，铜押铁撑。铜锤铁棒，板子夹棍。千百斤手囚，万百斤脚链。上有宽州，挡去宽州。下有宽县，挡去宽县。挡去宽州大里，隔去宽岗大县。挡得过门过后，隔得过堂过殿。

二挡二隔，要挡早晨出门是晴，夜晚归家逢雨。好出不得好转，好去不得好回，走路碰着陷孔，走马遇着套索，逢了盗贼，遇着强盗，惹着马蜂，碰着抢犯，遇着抓丁，碰着抓夫，有去不转，好出恶回。上有宽州，挡去宽州。下有宽县，挡去宽县。挡去宽州大里，隔去宽岗大县。挡得过门过后，隔得过堂过殿。

三挡三隔，要挡病害良人某某某，早来发冷，夜来发热。早来痛头，夜来痛脑。病床多久，眠床多日。天煞地煞，年煞月煞，日煞时煞，一百二十凶神恶煞。天瘟地气，天灾地难。种麻郎子，种痘郎君。屙血郎子，屙痢郎君。阴包草药，阳包草变。上有宽州，挡去宽州。下有宽县，挡去宽县。挡去宽州大里，隔去宽岗大县。挡得过门过后，隔得过堂过殿。

挡隔已了，放魂又到。有肉再来放魂，有酒再来放命。

放魂已了，勾愿又到。有肉再来勾良，有酒再来勾愿。

勾愿已了，定阴又到。有肉再来定阴，有酒再来定阳。

定阴已了，敬献又到。交生酒呈，交生酒献。

退下黄缸米酒，一杯一碗，二呈二献。

敬送五方五位仙师，彭良水井，溪源水口。路头抢魂郎子，路尾拿命郎君。发旗郎子，发号郎君。讨鱼郎子，打网郎君。云雄大王，马雄大将。铜马沙郎，铁马沙将。五面药公药母，五面药子药孙。龙家、吴家、廖家、石家、麻家的姐。五姓才苗，七姓苗名，九姓乱脑，一十二名二姓。上洞古老、九溪九岭，中洞古老、九洞名官，下洞古老，溪源潭洞，古老潭前。十二法师洞主，吕洞高坡大王、吕洞高坡二王、吕洞高坡三王。三座三王、三猪三羊公居。阿楼补雷，将刀不对洞腾土地，五句三言。拿愿郎子，收愿郎君。

吃了保佑信士，病害良人某某某，好疾好病，好病好痛。大消大散，大减大退。黄缸米酒，一杯二碗，一呈二献。破在金牙银齿，倒在金肠银肚。

含爷也——含爷也。（对酒碗吹一口气并倒点酒在纸钱炉内）

吃了一杯一碗，二呈二献。要来敬上三杯三碗，三呈四献。保佑酒呈，保佑酒献。

敬送五方五位仙师，彭良水井，溪源水口。路头抢魂郎子，路尾拿命郎君。发旗郎子，发号郎君。讨鱼郎子，打网郎君。云雄大王，马雄大将。铜马沙郎，铁马沙将。五面药公药母，五面药子药孙。龙家、吴家、廖家、石家、麻家的姐。五姓才苗，七姓苗名，九姓乱脑，一十二名二姓。上洞古老、九溪九岭，中洞古老、九洞名官，下洞古老，溪源潭洞，古老潭前。十二法师洞主，吕洞高坡大王、吕洞高坡二王、吕洞高坡三王。三座三王、三猪三羊公居。阿楼补雷，将刀不对洞腾土地，五句三言。拿愿郎子，收愿郎君。

吃了保佑信士户主，病害良人某某某，好了不加不重，退了不反不复。吃茶甜肚，吃饭甜心。吉康安泰，大吉大利。黄缸米酒，二杯三碗，三呈四献。破在金牙银齿，倒在金肠银肚。

含爷也——含爷也。（对酒碗吹一口气并倒点酒在纸钱炉内）

吃了三杯四碗，三呈四献。要来敬上五杯五碗，五呈五献。

先来敬送五方五位仙师，彭良水井，溪源水口。路头抢魂郎子，路尾拿命郎君。发旗郎子，发号郎君。讨鱼郎子，打网郎君。云雄大王，马雄大将。铜马沙郎，铁马沙将。五面药公药母，五面药子药孙。龙家、吴家、廖家、石家、麻家的姐。五姓才苗，七姓苗名，九姓乱脑，一十二名二姓。上洞古老、九溪九岭，中洞古老、九洞名官，下洞古老，溪源潭洞，古老潭前。十二法师洞主，吕洞高坡大王、吕洞高坡二王、吕洞高坡三王。三座三王、三猪三羊公居。阿楼补雷，将刀不对洞腾土地，五句三言。拿愿郎子，收愿郎君。

后来敬上九州兵马，前师后教。功曹武猖，家亡先祖、家先等众。村头龙神，寨尾土地。灶公土地，灶王菩萨。门头老鬼，把门将军。

吃了保佑信士某某某，家门清吉，人口平安，发达兴旺，富贵双全，无灾无难，大吉大利。黄缸米酒，一杯化作千杯，一碗化作千碗。千人共杯，万人共碗。阴间不吃不领，阳间不领不剩。破在金牙银齿，倒在金肠银肚。还有糍粑糯供，细炒大肉(或水下鲜鱼)也都一起破在金牙银齿，倒在金肠银肚。

含爷也——含爷也。

(对酒碗吹一口气并倒点酒在纸钱炉内，并放倒筷子，动口吃点供品。)

阴间吃了得饱，阳间喝了得醉。猪(羊)头肉腿，细白大肉。先来交生，后来交熟。交生交在你的手中，送在你的手内。交在你的金盘，送在你的银盘。后来退送厨官刀手，清水洗白，泉水洗净。金刀来划，银刀来切。下锅煮熟，慢来办好登盘上熟，呈敬献供。停车一步，驻马一时。

含爷也——含爷也——

交羊子给神灵　(石开林摄)

猪(羊)头肉腿，细白大肉。先来交生，后来交熟。交生交在你的手中，送在你的手内。交在你的金盘，送在你的银盘。后来退送厨官刀手，清水洗白，泉水洗净。金刀来划，银刀来切。下锅煮熟，如今给你敬献汤水血带。①

注：
①血带——本地方言，即煮熟了的血块。

先来敬送五方五位仙师，彭良水井，溪源水口。路头抢魂郎子，路尾拿命郎君。发旗郎子，发号郎君。讨鱼郎子，打网郎君。云雄大王，马雄大将。铜马沙郎，铁马沙将。五面药公药母，五面药子药孙。龙家、吴家、廖家、石家、麻家的姐。五姓才苗，七姓苗名，九姓乱脑，一十二名二姓。上洞古老、九溪九岭，中洞古老、九洞名官，下洞古老，溪源潭洞，古老潭前。十二法师洞主，吕洞高坡大王、吕洞高坡二王、吕洞高坡三王，三座三王、三猪三羊公居。阿楼补雷，将刀不对洞腾土地，五句三言。拿愿郎子，收愿郎君。

后来敬上九州兵马，前师后教。功曹武猖，家亡先祖、家先等众。村头龙神，寨尾土地。灶公土地，灶王菩萨。门头老鬼，把门将军。

吃了保佑信士某某某，家门清吉，人口平安，发达兴旺，富贵双全，无灾无难，大吉大利。黄缸米酒，一杯化作千杯，一碗化作千碗。千人共杯，万人共碗。阴间不吃不领，阳间不领不剩。破在金牙银齿，倒在金肠银肚。

含爷也——含爷也。

（对酒碗吹一口气并倒点酒在纸钱炉内，并放倒筷子，动口吃点供品。）

（用一块瓦扑在一边，瓦片内摆包魂纸，表示病人魂魄被关在山洞内。一只鸡拴在桌腿下，一把斧头摆在旁边，等下好打瓦片。先打筶问病人魂魄被关在何洞，然后踩九州放兵破洞追魂，将包魂纸放于鸡背上，绕自身及左右腿各一圈后，即可放魂。）

问魂落在何洞

奉请九州兵马，前师后教。功曹武猖，家亡先祖、家先等众。村头龙神，寨尾土地。灶公土地，灶王菩萨。门头老鬼，把门将军。随前于后，随左于右。祖师请来定阴，本师请来定阳。定阴定在卦中，倒阳倒在卦内。①

病害良人某某某，正魂本命，三魂七魄。落在上洞古老，放下众凭神筶，众马神骑。起在卦前卦后，倒在卦左卦右。（以顺筶为准）

病害良人某某某，正魂本命，三魂七魄。落在中洞古老，放下五阴倒地，

五马奔槽。起在卦前卦后，倒在卦左卦右。（以阴筶为准）

　　病害良人某某某，正魂本命，三魂七魄。落在下洞古老，放下开天阳卦，双阳朝天。起在卦前卦后，倒在卦左卦右。（以阳筶为准）

　　注：
　①定阴倒阳——术语，指用筶子向神灵问事。

踩九州发兵马破洞追魂

未曾拜法未成全，未曾拜法未成圆。人人拜出九州兵，
（朝主坛半蹲，双手拿住马鞭两头，边吟下面神辞，边旋动马鞭，边拜：）
　　一拜玉皇当厅坐，二拜南斗七仙星。
　　三拜三元同弟子，四拜四仙枷栲灵。
　　五拜五营多兵马，六拜六丁六甲神。
　　七拜王母仙宫坐，八拜投坛保举人。
　　九拜三清并大道，十拜满堂众师尊。
　　拿得罡头跳罡尾，拿得罡尾跳罡头。
　　罡头罡大郎，罡尾罡二郎。
　　洞庭湖内一根草，弟子吃了长生不老。
（右手掐祖师诀，以诀之中指在桃叶水碗内沾水，点一点在自己的舌头上。）

踩九州

（把师刀和马鞭顺着桌子摆在地上，左手掐祖师诀，举左右脚反复于其上方作向两边旋转状，吟诵如下话语：）
　　九州第一坎，九离对南阳。①
　　九四对七白，九离卦在九四郎。
　　不踩九州兵不动，不踩九离马不行。②
　　要踩九州兵才动，要踩九离马才行。
　　一差东方木神兵，木神兵马就起身。（以左脚踩东方）
　　二差南方火神兵，火神兵马就起身。（退右脚踩南方）
　　三差西方金神兵，金神兵马就起身。（以左脚踩西方）
　　四差北方水神兵，水神兵马就起身。（进右脚踩北方）

五差中央土神兵，土神兵马就起身。（以左脚踩中央）

（于中央退右脚，左脚不动站定，按照下面每一句话的意思，双手作出相关手诀，并做打发出去的动作：）

头戴金盔银盔，身穿金甲银甲，脚穿金鞋银鞋。

化大金刀、小金刀、第三金刀。天桥地桥，金阴二桥。天车地车，阴阳二车。大马小马，银鬃马旋。黄弓大弩，腰弓弩箭。铜面将军，铁面将军。大将军、将军大炮，小将军、将军小炮。铜叉铁叉，阴阳二叉。铜钩铁钩，阴阳二钩。铜枪铁枪，阴阳二枪。铜锁铁链，阴阳锁链。铜锤铁棒，板子夹棍。双锣双鼓，双吹双号。大旗登天，小旗登地。三元将军，四员柳栲。五营兵马，六丁六甲。七千雄兵，八万猛将。麒麟狮子，黄斑饿虎。吞鬼大王，咬鬼大将……三十六道正法，七十二道真诀。

（弯下腰，以左手掐祖师诀，并掐住马鞭根端的布飘带，以右手拿住马鞭根端的布飘带的尾部，反复旋转在左手的祖师诀上，念：）

一差东方木神兵，木神兵马就起身。

二差南方火神兵，火神兵马就起身。

三差西方金神兵，金神兵马就起身。

四差北方水神兵，水神兵马就起身。

五差中央土神兵，土神兵马就起身。

（右手把师刀就地猛力向大门方向拨去，念：）

发兵发到上洞古老，李舍大堂，李洞大殿。（或中洞古老、几吼打陇、嘎晚洞图。或下洞古老、老家四十八个老堂，让龙四十八个老殿。）追起病害良人某某某，正魂本命，三魂七魄。回驴转步，回车转马，回身转面，回堂转殿。

（以上"踩九州"要反复做三次。最后一次打一个跟斗，用斧头敲破瓦片，将放在瓦片下的包魂纸取出，放于鸡背上，绕自身及左右脚腿各一圈后，即可于坛前坐下来放魂放命了。）

注：

①此诀中的八卦顺序：一坎二坤、三震四巽、五中六乾、七兑八艮、九离，故从第一坎直到第九离。

②踩九州又名差九州，为差动九州兵马去执行某种任务之意。

含爷也——含爷也——

交狗给神灵后由刀手打杀　（石开林摄）

　　猪(羊)头肉腿，细白大肉。先来交生，后来交熟。交生交在你的手中，送在你的手内。交在你的金盘，送在你的银盘。后来退送厨官刀手，清水洗白，泉水洗净。金刀来划，银刀来切。下锅煮熟，如今办好登盘上熟，交在手中，送在手内。

　　交纳何财，领受何财。交纳何物，领受何物。领受在前，保佑在后，领受在左，保佑在右。

　　上来不保千家人名，下来不保万家名字。当保信士户主，病害良人某某某，正魂在我手中，本命在我手内(把包魂纸筒夹在师刀圈根部)。身上少力，(对包魂纸吹一口气)学——化了替他添力。身上少气，(对包魂纸吹一口气)学——化了替他添气。左边添他龙力虎气，右边补他龙心虎胆。添了龙力莫倒，补了虎气莫崩。千年禄在本魂，万代马在本命。

　　当面有枷，要收鬼枷。颈上有锁，要收鬼锁。要收牛罗枷锁，板子夹棍。铜箍铁押，铜押铁撑。铜锤铁棒，板子夹棍。千百斤手囚，万百斤脚链。上有宽州，收去宽州。下有宽县，收去宽县。收去宽州大里，押送宽冈大县。收得过门过后，收得过堂过殿。

　　收了要收，要收早梦不灵不顺，夜梦不祥不安。早梦死人同路，夜梦死鬼同床。梦风梦雨，梦山梦水。杀牛宰马，破篾刈竹。奔田烂地，崩岩烂坎。上有宽州，收去宽州。下有宽县，收去宽县。收去宽州大里，押送宽冈大县。收得过门过后，收得过堂过殿。噩梦去了，好梦又来。早梦骑驴，夜梦跨马。早梦轿行得真，夜梦轿坐得稳。早梦日头来照，夜梦海水来淋。

收了要收，要收衣毛光裤。哭声登堂，喊号登殿。三块烂木，四块烂板。桐木板装，紫木板盖。灯笼篙把，毛竹火烟。黄土盖身，黑土盖面。木头两对，木马两双。男人披头，女人戴号。上有宽州，收去宽州。下有宽县，收去宽县。收去宽州大里，押送宽冈大县。收得过门过后，收得过堂过殿。

收了要收，要收东方官牙，南方口嘴。西方官牙，北方口嘴。中央官牙，五方堂殿官牙口嘴，官司口气。作抄拿人，土匪抢犯，贼盗小人。天火地火，阴火阳火。天怪地怪，双猪独狗，七狗八怪，八八六十四怪。上有宽州，收去宽州。下有宽县，收去宽县。收去宽州大里，押送宽冈大县。收得过门过后，收得过堂过殿。

收了要收，要收年来失财，月来破米。失财破米，麻言怄气。年来猪瘟，月来时气。猪瘟时气，牛瘟马匠。上有宽州，收去宽州。下有宽县，收去宽县。收去宽州大里，押送宽冈大县。收得过门过后，收得过堂过殿。

收了要收，要收早来发冷，夜来发热。早来痛头，夜来痛脑。病床多久，眠床多日。天煞地煞，年煞月煞，日煞时煞，一百二十凶神恶煞。天瘟地气，天灾地难。种麻郎子，种痘郎君。屙血郎子，屙痢郎君。阴包草药，阳包草变。上有宽州，收去宽州。下有宽县，收去宽县。收去宽州大里，押送宽冈大县。收得过门过后，收得过堂过殿。

收了要收，要收前门猪来送屎，后门狗来送尿。前门前代伤亡，后门后代伤亡。滚坡滚岭，滚岩滚坎。早来倒在枪头，夜来死在枪尾，外音门下，本音门下，连亲门下，五音七姓男女伤亡。押送阳州以西，收送阴土地盖。早来不许相逢，夜来不许相见。若有早来相逢，夜来相见。上有宽州，收去宽州。下有宽县，收去宽县。收去宽州大里，押送宽冈大县。收得过门过后，收得过堂过殿。

千般收了得到，万般保了得到。上来不保千家人名，下来不保万家名字。当保信士户主，病害良人某某某，年坐清吉，月坐平安。屋场得坐，水井得吃。查名得应，点字得齐。活过百年，坐得千岁。

保了要保，佑了要佑。保佑信士户主，病害良人某某某，好了不加不重，退了不反不复。大病化小，小病化无。口讲合合，脸笑眯眯。吃茶甜肚，吃饭甜心。上山得到，下水得临。千年坐到管儿管女，万代坐到管子管孙。风吹保佑莫动，浪打保佑莫流。青龙不动，白虎不开。千年禄在本魂，万代马在本命。

保了要保，佑了要佑。保佑高楼养猪，低楼养羊。槽头吃水，槽尾吃糠。不养自肥，不喂自长。早长千斤，夜长万两。千年是信士户主家财家本，万代是家本家利。养公成对，养母成双。财来坐得千千余年，米来坐得万万余岁。

保了要保，佑了要佑。王儿大财，丝绸大宝。保佑黄牛大财，水牛大宝。上坡吃草，满肚肥饱。下河吃水，满肚肥了。上坡吃草，不要吃着瘟草。千年背犁得走，万代背耙得重。耙重得山。千年是信士户主家财家本，万代是家本家利。养公成对，养母成双。财来坐得千千余年，米来坐得万万余岁。

打开东方求财，东路来财，南方求米，南路来米。西方求财，西路来财，北方求米，北路来米。中央求财，中路来财，五方堂殿求米来米。不会求财，财来进家，不会求米，米来进户。财来坐得千千余年，米来坐得万万余岁。

打开正月无风扫地，二月砍草平洋，三月抛粮下种。一个落地、百个成气，一个落土、百个生口，一个落下、百个生芽。保佑七月熟谷，八月熟米。生像牛头，壮像马尾。男人得挑，女人得背。吃不了存谷烂酒，用不了存米烂饭。吃不了烂饭白财，用不尽烂饭白米。财来坐得千千余年，米来坐得万万余岁。

保佑已了，挡隔又到。上不挡州，下不挡县。

一挡一隔，病害良人某某，当面有枷、要挡鬼枷，颈上有锁、要挡鬼锁。要挡牛罗枷锁，板子夹棍。铜箍铁押，铜押铁撑。铜锤铁棒，板子夹棍。千百斤手囚，万百斤脚链。上有宽州，挡去宽州。下有宽县，挡去宽县。挡去宽州大里，隔去宽岗大县。挡得过门过后，隔得过堂过殿。

二挡二隔，要挡年来失财，月来破米。失财破米，麻言怄气。年来猪瘟，月来时气。猪瘟时气，牛瘟马匠。上有宽州，挡去宽州。下有宽县，挡去宽县。挡去宽州大里，隔去宽岗大县。挡得过门过后，隔得过堂过殿。

三挡三隔，要挡病害良人某某某，早来发冷，夜来发热。早来痛头，夜来痛脑。病床多久，眠床多日。天煞地煞，年煞月煞，日煞时煞，一百二十凶神恶煞。天瘟地气，天灾地难。种麻郎子，种痘郎君，屙血郎子，屙痢郎君。阴包草药，阳包草变。上有宽州，挡去宽州。下有宽县，挡去宽县。挡去宽州大里，隔去宽岗大县。挡得过门过后，隔得过堂过殿。

奉请放魂祖师，放命本师，解枷武猖，脱锁武将。要放病患良人某某某，正魂被关，开牢就要放魂，本命被押，开锁就要放命。

一要打开东方木牢，（开牢诀）

二要打开南方火牢，（开锁诀）

三要打开西方金牢，（开锁诀）

四要打开北方水牢，（开牢诀）

五要打开中央土牢，（开枷诀）

放魂祖师，放命本师，解枷武猖，脱锁武将。放出病患良人某某某，正魂本命，三魂七魄。放魂放归本体，放命放回本人。放魂要放得齐，放命要放得全，放得齐齐彻彻，放得明明白白，

放得回驴转步，（回驴诀）

放得回车转马，（转马诀）

放得回头转面，（回头诀）

放得回堂转殿。（转面诀）

放魂放到床头，（床头诀）

放命放到床尾，（床尾诀）

放魂坐得千年，放命坐得万岁。

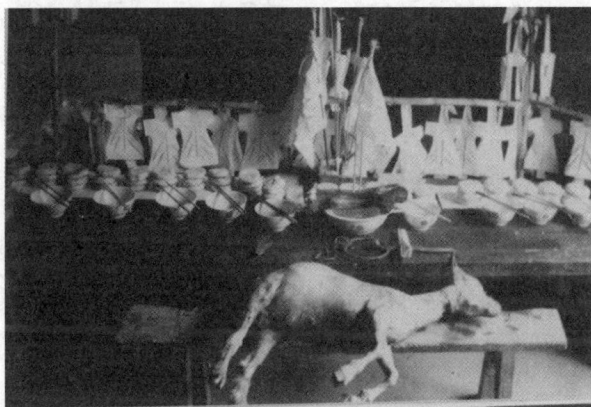

宰杀后的羊呈在祭坛前 （石开林摄）

放魂已了，和你勾愿又到。前愿前勾，后愿后勾。兴良兴许，兴愿兴还。许了何财，还了何物。许了何物，还了何物。长台师椅，桌台椅凳。金杯银碗，金调银筷。还了得饱，醉了得到。细箩大肉，香米利是。还了得饱，醉了得到。斋供一筵，斋筵果供。黄缸米酒，还了得饱，醉了得到。金钱银钱，纸马钱财。陈香华香，龙凤宝香。还了得饱，醉了得到。一样不少，两样不欠。还了得饱，醉了得到。圆满毕中，圆满毕中，奉请太上老君，红笔上簿，黑笔勾销。隔五重天，把簿仙官。

大金刀大愿撤头，（拿愿标在手用大金刀诀作砍状）

小金刀小愿撤尾。（用大金刀诀作砍状）

撤良了良，撤愿了愿。挪良了良，挪愿了愿。挪了千年不得成良，万代不得成愿。勾良请下五阴倒地，五马奔槽。起在卦前卦后，倒在卦头卦尾。

含也——含爷也。

（打一副阴筶，然后将愿标弄断，并放去桌下烧纸处。）

弟子要帮信士问卦，师郎要替户主问答。问卦以卦为准，问答以筶为凭。竹筶竹苑两块，神卦竹根两片。两块竹筶打通阴阳，两片神卦沟通人神。神灵你用神筶传信，阳人我用神卦传话。传信要传得准数，传话要传得真话。此后才会有人来敬，今后才会有人来信。传信传得不准，传话传得不灵，神灵妄语触犯天规，阴间不实会犯天条，天规打下凡尘，天条打下地狱。人讲诚信，神讲灵验，得人供奉，替人隔煞，受人钱财，替人消灾。要敬要奉要有诚信，要祭要祀要有验。信士今日求你到堂，户主今日奉你到殿，凡尘之礼备齐备全，凡供之仪备足各全，一样备办不少，两样备得不欠。项项交在你的手中，样样送在你的手内。交纳交得清清，领受领得明明。钱财不是空闲钱财，续魂买命钱财，钱米不是空闲钱米，消灾免难钱米，信士供神不是余钱剩米，户主敬祭不是没有事做，求你要保，敬你要佑。保佑户主，敬了之后，消灾免难，脱祸得财，无灾无难，无祸无害，无失无破，不缺无欠，疾不侵体，病不染身，病根脱体，灾难消除。

阴把香烟为据，阳把竹筶为凭，神看香烟，人看神卦，神筶神卦阴阳两顺，一阴一阳人神两通。神筶要打三筶为据，神卦要打三卦为凭。

求你不保，敬你不佑。信士户主，敬了之后，灾难不消，祸害不脱，当灾当难，当祸当害，有失有破，有缺有欠，疾来侵体，病来染身，病根不脱，灾难不除。

阴把香烟为据，阳把竹筶为凭，神看香烟，人看神卦，阳筶阳卦两块看天，阳卦阳筶两片背地。阳筶要打三筶为据，阳卦要打三卦为凭。

求你不保，敬你不佑。信士户主，敬了之后，家中还有凶神兴灾，宅内还有恶煞作祸，致使灾难不消，祸害不脱，当灾当难，当祸当害，有失有破，有缺有欠，疾来侵体，病来染身，病根不脱，灾难不除。

阴把香烟为据，阳把竹筶为凭，神看香烟，人看神卦，阴筶阴卦两块看地，阴卦阴筶两片背天。阴筶要打三筶为据，阴卦要打三卦为凭。

【一块阴一块阳的话】

求你要保，敬你要佑。保佑户主，敬了之后，消灾免难，脱祸得财，无灾无难，无祸无害，无失无破，不缺无欠，疾不侵体，病不染身，病根脱体，灾难消除。

　　阴把香烟为据，阳把竹筶为凭，神看香烟，人看神卦，神筶神卦阴阳两顺，一阴一阳人神两通。神筶要打一筶为据，神卦要打一卦为凭。（打筶）

　　初打顺卦不可不信，真是神灵保佑户主，敬了之后，消灾免难，脱祸得财，无灾无难，无祸无害，无失无破，不缺无欠，疾不侵体，病不染身，病根脱体，灾难消除。

　　阴把香烟为据，阳把竹筶为凭，神看香烟，人看神卦，神筶神卦阴阳两顺，一阴一阳人神两通。神筶要打二筶为据，神卦要打二卦为凭。（打筶）

　　二打顺卦不可不信，真是神灵保佑户主，敬了之后，消灾免难，脱祸得财，无灾无难，无祸无害，无失无破，不缺无欠，疾不侵体，病不染身，病根脱体，灾难消除。

　　阴把香烟为据，阳把竹筶为凭，神看香烟，人看神卦，神筶神卦阴阳两顺，一阴一阳人神两通。神筶要打三筶为据，神卦要打三卦为凭。（打筶）

【两块阳筶的话】

　　弟子一筶打得阳筶下地，真是求你不保，敬你不佑。信士户主，敬了之后，灾难不消，祸害不脱，当灾当难，当祸当害，有失有破，有缺有欠，疾来侵体，病来染身，病根不脱，灾难不除。

　　初打阳筶不可不信，阳筶要打二筶为据，阳卦要打二卦为凭。（打筶）

　　弟子二筶打得阳卦下地，真是求你不保，敬你不佑。信士户主，敬了之后，灾难不消，祸害不脱，当灾当难，当祸当害，有失有破，有缺有欠，疾来侵体，病来染身，病根不脱，灾难不除。

　　二打阳筶不可不信，阳筶要打三筶为据，阳卦要打三卦为凭。（打筶）

【两块阴筶的话】

　　求你不保，敬你不佑。信士户主，敬了之后，家中还有凶神兴灾，宅内还有恶煞作祸，致使灾难不消，祸害不脱，当灾当难，当祸当害，有失有破，有缺有欠，疾来侵体，病来染身，病根不脱，灾难不除。

　　阴把香烟为据，阳把竹筶为凭，神看香烟，人看神卦，阴筶阴卦两块看地，阴卦阴筶两片背天。阴筶要打二筶为据，阴卦要打二卦为凭。（打筶）

　　阴筶二打不可不信，真是求你不保，敬你不佑。信士户主，敬了之后，家中还有凶神兴灾，宅内还有恶煞作祸，致使灾难不消，祸害不脱，当灾当难，当祸当害，有失有破，有缺有欠，疾来侵体，病来染身，病根不脱，灾难不除。

阴筶要打三筶为据，阴卦要打三卦为凭。（打筶）

凶神恶煞何名何号，别神外鬼何名何姓。打卦要查清楚，打筶要问明白……

（每柱糍粑上各再加一片炒熟了的肉。厨官刀手拿一碗肉，上摆一双筷子，站在巴代旁边。巴代拿酒碗，边念边游动，之后吹一口气，并夹一片肉放在糍粑上面。然后又去锅子里再夹一点放在碗内，回来再敬，另换一碗酒，如此三次。）

定阴得了好阴，倒阳得了好阳。定阴已了，退下又到。猪（羊）头肉腿，细白大肉。先来交生，后来交熟。交生交在你的手中，送在你的手内。交在你的金盘，送在你的银盘。后来退送厨官刀手，清水洗白，泉水洗净。金刀来划，银刀来切。下锅煮熟，如今办好登盘上熟，交在手中，送在手内。

退下黄缸米酒，一杯一碗，二呈二献。

敬送五方五位仙师，彭良水井，溪源水口。路头抢魂郎子，路尾拿命郎君。发旗郎子，发号郎君。讨鱼郎子，打网郎君。云雄大王，马雄大将。铜马沙郎，铁马沙将。五面药公药母，五面药子药孙。龙家、吴家、廖家、石家、麻家的姐。五姓才苗，七姓苗名，九姓乱脑，一十二名二姓。

上洞古老、九溪九岭、中洞古老、九洞名官，下洞古老，溪源潭洞，古老潭前。十二法师洞主，吕洞高坡大王、吕洞高坡二王、吕洞高坡三王。三座三王、三猪三羊公居。阿楼补雷，将刀不对洞腾土地，五句三言。拿愿郎子，收愿郎君。

吃了保佑信士，病害良人某某某，好疾好病，好病好痛。大消大散，大减大退。黄缸米酒，一杯二碗，一呈二献。破在金牙银齿，倒在金肠银肚。还有上熟大肉，左边给你来加，右边给你来添。

含爷也——含爷也。（对酒碗吹一口气，并倒点酒在纸钱炉内）

吃了一杯一碗，二呈二献。要来敬上三杯三碗，三呈四献。保佑酒呈，保佑酒献。

敬送五方五位仙师，彭良水井，溪源水口。路头抢魂郎子，路尾拿命郎君。发旗郎子，发号郎君。讨鱼郎子，打网郎君。云雄大王，马雄大将。铜马沙郎，铁马沙将。五面药公药母，五面药子药孙。龙家、吴家、廖家、石家、麻家的姐。五姓才苗，七姓苗名，九姓乱脑，一十二名二姓。

上洞古老、九溪九岭，中洞古老、九洞名官，下洞古老，溪源潭洞，古老潭前。十二法师洞主，吕洞高坡大王、吕洞高坡二王、吕洞高坡三王。三座三王、三猪三羊公居。阿楼补雷，将刀不对洞腾土地，五句三言。拿愿郎子，收愿郎君。

吃了保佑信士户主，病害良人某某某，好了不加不重，退了不反不复。吃茶甜肚，吃饭甜心。吉康安泰，大吉大利。黄缸米酒，二杯三碗，三呈四献。破在金牙银齿，倒在金肠银肚。还有上熟大肉，左边给你来加，右边给你来添。

含爷也——含爷也。（对酒碗吹一口气，并倒点酒在纸钱炉内）

吃了三杯四碗，三呈四献。要来敬上五杯五碗，五呈五献。

先来五方五位仙师，彭良水井，溪源水口。路头抢魂郎子，路尾拿命郎君。发旗郎子，发号郎君。讨鱼郎子，打网郎君。云雄大王，马雄大将。铜马沙郎，铁马沙将。五面药公药母，五面药子药孙。龙家、吴家、廖家、石家、麻家的姐。五姓才苗，七姓苗名，九姓乱脑，一十二名二姓。

上洞古老、九溪九岭，中洞古老、九洞名官，下洞古老，溪源潭洞，古老潭前。十二法师洞主，吕洞高坡大王、吕洞高坡二王、吕洞高坡三王。三座三王、三猪三羊公居。阿楼补雷，将刀不对洞腾土地，五句三言。拿愿郎子，收愿郎君。

后来敬上九州兵马，前师后教。功曹武猖，家亡先祖、家先等众。村头龙神，寨尾土地。灶公土地，灶王菩萨。门头老鬼，把门将军。

吃了保佑信士某某某，家门清吉，人口平安。发达兴旺，富贵双全，无灾无难，大吉大利。黄缸米酒，一杯化作千杯，一碗化作千碗。千人共杯，万人共碗。阴间不吃不领，阳间不领不剩。破在金牙银齿，倒在金肠银肚。还有糍粑糯供，细炒大肉（或水下鲜鱼）也都一起破在金牙银齿，倒在金肠银肚。还有上熟大肉，左边给你来加，右边给你来添。

含爷也——含爷也。

（对酒碗吹一口气，倒点酒在纸钱炉内，并放倒筷子，动口吃点供品。）

（用两个碗各装点饭，泡上肉汤，放在桌上，巴代仍然拿酒碗，刀手拿饭碗，边游边念，然后二人各将一碗饭吃了。）

含爷也——含爷也。

信士户主，如今做了肉来淘堂，酒来洗殿。洗锅浓汤，稀饭浓碗。一堂准了千堂，一愿准了万愿。若是不做肉来淘堂，酒来洗殿。洗锅浓汤，稀饭

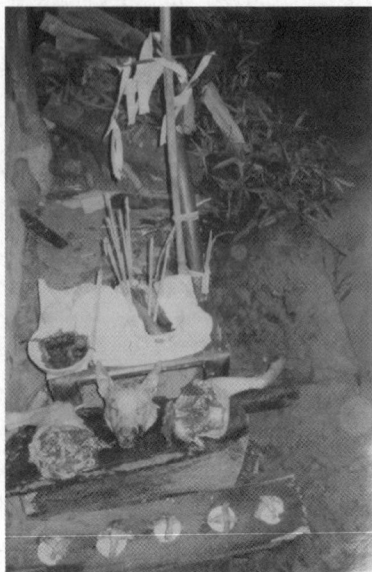

打杀以后的狗头、狗腿及狗肉，外加五截生
肠子摆在下方的生粑粑上面 （石开林摄）

浓碗。一堂不准千堂，一愿不准万愿。如今做了肉来淘堂，酒来洗殿。洗锅
浓汤，稀饭浓碗。一堂准了千堂，一愿准了万愿。

肉来淘堂，酒来洗殿。洗锅浓汤，稀饭浓碗。先来五方五位仙师，彭良
水井，溪源水口。路头抢魂郎子，路尾拿命郎君。发旗郎子，发号郎君。讨
鱼郎子，打网郎君。云雄大王，马雄大将。铜马沙郎，铁马沙将。五面药公
药母，五面药子药孙。龙家、吴家、廖家、石家、麻家的姐。五姓才苗，七姓
苗名，九姓乱脑，一十二名二姓。

上洞古老、九溪九岭、中洞古老、九洞名官，下洞古老，溪源潭洞，古老
潭前。十二法师洞主，吕洞高坡大王、吕洞高坡二王、吕洞高坡三王。三座
三王、三猪三羊公居。阿楼补雷，将刀不对洞腾土地，五句三言。拿愿郎子，
收愿郎君。

后来敬上九州兵马，前师后教。功曹武猖，家亡先祖、家先等众。村头
龙神，寨尾土地。灶公土地，灶王菩萨。门头老鬼，把门将军。

吃了保佑信士某某某，家门清吉，人口平安，发达兴旺，富贵双全，无灾
无难，大吉大利。

阴间吃了得饱，阳间喝了得醉。信士户主，冬免三灾，夏除八难。春秋清吉，四季平安。灾难消散，祸害消除。罪孽冰消，恶果不出。灾萌不起，火盗不侵。口牙永息，是非不生。遇难成祥，逢凶化吉。凶煞退尽，吉星降临。保佑信士户主，病害良人某某某，好了不加不重，退了不反不复。大病化小，小病化无。口讲合合，脸笑眯眯。吃茶甜肚，吃饭甜心。上山得到，下水得临。千年坐到管儿管女，万代坐到管子管孙。风吹保佑莫动，浪打保佑莫流。青龙不动，白虎不开。千年禄在本魂，万代马在本命。

　　茶来吃剩交在你的茶坊，酒来吃剩交在你的酒店。黄缸米酒，交在金缸，送在银缸。刀头压盘，香米利是。水化豆腐，白粮米饭。交在你的手中，送在你的手内。金钱银钱，纸马钱财。人会发火，火化钱财，钱财用凭火化，收钱上仓，收米上库。

　　行兵弟子，投坛年久，拜法年多。话多难讲，路远难行。不讲九州歇马，不讲车练停场。讲多几句祖师来改，讲少几句本师来添。千年要留本魂交钱，万代要留本命度纸。放下左阴右阳，黄土神墙。

　　（放箸在桌子上，然后用送神诀送神。）

　　来时有迎有请，去时有别有送。来时下车下马，去时上马上轿。金童玉女，判官小鬼。化财童子，搬财郎君。钱财纸马，奉送回程。奉请南方丙丁之火，烧化钱财成金银。收钱上仓带回去，收米上库转回身。回到你的老堂，转到你的老殿。坐到享乐，住着享福。莫去阳间兴风，勿去人间作浪。修到功果圆满，证得正果圆毕。自然得受天缘衣禄，到时得享福报饭碗。弟子苦口婆心，再三规劝。做神须有慈心，做鬼得有善念。苦海无边，回头是岸。从今一别，一刀两断。先祖归堂，土地归祠，祖师回堂，本师回殿。阴归阴路，阳归阳路，阴阳各别。弟子背负正魂本命，三魂七魄。荣华富贵，福禄寿喜，财宝利禄，大吉大利。平安坐得千年，吉康活过百岁。满门祥和，一堂瑞气。

　　　　收住天瘟地气，天灾地难。
　　　　天煞地煞，年煞月煞，日煞时煞，
　　　　一百二十凶神恶煞。
　　　　收住天殃地殃，天火地火，阴火阳火，
　　　　天怪地怪，八八六十四怪。
　　　　收住麻衣孝服，哭声喊号，
　　　　病痛瘟疫，三灾八难。

上有宽州，送去宽州，
下有宽县，送去宽县。
收去宽州大里，押去宽岗大县。
收得过门过后，送得过堂过殿。
弟子一步送去一千里，
二步送去二千里，
三步送去三千八万八百八九里。
收去一边河，送去一边海。
把山为界，把水为凭，
远看太太平洋，近看黄土神墙。
有风不许乱吹，有雨不许乱淋。
风吹树木莫动，百草不准抬头！
吾奉太上老君急急如律令。

　　送神圆满，送归完毕。送神回转，即刻回去。起车上马，最要神速，来时如风，去时如露。来时大路一条，送过大路隔断。隔了千山万水，隔断万水千山。来路不清，去路分明，去时有路，转身无门。转去你的千年老堂，送回你的万年老殿。堂是仙堂，殿是仙殿。春夏秋冬，快活神仙。不要再到人间兴风，不许再回世间作乱。懂得因果大理时，修得正果成神仙。信士家门得清吉，弟子福寿比南山。

五、筒骨烧纸科仪

【题解】

　　筒骨烧纸苗语叫作"窝头松琶"，是用一块刀头肉和一根猪腿筒骨作为主要供品的一种解病仪式。这是苗乡较多做的一种解除软骨病、腿关节、腿痛骨痛的仪式。我们都知道，人体软骨病多是缺钙所致，人的腿关节、腿骨痛也多是关节炎、骨髓炎所致，可是在人体科学不发达、医疗卫生条件落后的时代，人们怎么会知道什么是钙元素，什么是关节炎等知识呢？

　　传说古代有四个兄弟分别叫作"四关老大、四关老二、四关老三、四关老四"，他们的姓氏不详。他们的父母生活在腿骨病频发的时代。出于孝心，他们四处求医访药。他们的艰辛苦难和决心感动了神仙，神仙便在梦境里指示他们用猪筒骨煮汤来治。他们按照神仙指示的方法、骨痛用骨医的法则，果然治好了父母的腿骨病。他们还用此法治好了周围很多人的类似疾病。他们死后，被人们追封为神。由于不知他们的姓氏，人们只好叫他们为"四关一姓、四关二姓、四关三姓、四关四姓"。人们出于对他们的尊敬，于是将"关"改称为"官"，追认他们为医官。

　　苗民在染患了腿骨病、软骨病、关节炎等疾病，久治不愈、良药无效时，会将一支竹筷劈破一头并夹住一张对折成三角的纸钱，烧三炷香，一起插在大门边的板壁缝里。这就算是对医官神许愿的标志物，简称"愿标"。病情减轻后，便要请巴代来祭祀还愿，届时要将此愿标取下摆到祭祀桌上，好让巴代在"勾良勾愿"时将此愿标弄断烧毁。

　　仪式在堂屋内大门一边举行。将一张饭桌朝外摆（巴代坐时面向门外），上放纸钱四沓；再摆香米利是，上插三炷香；用盘子装一块煮熟了的刀头肉和一根猪腿筒骨，并撒上一点盐，上插一双筷子，放于桌子中间；左边摆一把菜刀，用来割肉敬神；右边摆一重愿标，前摆三杯酒；桌下摆一鼎罐盖，用来烧纸钱。

请神前，巴代在桌前焚香烧纸，叩师藏身之后才可正式请神。医官神请到之后，通呈保佑、匀良匀愿、判定阴阳、敬吃送喝、烧纸钱、再次保佑，然后送神。仪式完毕，将纸灰倒在地楼板上的火炉内，以示诸福咸集。

【神辞】

心阴身阳两本性，阴隐阳露显本能。若能识得其中意，不执不偏正法生。科依师传，依教奉行，心诚念净，正法灵应。抬眼看青天，师父在眼前。闭眼看身后，师父在左右。太上老君随前随后，随左随右。身左身右。同我弟子起手成法成诀，动脚成罡成步。莲华宝座，莲华宝诀。三十六道正法，七十二道真诀。收起病害良人某某某，正魂本命，三魂七魄。收在十二洞前洞后，十二洞左洞右。下铜盖，下铁盖，高上金铁银宝盖。人看不知，鬼看不见。

（用宝盖诀盖住后，卷起纸钱成筒状，绞住两头，并对两头各吹一口气。）

伏以——
何人先来，信士先来，何人先到，弟子先到。信士先来有奉有请，弟子才来才到才临。到堂之先，先来摆设香炉，排置香案。燃起辉煌宝烛，焚起龙凤宝香。香烟奏达三界内外，宝烛照亮三千世界。仗此宝香，一心奉请。弟子行坛会上，无量高尊，左右临坛，护法元帅。上坛七千祖师，下坛八万兵马。开坛演教，说法传教，加持法教，拥护行教。

伏以金钱烧交，银钱烧送。烧送交钱祖师、度钱祖师、前传后教、宗本二师。请降仪坛，领受钱财。（烧三张纸钱，作一个揖）

伏以金钱烧交，银钱烧送。烧送祖师法高法旺、法胜法高。请降仪坛，领受钱财。（烧三张纸钱，作一个揖）

伏以钱财上奉已毕，弟子在于香炉头上，焚香叩请祖师石法高、石法旺、石法胜、石法高。叩在弟子身前身后，身左身右。同我弟子起手成法成诀，动脚成罡成步。早讲早灵，夜讲夜顺。

抬眼看青天，师父在眼前。闭眼看身后，师父在左右。太上老君随随后，随左随右。身左身右。同我弟子起手成法成诀，动脚成罡成步。莲华宝座，莲华宝诀。三十六道正法，七十二道真诀。收我弟子正魂本命，三魂七魄。收在十二洞前洞后，十二洞左洞右。人看不知，鬼看不见。百无禁忌，大吉大利。

化会我身，变会我身，我身变作天王大将军。化会我身，变会我身，我身变作金刚身。化会我身，变会我身，我身变作铜头铁面大将军。头戴八尺角，身披倒毛衣，尾巴拖下地。人见人吓倒，鬼见鬼灭亡。

吾奉太上老君急急如律令。

今据，公元年号某某某某年某某月某某日某某时，在起某氏门中，祭祀未起，宝香先焚。桌上摆起香炉，炉上插上宝香。奉请南广丙丁神火，焚燃炉内真香宝香。真香焚起祥云朵朵，宝香燃起瑞气渺渺。闻达天地与水阳，四府高尊与万灵。照名有请有奉，无名无请无闻。信士设供虔诚，弟子仗此香烟奉请。

奉请灵显祖师石法旺，灵验祖师石法旺。传教祖师石法胜，护教祖师石法灵，三坛两教石法明，同坛共教龙法灵、龙法胜。接坛演教石法旺、护教行坛石法魁。

一教两传龙法通、龙法高，课法显教龙法旺。掌度祖师龙法胜，安坛祖师刘法旺，后代祖师龙法胜、龙法明、龙法胜、石法胜。高公祖师尊公祖师石法高、后代安坛龙法灵。祖公祖师石法高、石法旺。接坛弟子石法任，掌教祖师石法高。

奉请太上老君，正君道君。张赵二郎、圣水三郎，十二婆令大娘，花林姊妹。阴传阴教，阳传阳教，梦传梦教，不传自教，三坛两教，三十六道祖师。

奉请上坛七千祖师，下坛八万兵马。南郊大王，北郊天子。东路东营木神兵马，南路南营火神兵将。西路西营金神兵马，北路北营水神兵将。中路中营土神兵马，五路五营兵马兵将。五营四哨武猖，五路五界武猖。牛头马面武猖，青脸蓝面武猖。翻天倒地武猖，吃毛吃血、吃生吃熟武猖。拿枷把锁，拿枷把锁、拿锤把棒武猖。抬旗掌号，追魂翻案武猖。三十六部护法，三十六道武猖。法堂宝殿，老堂旧殿。法堂法殿，法坛法会。十二统兵大旗，十二统天大将。红旗红号旗头鸡毛，黄旗黄号旗下兵马。旗头雄兵千百万，旗下猛将万百千。大将军管大营盘，小将军镇五方界。伏魔大帝大将军，镇妖将王大元帅。四方四大四天王，八轮八大八金刚。左右护坛，赵大元帅。阴阳护法，钟馗神王。上坛七千官将，下坛百万雄兵。呼风唤雨，飞沙走石。穿山破牢，追魂翻案。五圣神祖，兵主神王。五路武猖，五营兵马。南郊大王，北郊天子。天仙兵马，地仙兵将。降临法会，受今迎请。

一心奉请：东西南北即刻到，十方上下一时临。传达法音，护持法会。行香走火去传奏，腾云驾雾传法音。骑凤天界，张大功曹。骑虎地界，狄大功曹。骑龙水界，肖大功曹。骑虎阳界，陈大功曹。天地水阳，张狄肖陈，四京四值功曹，四官四姓功曹。急急传奏功曹，忙忙传信功曹。龙神土地功曹，值坛值殿功曹，当坛当值功曹神众。

出兵出在何州，请到何州。出马出在何县，请到何县。请到十重云头，九霄云雾。七里桥头，奈何桥上。老君大堂，玉皇大殿。老君殿前殿后，老君殿左殿右。学师堂中，学法堂内。教师堂中，教法堂内。云贵两广，永保二州。湖南湖北。祖师在起湖南大堂，请到湖南大堂，本师在起湖北大殿，请到湖北大殿。大兵请上八抬大轿，小兵请上高头大马。

风快请来跟风，雨快请来跟雨。山快请来跟山，水快请来跟水。铺去阴阳二桥，请下凡间之中，洞冲大寨，土地祠下。人请千家开门莫过，神请万家开户莫行。请到信士户主，某氏门中某某某，三衙门口，四脚门外。屋檐童子，接水阶前。大门之中，小门之内。有车请来众人不要下车，有马请来众人不要下马。人人请来装车，个个请来装马。装车不请何神，发马不叫何鬼。

奉师——师。

一心奉请：管辖本境界内，土地老祖正神，管到五方五位，五土龙脉龙神。先祖开辟本境而居，先宗生育本村子民。生为本境里域业主，死为本境土地正神。道高三天，德被三界。本境本地祀奉有请，本村本寨祈福有敬。礼当请你先来为主，后请他神后到为宾。该当家祖寨祖先奉，本应村宗家祖先迎。村宗久远查名不到，寨祖久长点字不明。专请本村本寨先祖土地，专奉本境本处始祖正神。闻今有请，感应降临。

奉请先来为大，先到为尊。先发为祖，先养为宗。先立此村此寨，先管此山此地。此村人家是你所发，此寨人户为你所兴。立为先祖，奉为先宗。生时管山管水，死后成龙成神。安在村中，奉于村内。村头古老林下岩屋为祠，寨中古老树下岩板为堂。管村管寨虎狼不凶，管坊管地瘟火不侵。接受全村香火，保佑全寨平安。本村当坊土地，本寨老祖正神。

出兵出在何州，请到何州。出马出在何县，请到何县。请到老木堂中，古树堂内。四个天门，八个地户。四个老堂，八个老殿。在堂请堂，在殿请殿。铺去阴阳二桥，请下凡间之中，洞冲大寨，土地祠下。人请千家开门莫过，神请万家开户莫行。请到信士户主，某氏门中某某某，三衙门口，四脚门外。屋檐童子，接水阶前。大门之中，小门之内。有车请来众人不要下车，有马请来众人不要下马。人人请来装车，个个请来装马。装车不请何神，发马不叫何鬼。

奉师——师。

用此真香，当堂奉请：宗是根基，祖是根苑。一宗发千祖，一祖发万房。始宗始祖，发子发孙。发千发万，发达发旺。信士本家堂上香火，户主本族本房香灯。历代先宗先祖，历朝先公先婆，先父先母，先辈先人。堂上高尊祖考妣，炉中太祖父辈魂。查得有名不到，点得有字不齐。祭奉家祖先来，祀典家宗先到。家神先来为主，家祖先做做东。专申招请某氏堂上历代先祖，某氏门中历辈先人。九代祖公，八代祖婆。高太尊太祖太宗太，太公太婆先母先父。请来堂中做主做东，迎到堂内做主敬神。先有东道主，后有西客宾。闻今有请，急速降临。唯愿，去是前前后后去，今时有请一同来。

有车请来众人不要下车，有马请来众人不要下马。人人请来装车，个个请来装马。装车不请何神，发马不叫何鬼。

奉师——师。

奉请九州兵马，前师后教。功曹武猖，家亡先祖、家先等众。村头龙神，寨尾土地。灶公土地，灶王菩萨。门头老鬼，把门将军。人人请来装车，个个请来装马。装车不请何神，发马不叫何鬼。

奉师——师。

奉请第一四官一姓，第二四官二姓。第三四官三姓，第四四官四姓。四门四个包袱，四门四个雨伞。招财童子，进宝郎君。拿愿郎子，收愿郎君。

出兵出在何州，要来请到何州。出马出在何县，要来请到何县。请到金厂银厂，里耶四十八厂。金殿银殿，里耶四十八殿。千年本堂，万年本殿。有车上车，有马上马。风快跟风，雨快跟雨。山快跟山，水快跟水。铺去阴阳二桥，请下凡间之中，洞冲大寨，土地祠下。人请千家开门莫过，神请万家开户莫行。请到信士户主，某氏门中某某某，三衙门口，四脚门外。屋檐童子，接水阶前。大门之中，小门之内。有车请来众人下车，有马请来众人下马。请来上排上坐，下排下坐，排方正坐。上请莫动，下请莫游。

奉师——师。

一份来了，二份不请同来，飞云走马功曹上参。一份来到，二份不请同到，飞云走马功曹上报。发兵去请，发马去报。二份转来奉请——

奉请第一四官一姓，第二四官二姓。第三四官三姓，第四四官四姓。四门四个包袱，四门四个雨伞。招财童子，进宝郎君。拿愿郎子，收愿郎君。

出兵出在何州，要来请到何州。出马出在何县，要来请到何县。请到金厂银厂，里耶四十八厂。金殿银殿，里耶四十八殿。千年本堂，万年本殿。有车上车，有马上马。风快跟风，雨快跟雨。山快跟山，水快跟水。铺去阴阳二桥，请下凡间之中，洞冲大寨，土地祠下。人请千家开门莫过，神请万家开户莫行。请到信士户主，某氏门中某某某，三衙门口，四脚门外。屋檐童子，接水阶前。大门之中，小门之内。有车请来众人下车，有马请来众人下马。请来上排上坐，下排下坐，排方正坐。上请莫动，下请莫游。

奉师——师。

二份来了，三份不请同来，飞云走马功曹上参。二份来到，三份不请同到，飞云走马功曹上报。发兵去请，发马去报。三份转来奉请——

奉请第一四官一姓，第二四官二姓。第三四官三姓，第四四官四姓。四门四个包袱，四门四个雨伞。招财童子，进宝郎君。拿愿郎子，收愿郎君。

出兵出在何州，要来请到何州。出马出在何县，要来请到何县。请到金厂银厂，里耶四十八厂。金殿银殿，里耶四十八殿。千年本堂，万年本殿。有车上车，有马上马。风快跟风，雨快跟雨。山快跟山，水快跟水。铺去阴阳二桥，请下凡间之中，洞冲大寨，土地祠下。人请千家开门莫过，神请万家开户莫行。请到信士户主，某氏门中某某某，三衙门口，四脚门外。屋檐童子，接水阶前。大门之中，小门之内。有车请来众人下车，有马请来众人下马。请来上排上坐，下排下坐，排方正坐。上请莫动，下请莫游。

奉师——师。

人管人到，神管神临。阴间来的好客，阳间到得好马。行兵弟子，阴请阴来，阳请阳到。三请同来，四请同到。有事和你通呈，无事不敢通呈，半天云云，着耳听文。有事和你登堂，无事不敢登堂，半天洋洋，着耳听章。壶中有酒，开壶奠献。茶献一呈，酒分三献。今据公元某某某某年某某某月某某日清早良旦，上午之时，下午之时，晚上之期，在起信士户主某氏门中，不管别神外鬼，不管别处外路。

当管第一四官一姓，第二四官二姓。第三四官三姓，第四四官四姓。四门四个包袱，四门四个雨伞。招财童子，进宝郎君。拿愿郎子，收愿郎君。

出兵出在何州，要来管到何州。出马出在何县，要来管到何县。

一车马头，管到金厂银厂，里耶四十八厂。金殿银殿，里耶四十八殿。千年本堂，万年本殿。有车上车，有马上马。

二车马头，管东南西北，四个天门，八个地府。四个老堂，八个老殿。在堂管堂，在殿管殿。

三车马头，管到湖南省花垣县董马库乡，洞冲大寨，土地祠下。人管千家开门莫过，神管万家开户莫行。管到信士户主，某氏门中某某某，三衙门口，四脚门外。屋檐童子，接水阶前。大门之中，小门之内。有车管来众人下车，有马管来众人下马。管来上排上坐，下排下坐，排方正坐。上请莫动，下请莫游。

奉师——师。

管来不为千斤大事，不为并无小难。上山不为砍木，下水不为拖船。因为信士户主，病害良人某某某，早来行东行西，夜来行南行北。见车不会躲车，车来不得高过。见马不会躲马，马来不得高骑。左边撞出车头，右边碰着马尾。转来得病在身，左脚骨疼，右腿骨痛。困在眠床，倒在卧巾。一日不消不散，二天不减不退。

男人手巾包米，女人白纸包茶。东方点香，南方卜课。点香大师坛头，卜课小师坛尾。点香不出何神，打卦不见何鬼。要来求你四官四姓，大病才能得好，小病才能得脱。请得大师跟你标良，小师跟你许愿。标了良愿一重，许了契愿一朵。标良不把良停，许愿不把愿丢。兴良兴许，兴愿兴还。一屋人口，一家人眷。男人不做长心大胆，女人不做三心二意。算得好日，择得好字。选得留连太安，请得行兵弟子，前门跟你相求，后门给你相醉。

面前备办何财，要来交你何财。备办何物，要来交你何物。备办长台师椅，桌台椅凳。金杯银碗，金调银筷。刀头压盘，筒骨大肉，香米利是，阴阳钱财。斋供一筵，斋筵果供。黄缸米酒，凡供礼仪。金钱银钱，纸马钱财。陈香华香，龙凤宝香。良愿一重，契愿一朵。金刀一把，银刀一根。一样不少，两样不欠。项项交在你的手中，样样送在你的手内。

交纳何财，领受何财。交纳何物，领受何物。领受在前，保佑在后，领受在左，保佑在右。

上来不保千家人名，下来不保万家名字。当保信士户主，病害良人某某某，脚疼得好，腿痛得除。左脚转来走东走西，右脚转来行南行北。大病化好，小病化除。好了不加不重，退了不反不复。上山得到，下河得临。吉康安泰，吉祥如意，大吉大利。

收了要收，要收得了，要送得完。要消得清，要除得尽。要收三灾，要隔八难，要消瘟疫，要除时气，要收凶神，要除恶煞。要收天煞地煞，阴煞阳煞，年煞月煞，日煞时煞，神煞鬼煞，凶煞恶煞。收煞送了，除煞务尽。不留分毫，不留命根。上有宽州，收去宽州。下有宽县，收去宽县。收去宽州大里，押送宽冈大县。收得过门过后，收得过堂过殿。

收了要收，要收得了，要送得完。要收三灾，要隔八难，要消瘟疫，要除时气，要收凶神，要除恶煞。要消得清，要除得尽。要收凶症，要消恶疾。有药治不了，良医治不得，疑症难症，杂症奇症，热天要收暑气来袭，冷天要收寒气来侵，心起无名之火，身染不治之症。上有宽州，收去宽州。下有宽县，收去宽县。收去宽州大里，押送宽冈大县。收得过门过后，收得过堂过殿。

当面有枷，要收鬼枷。颈上有锁，要收鬼锁。要收牛罗枷锁，板子夹棍。铜箍铁押，铜押铁撑。铜锤铁棒，板子夹棍。千百斤手囚，万百斤脚链。上有宽州，收去宽州。下有宽县，收去宽县。收去宽州大里，押送宽冈大县。收得过门过后，收得过堂过殿。

收了要收，要收三灾，要隔八难，要消瘟疫，要除时气，要收凶神，要除恶煞。要收得了，要送得完。要消得清，要除得尽。要收晦气暗气，黑气妖气，凶气恶气，早来不许作蛊，夜来不许作怪，早来不许现头，夜来不准现面，不许为殃作祸，不许兴灾作难。上有宽州，收去宽州。下有宽县，收去宽县。收去宽州大里，押送宽冈大县。收得过门过后，收得过堂过殿。

收了要收，要收三灾，要隔八难，要消瘟疫，要除时气，要收凶神，要除恶煞。要收早梦不灵不顺，夜梦不祥不安。早梦死人同路，夜梦死鬼同床。梦风梦雨，梦山梦水。杀牛宰马，破篾刘竹。奔田烂地，崩岩烂坎。上有宽州，收去宽州。下有宽县，收去宽县。收去宽州大里，押送宽冈大县。收得过门过后，收得过堂过殿。噩梦去了，好梦又来。早梦骑驴，夜梦跨马。早梦轿行得真，夜梦轿坐得稳。早梦日头来照，夜梦海水来淋。

收了要收，要收三灾，要隔八难，要消瘟疫，要除时气，要收凶神，要除恶煞。要收衣毛光裤。哭声登堂，喊号登殿。三块烂木，四块烂板。桐木板装，紫木板盖。灯笼篙把，毛竹火烟。黄土盖身，黑土盖面。木头两对，木马两双。男人披头，女人戴号。上有宽州，收去宽州。下有宽县，收去宽县。收去宽州大里，押送宽冈大县。收得过门过后，收得过堂过殿。

收了要收，要收三灾，要隔八难，要消瘟疫，要除时气，要收凶神，要除恶煞。要收东方官牙，南方口嘴。西方官牙，北方口嘴。中央官牙，五方堂殿官牙口嘴，官司口气。作抄拿人，土匪抢犯，贼盗小人。天火地火，阴火阳火。天怪地怪，双猪独狗，七狗八怪，八八六十四怪。上有宽州，收去宽州。下有宽县，收去宽县。收去宽州大里，押送宽冈大县。收得过门过后，收得过堂过殿。

收了要收，要收得了，要送得完。要收三灾，要隔八难，要消瘟疫，要除时气，要收凶神，要除恶煞。要消得清，要除得尽。灾来当路，祸来当道，蛊来当路，怪来当道，无意中逢恶灾，不料中逢凶难，天炮乱打，天灾乱逢，恶人恶事，恶祸恶害，恶病恶疾，恶灾恶难。上有宽州，收去宽州。下有宽县，收去宽县。收去宽州大里，押送宽冈大县。收得过门过后，收得过堂过殿。

收了要收，要收三灾，要隔八难，要消瘟疫，要除时气，要收凶神，要除恶煞。要收年来失财，月来破米。失财破米，麻言怄气。年来猪瘟，月来时气。猪瘟时气，牛瘟马匠。上有宽州，收去宽州。下有宽县，收去宽县。收去宽州大里，押送宽冈大县。收得过门过后，收得过堂过殿。

收了要收，要收三灾，要隔八难，要消瘟疫，要除时气，要收凶神，要除恶煞。要收天煞地煞，年煞月煞，日煞时煞，一百二十凶神恶煞。天瘟地气，天灾地难。种麻郎子，种痘郎君。屙血郎子，屙痢郎君。阴包草药，阳包草变。左脚骨痛，右腿骨疼。上有宽州，收去宽州。下有宽县，收去宽县。收去宽州大里，押送宽冈大县。收得过门过后，收得过堂过殿。

收了要收，要收三灾，要隔八难，要消瘟疫，要除时气，要收凶神，要除恶煞。要收前门猪来送屎，后门狗来送尿。前门前代伤亡，后门后代伤亡。滚坡滚岭，滚岩滚坎。早来倒在枪头，夜来死在枪尾，外音门下，本音门下，连亲门下，五音七姓男女伤亡。押送阳州以西，收送阴土地盖。早来不许相逢，夜来不许相见。若有早来相逢，夜来相见。上有宽州，收去宽州。下有宽县，收去宽县。收去宽州大里，押送宽冈大县。收得过门过后，收得过堂过殿。

千般收了得到，万般保了得到。上来不保千家人名，下来不保万家名字。当保信士户主某某某，一屋人口，一家人眷。三班老少，男女老幼，五口人名，六口人字。桃花李花，拢统一家。人人清吉，个个平安。屋场得坐，水井得吃。查名得应，点字得齐。活过百年，坐得千岁。

保了要保，佑了要佑。要保清吉，要佑平安，要保衣禄，要佑饭碗，要保增福，要佑长寿。保佑信士户主，病害良人某某某，左脚病好，右腿病除。左脚转来行东行西，右脚转来行南行北。好了不加不重，退了不反不复。大病化小，小病化无。口讲合合，脸笑眯眯。吃茶甜肚，吃饭甜心。上山得到，下水得临。千年坐到管儿管女，万代坐到管子管孙。风吹保佑莫动，浪打保佑莫流。青龙不动，白虎不开。千年禄在本魂，万代马在本命。

要保清吉，要佑平安，要保衣禄，要佑饭碗，要保增福，要佑长寿。保了要保，佑了要佑。保佑信士，解冤解结，解罪解孽，解灾解难，解祸解害，大病化小，重病化轻，得逢良医，得遇救星，疾病得好，治得断根，全面康复，永不生病，一好百好，健康旺盛。

要保清吉，要佑平安，要保衣禄，要佑饭碗，要保增福，要佑长寿。保了要保，佑了要佑。保佑高楼养猪，低楼养羊。槽头吃水，槽尾吃糠。不养自肥，不喂自长。早长千斤，夜长万两。千年是信士户主家财家本，万代是家本家利。养公成对，养母成双。财来坐得千千余年，米来坐得万万余岁。

保了要保，佑了要佑。保佑信士，保佑财源，通达旺盛。天天发财，日日喜庆。日得千金，月进万银。百万千万，万万倍增。利路通达，财路通顺。利益广得，财源广进。利禄丰厚，财源滚滚。一本万利，平步青云。

要保清吉，要佑平安，要保衣禄，要佑饭碗，要保增福，要佑长寿。保了要保，佑了要佑。王儿大财，丝绸大宝。保佑黄牛大财，水牛大宝。上坡吃草，满肚肥饱。下河吃水，满肚肥了。上坡吃草，不要吃着瘟草。千年背犁得走，万代背耙得重。耙重得山。千年是信士户主家财家本，万代是家本家利。养公成对，养母成双。财来坐得千千余年，米来坐得万万余岁。

要保清吉，要佑平安，要保衣禄，要佑饭碗，要保增福，要佑长寿。打开东方求财，东路来财，南方求米，南路来米。西方求财，西路来财，北方求米，北路来米。中央求财，中路来财，五方堂殿求米来米。不会求财，财来进家，不会求米，米来进户。财来坐得千千余年，米来坐得万万余岁。

保了要保，佑了要佑。要保清吉，要佑平安，要保衣禄，要佑饭碗，要保增福，要佑长寿。保佑信士，屋场得坐，水井得吃，查名得应，点字得齐，活过百年，坐得千岁，发白转青，齿脱转生，鹤发童颜，越活越精，返老还童，堪称寿星，坐如彭祖，天地共存。

打开正月无风扫地，二月砍草平洋，三月抛粮下种。一个落地、百个成气，一个落土、百个生口，一个落下、百个生芽。保佑七月熟谷，八月熟米。生像牛头，壮像马尾。男人得挑，女人得背。吃不了存谷烂酒，用不了存米烂饭。吃不了烂饭白财，用不尽烂饭白米。财来坐得千千余年，米来坐得万万余岁。

保了要保，佑了要佑。保佑信士，求财得发，求有得收，求财到堂，求利到手，五路进财，八方顺头，财源广进，利禄丰厚，一本万利，富贵长久。

保佑已了，挡隔又到。上不挡州，下不挡县。

一挡一隔，要挡凶症，要消恶疾。有药治不了，良医治不得，疑症难症，杂症奇症，热天要收暑气来袭，冷天要收寒气来侵，心起无名之火，身染不治之症。上有宽州，挡去宽州。下有宽县，挡去宽县。挡去宽州大里，隔去宽岗大县。挡得过门过后，隔得过堂过殿。

二挡二隔，要挡灾来当路，祸来当道，蛊来当路，怪来当道，无意中逢恶灾，不料中逢凶难，天炮乱打，天灾乱逢，恶人恶事，恶祸恶害，恶病恶疾，恶灾恶难。上有宽州，挡去宽州。下有宽县，挡去宽县。挡去宽州大里，隔去宽岗大县。挡得过门过后，隔得过堂过殿。

三挡三隔，要挡天煞地煞，年煞月煞，日煞时煞，一百二十凶神恶煞。天瘟地气，天灾地难。种麻郎子，种痘郎君。屙血郎子，屙痢郎君。阴包草药，阳包草变。骨痛肉痛，脚痛手痛。上有宽州，挡去宽州。下有宽县，挡去宽县。挡去宽州大里，隔去宽岗大县。挡得过门过后，隔得过堂过殿。

发下开牢放命武猖，差遣开枷脱锁武猖，追魂翻案武猖，放魂放命武猖，弟子发兵前去放魂，师郎发将前去放命。不放同名同姓，不放他人别个，要放病患良人某某某，正魂本命，三魂七魄，

正魂被关在东方牢中，武猖奉命打开东方牢门。（开东方牢门诀）

本命被关在南方牢内，武猖奉命打开南方牢门。（开南方牢门诀）

正魂被关在西方牢中，武猖奉命打开西方牢门。（开西方牢门诀）

本命被关在北方牢内，武猖奉命打开北方牢门。（开北方牢门诀）

正魂被关在中央牢中，武猖奉命打开中央牢门。（开中央牢门诀）

本命被关在五方牢内，武猖奉命打开五方牢门。（开五方牢门诀）

开牢就要放魂，开枷就要放命。追魂翻案武猖，放魂放命武猖，追得病患良人某某某，正魂本命，三魂七魄，带得回转，放得回来，回到家中，转到

房内，大病得好，小病得散。大病化消化散，小病化解化退，肿大退小，热大退凉，好了不加不重，退了不反不复，坐得一千余年，居得一万余岁，千年坐得享福，万代坐得享乐。

放魂已了，和你消愿又到。前愿前消，后愿后消。兴良兴许，兴愿兴还。许了何财，还了何物。许了何物，还了何物。长台师椅，桌台椅凳。金杯银碗，金调银筷。还了得饱，醉了得到。细箩大肉，香米利是。还了得饱，醉了得到。斋供一筵，斋筵果供。黄缸米酒，还了得饱，醉了得到。金钱银钱，纸马钱财。陈香华香，龙凤宝香。还了得饱，醉了得到。良愿一重，契愿一朵。金刀一把，银刀一根。一样不少，两样不欠。还了得饱，醉了得到。圆满毕中，奉请太上老君，红笔上簿，黑笔勾销。隔五重天，把簿仙官。

大金刀大愿撤头，（拿愿标在手，用大金刀诀作砍状）

小金刀小愿撤尾。（用大金刀诀作砍状）

撤良了良，撤愿了愿。挪良了良，挪愿了愿。挪了千年不得成良，万代不得成愿。勾良请下五阴倒地，注五马奔槽。起在卦前卦后，倒在卦头卦尾。

含也——含也。

（打一副阴筶，然后将愿标弄断，并放去桌下烧纸处。）

奉师——师。

勾愿已了，定阴又到。定阴定在卦中，判阳判在卦内。竹菀两块组成一组神筶，阴阳一双合成一副神卦。神筶汲有天地灵气，神卦汲有阴阳精华。

神筶凭天往上抛下，神卦自然凭空落下，一翻一扑谓之顺筶，一阴一阳谓之顺卦，问事为好为妙，断事为通为顺。

神筶凭天往上抛下，神卦自然凭空落下，两块皆扑谓之阴筶，两块朝地谓之阴卦，问事为阻为碍，断事为阴为暗。

神筶凭天往上抛下，神卦自然凭空落下，两块皆翻谓之阳筶，两块朝天谓之阳卦，问事为朦为胧，断事为岔为异。

祖师掌着筶头，本师拿着筶尾。弟子今日闭眼诚心，想念来临。问筶就要得准，打卦就要得灵。信士户主，本日本时，酬敬神灵，乞神保佑，求神感应。保佑户主，信士良人。求了得好，敬了得福。灾难有消得散，祸害有减得退，放下三副三次龙头神筶，三次三下龙马神骑，大保大佑，大通大顺。

户主信士，求了不保，敬了不佑。灾难不消不散，祸害不减不退，放下三副三次两块朝地，三次三下阴筶阴卦，报信得到，报事得明。

户主信士，求了不保不佑，敬了不清不明。灾难不消不散，祸害不减不退，还有他神别鬼为殃作祸，再有邪魔妖鬼兴风作浪，放下三副三次两块背地，三次三下双阳朝天，报信得到，报事得明。

三副答头约得清清楚楚，三种卦象讲得明明白白。灾难化消化散，祸害化解化退。有灾收去一边，有难遣走一旁。灾难收去天涯，祸害收去海角。

信士户主，今日求了得保，如今做了得到。保佑户主信人某某某，还了好了，敬了好快，灾难化消化散，祸害化减化退。阴把香烟为据，阳打竹答为凭。放下三副三次龙头神答，三次三下龙马神骑，大保大佑，大通大顺。（打答）

户主信士，求了不保，敬了不佑。灾难不消不散，祸害不减不退，放下三副三次两块朝地，三次三下阴答阴卦，报信得到，报事得明。（打答）

户主信士，求了不保不佑，敬了不清不明。灾难不消不散，祸害不减不退，还有他神别鬼为殃作祸，再有邪魔妖鬼兴风作浪，放下三副三次两块背地，三次三下双阳朝天，报信得到，报事得明。（打答）

定阴得了好阴，倒阳得了好阳。定阴已了，退下又到。

退下黄缸米酒，一杯一碗，二呈二献。

敬送第一四官一姓，第二四官二姓。第三四官三姓，第四四官四姓。四门四个包袱，四门四个雨伞。招财童子，进宝郎君。拿愿郎子，收愿郎君。

吃了保佑信士户主，病害良人某某某，脚病得好，腿痛消除。增福延寿，安康如意。黄缸米酒，一杯二碗，一呈二献。保佑酒呈，退病酒献。还有细箩大肉，金刀来划，银刀来切。也都一起破在金牙银齿，倒在金肠银肚。

奉师——师。（倒点酒在纸钱炉内）

吃了一杯一碗，二呈二献。要来敬上三杯三碗，三呈四献。保佑酒呈，保佑酒献。

敬送第一四官一姓，第二四官二姓。第三四官三姓，第四四官四姓。四门四个包袱，四门四个雨伞。招财童子，进宝郎君。拿愿郎子，收愿郎君。

吃了保佑信士户主，病害良人某某某，脚病得好，腿痛消除。左脚转来走东走西，右脚转来行南行北。无灾无难，大吉大利。黄缸米酒，二杯三碗，三呈四献。还有细箩大肉，金刀来划，银刀来切。也都一起破在金牙银齿，倒在金肠银肚。

奉师——师。（倒点酒在纸钱炉内）

吃了三杯四碗，三呈四献。要来敬上五杯五碗，五呈五献。退病酒呈，除痛酒献。

先来敬送第一四官一姓，第二四官二姓，第三四官三姓，第四四官四姓。四门四个包袱，四门四个雨伞。招财童子，进宝郎君。拿愿郎子，收愿郎君。

后来敬上九州兵马，前师后教。功曹武猖，家亡先祖、家先等众。村头龙神，寨尾土地。灶公土地，灶王菩萨。门头老鬼，把门将军。

吃了保佑信士户主，病害良人某某某，脚病得好，腿痛消除。左脚转来走东走西，右脚转来行南行北。好了不加不重，退了不反不复。家门清吉，人口平安。发达兴旺，富贵双全。无灾无难，大吉大利。黄缸米酒，一杯化作千杯，一碗化作千碗。千人共杯，万人共碗。阴间不吃不领，阳间不领不剩。破在金牙银齿，倒在金肠银肚。还有细箩大肉，金刀来划，银刀来切。也都一起破在金牙银齿，倒在金肠银肚。

奉师——师。（倒点酒在纸钱炉内）

阴间吃了得饱，阳间喝了得醉。吃了保佑信士户主，病害良人某某某，脚病得好，腿痛消除。左脚转来走东走西，右脚转来行南行北。好了不加不重，退了不反不复。大病化小，小病化无。口讲合合，脸笑眯眯。吃茶甜肚，吃饭甜心。上山得到，下水得临。千年坐到管儿管女，万代坐到管子管孙。风吹保佑莫动，浪打保佑莫流。青龙不动，白虎不开。千年禄在本魂，万代马在本命。家门清吉，人口平安，发达兴旺，富贵双全，无灾无难，大吉大利。

茶来吃剩交在你的茶坊，酒来吃剩交在你的酒店。黄缸米酒，交在金缸，送在银缸。刀头压盘，香米利是。斋供一筵，斋筵果供。交在你的手中，送在你的手内。金钱银钱，纸马钱财。人会发火，火化钱财，钱财用凭火化，收钱上仓，收米上库。

行兵弟子，投坛年久，拜法年多。话多难讲，路远难行。不讲九州歇马，不讲车练停场。讲多几句祖师来改，讲少几句本师来添。千年要留本魂交钱，万代要留本命度纸。放下左阴右阳，黄土神墙。

（放筶在桌子上，然后用送神诀送神。）

上来，信士所发心愿已做，户主所许神愿已还。准得千年千堂，去得万堂万代。人口清吉，家门清泰。茶来吃剩交在你的茶坊，酒来吃剩交在你的酒店。一切凡供礼仪，诸般供品供具。交在你们手中，送在你们手内。交了换得人口清吉，送完保得人眷平安。家发人兴，财兴人旺。去得千年，坐得万代。恭送神灵回府，奉送贵客回堂。各走各路，各行各道。请从北方来，送回北方去。请从南方到，送归南方回。来东转东，来西转西。回去老堂，转去老殿。一路驾车，一道打马。一路回转，一道回程。回去老堂千年，转去老殿万代。恭送回堂，恭别不再相见。各修各好，各行各善。勿得兴风起浪，不得兴灾作难。你去发心慈悲，自有天眼照看。祸福无门，唯人自招，善恶之报，如影随形。各自珍重，弟子不再叮咛。神灵谛听，勿再妄行。弟子再送先祖归堂，土地归祠，祖师回堂，本师回殿。阴归阴路，阳归阳路，阴阳各别。弟子背负正魂本命，三魂七魄。荣华富贵，福禄寿喜，财宝利禄，大吉大利。平安坐得千年，吉康活过百岁。(莲花顺收诀)

行兵弟子，正魂本命、三魂七魄。收在十二洞前洞后，收在十二洞左洞右。弟子增福增寿，福慧齐增，吉康安泰，吉祥如意，大吉大利！

信士户主，法事圆满，祀事圆成。有堂各人归堂，有殿各人归殿。无堂无殿，各人逃散。

巴代高声云：清吉平安，发财兴旺！

主人家答：多谢师父，大家发财！

六、土地寄儿科仪

【题解】

本堂记载的是寄儿到土地堂的科仪神辞。按照传统说法，一些小孩出生之后，八字五行若是缺土，就会出现一些如胃、脾、胁、腹、背、胸、肺等方面的疾病。鉴于小孩灾祸接连，身体不健康，久治不愈，人们就会去请算命先生为其查看八字算命，在算命时如发现有雷公关、落井关、断肠关、急脚关、鸡飞关、取命关、四烛关、阎王关、水火关、断桥关、无情关、浴盆关、血盆关、坐命关、和尚关、短命关、天吊关、鬼门关、金锁关、四季关、铁蛇关、将军箭、断肠关、夜啼关、克亲煞、撞命关、雷公关、天狗关、烫火煞、丧车煞等之一，或其中几种关煞时，就要请巴代先生为其解关煞。如果是八字五行不全，特别是缺土或缺金，人们就会请巴代将其寄给土地堂，以达到补土的作用。如此，小孩就会减少灾祸，少生疾病，健康起来了。这是苗族在过去医学不发达、医疗卫生条件落后的时代里的做法。

土地寄儿在小孩出生地的东北方向或西南方向的村外岔路口举行。如果此方向正好是其村的土地堂，则是最适合的场所。从八卦方位上来看，东北方属于"艮"卦，艮为山为土，属土的方位。而西南方属于"坤"卦，坤卦为地、为土。此二方皆属于土的方位，由于小孩八字的五行缺土，只有到此两方寄拜才可补土，这是传统的做法。另外，若是八字五行缺金者，亦可在此二方寄拜，根据"五行相生"的原则，土可生金，也就是说有土则有金了。当然，缺金者也可去西方或西北方寄拜，因为西方为"兑"卦，西北方为"乾"卦，而兑卦和乾卦都属于金的方位，这是最直接的补法。

定好方位后，主家准备一只雄鸡、六柱糍粑(30个)、一块刀头肉、一碗香米、一壶酒、一把香、几沓纸钱。巴代用五色纸剪出五束长纸钱，夹在五根篾条上，再带上挖锄、镰刀、筛子及一双新鞋等物，到此方向的岔路口选场地，用岩块起一个土地岩屋，将五束长纸钱插在两边，每束长纸钱上还要点一炷香同插(一边插两束，还有一束插岩屋后)。在岩屋前垫上石块，摆筛子，在筛子上摆刀头酒礼等供品，鸡和鞋子摆在地上。

请神前，巴代在桌前焚香烧纸，叩师藏身之后才可正式请神。仪式中，要一人帮烧纸，一张接一张一直烧到仪式完毕。请神到后，通呈保佑，敬吃送喝，再将鸡冠掐破出血，把鸡毛鸡血涂在三张折过了的纸钱上，烧化给土地神，还要涂在岩屋两边以隔凶煞。最后送神，回家即可。

土地寄儿科仪是在阴阳学兴盛之后出现的，其成教、行教于苗乡，是苗乡的特色道教科仪。

【神辞】

(巴代先生站在岩屋前，拿纸钱在手，先作揖一拜，然后边烧纸钱边念:)

人争一口气，神念一炉香，日吉时良，天地开昌。值此良旦，启运贞祥。人有诚心，天有照应，炉焚真香三炷，叩请天地神真。上烧一炷，熏达青天。中烧二炷，遍满大千。下烧三炷，普度黄泉。随心随香而动，随请随到而来。烧香不请别神外鬼，不请别处外道。

师爷! 一点乾坤大，横担日月长，波浪天地盖，邪神毁灭光。日吉时良，天地开昌。万灵镇伏，安泰吉昌。大道当前，邪魔消亡。一炷真香通三界，二炷宝香达天地，三炷信香遍凡阳。闻此宝香，弟子所叩神真降临。不请别神，不奉别教。单请弟子法堂宝殿，老堂旧殿。开坛祖师，传教祖师，交钱祖师，度钱祖师。天下法坛共道主，世上法坛共老君。宗师随香来到坛中，祖师乘烟来临堂内。宣演正教，信受奉行。

伏以: 弟子烧起一炷正香，二炷宝香，三炷临宝正香。弟子拿来插在炉内，遍满十方。上烧一炷，黄云盖天。下烧二炷，紫云盖地。中烧三炷，盖吾弟子身前身后，身左身右。人看不知，鬼看不见。天无忌、地无忌、年无忌、月无忌、日无忌、时无忌、百无禁忌，大吉大利。一堂客众，男女老少。人人吉祥，个个吉利，大吉大利。

一心奉请: 上坛七千祖师，下坛八万兵马。南郊大王，北郊天子。东路东营木神兵马，南路南营火神兵将。西路西营金神兵马，北路北营水神兵将。中路中营土神兵马，五路五营兵马兵将。五营四哨武猖，五路五界武猖。牛头马面武猖，青脸蓝面武猖。翻天倒地武猖，吃毛吃血、吃生吃熟武猖。拿枷把锁，拿枷把锁、拿锤把棒武猖。抬旗掌号，追魂翻案武猖。十二统兵大旗，十二统天大将。红旗红号旗头鸡毛，黄旗黄号旗下兵马。旗头雄兵千百万，旗下猛将万百千。大将军管大营盘，小将军镇五方界。伏魔大帝大将军，镇妖将王大元帅。四方四大四天王，八轮八大八金刚。左右护坛，赵大元帅。阴阳护法，钟馗神王。上坛七千官将，下坛百万雄兵。呼风唤雨，飞沙走石。穿山破牢，追魂翻案。五圣神祖，兵主神王。五路武猖，五营兵马。南郊大王，北郊天子。天仙兵马，地仙兵将

一心奉请：年月日时，四值功曹。飞云驾雾功曹，走马乘风功曹。上天入地功曹，行水走土功曹。天门地府功曹，天涯海角功曹。凌云直下功曹，翻天倒地功曹。骑龙乘凤功曹，行香走火功曹。早走早到功曹，夜行夜临功曹。当坛传奏功曹，值殿传音功曹。隔山隔水功曹，隔岩隔土功曹。早喊早来功曹，夜唤夜到功曹。忠心忠义功曹，尽职尽责功曹。

一心奉请：本境土地，瑞庆夫人。招财童子，进宝郎君。五方五位，五土龙神。本坊通灵土地，老尊正神。屋檐童子，把门将军。过往虚空，无边真宰。溪源潭洞，水土龙神。良民相老，地主恩官。地神地主，地脉龙神。管辖本境界内，土地老祖正神，管到五方五位，五土龙脉龙神。先祖开辟本境而居，先宗生育本村子民。生为本境里域业主，死为本境土地正神。道高三天，德被三界。本境本地祀奉有请，本村本寨祈福有敬。礼当请你先来为主，后请他神后到为宾。该当家祖寨祖先奉，本应村宗家祖先迎。村宗久远查名不到，寨祖久长点字不明。专请本村本寨先祖土地，专奉本境本处始祖正神。闻今有请，感应降临。

一心奉请：某氏堂上，某氏门中，家奉儒释道三教，净荤有感一切福神。斋神功德，佛道真仙。文昌开化，梓潼帝君。伏魔大帝，关圣帝君。求财有感，四官大神。九天司命，太乙府君。灶公灶母，灶王灶君。当年太岁。至德真神。本音堂上，历代祖先。家亡先祖，老少众魂。上至高尊祖考，下至玄远宗亲。男昌伯叔，女妹姑嫜。老不真名，少不到此。是其宗支，普同供养。家龛位上，父兮母兮。前亡后化，老幼一派灵魂。家堂香火，福德正神。保佑儿孙发达先祖，庇佑后代发旺先人。回归天堂不同年月，请坐香炉同日同时。一份请到先祖堂中，二份请到墓坟山地，三份请到家堂香火，乘香来到，随请来临。

奉请传度师刘宜子，子上奉请彭法信、石法高、石法旺、石法顺、石法

高、蒋朝介师父。子丑寅卯，辰巳午未，申酉戌亥。奉请前传后教杨救贫、蒋大红、范宜明、石四科，石明璋、石明玉，石国高、石国鸿，光三光求，长春长先。天上星斗，地下仙人。阴间祖师，阳间本师。阴阳星士，三坛两教。古往今来，历代祖师。多有查名不到，少有点字不齐。有请来到堂中，有迎来临堂内。

谨焚真香，一心奉请：

东方岩上土地公公，南方岩上土地婆婆。西方岩上土地公公，北方岩上土地婆婆。中央岩上土地公公，中央岩上土地婆婆。岩公岩母，岩子岩孙。

出兵出在何州，要来请到何州。出马出在何县，要来请到何县。请到岩坪州，土坪县。老木堂中，古木堂内。高坡陡岭，高岩陡洞。三岔路头，回岔路尾。有车上车，有马上马。风快跟风，雨快跟雨。山快跟山，水快跟水。铺去阴阳二桥，请下凡间之中，洞冲大寨，土地祠下。人请千家开门莫过，神请万家开户莫行。请到本寨地名某某某岔路口中，土地屋前。有车请来众人下车，有马请来众人下马。请来上排上坐，下排下坐，排方正坐。上请莫动，下请莫游。

伏以——

请第二次

一份来了，二份不请同来，飞云走马功曹上参。一份来到，二份不请同到，飞云走马功曹上报。发兵去请，发马去报。二份转来奉请——

东方岩上土地公公，南方岩上土地婆婆。西方岩上土地公公，北方岩上土地婆婆。中央岩上土地公公，中央岩上土地婆婆。岩公岩母，岩子岩孙。

出兵出在何州，要来请到何州。出马出在何县，要来请到何县。请到岩坪州，土坪县。老木堂中，古木堂内。高坡陡岭，高岩陡洞。三岔路头，回岔路尾。有车上车，有马上马。风快跟风，雨快跟雨。山快跟山，水快跟水。铺去阴阳二桥，请下凡间之中，洞冲大寨，土地祠下。人请千家开门莫过，神请万家开户莫行。请到本寨地名某某某岔路口中，土地屋前。有车请来众人下车，有马请来众人下马。请来上排上坐，下排下坐，排方正坐。上请莫动，下请莫游。

伏以——

请第三次

二份来了，三份不请同来，飞云走马功曹上参。二份来到，三份不请同到，飞云走马功曹上报。发兵去请，发马去报。三份转来奉请——

东方岩上土地公公，南方岩上土地婆婆。西方岩上土地公公，北方岩上土地婆婆。中央岩上土地公公，中央岩上土地婆婆。岩公岩母，岩子岩孙。

出兵出在何州，要来请到何州。出马出在何县，要来请到何县。请到岩坪州，土坪县。老木堂中，古木堂内。高坡陡岭，高岩陡洞。三岔路头，回岔路尾。有车上车，有马上马。风快跟风，雨快跟雨。山快跟山，水快跟水。铺去阴阳二桥，请下凡间之中，洞冲大寨，土地祠下。人请千家开门莫过，神请万家开户莫行。请到本寨地名某某某岔路口中，土地屋前。有车请来众人下车，有马请来众人下马。请来上排上坐，下排下坐，排方正坐。上请莫动，下请莫游。

伏以——

管神

人行千里，神降一时。阴间来的好客，阳间到得好马。行兵弟子，阴请阴来，阳请阳到。三请同来，四请同到。有事和你通呈，无事不敢通呈，半天云云，着耳听文。有事和你登堂，无事不敢登堂，半天洋洋，着耳听章。壶中有酒，开壶奠献。茶献一呈，酒分三献。今据公元某某某某年某某月某某日清早良旦，上午之时，下午之时，晚上之期，在起信士户主某氏门中，不管别神外鬼，不管别处外路。

当管东方岩上土地公公，南方岩上土地婆婆。西方岩上土地公公，北方岩上土地婆婆。中央岩上土地公公，中央岩上土地婆婆。岩公岩母，岩子岩孙。

出兵出在何州，要来管到何州。出马出在何县，要来管到何县。

一车马头，管到岩坪州，土坪县。老木堂中，古木堂内。高坡陡岭，高岩陡洞。三岔路头，回岔路尾。有车上车，有马上马。

二车马头，管东南西北，四个天门，八个地府。四个老堂，八个老殿。在堂管堂，在殿管殿。

三车马头，管到湖南省花垣县董马库乡，洞冲大寨，土地祠下。人管千家开门莫过，神管万家开户莫行。管到本寨地名某某某岔路口中，土地屋前。有车管来众人下车，有马管来众人下马。管来上排上坐，下排下坐，排方正坐。上请莫动，下请莫游。

伏以——

人行千里，神降一时。阴间来的好车，阳间到得好马。阴请阴来，阳请阳到。三请同来，四请同到。

请来不为千斤大事，不为并无小难。今者信士户主某某某，小孩某某某。时辰带来，八字带到。八字五行缺土，命中缺少吉神。今来求你五方岩上土地公婆，虔诚寄拜尊神。主家虔备，刀头酒礼，香米利是。金钱烧交，银钱烧送。项项交在你的手中，样样送在你的手内。

领受在前，保佑在后。领受在左，保佑在右。

保佑小孩一个，今日寄拜送你，土地公婆，全恩保佑：

缺土补土，补土补足。五行俱全，大寿大福。

冬免三灾，夏除八难。春秋清吉，四季平安。

时序安和，六时吉祥。平安清吉，福寿安康。

灾萌不起，灾殃不侵。灾星不临，灾祸不生。

遇难成祥，逢凶化吉。凶煞退位，吉星降临。

起居得乐，生活得安。一好百好，健康旺盛。

吃茶甜肚，吃饭甜心。吃酒补力，吃肉补身。

口讲合和，脸笑眯眯。屋场得坐，水井得吃。

查名得应，点字得齐。居得千年，坐过百岁。

年居清吉，月坐平安。福禄多增，寿岁延绵。

增福增寿，吉康安泰。福如东海，寿比南山。

伏望神恩，全叨庇佑。有灵有验，富贵长久。

刀头酒礼，香米利是。先来敬送东方岩上土地公公，南方岩上土地婆婆。西方岩上土地公公，北方岩上土地婆婆。中央岩上土地公公，中央岩上土地婆婆。岩公岩母，岩子岩孙。

后来敬送传度师刘宜子，上奉请彭法信、石法高、石法旺、石法顺、石法高、蒋朝介师父。子丑寅卯，辰巳午未，申酉戌亥。前传后教杨救贫、蒋大红、范宜明、石四科，石明璋、石明玉，石国高、石国鸿，光三光求，长春长先。天上星斗，地下仙人。阴间祖师，阳间本师。阴阳星土，三坛两教。古往今来，历代祖师。吃在金牙银口，装进金肠银肚。还有金钱烧交，银钱烧送。项项交在你的手中，样样送在你的手内。收钱上仓，收米上库。

（奠一点酒肉于纸钱火炉内以示供神。）

阴间吃了得饱，阳间喝了得醉。弟子叩请祖师石法高、石法旺、石法胜、石法高。祖师明章明玉、国高国鸿、光三光求、长春长先。天上星斗，地下仙人。阴间祖师，阳间本师。阴阳星土，三坛两教。古往今来，历代祖师。

叩在弟子身前身后，身左身右。同我弟子起手成法成诀，动脚成罡成步。早讲早灵，夜讲夜顺。

用鸡挡煞

伏以：此鸡此鸡，非凡之鸡。王母娘娘抱此鸡，生得头高尾高中间低，身穿绿毛五色衣。别人拿来无用处，弟子拿来挡煞鸡。要挡天煞地煞、年煞月煞、日煞时煞，一百二十凶神恶煞。天煞要挡归天，地煞要挡归地。鸡血落地，凶神恶煞远远退去。保佑信士吉祥如意，大吉大利。

（左手拿鸡翅，右手作剑诀对鸡冠做斩状，然后掐破鸡冠，放出鸡血。让小孩手拿三根燃香站在岩屋前[如太小则由大人抱着]，巴代将三张纸钱折后沾上一点鸡血并扯下几根鸡腿毛一起拿在右手上，在小孩的背后从头扫到脚，共三次，再放于纸钱炉中烧掉。如此作法三次，每次扫三下，边扫边念。）

用鸡毛鸡血涂纸钱解扫凶煞

伏以：信士某某某，生于某某某年某某月某某日。时辰带来，八字带到。年犯月犯，日犯时犯，犯了天煞地煞，年煞月煞，日煞时煞，一百二十凶神恶煞。头上解身上，身上解脚下。天煞归天，地煞归地。鸡血扫到，凶神恶煞远远退位。

（上段神辞要念三次，每次扫三下。烧掉后再扯鸡毛涂血扫一次。）

将鸡血鸡毛涂于岩屋两边

伏以：此鸡此鸡，非凡之鸡。挡煞之鸡，隔邪之鸡。要挡天煞地煞、年煞月煞、日煞时煞，一百二十凶神恶煞。天煞要挡归天，地煞要挡归地。鸡血落地，凶神恶煞远远退去。

给你立琉璃瓦屋，金堂瓦殿。（瓦屋诀）

立金床银床，金凳银凳。（床诀）

立长台师椅，桌台椅凳。（椅凳诀）

立金漆交椅，立银漆交椅，立龙公交椅。（交椅诀）

奉请土地公婆，上排上坐，下排下坐，排方正坐。上请莫动，下请莫游。

安土地神咒

元始安镇，普告万灵。左社右稷，不得妄惊。回向正道，内外澄清。各安方位，备守岩屋。太上有命，搜捕邪精。护法神王，保卫安宁。皈依大道，元亨利贞。急急如律令。

（三遍后打顺筶。）

尚来祖师人等，人人辛苦，个个辛劳。今有辛苦酒呈，辛劳酒献。敬送满堂师父，满殿师尊。人人动手，个个动口。喝在金口银口，装进金肚银肚。

茶来吃剩交在你的茶坊，酒来吃剩交在你的酒店。黄缸米酒，交在金缸，送在银缸。刀头压盘，香米利是。交在你的手中，送在你的手内。金钱银钱，纸马钱财。人会发火，火化钱财，钱财用凭火化，收钱上仓，收米上库。

上来，信士所发心愿已做，户主所许神愿已还。准得千年千堂，去得万堂万代。人口清吉，家门清泰。茶来吃剩交在你的茶坊，酒来吃剩交在你的酒店。一切凡供礼仪，诸般供品供具。交在你们手中，送在你们手内。交了换得人口清吉，送完保得人眷平安。家发人兴，财兴人旺。去得千年，坐得万代。恭送神灵回府，奉送贵客回堂。各走各路，各行各道。请从北方来，送回北方去。请从南方到，送归南方回。来东转东，来西转西。回去老堂，转去老殿。一路驾车，一道打马。一路回转，一道回程。回去老堂千年，转去老殿万代。恭送回堂，恭别不再相见。各修各好，各行各善。勿得兴风起浪，不得兴灾作难。你去发心慈悲，自有天眼照看。祸福无门，唯人自招，善恶之报，如影随形。各自珍重，弟子不再叮咛。神灵谛听，勿再妄行。弟子再送先祖归堂，土地归祠，祖师回堂，本师回殿。阴归阴路，阳归阳路，阴阳各别。弟子背负正魂本命，三魂七魄。荣华富贵，福禄寿喜，财宝利禄，大吉大利。平安坐得千年，吉康活过百岁。

信士户主，法事圆满，祀事圆成。有堂各人归堂，有殿各人归殿。无堂无殿，各人逃散。

巴代高声云：清吉平安，长命富贵！
主人家答：感谢师父！

七、古树寄儿科仪

【题解】

本堂记载的是寄儿到老木古树的科仪神辞。按照传统说法，一些小孩出生后，若八字五行缺木，就会出现一些胆肝、头颈、四肢、关节、筋脉、眼目、神经等方面的疾病，灾祸接连，身体不健康，久治不愈。人们就会去请算命先生为其查看八字算命，在测八字算命如发现有小儿关煞者，则要请巴代先生来为其解关煞。如果八字五行不全，特别是缺木或缺火的时候，人们就会请巴代将其寄给老木或古树，以达到补木的作用。补木之后，小孩就会减少灾祸，少生疾病，健康起来。这是苗族在医学不发达、医疗卫生条件落后时代里的做法。

古树寄儿在小孩出生地的东方或东南方向的村外丛林或古树下举行。如果此方向正好是其村的土地堂，则是最适合的场所。由于苗寨的土地堂往往都会有大树丛或古老树，俗话称土地堂为"老木堂中、古树堂内"。从八卦方位上来看，东方属于"震"卦，震卦为雷，属木，东方属于"甲乙木"的方位。而东南方属于"巽"卦，巽卦为风，也属木。此二方皆属于木的方位，由于小孩八字的五行缺木，只有寄拜给老木古树才可补木，这是传统的做法。另外，若是八字五行缺水者，亦可在此二方寄拜。按照"五行相生"的原则，木可生火，也就是说有木则有火了。当然，缺火者也可去南方寄拜给瓦窑，南方为"离"卦，而离卦属于火的方位，这是最直接的补法。

定好方位之后，主家准备一只雄鸡、六柱糍粑(30个)、一块刀头肉、一碗香米、一壶酒、一把香、几沓纸钱、一条红布带、一只筛子及一双新鞋等物，到此方向的老木古树下，用岩块在树苑边起一个土地岩屋，用红布带缠在大树上，表示敬重树神。在岩屋前垫上石块，摆上筛子，在筛子上摆刀头酒礼等供品。鸡及鞋子摆在地上。

请神前，巴代在桌前焚香烧纸，叩师藏身之后，才可正式请神。仪式中，要一人帮烧纸，一张接一张一直烧到仪式完毕才行。请神到后，通呈保佑，敬吃送喝，再将鸡冠掐破出血，把鸡毛鸡血涂在三张折过了的纸钱上，给小孩解灾；还要涂在岩屋两边及树苑上以隔凶煞。最后送神，回家即可。

古树寄儿科仪是在阴阳学兴盛之后出现的，其虽然成教、行教于苗乡，但其根源可能是苗乡特色道教之延伸。

在古树干上系红布带以象征寄儿给树 （石金津摄）

【神辞】

（巴代先生站在岩屋前，拿纸钱在手，先作揖一拜，然后边烧纸钱边念：）

师爷！诚心为信之本，唯信方入法门。凡间凡人之道，在于诚心诚意之行。信士户主某某某，发心皈奉，诚意奉行。在中门首，设坛敬神。先当烧起宝香，焚燃宝雾。发心敬奉感应，有求必应必灵。凭此香烟感昭，仗此香云感应。香达上苍，感应贞祥。香达上清，感应康宁。香达上帝，感应吉利。

今当焚香奉请，本境本处土地龙神。功曹使者，传奏天庭。奉请弟子坐坛祖师，管坛祖师，前传后教，宗本祖师；历朝历代，传教演教祖本仁师。

伏以：弟子虔诚，志心恭敬。烧起一炷信香，乾坤开泰。烧起二炷陈香，阴阳合和。烧起三炷宝香，清净吉利。闻此香烟，凶煞退位，吉星降临。坛场清净，境界光明。

烧香不请何神，不叫何鬼。一心奉请：东西南北即刻到，十方上下一时临。传达法音，护持法会。行香走火去传奏，腾云驾雾传法音。骑凤天界，张大功曹。骑虎地界，狄大功曹。骑龙水界，肖大功曹。骑虎阳界，陈大功曹。天地水阳，张狄肖陈，四京四值功曹，四官四姓功曹。急急传奏功曹，忙忙传信功曹。龙神土地功曹，值坛值殿功曹，当坛当值功曹神众。

奉请一村之祖，一寨之宗。先来先开，先居先坐。地盘是你先开，村寨是你先立。经代代繁衍而满村，过世世生养而满寨。公公发一村而为村祖，婆婆养一寨而成寨宗。先时古木树下岩块为屋，而今古老树下岩板为祠。管虎狼猛兽不伤人畜，除瘟疫火灾不殃村寨。每家祭祖必先请你，每户敬神必先奉驾。保得清吉，佑得平安。大宗大祖，土地尊神。管辖本境界内，土地老祖正神，管到五方五位，五土龙脉龙神。先祖开辟本境而居，先宗生育本村子民。生为本境里域业主，死为本境土地正神。道高三天，德被三界。本境本地祀奉有请，本村本寨祈福有敬。礼当请你先来为主，后请他神后到为宾。该当家祖寨祖先奉，本应村宗家祖先迎。村宗久远查名不到，寨祖久长点字不明。专请本村本寨先祖土地，专奉本境本处始祖正神。闻今有请，感应降临。

当堂招请：祭奉何人先来？祀典何神先到？祭奉家祖先来，祀典家宗先到。家神先来为主，家祖先到做东。专申招请某氏堂上历代先祖，某氏门中历辈先人。九代祖公，八代祖婆。高太尊太祖太宗太，太公太婆先母先父。查名难以细致，点字难以明白。但请信士本家先宗先祖，专迎户主先辈先人。人人祖魂祖魄，个个祖宗阴灵。儿孙虔备凡礼相请，后代诚心凡仪相奉。请来堂中做主做东，迎到堂内做主敬神。先有东道主，后有西客宾。闻今有请，急速降临。

灵龟三叩，幽赞神明，道合乾坤，包含万象。卦者：天地合其德，日月合其明，四时合其序，神圣合其吉。甲乙丙丁，戊己庚辛，壬癸十神。子丑寅卯，辰巳午未，申酉戌亥，十二地支。伏羲文王，周公孔子，五大圣人。云梦山头鬼谷先生，左衙判事陈抟先生，右衙掌印穆修先生，黄石老道玄法先师，龙虎仙山道陵天师，传下凡间孙膑先生，诸葛孔明，刘伯温先生，杨公救贫。堪舆先贤，袁氏天罡，李淳风先生。古往今来，历代祖师，祖师石明璋、石明玉、石国高、石国鸿、石永贤、石光三、石光求、石长春、石长任、石长先、石成玖。查名不到，点字不齐。天上星斗，地下仙人。阴间祖师，阳间本师。阴阳星土，三坛两教。古往今来，历代祖师。多有查名不到，少有点字不齐。空中得听，回转云头，水中得听，回转船头，路中得听，回转车头，家中得听，即刻动驾，闻今有请，光降来临，同来同到，齐来齐到，有迎有请，急速光临。有请来到老君堂中，有迎来临古树堂内。上排上坐，中排中坐，下排下坐，同坐香炉，受纳明香，莫惊莫动，莫走莫行。

谨焚真香，一心奉请：

东方木德重华星君，东方青帝木神。东方八十一官君，震宫三碧神君。甲乙寅卯，木德大神。东方木宗木祖，南方木公木婆。西方木娘木爷，北方木子木孙。中央老木青山，五方堂殿木王大神。

出兵出在何州，要来请到何州。出马出在何县，要来请到何县。请到震巽二宫，雷风二殿。甲乙寅卯，万里青山。高坡大岭，宽坪大地。千年本堂，万年本殿。有车上车，有马上马。风快跟风，雨快跟雨。山快跟山，水快跟水。铺去阴阳二桥，请下凡间之中，洞冲大寨，土地祠下。人请千家开门莫过，神请万家开户莫行。请到本寨地名某某某，老木树前，古木树下。有车请来众人下车，有马请来众人下马。请来上排上坐，下排下坐，排方正坐。上请莫动，下请莫游。

伏以——

一份来了，二份不请同来，飞云走马功曹上参。一份来到，二份不请同到，飞云走马功曹上报。发兵去请，发马去报。二份转来奉请——

东方木德重华星君，东方青帝木神。东方八十一官君，震宫三碧神君。甲乙寅卯，木德大神。东方木宗木祖，南方木公木婆。西方木娘木爷，北方木子木孙。中央老木青山，五方堂殿木王大神。

出兵出在何州，要来请到何州。出马出在何县，要来请到何县。请到震巽二宫，雷风二殿。甲乙寅卯，万里青山。高坡大岭，宽坪大地。千年本堂，万年本殿。有车上车，有马上马。风快跟风，雨快跟雨。山快跟山，水快跟水。铺去阴阳二桥，请下凡间之中，洞冲大寨，土地祠下。人请千家开门莫过，神请万家开户莫行。请到本寨地名某某某，老木树前，古木树下。有车请来众人下车，有马请来众人下马。请来上排上坐，下排下坐，排方正坐。上请莫动，下请莫游。

伏以——

二份来了，三份不请同来，飞云走马功曹上参。二份来到，三份不请同到，飞云走马功曹上报。发兵去请，发马去报。三份转来奉请——

东方木德重华星君，东方青帝木神。东方八十一官君，震宫三碧神君。甲乙寅卯，木德大神。东方木宗木祖，南方木公木婆。西方木娘木爷，北方木子木孙。中央老木青山，五方堂殿木王大神。

出兵出在何州，要来请到何州。出马出在何县，要来请到何县。请到震巽二宫，雷风二殿。甲乙寅卯，万里青山。高坡大岭，宽坪大地。千年本堂，万年本殿。有车上车，有马上马。风快跟风，雨快跟雨。山快跟山，水快跟水。铺去阴阳二桥，请下凡间之中，洞冲大寨，土地祠下。人请千家开门莫过，神请万家开户莫行。请到本寨地名某某某，老木树前，古木树下。有车请来众人下车，有马请来众人下马。请来上排上坐，下排下坐，排方正坐。上请莫动，下请莫游。

伏以——

人请三回圆满，神请三道圆毕。阴间来的好客，阳间到得好马。行兵弟子，阴请阴来，阳请阳到。三请同来，四请同到。有事和你通呈，无事不敢通呈。半天云云，着耳听文。有事和你登堂，无事不敢登堂，半天洋洋，着耳听章。壶中有酒，开壶奠献。茶献一呈，酒分三献。今据公元某某某某年某某月某某日清早良旦，上午之时，下午之时，晚上之期，在起信士户主某氏门中，不管别神外鬼，不管别处外路。

当管东方木德重华星君，东方青帝木神。东方八十一官君，震宫三碧神君。甲乙寅卯，木德大神。东方木宗木祖，南方木公木婆。西方木娘木爷，北方木子木孙。中央老木青山，五方堂殿木王大神。

出兵出在何州，要来管到何州。出马出在何县，要来管到何县。

一车马头，管到震巽二宫，雷风二殿。甲乙寅卯，万里青山。高坡大岭，宽坪大地。千年本堂，万年本殿。有车上车，有马上马。

二车马头，管到东南西北，四个天门，八个地府。四个老堂，八个老殿。在堂管堂，在殿管殿。

三车马头，管到湖南省花垣县董马库乡，洞冲大寨，土地祠下。人管千家开门莫过，神管万家开户莫行。管到本寨地名某某某老木树前，古木树下。有车管来众人下车，有马管来众人下马。管来上排上坐，下排下坐，排方正坐。上请莫动，下请莫游。

伏以——

人行千里，神降一时。阴间来的好车，阳间到得好马。阴请阴来，阳请阳到。三请同来，四请同到。

请来不为千斤大事，不为并无小难。今者信士户主某某某，小孩某某某。生于某某某某年某某月某某日某某时，时辰带来，八字带到。八字五行缺木，命中缺少吉神。今来求你五方五位木宗木祖，木王大神，虔诚寄拜。主家虔备，刀头酒礼，香米利是。金钱烧交，银钱烧送。项项交在你的手中，样样送在你的手内。

领受在前，保佑在后。领受在左，保佑在右。

保佑小孩一个，今日寄拜送你，木祖大神，全恩保佑：

缺木补木，补木补足。五行俱全，大寿大福。

冬免三灾，夏除八难。春秋清吉，四季平安。

时序安和，六时吉祥。平安清吉，福寿安康。

灾萌不起，灾殃不侵。灾星不临，灾祸不生。

遇难成祥，逢凶化吉。凶煞退位，吉星降临。

起居得乐，生活得安。一好百好，健康旺盛。

吃茶甜肚，吃饭甜心。吃酒补力，吃肉补身。

口讲合和，脸笑眯眯。屋场得坐，水井得吃。

查名得应，点字得齐。居得千年，坐过百岁。

年居清吉，月坐平安。福禄多增，寿岁延绵。

增福增寿，吉康安泰。福如东海，寿比南山。

伏望神恩，全叨庇佑。有灵有验，富贵长久。

刀头酒礼，香米利是。先来敬送：东方木德重华星君，东方青帝木神。东方八十一官君，震宫三碧神君。甲乙寅卯，木德大神。东方木宗木祖，南方木公木婆。西方木娘木爷，北方木子木孙。中央老木青山，五方堂殿木王大神。

后来敬送：灵龟三叩，幽赞神明，道合乾坤，包含万象。卦者：天地合其德，日月合其明，四时合其序，神圣合其吉。子丑寅卯，辰巳午未，申酉戌亥。皇天无私，灵卦有感。谨用真香，一心拜请，八卦祖师。伏羲文王，周公孔子，五大圣人。云梦山头鬼谷先生，左衙判事陈抟先生，右衙掌印穆修先生，传下凡间孙膑先生，诸葛孔明先生，李淳风先生，袁氏天罡先师。杨救贫、刘伯温先生。杜氏九天玄女仙娘，值日传书玉女，奏事功曹，排卦童子，掌卦郎君。西祇千里眼，顺风耳，过往虚空一切吉神。奉请祖师石法高、石法旺、石法顺、石法高，石明璋、石明玉，石国高、石国鸿，光三光求，长春长先。天上星斗，地下仙人。阴间祖师，阳间本师。阴阳星士，三坛两教。古往今来，历代祖师。多有查名不到，少有点字不齐。吃在金牙银口，装进金肠银肚。还有金钱烧交，银钱烧送。项项交在你的手中，样样送在你的手内。收钱上仓，收米上库。

（奠一点酒肉于纸钱火炉内以示供神。）

阴间吃了得饱，阳间喝了得醉。弟子叩请祖师石法高、石法旺、石法胜、石法高。祖师明章明玉、国高国鸿、光三光求、长春长先。天上星斗，地下仙人。阴间祖师，阳间本师。阴阳星士，三坛两教。古往今来，历代祖师。叩在弟子身前身后，身左身右。同我弟子起手成法成诀，动脚成罡成步。早讲早灵，夜讲夜顺。

用鸡挡煞

东家拿来一只鸡，弟子化作挡煞鸡。
此鸡不是非凡鸡，挡隔凶煞远远退。
雄鸡一叫东方明，凶神恶煞躲纷纷。
雄鸡一叫天下白，凶神恶煞跑忙忙。
此鸡化作光明神，凶神恶煞无踪影。
此鸡化作正气神，凶神恶煞远逃遁。
此鸡化作挡煞神，凶神恶煞远远奔。
此鸡化作隔煞神，凶神恶煞化为尘。
隔去天煞地煞、年煞月煞、日煞时煞，
一百二十凶神恶煞，一切灾殃无踪影！
凶神挡归天涯去，恶煞隔归大海洋。
千年万代回不转，从今之后无灾星。
大吉大利。
（左手拿鸡翅，右手作剑诀对鸡冠做斩状，然后掐破鸡冠，放出鸡血。让小孩手拿三根燃香站在岩屋前［如太小则由大人抱着］，巴代将三张纸钱折后，沾上一点鸡血并扯下几根鸡腿毛一起拿在右手上，在小孩的背后从头扫到脚，共三次，再放于纸钱炉中烧掉。如此作法三次，每次扫三下，边扫边念：）

用鸡毛鸡血涂纸钱解扫凶煞

伏以：信士某某某，生于某某某某年某某月某某日。时辰带来，八字带到。年犯月犯，日犯时犯，犯了天煞地煞，年煞月煞，日煞时煞，一百二十凶神恶煞。头上解身上，身上解脚下。天煞归天，地煞归地。鸡血扫到，凶神恶煞远远退位。

（上段神辞要念三次，每次扫三下。烧掉后，再扯鸡毛涂血扫一次。）

将鸡血鸡毛涂于岩屋两边及树干上

伏以：此鸡此鸡，非凡之鸡。挡煞之鸡，隔邪之鸡。要挡天煞地煞、年煞月煞、日煞时煞，一百二十凶神恶煞。天煞要挡归天，地煞要挡归地。鸡血落地，凶神恶煞远远退去。

（三遍后打顺箸。）

尚来祖师人等，人人辛苦，个个辛劳。今有辛苦酒呈，辛劳酒献。敬送满堂师父，满殿师尊。人人动手，个个动口。喝在金口银口，装进金肚银肚。

茶来吃剩交在你的茶坊，酒来吃剩交在你的酒店。黄缸米酒，交在金缸，送在银缸。刀头压盘，香米利是。交在你的手中，送在你的手内。金钱银钱，纸马钱财。人会发火，火化钱财，钱财用凭火化，收钱上仓，收米上库。

上来，香烟三炷燃了，宝烛一对燃尽。堂中香烛已残，坛内供品已用。酒敬三巡，香茶三献，凡仪已毕，礼不重献。一堂供仪已了，三献供品已完。人人喜喜领受，个个欢欢领纳。吃了得饱，喝了得醉。到了领受余供之刻，该是打道回府之时。有车上车，有马上马。上车回府，打马回朝。大兵请上八抬大轿，小兵请上高头大马。跟风跟雨去，腾云驾雾行。神归正路才是正神，鬼走正道才是好鬼。邪神人见人恨，人人敬而远之。邪鬼人遇人烦，人人得而诛之。天条律令打入一十八层地狱，永不超生。为神当要作为善神福神，做鬼当要做那好鬼贤鬼。当发慈悲之心，当为仁善之事。他日修成正果，福报无量无边。弟子再三叮咛，众神须当谨记。互助互免，互仁互义。

七、古树寄儿科仪 │ 101

送神归堂坐得千年，列位回殿坐得万岁。弟子回身再运先祖归堂，土地归祠，祖师回堂，本师回殿。阴归阴路，阳归阳路，阴阳各别。弟子背负正魂本命，三魂七魄。荣华富贵，福禄寿喜，财宝利禄，大吉大利。平安坐得千年，吉康活过百岁。信士户主，敬奉已了，供奉已完。法会圆满，盛事圆毕。清吉平安，大吉大利。

在大树脚下起个土地屋让树神居住   （石金津摄）

八、井泉寄儿科仪

井泉寄儿科仪

【题解】

井泉寄儿，苗语叫作"记闹流吾"。按照传统说法，一些小孩出生之后，由于八字五行缺水，就会出现一些膀胱、肾、颈、足、头、肝、耳、疝气等部位的疾病，灾祸接连，身体不健康，久治不愈。人们就会去请算命先生为其查看八字算命，在测八字算命时如发现有小儿关煞，则要请巴代先生来为其解关煞。如果是八字五行不全，特别是缺水时，人们就会请巴代将其寄给北方的大井或大溪河湖泊等水域，以达到补水的作用。补水之后，小孩就会减少灾祸，少生疾病，健康起来。这是在以前医学不发达、医疗卫生条件落后时的做法。

井泉寄儿在小孩出生地的北方之井泉湖泊边举行。从八卦方位上来看，此方属于"坎"卦，坎卦为水，北方属于"壬子癸水"的方位。由于小孩八字的五行缺水，只有到此方去寄拜给井泉湖泊边才可补水，这是传统的做法。

定好方位、找好井泉后，主家准备一只雄鸡、六柱糍粑(30个)、一块刀头肉、一碗香米、一壶酒、一把香、几沓纸钱、一双新鞋。将小孩也带去。巴代用白纸剪四束长纸钱(北方为五方五位的第四位，故需四束长纸钱)，夹在四根篾条上，插在筛子(用筛子摆供品)的四边。至水边摆好筛子，在筛子上摆刀头酒礼等供品，在四周插上长纸钱，鸡及鞋子摆在地上。

请神前，巴代在桌前焚香烧纸，叩师藏身之后才可正式请神。仪式中，要一人帮烧纸，一张接一张一直烧到仪式完毕。请神到后，通呈保佑，敬吃送喝，再将鸡冠掐破出血，将鸡毛鸡血涂在三张折过了的纸钱上，给小孩解灾，还要涂在夹四束长纸钱的篾条上以隔凶煞。最后烧纸送神，回家即可。

水边寄儿科仪是在阴阳学兴盛之后出现的，其成教、行教于苗乡，是苗乡的特色道教科仪。

在井边竖个土地屋再插上两束长纸钱　（石金津摄）

井边设供　（石金津摄）

【神辞】

（巴代先生站在岩屋前，拿纸钱在手，先作揖一拜，然后边烧纸钱边念）

师爷——

弟子安起铜围铁围，金围银围。围弟子三魂七魄，元辰本命。左安千重山，右安千重山，前安千重山，后安千重山。挡去恶风野道，人看不知，鬼看不见，人通鬼不通，邪魔妖鬼永无踪。

吾奉太上老君急急如律令。

伏以——宝香一焚天地净，香烧一熏十方宁。客来客大，神到神尊。弟子有事才敢烧起一炷宝香，有奉才敢燃起二炷陈香，有敬才敢焚起三炷琉璃宝香陈香。三炷宝香燃起，三界内外发毫光，天地水阳降祯祥。十方上下，三界内外。团团瑞气，朵朵祥云。弟子在水井池边，闭眼诚心，想梦来临。

仗此香烟，虔诚启请。

一心奉请：本境土地，瑞庆夫人。招财童子，进宝郎君。五方五位，五土龙神。本坊通灵土地，老尊正神。屋檐童子，把门将军。过往虚空，无边真宰。溪源潭洞，水土龙神。良民乡老，地主恩官。地神地主，地脉龙神。先来为大，先到为尊。先发为祖，先养为宗。先立此村此寨，先管此山此地。此村人家是你所发，此寨人户为你所兴。立为先祖，奉为先宗。生时管山管水，死后成龙成神。安在村中，奉于村内。村头古老林下岩屋为祠，寨中古老树下岩板为堂。管村管寨虎狼不凶，管坊管地瘟火不侵。接受全村香火，保佑全寨平安。本村当坊土地，本寨老祖正神。

一心奉请：某氏堂上，某氏门中，家奉儒释道三教，净辇有感一切福神。斋神功德，佛道真仙。文昌开化，梓潼帝君。伏魔大帝，关圣帝君。求财有感，四官大神。九天司命，太乙府君。灶公灶母，灶王灶君。当年太岁。至德真神。信士本宗本祖，户主本房本族。始祖一家，先宗一房。一家发了千家，一户发了万户。历朝历代先祖，历代历朝先人。先祖堂中众位元老，先宗堂内众位先辈。本家本姓祖宗，本房本族祖德。家堂香火，福德正神。保佑儿孙发达先祖，庇佑后代发旺先人。回归天堂不同年月，请坐香炉同日同时。一份请到先祖堂中，二份请到墓坟山地，三份请到家堂香火，乘香来到，随请来临。

伏以：弟子在此坎地，壬癸亥子水边。弟子诚心烧起一炷清香，广结法界。烧起二炷净香，开设法筵。烧起三炷陈香，启建法会。清香洋洋，肃静坛场。净香浓浓，肃静坛中。陈香纷纷，肃静坛门。香不乱烧，神不乱请。请者即到，不请远离。焚起清净真香，当请：

烧香不请何神，不叫何鬼。奉请灵龟三叩，幽赞神明，道合乾坤，包含万象。卦者：天地合其德，日月合其明，四时合其序，神圣合其吉。子丑寅卯，辰巳午未，申酉戌亥。皇天无私，灵卦有感。谨用真香，一心拜请，八卦祖师。伏羲文王，周公孔子，五大圣人。云梦山头鬼谷先生，左衙判事陈抟先生，右衙掌印穆修先生，传下凡间孙膑先生，诸葛孔明先生，李淳风先生，袁氏天罡先师。杨救贫、刘伯温先生。杜氏九天玄女仙娘，值日传书玉女，奏事功曹，排卦童子，掌卦郎君。西祇千里眼，顺风耳，过往虚空一切吉神。奉请祖师石法高、石法旺、石法顺、石法高，石明璋、石明玉，石国高、石国鸿，光三光求，长春长先。天上星斗，地下仙人。阴间祖师，阳间本师。阴阳星土，三坛两教。古往今来，历代祖师。多有查名不到，少有点字不齐。

有请来到坎水之地，有迎来临井泉之域。

谨焚真香，一心奉请：

北方水德伺宸星君，北方黑帝水神。北方二十五官君，坎宫一白神君。水府滔滔，水国真仙。水府扶桑，丹霞大帝。阳谷帝君，五湖四海。管水龙王，水晶宫殿。水府界内，万灵真宰。壬癸亥子，水国真仙。

出兵出在何州，要来请到何州。出马出在何县，要来请到何县。请到北方子亥之宫，坎地壬癸之殿。溪河潭泊，五湖四海。千年本堂，万年本殿。有车上车，有马上马。风快跟风，雨快跟雨。山快跟山，水快跟水。铺去阴阳二桥，请下凡间之中，洞冲大寨，土地祠下。人请千家开门莫过，神请万家开户莫行。请到本寨地名某某某，井泉之边，溪河之旁。有车请来众人下车，有马请来众人下马。请来上排上坐，下排下坐，排方正坐。上请莫动，下请莫游。

伏以——

请第二次

一份来了，二份不请同来，飞云走马功曹上参。一份来到，二份不请同到，飞云走马功曹上报。发兵去请，发马去报。二份转来奉请——

北方水德伺宸星君，北方黑帝水神。北方二十五官君，坎宫一白神君。水府滔滔，水国真仙。水府扶桑，丹霞大帝。阳谷帝君，五湖四海。管水龙王，水晶宫殿。水府界内，万灵真宰。壬癸亥子，水国真仙。

出兵出在何州，要来请到何州。出马出在何县，要来请到何县。请到北方子亥之宫，坎地壬癸之殿。溪河潭泊，五湖四海。千年本堂，万年本殿。有车上车，有马上马。风快跟风，雨快跟雨。山快跟山，水快跟水。铺去阴阳二桥，请下凡间之中，洞冲大寨，土地祠下。人请千家开门莫过，神请万家开户莫行。请到本寨地名某某某，井泉之边，溪河之旁。有车请来众人下车，有马请来众人下马。请来上排上坐，下排下坐，排方正坐。上请莫动，下请莫游。

伏以——

请第三次

二份来了，三份不请同来，飞云走马功曹上参。二份来到，三份不请同到，飞云走马功曹上报。发兵去请，发马去报。三份转来奉请——

北方水德伺宸星君，北方黑帝水神。北方二十五官君，坎宫一白神君。水府滔滔，水国真仙。水府扶桑，丹霞大帝。阳谷帝君，五湖四海。管水龙王，水晶宫殿。水府界内，万灵真宰。壬癸亥子，水国真仙。

出兵出在何州，要来请到何州。出马出在何县，要来请到何县。请到北方子亥之宫，坎地壬癸之殿。溪河潭泊，五湖四海。千年本堂，万年本殿。有车上车，有马上马。风快跟风，雨快跟雨。山快跟山，水快跟水。铺去阴阳二桥，请下凡间之中，洞冲大寨，土地祠下。人请千家开门莫过，神请万家开户莫行。请到本寨地名某某某，井泉之边，溪河之旁。有车请来众人下车，有马请来众人下马。请来上排上坐，下排下坐，排方正坐。上请莫动，下请莫游。

伏以——

管神

人心诚敬，神降一时。阴间来的好客，阳间到得好马。行兵弟子，阴请阴来，阳请阳到。三请同来，四请同到。有事和你通呈，无事不敢通呈。半天云云，着耳听文。有事和你登堂，无事不敢登堂，半天洋洋，着耳听章。壶中有酒，开壶莫献。茶献一呈，酒分三献。今据公元某某某某年某某月某某日清早良旦，上午之时，下午之时，晚上之期，在起信士户主某氏门中，不管别神外鬼，不管别处外路。

当管北方水德伺宸星君，北方黑帝水神。北方二十五官君，坎宫一白神君。水府滔滔，水国真仙。水府扶桑，丹霞大帝。阳谷帝君，五湖四海。管水龙王，水晶宫殿。水府界内，万灵真宰。壬癸亥子，水国真仙。

出兵出在何州，要来管到何州。出马出在何县，要来管到何县。

一车马头，管到北方子亥之宫，坎地壬癸之殿。溪河潭泊，五湖四海。千年本堂，万年本殿。有车上车，有马上马。

二车马头，管到东南西北，四个天门，八个地府。四个老堂，八个老殿。在堂管堂，在殿管殿。

三车马头，管到湖南省花垣县董马库乡，洞冲大寨，土地祠下。人管千家开门莫过，神管万家开户莫行。管到本寨地名某某某井泉之边，溪河之旁。有车管来众人下车，有马管来众人下马。管来上排上坐，下排下坐，排方正坐。上请莫动，下请莫游。

伏以——

人行千里，神降一时。阴间来的好车，阳间到得好马。阴请阴来，阳请阳到。三请同来，四请同到。

请来不为千斤大事，不为并无小难。今者信士户主某某某，小孩某某某。时辰带来，八字带到。八字五行缺水，命中缺少吉神。今来求你水府滔滔，水国真仙。虔诚寄拜，全恩庇佑。主家虔备，刀头酒礼，香米利是。金钱烧交，银钱烧送。项项交在你的手中，样样送在你的手内。

领受在前，保佑在后。领受在左，保佑在右。

保佑小孩，今寄拜送你，水府真仙，全恩保佑：

缺水补水，补水补足。五行俱全，大寿大福。

冬免三灾，夏除八难。春秋清吉，四季平安。

时序安和，六时吉祥。平安清吉，福寿安康。

灾萌不起，灾殃不侵。灾星不临，灾祸不生。

遇难成祥，逢凶化吉。凶煞退位，吉星降临。

起居得乐，生活得安。一好百好，健康旺盛。

吃茶甜肚，吃饭甜心。吃酒补力，吃肉补身。

口讲合和，脸笑眯眯。屋场得坐，水井得吃。

查名得应，点字得齐。居得千年，坐过百岁。

年居清吉，月坐平安。福禄多增，寿岁延绵。

增福增寿，吉康安泰。福如东海，寿比南山。

伏望神恩，全叩庇佑。有灵有验，富贵长久。

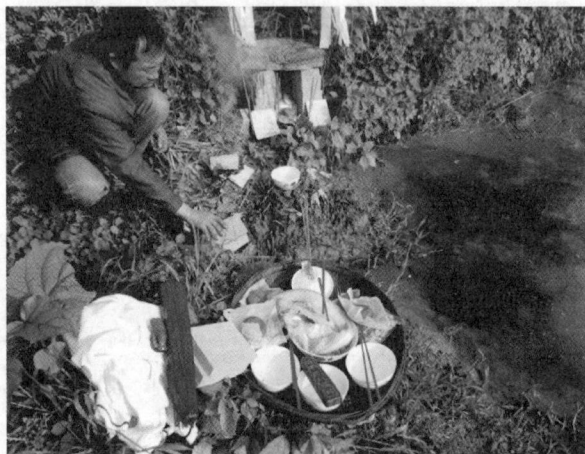

在井边烧化纸钱 （石金津摄）

刀头酒礼，香米利是。先来敬送：北方水德伺宸星君，北方黑帝水神。北方二十五官君，坎宫一白神君。水府滔滔，水国真仙。水府扶桑，丹霞大帝。阳谷帝君，五湖四海。管水龙王，水晶宫殿。水府界内，万灵真宰。壬癸亥子，水国真仙。

后来敬送：灵龟三叩，幽赞神明，道合乾坤，包含万象。卦者：天地合其德，日月合其明，四时合其序，神圣合其吉。子丑寅卯，辰巳午未，申酉戌亥。皇天无私，灵卦有感。谨用真香，一心拜请，八卦祖师。伏羲文王，周公孔子，五大圣人。云梦山头鬼谷先生，左衙判事陈抟先生，右衙掌印穆修先生，传下凡间孙膑先生，诸葛孔明先生，李淳风先生，袁氏天罡先师。杨救贫、刘伯温先生。杜氏九天玄女仙娘，值日传书玉女，奏事功曹，排卦童子，掌卦郎君。西祇千里眼，顺风耳，过往虚空一切吉神。奉请祖师石法高、石法旺、石法顺、石法高，石明璋、石明玉，石国高、石国鸿，光三光求，长春长先。天上星斗，地下仙人。阴间祖师，阳间本师。阴阳星士，三坛两教。古往今来，历代祖师。多有查名不到，少有点字不齐。吃在金牙银口，装进金肠银肚。还有金钱烧交，银钱烧送。项项交在你的手中，样样送在你的手内。收钱上仓，收米上库。

（莫一点酒肉于纸钱火炉内以示供神。）

阴间吃了得饱，阳间喝了得醉。弟子叩请祖师石法高、石法旺、石法胜、石法高。祖师明章明玉、国高国鸿、光三光求、长春长先。天上星斗，地下仙人。阴间祖师，阳间本师。阴阳星士，三坛两教。古往今来，历代祖师。叩在弟子身前身后，身左身右。同我弟子起手成法成诀，动脚成罡成步。早讲早灵，夜讲夜顺。

用鸡挡煞

弟子手拿雄鸡一只，交送东路武猖神兵，拿去除灾灭殃。交送南路武猖神将，拿去除凶隔煞。交送西路武猖神兵，拿去除妖降魔。交送北路武猖神将，拿去除祸灭害。交送中路武猖神兵，拿去除鬼灭怪。交送五路武猖神将，拿去除邪隔瘟。鸡毛鸡血，五雷神诀，降龙伏虎，斩妖除邪，鸡血落地，正气上升，邪气远隔，挡去十方门下，隔去天涯海角，一隔千重山，二隔万条河，三隔三千八洋大海，隔去天煞地煞、年煞月煞、日煞时煞，一百二十凶神恶煞，千年不许回头，万代不准现面，一刀两断，永不再见，一隔两断，永不再现，凶煞远遁，邪魔远离，急退急退，五百蛮雷打退！

（左手拿鸡翅，右手作剑诀对鸡冠做斩状，然后掐破鸡冠，放出鸡血。让小孩手拿三根燃香站在岩屋前［如太小则由大人抱着］，巴代将三张纸钱折后，沾上一点鸡血并扯下几根鸡腿毛一起拿在右手上，在小孩的背后从头扫到脚，共三次，放于纸钱炉中烧掉。如此作法三次，每次扫三下，边扫边念。）

用鸡毛鸡血涂纸钱解扫凶煞

伏以：信士某某某，生于某某某某年某某月某某日。时辰带来，八字带到。年犯月犯，日犯时犯，犯了天煞地煞，年煞月煞，日煞时煞，一百二十凶神恶煞。头上解身上，身上解脚下。天煞归天，地煞归地。鸡血扫到，凶神恶煞远远退位。

（上段神辞要念三次，每次扫三下。烧掉后再扯鸡毛涂血扫一次。）

将鸡血鸡毛涂于长纸钱的杆上

伏以：此鸡此鸡，非凡之鸡。挡煞之鸡，隔邪之鸡。要挡天煞地煞、年煞月煞、日煞时煞，一百二十凶神恶煞。天煞要挡归天，地煞要挡归地。鸡血落地，凶神恶煞远远退去。

（三遍后打顺筶。）

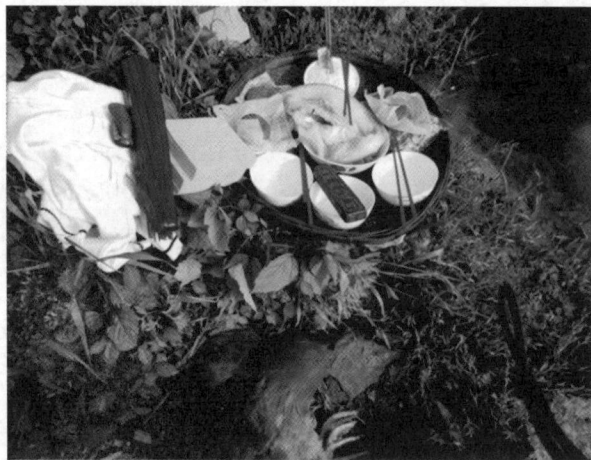

用来隔煞的鸡　（石金津摄）

尚来祖师人等，人人辛苦，个个辛劳。今有辛苦酒呈，辛劳酒献。敬送满堂师父，满殿师尊。人人动手，个个动口。喝在金口银口，装进金肚银肚。茶来吃剩交在你的茶坊，酒来吃剩交在你的酒店。黄缸米酒，交在金缸，送在银缸。刀头压盘，香米利是。交在你的手中，送在你的手内。金钱银钱，纸马钱财。人会发火，火化钱财，钱财用凭火化，收钱上仓，收米上库。

送神

信士户主，法事圆满，祀事圆成。有堂各人归堂，有殿各人归殿。无堂无殿，各人逃散。祖师回堂，本师回殿。

化大金刀，修开明官大路。（大金刀决）

小金刀，修开明官小路。（小金刀诀）

第三金刀，修开阴阳二宫大马路。（第三金刀诀）

铺天桥，（天桥诀）

架地桥，（地桥诀）

铺去阴阳二桥，（阴阳桥诀）

无车师郎装车，（车诀）

无马师郎装马。立车起步，立马起身。立起金车银车，不车儿魂女命，三魂七魄。车去长台师椅，桌台椅凳。金杯银碗，金调银筷。香米利是，刀头压盘。金钱银钱，纸马钱财。陈香华香，龙凤宝香。车去你的千年本堂，送去你的万年本殿。

太上老君，神送到堂。（大金刀诀）

太上正君，鬼送到殿。（小金刀诀）

太上道君，神送到堂、鬼送到殿。（第三金刀诀）

弟子一步送上一千里，二步送上二千里，

三步送上三千八万八百八九里。（送神诀）

（用莲花诀顺收。）

行兵弟子，正魂本命，三魂七魄。收在十二洞前洞后，收在十二洞左洞右。弟子增福延寿，长命百岁。（藏身诀）

巴代高声云：水池寄拜已毕，清吉平安，长命富贵！

主人家答：感谢师父！

九、炭窑寄儿科仪

【题解】

炭窑寄儿，苗语叫作"记闹酷遥特"或"记闹酷遥瓦"。按照传统的说法，小孩子的生辰八字中的五行若是缺火，就会出现小肠、心脏、肩、血液、舌、脸部、牙、腹等部位的疾病，并且灾祸接连，身体不健康，良药无效，久治不愈。人们就会请巴代将其寄给南方的瓦窑或炭窑等火类物，以达到补火之目的。补火之后，小孩就会减少灾祸，少生疾病，健康起来。这是在过去医学不发达、医疗卫生条件落后时代里的做法。

八字五行或足或缺是依据人出生的年、月、日、时来判断的。人们过去是用十二地支配上十天干来记录年月日时。十二地支即子（鼠）、丑（牛）、寅（虎）、卯（兔）、辰（龙）、巳（蛇）、午（马）、未（羊）、申（猴）、酉（鸡）、戌（狗）、亥（猪）。十天干即甲、乙、丙、丁、戊、己、庚、辛、壬、癸。这十天干和十二地支都有五行的属性。如天干中的甲乙属木，丙丁属火，戊己属土，庚辛属金，壬癸属水；地支中的子亥属水，丑辰未戌寅属土，卯属木，巳午属火，申酉属金。年月日时共四组，每组各有两字（干支），四组共有八个字。而五行只有五种，用五种来平分八个字，每种只能分得一点六个字。在八个字中，若没有出现丙、丁（天干）和巳、午（地支）的话，基本上可以断定为五行缺火。

炭窑或瓦窑寄儿在小孩出生地的南方之瓦窑、炭窑边举行。从八卦方位上来看，南方属于离卦，离卦为火，南方属于"丙丁巳午"的方位。由于小孩八字的五行缺火，只有到此方去寄拜瓦窑、炭窑才可补火，这是传统的做法。

定好方位，找好瓦、炭窑后，主家准备一只雄鸡、六柱糍粑(30个)、一块刀头肉、一碗香米、一壶酒、一把香、几沓纸钱、一双新鞋。将小孩也带去。巴代用白纸剪出两根束长纸钱。(南方为五方五位的第二位，故需两束长纸钱)，夹在两根篾条上，插在筛子(用筛子摆供品)的两边。至窑边摆好筛子，在筛子上摆刀头酒礼等供品，在四周插上长纸钱，鸡及鞋子摆在地上。

请神前，巴代在桌前焚香烧纸，叩师藏身之后才可正式请神。仪式中，要一人帮烧纸，一张接一张一直烧到仪式完毕。请神到后，通呈保佑，敬吃送喝，再将鸡冠掐破出血，把鸡毛鸡血涂在三张折过了的纸钱上，给小孩解灾，还要涂在夹两束长纸钱的篾条上和窑边上以隔凶煞。最后烧纸送神，回家即可。

炭窑寄儿科仪是在阴阳学兴盛之后出现的，其成教、行教于苗乡，是苗乡的特色道教科仪。

【神辞】

(巴代先生站在岩屋前，拿纸钱在手，先作揖一拜，然后一边烧纸钱一边念：)

冥冥渺渺心态境，诚诚恳恳意中求。心诚所致，金石为开。诚达大千，意遍三界。无为有之本，清为道之源。凡人以虔诚之心，感应于神圣之应。净心以求，诚达圣观。

师爷！诚心以敬，诚意以行。以诚方能感应，以虔方能施行。香能通天地，心能感福神。今在信士家门里内，设坛供奉，焚起真香，燃起宝雾。真香焚起本自然，金炉上方起祥烟。香烟飘至兜率宫，祥云缥缈玉皇殿。玉皇正教，老君门下弟子某某某，在起某氏门中，设起玉虚宝坛，摆起龙凤香案。凭此香云，仗此香烟。诚惶诚恐，一心奉请。法堂宝殿，老堂旧殿，上坛下坛，一教祖师，一坛兵马。祖师有名，兵将有姓，照名启请，照姓调用。

一心奉请：管辖本境界内，土地老祖正神，管辖五方五位，五土龙脉龙神。先祖开辟本境而居，先宗生育本村子民。生为本境里域业主，死为本境土地正神。道高三天，德被三界。本境本地祀奉有请，本村本寨祈福有敬。礼当请你先来为主，后请他神后到为宾。先来为大，先到为尊。先发为祖，先养为宗。先立此村此寨，先管此山此地。此村人家是你所发，此寨人户为你所兴。立为先祖，奉为先宗。生时管山管水，死后成龙成神。安在村中，奉于村内。村头古老林下岩屋为祠，寨中古老树下岩板为堂。管村管寨虎狼不凶，管坊管地瘟火不侵。接受全村香火，保佑全寨平安。本村当坊土地，本寨老祖正神。

伏以：弟子脚踏离地，在此丙丁巳午火位窑边。借动祖师三昧真火，烧起一炷清香，广结法界。烧起二炷净香，开设法筵。烧起三炷陈香，启建法会。清香洋洋，肃静坛场。净香浓浓，肃静坛中。陈香纷纷，肃静坛门。香不乱烧，神不乱请。请者即到，不请远离。焚起清净真香，当请：

上坛七千祖师，下坛八万兵马。南郊大王，北郊天子。坐坛师，管坛师，镇坛师，护坛师。巡坛师，鉴坛师。掌坛大法师尊，兴教大法师人。左边执肃静，右边拿回避。抬旗掌号，鸣锣开道。天仙猛将，地仙神兵。闻今有请，急速降临。出离老君大堂，离别玉皇大殿。请降法筵，受今迎请。

一心皈命礼请：法堂宝殿，老堂旧殿。法堂法殿，高堂大殿。宗本堂中，祖师殿内。教师堂中，教法堂内。香火坛中，香灯坛内。开坛演教，护坛传教。祖师大殿，兵马大营。坛上七千，坛下八万。开坛祖师石法高，传教祖师石法旺、石法灵、石法胜、龙法灵、龙法胜、龙法通、龙法高、龙法旺、江法灵、吴法德、侯法斌、田法魁、田法寿、吴法成。掌度祖师龙法胜，前代安坛刘法旺，后代祖师龙法胜、龙法明、龙法胜、石法明、石法胜。高公祖师石法旺，尊公祖师石法高、石法魁。后代安坛龙法灵。祖公祖师石法高、石法旺。师伯石法胜，严父祖师石法高。闻今有请，急速降临。出离老君大堂，离别玉皇大殿。请降法筵，受今迎请。

奉请先来为大，先到为尊。先发为祖，先养为宗。先立此村此寨，先管此山此地。此村人家是你所发，此寨人户为你所兴。立为先祖，奉为先宗。生时管山管水，死后成龙成神。安在村中，奉于村内。村头古老林下岩屋为祠，寨中古老树下岩板为堂。管村管寨虎狼不凶，管坊管地瘟火不侵。接受全村香火，保佑全寨平安。本村当坊土地，本寨老祖正神。

一心奉请：本音堂上，历代祖先。家亡先祖，老少众魂。上至高尊祖考，下至玄远宗亲。男昌伯叔，女妹姑嬋。老不真名，少不到此。是其宗支，普同供养。家龛位上，父兮母兮。前亡后化，老幼一派灵魂。本家本姓祖宗，本房本族祖德。家堂香火，福德正神。保佑儿孙发达先祖，庇佑后代发旺先人。回归天堂不同年月，请坐香炉同日同时。一份请到先祖堂中，二份请到墓坟山地，三份请到家堂香火，乘香来到，随请来临。

奉请古往今来，历朝历代先师，阴阳仙师，玄坛仙人，算命先生，改命仙人，阴阳祖师。天地合其德，日月合其明，四时合其序，神圣合其吉。子丑寅卯，辰巳午未，申酉戌亥。皇天无私，灵卦有感。谨用真香，一心拜请，八卦祖师。伏羲文王，周公孔子，五大圣人。云梦山头鬼谷先生，左衙判事陈抟先生，右衙掌印穆修先生，传下凡间孙膑先生，诸葛孔明先生，李淳风先生，袁氏天罡先师。杨救贫、刘伯温先生。杜氏九天玄女仙娘，值日传书玉女，奏事功曹，排卦童子，掌卦郎君。西祇千里眼，顺风耳，过往虚空一切吉神。奉请祖师石法高、石法旺、石法顺、石法高、石明璋、石明玉、石国高、石国鸿，光三光求，长春长先。天上星斗，地下仙人。阴间祖师，阳间本师。阴阳星士，三坛两教。古往今来，历代祖师。多有查名不到，少有点字不齐。有请来到坎水之地，有迎来临井泉之域。

谨焚真香，一心奉请：

正居离地，丙丁巳午。南方火德荧惑星君，南方赤帝火神。火宗火祖，火娘火爷，火子火孙。先天三昧真火，后天三昧神火。天火地火，阴火阳火。

出兵出在何州，要来请到何州。出马出在何县，要来请到何县。请到南方巳午之宫，离地丙丁之殿。坤上乾下，窑堡炉堂。千年本堂，万年本殿。有车上车，有马上马。风快跟风，雨快跟雨。山快跟山，水快跟水。铺去阴阳二桥，请下凡间之中，洞冲大寨，土地祠下。人请千家开门莫过，神请万家开户莫行。请到本寨地名某某某，瓦窑之边，炭窑之旁。有车请来众人下车，有马请来众人下马。请来上排上坐，下排下坐，排方正坐。上请莫动，下请莫游。

伏以——

一份来了，二份不请同来，飞云走马功曹上参。一份来到，二份不请同到，飞云走马功曹上报。发兵去请，发马去报。二份转来奉请——

正居离地，丙丁巳午。南方火德荧惑星君，南方赤帝火神。火宗火祖，火娘火爷，火子火孙。先天三昧真火，后天三昧神火。天火地火，阴火阳火。

出兵出在何州，要来请到何州。出马出在何县，要来请到何县。请到南方巳午之宫，离地丙丁之殿。坤上乾下，窑堡炉堂。千年本堂，万年本殿。有车上车，有马上马。风快跟风，雨快跟雨。山快跟山，水快跟水。铺去阴阳二桥，请下凡间之中，洞冲大寨，土地祠下。人请千家开门莫过，神请万家开户莫行。请到本寨地名某某某，瓦窑之边，炭窑之旁。有车请来众人下车，有马请来众人下马。请来上排上坐，下排下坐，排方正坐。上请莫动，下请莫游。

伏以——

二份来了，三份不请同来，飞云走马功曹上参。二份来到，三份不请同到，飞云走马功曹上报。发兵去请，发马去报。三份转来奉请——

正居离地，丙丁巳午。南方火德荧惑星君，南方赤帝火神。火宗火祖，火娘火爷，火子火孙。先天三昧真火，后天三昧神火。天火地火，阴火阳火。

出兵出在何州，要来请到何州。出马出在何县，要来请到何县。请到南方巳午之宫，离地丙丁之殿。坤上乾下，窑堡炉堂。千年本堂，万年本殿。有车上车，有马上马。风快跟风，雨快跟雨。山快跟山，水快跟水。铺去阴阳二桥，请下凡间之中，洞冲大寨，土地祠下。人请千家开门莫过，神请万家开户莫行。请到本寨地名某某某，瓦窑之边，炭窑之旁。有车请来众人下车，有马请来众人下马。请来上排上坐，下排下坐，排方正坐。上请莫动，下请莫游。

伏以——

人心起念，神降一时。阴间来的好客，阳间到得好马。行兵弟子，阴请阴来，阳请阳到。三请同来，四请同到。有事和你通呈，无事不敢通呈，半天云云，着耳听文。有事和你登堂，无事不敢登堂，半天洋洋，着耳听章。壶中有酒，开壶奠献。茶献一呈，酒分三献。今据公元某某某某年某某月某某日清早良旦，上午之时，下午之时，晚上之期，在起信士户主某氏门中，不管别神外鬼，不管别处外路。

当管正居离地，丙丁巳午。南方火德荧惑星君，南方赤帝火神。火宗火祖，火娘火爷，火子火孙。先天三昧真火，后天三昧神火。天火地火，阴火阳火。

出兵出在何州，要来管到何州。出马出在何县，要来管到何县。

一车马头，管到南方巳午之宫，离地丙丁之殿。坤上乾下，窑堡炉堂。千年本堂，万年本殿。

二车马头，管到东南西北，四个天门，八个地府。四个老堂，八个老殿。在堂管堂，在殿管殿。

三车马头，管到湖南省花垣县董马库乡，洞冲大寨，土地祠下。人管千家开门莫过，神管万家开户莫行。管到本寨地名某某某，瓦窑之边，炭窑之旁。有车管来众人下车，有马管来众人下马。管来上排上坐，下排下坐，排方正坐。上请莫动，下请莫游。

伏以——

人行千里，神降一时。阴间来的好车，阳间到得好马。阴请阴来，阳请阳到。三请同来，四请同到。

请来不为千斤大事，不为并无小难。今者信士户主某某某，小孩某某某。生于某年某月，某日某时。时辰带来，八字带到。八字五行缺火，命中缺少吉神。今来求你火宗火祖，火娘火爷。虔诚寄拜，全恩庇佑。主家虔备，刀头酒礼，香米利是。金钱烧交，银钱烧送。项项交在你的手中，样样送在你的手内。

领受在前，保佑在后。领受在左，保佑在右。
保佑小孩，今寄拜送你，火府真仙，全恩保佑：
缺火补火，补火补足。五行俱全，大寿大福。
冬免三灾，夏除八难。春秋清吉，四季平安。
时序安和，六时吉祥。平安清吉，福寿安康。
灾萌不起，灾殃不侵。灾星不临，灾祸不生。
遇难成祥，逢凶化吉。凶煞退位，吉星降临。
起居得乐，生活得安。一好百好，健康旺盛。
吃茶甜肚，吃饭甜心。吃酒补力，吃肉补身。
口讲合和，脸笑眯眯。屋场得坐，水井得吃。
查名得应，点字得齐。居得千年，坐过百岁。
年居清吉，月坐平安。福禄多增，寿岁延绵。
增福增寿，吉康安泰。福如东海，寿比南山。
伏望神恩，全叨庇佑。有灵有验，富贵长久。

刀头酒礼，香米利是。先来敬送：正居离地，丙丁巳午。南方火德荧惑星君，南方赤帝火神。火宗火祖，火娘火爷，火子火孙。先天三昧真火，后天三昧神火。天火地火，阴火阳火。

后来敬送：灵龟三叩，幽赞神明，道合乾坤，包含万象。卦者：天地合其德，日月合其明，四时合其序，神圣合其吉。子丑寅卯，辰巳午未，申酉戌亥。皇天无私，灵卦有感。谨用真香，一心拜请，八卦祖师。伏羲文王，周公孔子，五大圣人。云梦山头鬼谷先生，左衙判事陈抟先生，右衙掌印穆修先生，传下凡间孙膑先生，诸葛孔明先生，李淳风先生，袁氏天罡先师。杨救贫、刘伯温先生。杜氏九天玄女仙娘，值日传书玉女，奏事功曹，排卦童子，掌卦郎君。西祇千里眼，顺风耳，过往虚空一切吉神。奉请祖师石法高、石法旺、石法顺、石法高、石明璋、石明玉、石国高、石国鸿，光三光求，长春长先。天上星斗，地下仙人。阴间祖师，阳间本师。阴阳星士，三坛两教。古往今来，历代祖师。多有查名不到，少有点字不齐。吃在金牙银口，装进金肠银肚。还有金钱烧交，银钱烧送。项项交在你的手中，样样送在你的手内。收钱上仓，收米上库。

（莫一点酒肉于纸钱火炉内以示供神。）

阴间吃了得饱，阳间喝了得醉。弟子叩请祖师石法高、石法旺、石法胜、石法高。祖师明章明玉、国高国鸿、光三光求、长春长先。天上星斗，地下仙人。阴间祖师，阳间本师。阴阳星士，三坛两教。古往今来，历代祖师。叩在弟子身前身后，身左身右。同我弟子起手成法成诀，动脚成罡成步。早讲早灵，夜讲夜顺。

用鸡挡煞

此鸡此鸡，非凡之鸡，叫则三千玄应，啼则万里光明，日落它送，日出它迎，身亮如锦，五彩祥云。在人间名为五德，在吾于化为灵凤，出神入化，一身正气，雄风纠察，气势非凡。

有煞无煞，雄鸡挡煞。有殃无殃，雄鸡除殃。有灾无灾，鸡血消灾。有祸无祸，鸡血隔脱，有冤无冤，鸡血当斩，一斩天殃地煞不敢当，二斩凶神恶煞尽躲藏，三斩年煞月煞，日煞时煞，一百二十凶神恶煞尽消亡，凶神挡归天涯去，恶煞隔归大海洋，千年万代回不转，从今之后无灾殃。

（左手拿鸡翅，右手作剑诀对鸡冠做斩状，然后掐破鸡冠，放出鸡血。让小孩手拿三根燃香站在岩屋前[如太小则由大人抱着]，巴代将三张纸钱折后沾上一点鸡血并扯下几根鸡腿毛一起拿在右手，在小孩的背后从头扫到脚，共三次，再放于纸钱炉中烧掉。如此作法三次，每次扫三下，边扫边念。）

用鸡毛鸡血涂纸钱解扫凶煞

伏以：信士某某某，生于某某某某年某某月某某日。时辰带来，八字带到。年犯月犯，日犯时犯，犯了天煞地煞，年煞月煞，日煞时煞，一百二十凶神恶煞。头上解身上，身上解脚下。天煞归天，地煞归地。鸡血扫到，凶神恶煞远远退位。

（上段神辞要念三次，每次扫三下。烧掉后再扯鸡毛涂血扫一次。）

将鸡血鸡毛涂于长纸钱的杆上及窑之两边

伏以：此鸡此鸡，非凡之鸡。挡煞之鸡，隔邪之鸡。要挡天煞地煞、年煞月煞、日煞时煞，一百二十凶神恶煞。天煞要挡归天，地煞要挡归地。鸡血落地，凶神恶煞远远退去。

（三遍后打顺筶。）

尚来祖师人等，人人辛苦，个个辛劳。今有辛苦酒呈，辛劳酒献。敬送满堂师父，满殿师尊。人人动手，个个动口。喝在金口银口，装进金肚银肚。

茶来吃剩交在你的茶坊，酒来吃剩交在你的酒店。黄缸米酒，交在金缸，送在银缸。刀头压盘，香米利是。交在你的手中，送在你的手内。金钱银钱，纸马钱财。人会发火，火化钱财，钱财用凭火化，收钱上仓，收米上库。

上来，众神吃了得保，喝了得醉。来时肚饥，回时肚饱。若吃不了，今当打包来交，若喝不完，师郎打包去送。祖师去交圆满，本师去交圆毕。无缺无欠，无失无破。交了得圆，送了得满。祖师送神回府，诸神打马回衙。回去你的千年本堂，转到你的万年本殿。人归正路，马归正道。不许偏左偏右，不许倒前倒后。千年不许回头，万代不准转面。送去归堂，回去归殿。不许兴风作浪，不准兴灾作难。人归人路，神走神道，互不相侵，井河不犯。弟子背负正魂本命，三魂七魄。荣华富贵，福禄寿喜，财宝利禄，大吉大利。平安坐得千年，吉康活过百岁。借起太上老君天隔地隔，阴隔阳隔。隔去九万八千里。阻断十万八千程。千年万代，永不回神。

（用莲花诀顺收。）

行兵弟子，正魂本命，三魂七魄。收在十二洞前洞后，收在十二洞左洞右。弟子增福延寿，长命百岁。（藏身诀）

巴代高声云：清吉平安，长命富贵！
主人家答：感谢师父！

十、铁铺寄儿科仪

【题解】

　　铁铺寄儿，就是把小孩寄拜给铁匠铺。按照传统的说法，小孩子的生辰八字中的五行若是缺金，就会出现大肠、肺、脐、股、皮肤、气管、精血等方面的疾病，并且灾祸接连，身体不健康，良药无效，久治不愈。人们就会请巴代将其寄给西方或西北方的铁匠铺、金银铺等，以达到补金之目的。补金后，小孩就会减少灾祸，少生疾病，健康起来。这是在以前医学不发达、医疗卫生条件落后时代里的做法。

　　八字五行或足或缺是依据人出生的年、月、日、时来判断的。人们过去是用十二地支配上十天干来记录年月日时。十二地支即子(鼠)、丑(牛)、寅(虎)、卯(兔)、辰(龙)、巳(蛇)、午(马)、未(羊)、申(猴)、酉(鸡)、戌(狗)、亥(猪)。十天干即甲、乙、丙、丁、戊、己、庚、辛、壬、癸。这十天干和十二地支都有五行的属性。如天干中的甲乙属木，丙丁属火，戊己属土，庚辛属金，壬癸属水；地支中的子亥属水，丑辰未戌寅属土、卯属木，巳午属火，申酉属金。年月日时共四组，每组各有两字(干支)，四组共有八个字。在八个字中，若没有出现庚、辛(天干)和申、酉(地支)，基本上可以断定为五行缺金。

　　铁铺寄儿应该在小孩出生地的西方或西北方向举行。从八卦方位上来看，西方属于"兑"卦，兑卦为"泽"，属金，西方属于"庚辛申酉"的方位。而西北方属于"乾"卦，乾卦为"天"，亦属金。由于小孩八字的五行缺金，只有到西方或西北方去寄拜给铁匠铺或金银铺之类的地方才可补金。

　　定好方位，找好铁铺后，主家准备一只雄鸡、六柱糍粑(30个)、一块刀头肉、一碗香米、一壶酒、一把香、几沓纸钱、一双新鞋。将小孩也带去。巴代用白纸剪三束长纸钱(西方为五方五位的第三位,故需三束长纸钱),分别夹在三根篾条上,插在铁铺的后边。至铺边摆好筛子,在筛子上摆刀头酒礼等供品,在后面插上长纸钱,鸡及鞋子摆在地上。

请神前,巴代在桌前焚香烧纸,叩师藏身之后才可正式请神。仪式中,要一人帮烧纸,一张接一张一直烧到仪式完毕。请神到后,通呈保佑,敬吃送喝,再将鸡冠掐破出血,把鸡毛鸡血涂在三张折过了的纸钱上,给小孩解灾,还要涂在夹三束长纸钱的篾条上和铁铺边上以隔凶煞。最后烧纸送神,回家即可。

铁铺寄儿科仪是在阴阳学兴盛之后出现的,其成教、行教于苗乡,是苗乡的特色道教科仪。

【神辞】

(巴代先生站在岩屋前,拿纸钱在手,先作揖一拜。然后边烧纸钱边念:)

诚心为本,诚意为净。先当净戒沐浴,必先净手焚香。诚心可达上苍,诚意可感天地。冥冥之中,唯心为大。心生万物,意可转境。以此虔诚,可达观告。

师爷!阳以食为天,阴以香为灵。伏此香烟,能通碧罗,散透清霄。飞云飞雾于三界,传通传奏于万灵。人无请则不至,神无香则不达。今者信士某某某,虔备香花灯烛,果供凡仪。敬奉于三教福神,祈叩于三教福德。谨以一炷二炷三炷宝香,诚心叩请于弟子法坛会上,古往今来历代祖师。三坛两教,三坛两教,五坛七教,共坛共教,源渊祖师。

一心奉请:本境土地,瑞庆夫人。招财童子,进宝郎君。五方五位,五土龙神。本坊通灵土地,老尊正神。屋檐童子,把门将军。过往虚空,无边真宰。溪源潭洞,水土龙神。良民相老,地主恩官。地神地主,地脉龙神。一村之祖,一寨之宗。先来先开,先居先坐。地盘是你先开,村寨是你先立。经代代繁衍而满村,过世世生养而满寨。公公发一村而为村祖,婆婆养一寨而成寨宗。先时古木树下岩块为屋,而今古老树下岩板为祠。管虎狼猛兽不伤人畜,除瘟疫火灾不殃村寨。每家祭祖必先请你,每户敬神必先奉驾。保得清吉,佑得平安。大宗大祖,土地尊神。降临法会,受今迎请。

一心奉请：管辖本境界内，土地老祖正神，管到五方五位，五土龙脉龙神。先祖开辟本境而居，先宗生育本村子民。生为本境里域业主，死为本境土地正神。道高三天，德被三界。本境本地祀奉有请，本村本寨祈福有敬。礼当请你先来为主，后请他神后到为宾。该当家祖寨祖先奉，本应村宗家祖先迎。村宗久远查名不到，寨祖久长点字不明。专请本村本寨先祖土地，专奉本境本处始祖正神。闻今有请，感应降临。

弟子脚踏"乾"地，在此"庚辛申酉"金位铺边。户主虔备，信香宝烛，凡供财仪。恭就净地，摆设香案。

弟子闭眼诚心，想梦来临。恭对金坛，焚香叩首。

烧起一炷真香，二炷陈香，三炷宝香。香烟纷纷，展开天门，神降来临。香烟洋洋，展开天堂，神降坛场。香烟浓浓，展开虚空，神降坛中。香不乱烧，神不乱请。请者即到，不请远离。

焚起清净真香，一心当请：

弟子法堂会中，师郎宝殿坛上。阴传阴教，阳传阳教。前传后教，不传自教。梦传梦教，祖传师教。三坛两教，同坛共教。拥我护我，源渊祖师。坐坛师，管坛师，镇坛师，护坛师，巡坛师，鉴坛师。掌坛大法师尊，兴教大法师人。左边执肃静，右边拿回避。抬旗掌号，鸣锣开道。天仙猛将，地仙神兵。一心皈命礼请：宗本堂中，祖师殿内。教师堂中，教法堂内。香火坛中，香灯坛内。开坛演教，护坛传教。祖师大殿，兵马大营。坛上七千，坛下八万。开坛祖师石法高，传教祖师石法旺、石法灵、石法胜、龙法灵、龙法胜、龙法通、龙法高、龙法旺、江法灵、吴法德、侯法斌、田法魁、田法寿、吴法成。掌度祖师龙法胜，前代安坛刘法旺，后代祖师龙法胜、龙法明、龙法胜、石法明、石法胜。高公祖师石法旺，尊公祖师石法高、石法魁。后代安坛龙法灵。祖公祖师石法高、石法旺。师伯石法胜，严父祖师石法高。闻今有请，急速降临。出离老君大堂，离别玉皇大殿。请降法筵，受今迎请。

奉请先来为大，先到为尊。先发为祖，先养为宗。先立此村此寨，先管此山此地。此村人家是你所发，此寨人户为你所兴。立为先祖，奉为先宗。生时管山管水，死后成龙成神。安在村中，奉于村内。村头古老林下岩屋为祠，寨中古老树下岩板为堂。管村管寨虎狼不凶，管坊管地瘟火不侵。接受全村香火，保佑全寨平安。本村当坊土地，本寨老祖正神。

用此真香，当堂奉请：宗是根基，祖是根荄。一宗发千祖，一祖发万房。始宗始祖，发子发孙。发千发万，发达发旺。信士本家堂上香火，户主本族本房香灯。历代先宗先祖，历朝先公先婆，先父先母，先辈先人。堂上高尊祖考妣，炉中太祖父辈魂。查得有名不到，点得有字不齐。心到请到，意到念临。去是前后陆续，来时同请同到。到堂把持香火，到殿把持香灯。来到堂中，迎到堂内。

奉请传度师刘宜子，子上奉请彭法信、石法高、石法旺、石法顺、石法高，蒋朝介师父。子丑寅卯，辰巳午未，申酉戌亥。奉请前传后教杨救贫、蒋大红、范宜明、石四科、石明璋、石明玉、石国高、石国鸿，光三光求，长春长先。天上星斗，地下仙人。阴间祖师，阳间本师。阴阳星士，三坛两教。古往今来，历代祖师。多有查名不到，少有点字不齐。有请来到堂中，有迎来临堂内。上排上坐，下排下坐。排方正坐，上请莫动，下请莫移。

谨焚真香，一心奉请：

正居金地，庚辛申酉。乾天兑泽，西北西正。金刚神祖，金阙神宗。西方金德天皓星君，西方白帝金神。金宗金祖，金娘金爷，金子金孙。

出兵出在何州，要来请到何州。出马出在何县，要来请到何县。请到西方申酉之宫，乾兑庚辛之殿。兑上乾下，铁金铺堂。千年本堂，万年本殿。有车上车，有马上马。风快跟风，雨快跟雨。山快跟山，水快跟水。铺去阴阳二桥，请下凡间之中，洞冲大寨，土地祠下。人请千家开门莫过，神请万家开户莫行。请到本寨地名某某某，铁铺之边，金铺之旁。有车请来众人下车，有马请来众人下马。请来上排上坐，下排下坐，排方正坐。上请莫动，下请莫游。

伏以——

一份来了，二份不请同来，飞云走马功曹上参。一份来到，二份不请同到，飞云走马功曹上报。发兵去请，发马去报。二份转来奉请——

正居金地，庚辛申酉。乾天兑泽，西北西正。金刚神祖，金阙神宗。西方金德天皓星君，西方白帝金神。金宗金祖，金娘金爷，金子金孙。

出兵出在何州，要来请到何州。出马出在何县，要来请到何县。请到西方申酉之宫，乾兑庚辛之殿。兑上乾下，铁金铺堂。千年本堂，万年本殿。有车上车，有马上马。风快跟风，雨快跟雨。山快跟山，水快跟水。铺去阴阳二桥，请下凡间之中，洞冲大寨，土地祠下。人请千家开门莫过，神请万家开户莫行。请到本寨地名某某某，铁铺之边，金铺之旁。有车请来众人下车，有马请来众人下马。请来上排上坐，下排下坐，排方正坐。上请莫动，下请莫游。

伏以——

二份来了，三份不请同来，飞云走马功曹上参。二份来到，三份不请同到，飞云走马功曹上报。发兵去请，发马去报。三份转来奉请——

正居金地，庚辛申酉。乾天兑泽，西北西正。金刚神祖，金阙神宗。西方金德天皓星君，西方白帝金神。金宗金祖，金娘金爷，金子金孙。

出兵出在何州，要来请到何州。出马出在何县，要来请到何县。请到西方申酉之宫，乾兑庚辛之殿。兑上乾下，铁金铺堂。千年本堂，万年本殿。有车上车，有马上马。风快跟风，雨快跟雨。山快跟山，水快跟水。铺去阴阳二桥，请下凡间之中，洞冲大寨，土地祠下。人请千家开门莫过，神请万家开户莫行。请到本寨地名某某某，铁铺之边，金铺之旁。有车请来众人下车，有马请来众人下马。请来上排上坐，下排下坐，排方正坐。上请莫动，下请莫游。

伏以——

人请人到，神降神临。阴间来的好客，阳间到得好马。行兵弟子，阴请阴来，阳请阳到。三请同来，四请同到。有事和你通呈，无事不敢通呈，半天云云，着耳听文。有事和你登堂，无事不敢登堂，半天洋洋，着耳听章。壶中有酒，开壶奠献。茶献一呈，酒分三献。今据公元某某某某年某某月某某日清早良旦，上午之时，下午之时，晚上之期，在起信士户主某氏门中，不管别神外鬼，不管别处外路。

正居金地，庚辛申酉。乾天兑泽，西北西正。金刚神祖，金阙神宗。西方金德天皓星君，西方白帝金神。金宗金祖，金娘金爷，金子金孙。

出兵出在何州，要来管到何州。出马出在何县，要来管到何县。

一车马头，管到西方申酉之宫，乾兑庚辛之殿。兑上乾下，铁金铺堂。千年本堂，万年本殿。

二车马头，管到东南西北，四个天门，八个地府。四个老堂，八个老殿。在堂管堂，在殿管殿。

三车马头，管到湖南省花垣县董马库乡，洞冲大寨，土地祠下。人管千家开门莫过，神管万家开户莫行。管到本寨地名某某某，铁铺之边，金铺之旁。有车管来众人下车，有马管来众人下马。管来上排上坐，下排下坐，排方正坐。上请莫动，下请莫游。

伏以——

　　人行千里，神降一时。阴间来的好车，阳间到得好马。阴请阴来，阳请
阳到。三请同来，四请同到。

　　请来不为千斤大事，不为并无小难。今者信士户主某某某，小孩某某
某。生于某年某月，某日某时。时辰带来，八字带到。八字五行缺金，命中
缺少吉神。今来求你金宗金祖，金刚大神。虔诚寄拜，全恩庇佑。主家虔
备，刀头酒礼，香米利是。金钱烧交，银钱烧送。项项交在你的手中，样样
送在你的手内。

　　领受在前，保佑在后。领受在左，保佑在右。
　　保佑小孩，今寄拜送你，金府真仙，全恩保佑：
　　缺金补金，补金补足。补在命中，大寿大福。
　　冬免三灾，夏除八难。春秋清吉，四季平安。
　　时序安和，六时吉祥。平安清吉，福寿安康。
　　灾萌不起，灾殃不侵。灾星不临，灾祸不生。
　　遇难成祥，逢凶化吉。凶煞退位，吉星降临。
　　起居得乐，生活得安。一好百好，健康旺盛。
　　吃茶甜肚，吃饭甜心。吃酒补力，吃肉补身。
　　口讲合和，脸笑眯眯。屋场得坐，水井得吃。
　　查名得应，点字得齐。居得千年，坐过百岁。
　　年居清吉，月坐平安。福禄多增，寿岁延绵。
　　增福增寿，吉康安泰。福如东海，寿比南山。
　　伏望神恩，全叨庇佑。有灵有验，富贵长久。

　　刀头酒礼，香米利是。先来敬送：正居金地，庚辛申酉。乾天兑泽，西
北西正。金刚神祖，金阙神宗。西方金德天皓星君，西方白帝金神。金宗金
祖，金娘金爷，金子金孙。

　　后来敬送：传度师刘宜子，子上奉请彭法信、石法高、石法旺、石法顺、
石法高、蒋朝介师父。子丑寅卯，辰巳午未，申酉戌亥。奉请前传后教杨救
贫、蒋大红、范宜明、石四科、石明璋、石明玉、石国高、石国鸿，光三光求，
长春长先。天上星斗，地下仙人。阴间祖师，阳间本师。阴阳星士，三坛两
教。古往今来，历代祖师。多有查名不到，少有点字不齐。吃在金牙银口，
装进金肠银肚。还有金钱烧交，银钱烧送。项项交在你的手中，样样送在你

的手内。收钱上仓，收米上库。

（奠一点酒肉于纸钱火炉内以示供神。）

阴间吃了得饱，阳间喝了得醉。弟子叩请祖师石法高、石法旺、石法胜、石法高。祖师明章明玉，国高国鸿，光三光求，长春长先。天上星斗，地下仙人。阴间祖师，阳间本师。阴阳星土，三坛两教。古往今来，历代祖师。叩在弟子身前身后，身左身右。同我弟子起手成法成诀，动脚成罡成步。早讲早灵，夜讲夜顺。

用鸡挡煞

此鸡此鸡，非凡之鸡，叫则三千玄应，啼则万里光明，日落它送，日出它迎，身亮如锦，五彩祥云。在人间名为五德，在吾于化为灵凤，出神入化，一身正气，雄风纠察，气势非凡。

有煞无煞，雄鸡挡煞。有殃无殃，雄鸡除殃。有灾无灾，鸡血消灾。有祸无祸，鸡血隔脱，有冤无冤，鸡血当斩，一斩天殃地煞不敢当，二斩凶神恶煞尽躲藏，三斩年煞月煞，日煞时煞，一百二十凶神恶煞尽消亡，凶神挡归天涯去，恶煞隔归大海洋，千年万代回不转，从今之后无灾殃。

（左手拿鸡翅，右手作剑诀对鸡冠做斩状，然后掐破鸡冠，放出鸡血。让小孩手拿三根燃香站在岩屋前［如太小则由大人抱着］，巴代将三张纸钱折后，沾上一点鸡血并扯下几根鸡腿毛一起拿在右手，在小孩的背后从头扫到脚，共三次，再放于纸钱炉中烧掉。如此作法三次，每次扫三下，边扫边念。）

用鸡毛鸡血涂纸钱解扫凶煞

伏以：信士某某某，生于某某某某年某某月某某日。时辰带来，八字带到。年犯月犯，日犯时犯，犯了天煞地煞，年煞月煞，日煞时煞，一百二十凶神恶煞。头上解身上，身上解脚下。天煞归天，地煞归地。鸡血扫到，凶神恶煞远远退位。

（上段神辞要念三次，每次扫三下。烧掉后再扯鸡毛涂血扫一次。）

将鸡血鸡毛涂于长纸钱束杆上以及铁铺之两边

伏以：此鸡此鸡，非凡之鸡。挡煞之鸡，隔邪之鸡。要挡天煞地煞、年煞月煞、日煞时煞，一百二十凶神恶煞。天煞要挡归天，地煞要挡归地。鸡血落地，凶神恶煞远远退去。

（三遍后打顺答。）

尚来祖师人等，人人辛苦，个个辛劳。今有辛苦酒呈，辛劳酒献。敬送满堂师父，满殿师尊。人人动手，个个动口。喝在金口银口，装进金肚银肚。

茶来吃剩交在你的茶坊，酒来吃剩交在你的酒店。黄缸米酒，交在金缸，送到银缸。刀头压盘，香米利是。交在你的手中，送在你的手内。金钱银钱，纸马钱财。人会发火，火化钱财，钱财用凭火化，收钱上仓，收米上库。

金铺寄儿，圆满成就，命中得补，运中得受。健康旺相，富贵长久。

信士户主，法事圆满，祀事圆成。有堂各人归堂，有殿各人归殿。无堂无殿，各人逃散。祖师回堂，本师回殿。

上来，还了得保，敬了得佑。诸神领受，个个喜欢。受人供奉，保佑吉利。得人钱财，保佑平安。炉中香烟已残，坛上宝烛已尽。时候不早，天色已暗。人人酒醉饭饱，个个吃饱喝醉。人神皆喜，心满意足。吃人香茶谢人礼仪，了人酒饭谢人大恩。众神酒醉打道回府，列位饭饱上马回堂。保得信士谋事如意，佑保户主心想事成。小儿健康长大，成才成家成人。家门清吉，人口平安。五谷丰登，六畜兴旺。人旺财兴，万事贞祥。诸神回府不再回头，众位回堂不再转面。送了就了，送完就完，无挂无念，无牵无联，一刀两断，永不再欠。阴归阴路，阳归阳路，阴阳各别。先祖归堂，土地归祠，祖师回堂，本师回殿。弟子背负正魂本命，三魂七魄。荣华富贵，福禄寿喜，财宝利禄，大吉大利。平安坐得千年，吉康活过百岁。信士人等，人人各自回到家堂，个个各自转归家内。拆了供堂，倒了供殿。阴眼阳眼，再不看见。

巴代高声云：清吉平安，长命富贵！
主家人答：感谢师父！

十一、架天桥求子科仪

【题解】

架天桥求子科仪是指那些结婚多年而没有生育的夫妇，为了求得孩子，四处寻医求药治疗，同时还去找仙娘"扛仙"，请星士卜课算命，以及求神问佛、抽签问卦。如果各种结论都说要"架天桥方能得子"，他们就会请巴代来家里举行"架天桥"的仪式。

依据夫妇双方八字中的子星，男命应出现在年月日时的天干中的"正官七杀"，女命应出现在"伤官食神"。如果出现在空亡的位置，以及时柱干支（时柱为子孙宫）犯了"天上大空亡"时，就有必要"架天桥"接子。如果不想让子孙落空亡了，则要架天桥接子，这是以前苗族人的传统观念。

架天桥除了求子之外，也有讨不到妻子时求姻缘的作用。

仪式之前必须选择吉日，然后请舅爷后辈帮忙砍一根竹子，要选竹园的东方之竹，要1.2丈长，砍倒之后不能从上跨过，要用红绸彩带系住。抬回家的路途中，若与人会面，必须行走后坎。到屋时，要放在高处，不让人从上面跨越，以免犯了忌讳。

架天桥之前，要劈开竹子，用九根篾条编12格的竹桥，在每格两边各挂一束（两绺）长纸钱，共24束。编好之后，用3个凳子架住，然后用1.2丈的布铺在上面，再在上面铺上12张纸钱。在旁边摆上一张饭桌，朝内摆4沓纸钱（巴代坐时背对门外），再摆香米利是、五柱糍粑，用盘子装一块煮熟了的刀头肉，上撒一点盐、插一双筷子，摆在桌子中间。桌子左边摆上一把刀，用来割肉敬神，右边摆师刀、筶子，前摆三杯酒。桌下一旁摆一鼎罐盖或火盆，用来烧纸钱。

请神前，巴代在桌前焚香烧纸，叩师藏身之后才可正式请神。请神到后，通呈保佑，勾良勾愿，判定阴阳，敬吃送喝，用诀法神咒架桥接子，烧纸钱，再度保佑，然后送神。送神后，烧了桥上的十二张纸钱，取下铺在竹桥上的桥布，将竹桥架上堂屋的排方上，从大门上方架到堂屋后壁上方。

架天桥的摆设 （石金津摄）

【神辞】

莲花宝座，莲花宝诀。三十六道正传，七十二道正诀。不收儿魂女命，不收正魂本命，三魂七魄。当收巧脚弄手，巧手弄匠，弹匠勾匠，剃头道士，光头和尚，游傩打卦老司，叫花讨米老司，红衣老司，黑衣道士，苗师客师，十二五等不正邪师，邪神邪法，邪师邪教邪诀邪鬼。弟子东收五里，南收五里，西收五里，北收五里，中收五里，五五收去二十里，祖师收来，本师收尽，收在天牢，押在地井，收在千丈深潭，押在万丈古井。莫惊莫动，莫走莫行。

再来当收，天煞地煞，年煞月煞，日煞时煞，一百二十凶神恶煞，要收四方官牙，五方口嘴。千人乱说，百人乱讲。吵事郎子，闹事郎君。五瘟时气，麻衣孝服。迫肠郎子，胀肚郎君。屙血郎子，屙痢郎君。阴包草药，阳包草变。收在天牢，押在地井，收在千丈深潭，押在万丈古井。莫惊莫动，莫走莫行。

吾奉太上老君急急如律令。

伏以金钱烧交，银钱烧送。烧送交钱祖师、度钱祖师、前传后教、宗本二师。请降仪坛，领受钱财。(烧三张纸钱，作一个揖)

伏以金钱烧交，银钱烧送。烧送祖师法高法旺、法胜法高。请降仪坛，领受钱财。(烧三张纸钱，作一个揖)

伏以钱财上奉已毕，弟子在于香炉头上，焚香叩请祖师石法高、石法旺、石法胜、石法高。叩在弟子身前身后，身左身右。同我弟子起手成法成诀，动脚成罡成步。早讲早灵，夜讲夜顺。

大金刀，小金刀，第三金刀。弟子脚穿草鞋黄钢，头戴五雷毡帽，披甲戴盔。(上段共三次)左安大金刀，右安小金刀。左安铜篱笆，右安铁篱笆。左边筑墙，右边打围。左安九十九重山，右安九十九重墙。九溪魔王头上戴，铁甲铁挡身上披。人看不见，鬼看不见，邪鬼邪神都不见。

吾奉太上老君急急如律令。

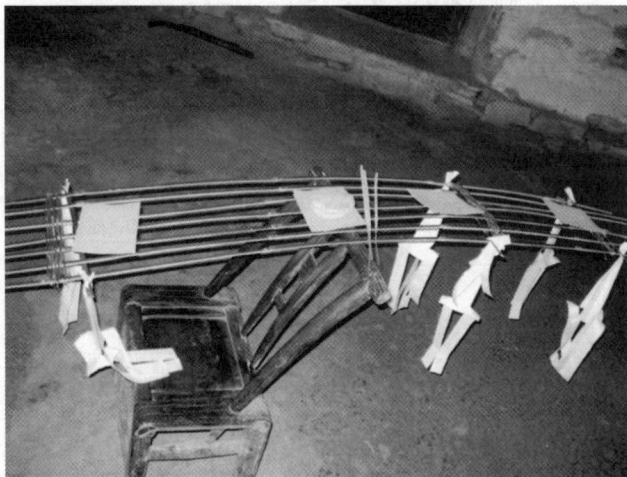

用篾条扎制的求子桥 (石金津摄)

含爷——含爷。(三声)

今据公元某某某某年某某月某某日某某之时(如下午之时，晚上之期等)，在起信士户主某氏门中，堂屋之中，中堂之内。

本心阴隐，本意虔诚。万化之根，由心而生。信士虔诚，弟子观请祖师叩行。三坛两教祖师加持，五坛七教宗师拥护。大法通天地，大道度众生。今持天地法，救度于凡民。

有事烧起一炷陈香，无事不敢烧起二炷陈香，有事烧起三炷陈香华香龙凤宝香。烧香洋洋，展开天堂。烧香浓浓，展开炉中。烧香纷纷，展开天门。

香不乱烧，神不乱请。不请何神，不叫何鬼。不请外住神灵，不叫外路神祇。当请弟子天防身、地防身、年防身、月防身、金防身、银防身、十二防身保命，功曹使者，法界诸泰。

一心皈命礼请：开坛宗师，演教祖师。行教本师，帮教仁师。宗师鸿君老宗，祖师道德老祖。自古一教传三友，老子一炁化三清。天下法堂共一教，世上法坛共老君。弟子祖传祖教坛上，历代宗本祖师。师郎本坛本教坛中，历代先宗先师先人。只请本坛，别坛勿动。只奉本教，别勿无奉。宗师法高法旺，祖师法灵法顺。双名两字，双字两名。查名奉请，依教奉行。随心念到，观想自临。一顺百顺，有验有灵。祖师来到堂中，本师来临堂内。

奉请太上老君，正君道君。张赵二郎、圣水三郎，十二婆令大娘，花林姊妹。阴传阴教，阳传阳教，梦传梦教，不传自教，三坛两教，三十六道祖师。

奉请玉皇正教，老君门下。法堂宝殿，老堂旧殿。法堂法殿，法坛法会。十二统兵大旗，十二统天大将。红旗红号旗头鸡毛，黄旗黄号旗下兵马。旗头雄兵千百万，旗下猛将万百千。大将军管大营盘，小将军镇五方界。伏魔大帝大将军，镇妖将王大元帅。四方四大四天王，八轮八大八金刚。左右护坛，赵大元帅。阴阳护法，钟馗神王。上坛七千官将，下坛百万雄兵。呼风唤雨，飞沙走石。穿山破牢，追魂翻案。五圣神祖，兵主神王。五路武猖，五营兵马。南郊大王，北郊天子。天仙兵马，地仙兵将。

奉请三清玉皇宝坛，老君法堂。当差当值，当传当奏。本年当值功曹神官，本月当值神员，本日当值神将，本时当值神兵。上天入地，翻山过水，飞云驾雾，走马乘风。早喊早来，夜喊夜到。传书达信，传言达呈(情)。随传随到，随奏随达。腾云而出，乘风而达。随心即往，随念即至。法坛传奏三十六道功曹。

出兵出在何州，请到何州。出马出在何县，请到何县。请到十重云头，九霄云雾。七里桥头，奈何桥上。老君大堂，玉皇大殿。老君殿前殿后，老君殿左殿右。学师堂中，学法堂内。教师堂中，教法堂内。云贵两广，永保二州。湖南湖北。祖师在起湖南大堂，请到湖南大堂，本师在起湖北大殿，请到湖北大殿。大兵请上八抬大轿，小兵请上高头大马。

风快请来跟风，雨快请来跟雨。山快请来跟山，水快请来跟水。铺去阴阳二桥，请下凡间之中，洞冲大寨，土地祠下。人请千家开门莫过，神请万家开户莫行。请到信士户主，某氏门中某某某，三衙门口，四脚门外。屋檐童子，接水阶前。堂屋之中，中堂之内。有车请来众人不要下车，有马请来众人不要下马。人人请来装车，个个请来装马。装车不请何神，发马不叫何鬼。

含爷——含爷。

架在大门后边向堂屋延伸的求子桥 （石金津摄）

奉请先来此村，先住此寨。先与荆棘刺丛为伍，先和古树古木为伴。古林丛中岩屋先起，古树堂内岩板先盖。生时立此村寨以居繁衍，古时开此地盘以耕养命。公公发满一村，婆婆养满一寨。此村以你为祖，此地以你为神。安位老木岩屋堂中，安在古树岩板堂内。保村保寨，保子保孙。驱瘟打邪，祈福保安。当坊尊者，寨祖土地。

出兵出在何州，请到何州。出马出在何县，请到何县。请到老木堂中，古树堂内。四个天门，八个地户。四个老堂，八个老殿。在堂请堂，在殿请殿。铺去阴阳二桥，请下凡间之中，洞冲大寨，土地祠下。人请千家开门莫过，神请万家开户莫行。请到信士户主，某氏门中某某某，三衙门口，四脚门外。屋檐童子，接水阶前。堂屋之中，中堂之内。有车请来众人不要下车，有马请来众人不要下马。人人请来装车，个个请来装马。装车不请何神，发马不叫何鬼。

含爷——含爷。

奉请本家内连根祖，有请本户中共宗神。上请一百二十户，下请一千二百家。古时同一家中坐，先时共一父母生。鼻祖太祖，高祖曾祖，祖公祖婆，祖父祖母。历代先祖，历世先亡。查名不到，点字不齐。闻今有请，一同降临。

有车请来众人不要下车，有马请来众人不要下马。人人请来装车，个个请来装马。装车不请何神，发马不叫何鬼。

含爷——含爷。

奉请弟子法坛会上，无量高尊。前传后教，宗本祖仁。法坛兵马，护法神君。本坛当差，使者传文。家亡先祖，老少众魂。本境土地，五方龙神。灶公灶母，东厨司命。屋檐童子，把门将军。本家护持，福德正神。人人请来装车，个个请来装马。装车不请何神，发马不叫何鬼。

含爷——含爷。

奉请高上九天仙女，地下白鹤仙人。七仙姊妹，送子娘娘。保男郎子，保女郎君。送男郎子，女送郎君。

出兵出在何州，要来请到何州。出马出在何县，要来请到何县。请在十重云头，九霄云雾。七里桥头，奈何桥上。洛阳桥头，洛阳桥尾。有车上车，有马上马。风快跟风，雨快跟雨。山快跟山，水快跟水。铺去阴阳二桥，请下凡间之中，洞冲大寨，土地祠下。人请千家开门莫过，神请万家开户莫行。请到信士户主，某氏门中，三衙门口，四脚门外。屋檐童子，接水阶前。大门之中，小门之内。堂屋之中，中堂里内。有车请来众人下车，有马请来众人下马。请来上排上坐，下排下坐，排方正坐。上请莫动，下请莫游。

含爷——含爷。

一份来了，二份不请同来，飞云走马功曹上参。一份来到，二份不请同

巴代请桥神　（石金津摄）

到，飞云走马功曹上报。发兵去请，发马去报。二份转来奉请——

奉请高上九天仙女，地下白鹤仙人。七仙姊妹，送子娘娘。保男郎子，保女郎君。送男郎子，送女郎君。

出兵出在何州，要来请到何州。出马出在何县，要来请到何县。请在十重云头，九霄云雾。七里桥头，奈何桥上。洛阳桥头，洛阳桥尾。有车上车，有马上马。风快跟风，雨快跟雨。山快跟山，水快跟水。铺去阴阳二桥，请下凡间之中，洞冲大寨，土地祠下。人请千家开门莫过，神请万家开户莫行。请到信士户主，某氏门中，三衙门口，四脚门外。屋檐童子，接水阶前。大门之中，小门之内。堂屋之中，中堂里内。有车请来众人下车，有马请来众人下马。请来上排上坐，下排下坐，排方正坐。上请莫动，下请莫游。

含爷——含爷。

二份来了，三份不请同来，飞云走马功曹上参。二份来到，三份不请同到，飞云走马功曹上报。发兵去请，发马去报。三份转来奉请——

奉请高上九天仙女，地下白鹤仙人。七仙姊妹，送子娘娘。保男郎子，保女郎君。送男郎子，送女郎君。

出兵出在何州，要来请到何州。出马出在何县，要来请到何县。请在十重云头，九霄云雾。七里桥头，奈何桥上。洛阳桥头，洛阳桥尾。有车上车，有马上马。风快跟风，雨快跟雨。山快跟山，水快跟水。铺去阴阳二桥，请下凡间之中，洞冲大寨，土地祠下。人请千家开门莫过，神请万家开户莫行。请到信士户主，某氏门中，三衙门口，四脚门外。屋檐童子，接水阶前。大门之中，小门之内。堂屋之中，中堂里内。有车请来众人下车，有马请来众人下马。请来上排上坐，下排下坐，排方正坐。上请莫动，下请莫游。

含爷——含爷。

人行千里远来，神降一时就到。阴间来的好客，阳间到得好马。行兵弟子，阴请阴来，阳请阳到。三请同来，四请同到。有事和你通呈，无事不敢通呈，半天云云，着耳听文。有事和你登堂，无事不敢登堂，半天洋洋，着耳听章。壶中有酒，开壶奠献。茶献一呈，酒分三献。今据公元某某某某年某某月某某日清早良旦，上午之时，下午之时，晚上之期，在起信士户主某氏门中，不管别神外鬼，不管别处外路。

当管奉请高上九天仙女，地下白鹤仙人。七仙姊妹，送子娘娘。保男郎子，保女郎君。送男郎子，送女郎君。

出兵出在何州，要来管到何州。出马出在何县，要来管到何县。

一车马头，管到十重云头，九霄云雾。七里桥头，奈何桥上。洛阳桥头，洛阳桥尾。有车上车，有马上马。

二车马头，管到东南西北，四个天门，八个地府。四个老堂，八个老殿。在堂管堂，在殿管殿。

三车马头，管到湖南省花垣县董马库乡，洞冲大寨，土地祠下。人管千家开门莫过，神管万家开户莫行。管到信士户主，某氏门中某某某，三衙门口，四脚门外。屋檐童子，接水阶前。大门之中，小门之内。堂屋之中，中堂里内。有车管来众人下车，有马管来众人下马。管来上排上坐，下排下坐，排方正坐。上请莫动，下请莫游。

含爷——含爷。

管来不为千斤大事，不为并无小难。上山不为砍木，下水不为拖船。因为信士户主某某某，脚下同妻某氏，结婚多年，未见生育。

男人手巾包米，女人白纸包茶。东方点香，南方卜课。点香大师坛头，卜课小师坛尾。点香不出何神，打卦不见何鬼。要来求你送儿送女，送子娘娘。求儿才能得子，求子才能得抱。

一屋人口，一家人眷。男人不做长心大胆，女人不做三心二意。算得好日，择得好字。选得留连太安，请得行兵弟子，前门跟你相求，后门给你相醉。

面前备办何财，要来交你何财。备办何物，要来交你何物。备办长台师椅，桌台椅凳。金杯银碗，金调银筷。细箩大肉，香米利是。斋供一筵，斋筵果供。黄缸米酒，糍粑糯供。金钱银钱，纸马钱财。陈香华香，龙凤宝香。金桥一座，银桥一座。一样不少，两样不欠。项项交在你的手中，样样送在你的手内。

交纳何财，领受何财。交纳何物，领受何物。领受在前，保佑在后，领受在左，保佑在右。

要保清吉，要佑平安，要保衣禄，要佑饭碗，要保增福，要佑长寿。上来不保千家人名，下来不保万家名字。当保信士户主，夫妻二人，左边赐下麒麟，右边赐下贵子。麒麟来生来养，贵子来育来抱。早生早养，早育早抱。发千发万，发富发贵。发达发旺，发财发喜。谋事如意，心想事成。吉康安泰，吉祥如意，大吉大利。

当面有枷，要收鬼枷。颈上有锁，要收鬼锁。要收牛罗枷锁，板子夹棍。铜箍铁押，铜押铁撑。铜锤铁棒，板子夹棍。千百斤手囚，万百斤脚链。上有宽州，收去宽州。下有宽县，收去宽县。收去宽州大里，押送宽冈大县。收得过门过后，收得过堂过殿。

收了要收，要收三灾，要隔八难，要消瘟疫，要除时气，要收凶神，要除恶煞。要收早梦不灵不顺，夜梦不祥不安。早梦死人同路，夜梦死鬼同床。梦风梦雨，梦山梦水。杀牛宰马，破篾刈竹。奔田烂地，崩岩烂坎。上有宽州，收去宽州。下有宽县，收去宽县。收去宽州大里，押送宽冈大县。收得过门过后，收得过堂过殿。噩梦去了，好梦又来。早梦骑驴，夜梦跨马。早梦轿行得真，夜梦轿坐得稳。早梦日头来照，夜梦海水来淋。

收了要收，要收三灾，要隔八难，要消瘟疫，要除时气，要收凶神，要除恶煞。要收衣毛光裤。哭声登堂，喊号登殿。三块烂木，四块烂板。桐木板装，紫木板盖。灯笼篙把，毛竹火烟。黄土盖身，黑土盖面。木头两对，木马两双。男人披头，女人戴号。上有宽州，收去宽州。下有宽县，收去宽县。收去宽州大里，押送宽冈大县。收得过门过后，收得过堂过殿。

要收三灾，要隔八难，要消瘟疫，要除时气，要收凶神，要除恶煞。收了要收，要收东方官牙，南方口嘴。西方官牙，北方口嘴。中央官牙，五方堂殿官牙口嘴，官司口气。作抄拿人，土匪抢犯，贼盗小人。天火地火，阴火阳火。天怪地怪，双猪独狗，七狗八怪，八八六十四怪。上有宽州，收去宽州。下有宽县，收去宽县。收去宽州大里，押送宽冈大县。收得过门过后，收得过堂过殿。

收了要收，要收三灾，要隔八难，要消瘟疫，要除时气，要收凶神，要除恶煞。要收年来失财，月来破米。失财破米，麻言怄气。年来猪瘟，月来时气。猪瘟时气，牛瘟马匠。上有宽州，收去宽州。下有宽县，收去宽县。收去宽州大里，押送宽冈大县。收得过门过后，收得过堂过殿。

收了要收，要收三灾，要隔八难，要消瘟疫，要除时气，要收凶神，要除恶煞。要收天煞地煞，年煞月煞，日煞时煞，一百二十凶神恶煞。天瘟地气，天灾地难。种麻郎子，种痘郎君。屙血郎子，屙痢郎君。阴包草药，阳包草变。上有宽州，收去宽州。下有宽县，收去宽县。收去宽州大里，押送宽冈大县。收得过门过后，收得过堂过殿。

收了要收，要收三灾，要隔八难，要消瘟疫，要除时气，要收凶神，要除恶煞。要收前门猪来送屎，后门狗来送尿。前门前代伤亡，后门后代伤亡。滚坡滚岭，滚岩滚坎。早来倒在枪头，夜来死在枪尾，外音门下，本音门下，连亲门下，五音七姓男女伤亡。押送阳州以西，收送阴土地盖。早来不许相逢，夜来不许相见。若有早来相逢，夜来相见。上有宽州，收去宽州。下有宽县，收去宽县。收去宽州大里，押送宽冈大县。收得过门过后，收得过堂过殿。

千般收了得到，万般保了得到。上来不保千家人名，下来不保万家名字。当保信士户主夫妻二人，左边赐下麒麟，右边赐下贵子。麒麟来生来养，贵子来育来抱。早生早养，早育早抱。发千发万，发富发贵。发达发旺，发财发喜。谋事如意，心想事成。吉康安泰，吉祥如意，大吉大利。

保佑一屋人口，一家人眷。三班老少，男女老幼，五口人名，六口人字。桃花李花，拢统一家。人人清吉，个个平安。屋场得坐，水井得吃。查名得应，点字得齐。活过百年，坐得千岁。

保了要保，佑了要佑。保佑高楼养猪，低楼养羊。槽头吃水，槽尾吃糠。不养自肥，不喂自长。早长千斤，夜长万两。千年是信士户主家财家本，万代是家本家利。养公成对，养母成双。财来坐得千千余年，米来坐得万万余岁。

保了要保，佑了要佑。王儿大财，丝绸大宝。保佑黄牛大财，水牛大宝。上坡吃草，满肚肥饱。下河吃水，满肚肥了。上坡吃草，不要吃着瘟草。千

铺在桥头上的桥布　（石金津摄）

年背犁得走，万代背耙得重。耙重得山。千年是信士户主家财家本，万代是家本家利。养公成对，养母成双。财来坐得千千余年，米来坐得万万余岁。

打开东方求财，东路来财，南方求米，南路来米。西方求财，西路来财，北方求米，北路来米。中央求财，中路来财，五方堂殿求米来米。不会求财，财来进家，不会求米，米来进户。财来坐得千千余年，米来坐得万万余岁。

打开正月无风扫地，二月砍草平洋，三月抛粮下种。一个落地、百个成气，一个落土、百个生口，一个落下、百个生芽。保佑七月熟谷，八月熟米。生像牛头，壮像马尾。男人得挑，女人得背。吃不了存谷烂酒，用不了存米烂饭。吃不了烂饭白财，用不尽烂饭白米。财来坐得千千余年，米来坐得万万余岁。

保佑已了，挡隔又到。上不挡州，下不挡县。

一挡一隔，当面有枷、要挡鬼枷，颈上有锁、要挡鬼锁。要挡牛罗枷锁，板子夹棍。铜箍铁押，铜押铁撑。铜锤铁棒，板子夹棍。千百斤手囚，万百斤脚链。上有宽州，挡去宽州。下有宽县，挡去宽县。挡去宽州大里，隔去宽岗大县。挡得过门过后，隔得过堂过殿。

二挡二隔，要挡年来失财，月来破米。失财破米，麻言怄气。年来猪瘟，月来时气。猪瘟时气，牛瘟马匠。上有宽州，挡去宽州。下有宽县，挡去宽县。挡去宽州大里，隔去宽岗大县。挡得过门过后，隔得过堂过殿。

三挡三隔，要挡天煞地煞，年煞月煞，日煞时煞，一百二十凶神恶煞。克子煞神，克嗣煞鬼。隔生隔养凶星，隔养隔育恶煞。上有宽州，挡去宽州。下有宽县，挡去宽县。挡去宽州大里，隔去宽岗大县。挡得过门过后，隔得过堂过殿。

含爷——含爷。

短隔已了，定阴又到。定阴定在卦中，判阳判在卦内。信士户主，求你到堂，醉你到殿。求了得保，醉了得到。求子得到，求儿得抱。求儿得生，求子得养。发财发喜，发富发贵。放下众凭神筶，众马神骑。起在卦前卦后，倒在卦头卦尾。（一块背一块面谓之顺筶）

信士户主，求你到堂，醉你到殿。求了不保，醉了不到。放下五阴到地，五马奔槽。起在卦前卦后，倒在卦头卦尾。（两块皆背谓之阴筶）

信士户主，求你到堂，醉你到殿。求了得保，醉了得到。前门怕有大鬼停车，后门怕有小鬼歇马。隔生隔养，隔养隔育。放下开天阳卦，双阳朝天。起在卦前卦后，倒在卦头卦尾。（两块皆面谓之阳筶）

细查细点祖师，细考细问本师。祖师细查细点，本师细考细问。真的报真，假的报假。莫把真的报假，莫把假的报真。真的报假，假的报真。人人说我行兵弟子，说话不灵，讲话不真。交钱不过，度纸不明。高上无雷下雨，地下无人交钱度纸。有钱无人来交，有纸无人来送。要钱不得到手，要米不得到口。

真的报真，假的报假。不把真的报假，不把假的报真。真的报真，人人说我，行兵弟子，东方交钱，交得清清，南方度纸，度得明明。东方有请，南方有用。早不停兵，夜不歇马。要钱才得到手，要米才得到口。

信士户主，求你到堂，醉你到殿。求了得保，醉了得到。求子得到，求儿得抱。求儿得生，求子得养。发财发喜，发富发贵。发财发喜，发富发贵。放下众凭神筶，众马神骑。起在卦前卦后，倒在卦头卦尾。（打筶，若得顺筶后再打第二筶）

第一众凭神筶不可不信，放下第二众凭神筶。起在卦前卦后，倒在卦头卦尾。

第二众凭神筶不可不信，放下第三副三车凭神筶，众马神骑。起在卦前

卦后，倒在卦头卦尾。（打筶，若得顺筶后再打第二筶）

（得三副顺筶后，下接敬献熟酒。）

架求子桥的供品 （石金津摄）

含爷——含爷。

定阴得了好阴，倒阳得了好阳。定阴已了，退下又到。

退下黄缸米酒，一杯一碗，二呈二献。

敬送高上九天仙女，地下白鹤仙人。七仙姊妹，送子娘娘。保男郎子，保女郎君。送男郎子，送女郎君。

吃了保佑信士某某某，今年得生麒麟，明年得生贵子。见生见养，见养见育。早日得生男儿，早早得抱贵子。黄缸米酒，一杯二碗，一呈二献。还有细笋大肉，金刀来划，银刀来切。也都一起破在金牙银齿，倒在金肠银肚。

含爷——含爷。（倒点酒在纸钱炉内）

吃了一杯一碗，二呈二献。要来敬上三杯三碗，三呈四献。保佑酒呈，保佑酒献。

敬送高上九天仙女，地下白鹤仙人。七仙姊妹，送子娘娘。保男郎子，保女郎君。送男郎子，送女郎君。

吃了保佑信士某某某，求子得到，求儿得抱。求儿得生，求子得养。发财发喜，发富发贵。二杯三碗，三呈四献。还有细笋大肉，金刀来划，银刀来切。也都一起破在金牙银齿，倒在金肠银肚。

含爷——含爷。(倒点酒在纸钱炉内)

吃了三杯四碗，三呈四献。要来敬上五杯五碗，五呈五献。求财酒呈，求喜酒献。

先来敬送高上九天仙女，地下白鹤仙人。七仙姊妹，送子娘娘。保男郎子，保女郎君。送男郎子，送女郎君。

后来敬上九州兵马，前师后教。功曹武猖，家亡先祖、家先等众。村头龙神，寨尾土地。灶公土地，灶王菩萨。门头老鬼，把门将军。

吃了保佑信士某某某，今年得生麒麟，明年得生贵子。见生见养，见养见育。早日得生男儿，早早得抱贵子。求子得到，求儿得抱。求儿得生，求子得养。发财发喜，发富发贵。黄缸米酒，一杯化作千杯，一碗化作千碗。千人共杯，万人共碗。阴间不吃不领，阳间不领不剩。破在金牙银齿，倒在金肠银肚。还有细箩大肉，金刀来划，银刀来切。也都一起破在金牙银齿，倒在金肠银肚。

含爷——含爷。(倒点酒在纸钱炉内)

奉请九州兵马，前师后教。功曹武猖，家亡先祖、家先等众。村头龙神，寨尾土地。灶公土地，灶王菩萨。门头老鬼，把门将军。随前随后，随左随右。同我弟子起手成法成诀，动脚成罡成步。左讲左灵，右讲右顺。

铺天桥，(天桥诀)

架地桥，(地桥诀)

铺去阴阳二桥。(阴阳桥诀)

接起麒麟到堂，贵子到殿。麒麟到家，贵子到户。早生麒麟，早抱贵子。

(反手向背后扔顺筶)

阴间吃了得饱，阳间喝了得醉。信士户主，夫妻二人。今年得生麒麟，明年得生贵子。见生见养，见养见育。早日得生男儿，早早得抱贵子。求子得到，求儿得抱。求儿得生，求子得养。发财发喜，发富发贵。发达发旺，发财发喜。谋事如意，心想事成。吉康安泰，吉祥如意，大吉大利。

茶来吃剩交在你的茶坊，酒来吃剩交在你的酒店。黄缸米酒，交在金缸，送在银缸。刀头压盘，香米利是。斋供一筵，斋筵果供。交在你的手中，送在你的手内。金钱银钱，纸马钱财。人会发火，火化钱财，钱财用凭火化，收钱上仓，收米上库。

行兵弟子，投坛年久，拜法年多。话多难讲，路远难行。不讲九州歇马，不讲车练停场。讲多几句祖师来改，讲少几句本师来添。千年要留本魂交钱，万代要留本命度纸。放下左阴右阳，黄土神墙。

（放筶在桌子上，然后用送神诀送神。）

信士户主，法事圆满，祀事圆成。有堂各人归堂，有殿各人归殿。无堂无殿，各人逃散。

送神送神，即刻回程，不误自己，不累他人。回到老堂方自在，转到老殿才太平。浅水不是龙停住，毛岭不是虎住停。龙归大海方自在，虎归深山才太平。送神回转老堂殿，老堂老殿好安身。送到你的千年本堂，转到你的万年本殿。送去千年不许回头，过了万代不许转面。送了去了，离了别了，一刀两断，千秋万代。送神之后，清吉平安。信士发千秋，弟子旺万代。

炉中香火已了，坛内香烛已残。法事不可无香火，祭坛不可断香烟。敬过奉过今当奉送，吃饱喝足必当送还。有请有送今当送走，敬过奉了不再相欠。送神上车起身，送客上马起程。起车上马速去，举步动身速行。跟山跟水，跟风跟雨。一路直去你的老堂老殿，一行直去你的老家老门。送去一别千年去，一刀两断不相迎，各自出门各自去，各自打马各自行。阴阳两利，人神两分。弟子户主，人发财兴。增福延寿，永享太平。

巴代高声云：发财兴旺！

主人家答：多谢师父，大家发财！

十二、架木桥求子科仪

【题解】

架木桥一般有以下几个原因：

其一，求子。过去有结婚多年而没有生育的夫妇，为了求得孩子，四处寻医求药治疗，同时还去找仙娘"扛仙"，请星士卜课算命，以及求神问佛、抽签问卦。如果各种结论都说要"架木桥方能得子"时，他们就会请巴代来家里举行"架木桥"仪式。

在夫妇二人的八字子星中，男命应出现在年月日时的天干中的"正官七杀"，女命应出现在"伤官食神"。如果出现在属木的宫位而又落空亡的情况下，就有必要"架木桥"接子。如果不想让木柱中的子孙落空亡了，则要架木桥接子，这是以前苗族人的传统观念。

其二，孩子出生的年月日时中，以"才"为父，以"印"为母。四柱中的才星、印星又属木，而此小孩的八字五行又偏偏缺木，就有必要架木桥以接近和跟上父母。否则，小孩会由于与父或母阻隔而得不到或较少得到父或母的庇护而遭到疾病、灾星的侵害。故而要架木桥接近其父或母，这样才能保证小孩少惹灾星，多享健康。

其三，有的人八字缺"才"。传统命学中，男命不但以"才"为父，而且还有"正才为妻、偏才为妾"的说法。同样的道理，如果男命才星属木，且木又偏不出现或落空亡者，其人便会找不到对象、讨不老婆。因而要架木桥来促使姻缘快些成就。

仪式之前必须选择吉日，然后请舅爷后辈帮忙上山砍两根小杉木树(杉木发得好且四季常青)、三根果木树(如板栗树、桃子树、李子树等果树，不仅满树结果且能果腹）。一共五根，要直的，直径 3~4 厘米，长 5 米。用红绸彩带捆住，忌人跨越。在抬回家的路途中，若与人会面，必须行走后坎。到屋时，要放在高处，不让人从上面跨越，以免犯了忌讳。

架木桥要到居住地的东方或东南方向有溪水的道路上架设。由于东方为"震"卦，为"甲乙木"的方位，东南方为"巽"卦，亦属木的方位，缺木要到木的方位去补才是正理。除此之外，修桥铺路为修阴户、积阴德的传统做法，有了"功德"才能"受天庇佑"，才能有后代，这也是古时候的人的传统观念。

场地选好以后，主家准备一只公鸡、一块刀头肉、一碗小炒肉、一瓶酒、五十个糍粑、1.2 丈桥布（除白色不用）、一碗香米、一把香、半沓纸钱、四束五色长纸钱、一把挖锄、一把柴刀、六只碗和一只隔筛，放于背篓背上，巴代、主人和舅爷（送桥木的人）一行人一起出发去场地边。

到达场地后，主人即用锄头整好架桥的场地，舅爷用刀削制桥木，把桥木削成 3.3 尺长（取"三生万物"之义），用两根杉木摆两边，用三根果木摆中间，架成桥状；用削剩的尾木选出四根钉在两头，当桥柱子。红彩带撕成四条系在四根桥柱上。

木桥架好之后，即用筛子摆上供品：一碗香米上插三炷香及利是，五柱糍粑，一碗刀头肉，一碗小炒肉，都放上筷子，三碗酒。鸡摆地上，桥布折叠铺于木桥之上，重叠而摆上十二张纸钱，四根桥柱边用四张纸钱铺垫后，各摆一柱糍粑（其中桥尾两柱是过路人的，桥头两柱是舅爷的），四束五色长纸钱插在四根桥柱边。主家来的方向为桥尾，反之为桥头。筛子是摆在桥尾一方的，面向来路，意为在主家一方迎接走过来的子孙星或妻妾星。

请神前，巴代在桌前焚香烧纸，叩师藏身之后才能正式请神。神请来之后，通呈保佑，勾良勾愿，判定阴阳，敬吃送喝，用诀法神咒架桥接子，烧纸钱，再度保佑，用鸡隔煞，然后送神。送神后，烧了桥上的十二张纸钱，取下铺在竹桥上的桥布。五十个糍粑，分给舅爷十个（送桥木的）、过路人十个（散发给过路人），主人十五个，巴代十五个。

【神辞】

师爷！一点乾坤大，横担日月长，波浪天地盖，邪神毁在灭光。日吉时良，天地开昌。万灵镇伏，安泰吉昌。大道当前，邪魔消亡。一炷真香通三界，二炷宝香达天地，三炷信香遍凡阳。闻此宝香，弟子所叩神真降临。不请别神，不奉别教。单请弟子法堂宝殿，老堂旧殿。开坛祖师，传教祖师，交钱祖师，度钱祖师。天下法坛共道主，世上法坛共老君。宗师随香来到坛中，祖师乘烟来临堂内。宣演正教，信受奉行。

伏以金钱烧交，银钱烧送。烧送交钱祖师、度钱祖师、前传后教、宗本二师。请降仪坛，领受钱财。（烧三张纸钱，作一个揖）

伏以金钱烧交，银钱烧送。烧送祖师法高法旺、法胜法高。请降仪坛，领受钱财。（烧三张纸钱，作一个揖）

伏以钱财上奉已毕，弟子在于香炉头上，焚香叩请祖师石法高、石法旺、石法胜、石法高。叩在弟子身前身后，身左身右。同我弟子起手成法成诀，动脚成罡成步。早讲早灵，夜讲夜顺。

抬眼看青天，师父在眼前。闭眼看身后，师父在左右。太上老君随前随后，随左随右。身左身右。同我弟子起手成法成诀，动脚成罡成步。莲花宝座，莲花宝诀。三十六道正法，七十二道真诀。收我弟子儿魂女命，正魂本命，三魂七魄。收在十二洞前洞后，十二洞左洞右。人看不知，鬼看不见。百无禁忌，大吉大利。

弟子天变地变，阴变阳变，三十六变，七十二变。脚板变作大刀二斩，身上变作庞桶一只，肩膀变作太太平洋，嘴巴变作桃源仙洞。鼻子变作山鹰嘴，耳朵变作老君大扇。眼睛变作东方雷公、南方雷母，头发变作九塘浪丝，收在金船银船。藏身变己，变己藏身。人不见，鬼不见，邪神邪鬼都不见，人不知，鬼不知，邪神邪鬼都不知，

吾奉太上老君急急如律令敕。

含爷——含爷。（三声）

今据公元某某某某年某某月某某日某某之时（下午之时、晚上之期等），在起信士户主某氏门中，堂屋之中，中堂之内。

伏以，宗师神通浩浩，祖师圣德昭彰。信士凡有饭投，福神必有感应。今者，时逢公元某某某某年某某月某某日某某时，信士本因祈福保安之事，诚心虔备信香宝烛，冥财纸马，斋筵果品，凡供之仪，专申上达，神圣位前，求赐福禄寿喜康宁。为表诚心，先当沐浴，净手焚香，以为供养。诚心烧起一炷二炷，三炷宝香，先当礼请，弟子行坛会上无量高尊。家堂香火，福德正神。香迎礼请，祖师先临。当请——

一心皈命礼请：上坛七千祖师，下坛八万兵马。南郊大王，北郊天子。敲角七声，三元盘古，三元法主，三桥王母，三清大道。弟子法堂会中，师郎宝殿坛上。阴传阴教，阳传阳教。前传后教，不传自教。梦传梦教，祖传师

教。三坛两教，同坛共教。拥我护我，源渊祖师。坐坛师，管坛师，镇坛师，护坛师。巡坛师，鉴坛师。掌坛大法师尊，兴教大法师人。左边执肃静，右边拿回避。抬旗掌号，鸣锣开道。天仙猛将，地仙神兵。闻今有请，急速降临。出离老君大堂，离别玉皇大殿。请降法筵，受今迎请。

一心皈命礼请：开坛宗师，演教祖师。行教本师，帮教仁师。宗师鸿君老宗，祖师道德老祖。自古一教传三友，老子一炁化三清。天下法堂共一教，世上法坛共老君。弟子祖传祖教坛上，历代宗本祖师。师郎本坛本教坛中，历代先宗先师先人。只请本坛，别坛勿动。只奉本教，别勿无奉。宗师法高法旺，祖师法灵法顺。双名两字，双字两名。查名奉请，依教奉行。随心念到，观想自临。一顺百顺，有验有灵。祖师来到堂中，本师来临堂内。

奉请三清玉皇宝坛，老君法堂。当差当值，当传当奏。本年当值功曹神官，本月当值神员，本日当值神将，本时当值神兵。上天入地，翻山过水，飞云驾雾，走马乘风。早喊早来，夜喊夜到。传书达信，传言达呈(情)。随传随到，随奏随达。腾云而出，乘风而达。随心即往，随念即至。法坛传奏三十六道功曹。

奉请九州兵马，九宫官将。武猖兵马，五雷兵将，五营兵马，五哨兵将。腾云驾雾追魂，钻天入地翻案。铺天盖地围拿，镇天镇地锁监。吃毛吃血武猖，吃生吃熟武猖。铜头铁面武猖，牛头马面武猖。敲枷打锁武猖，解锁脱枷武猖。驱瘟打邪武猖，除灾灭火武猖。破牢打监武猖，穿山破石武猖。霹雳震天武猖，地动山摇武猖。翻天倒地武猖，翻跟倒斗武猖。

出兵出在何州，请到何州。出马出在何县，请到何县。请到十重云头，九霄云雾。七里桥头，奈何桥上。老君大堂，玉皇大殿。老君殿前殿后，老君殿左殿右。学师堂中，学法堂内。教师堂中，教法堂内。云贵两广，永保二州。湖南湖北。祖师在起湖南大堂，请到湖南大堂，本师在起湖北大殿，请到湖北大殿。大兵请上八抬大轿，小兵请上高头大马。

风快请来跟风，雨快请来跟雨。山快请来跟山，水快请来跟水。铺去阴阳二桥，请下凡间之中，洞冲大寨，土地祠下。人请千家开门莫过，神请万家开户莫行。请到信士户主，某氏门中某某某，三衙门口，四脚门外。屋檐童子，接水阶前。堂屋之中，中堂之内。有车请来众人不要下车，有马请来众人不要下马。人人请来装车，个个请来装马。装车不请何神，发马不叫何鬼。

含爷——含爷。

奉请先来为大，先到为尊。先发为祖，先养为宗。先立此村此寨，先管此山此地。此村人家是你所发，此寨人户为你所兴。立为先祖，奉为先宗。生时管山管水，死后成龙成神。安在村中，奉于村内。村头古老林下岩屋为祠，寨中古老树下岩板为堂。管村管寨虎狼不凶，管坊管地瘟火不侵。接受全村香火，保佑全寨平安。本村当坊土地，本寨老祖正神。

出兵出在何州，请到何州。出马出在何县，请到何县。请到老木堂中，古树堂内。四个天门，八个地户。四个老堂，八个老殿。在堂请堂，在殿请殿。铺去阴阳二桥，请下凡间之中，洞冲大寨，土地祠下。人请千家开门莫过，神请万家开户莫行。请到信士户主，某氏门中某某某，三衙门口，四脚门外。屋檐童子，接水阶前。堂屋之中，中堂之内。有车请来众人不要下车，有马请来众人不要下马。人人请来装车，个个请来装马。装车不请何神，发马不叫何鬼。

含爷——含爷。

奉请家奉高尊祖考妣，堂上福禄寿喜神。家祖家宗，家先家神。历代考妣，九代公婆。发家赐福先祖，庇佑财丁先人。古时同宗共祖，先时同家共族。查名皆到，点字皆齐。点到一人相喊同来，提到一字相报同到。

一份请到墓坟山水，盘龙吉地。二份请到水火炉位前，飞林子幕、花林子盖。三份请到堂屋之中，中堂之内。有车请来众人不要下车，有马请来众人不要下马。人人请来装车，个个请来装马。装车不请何神，发马不叫何鬼。

含爷——含爷。

尚来迎请，古今历代祖师，法坛护法将军。功曹传文使者，本境土地龙神。本家历朝先祖，本族历代先人。东厨灶公灶母，本年太岁神君。主家东道主者，主东福德正神。要与主东代理，阴间一切事情。

人人请来装车，个个请来装马。装车不请何神，发马不叫何鬼。

含爷——含爷。

【请木桥神】

奉请东方桥上仙人，南方桥上父母。西方桥上仙人，北方桥上父母。中央桥上仙人，五方堂殿桥上父母。

出兵出在何州，要来请到何州。出马出在何县，要来请到何县。请在木

十二、架木桥求子科仪 | 147

坪洲，木坪县。报木二洲，榴木二县。辰州一府，泸溪一县。有车上车，有马上马。风快跟风，雨快跟雨。山快跟山，水快跟水。铺去阴阳二桥，请下凡间之中，洞冲大寨，土地祠下。人请千家开门莫过，神请万家开户莫行。信士有请，来到地名某某某，水溪之上，木桥路中，有车请来众人下车，有马请来众人下马。请来上排上坐，下排下坐，排方正坐。上请莫动，下请莫游。

　　含爷——含爷。

　　一份来了，二份不请同来，飞云走马功曹上参。一份来到，二份不请同到，飞云走马功曹上报。发兵去请，发马去报。二份转来奉请——
　　奉请东方桥上仙人，南方桥上父母。西方桥上仙人，北方桥上父母。中央桥上仙人，五方堂殿桥上父母。
　　出兵出在何州，要来请到何州。出马出在何县，要来请到何县。请在木坪洲，木坪县。报木二洲，榴木二县。辰州一府，泸溪一县。有车上车，有马上马。风快跟风，雨快跟雨。山快跟山，水快跟水。铺去阴阳二桥，请下凡间之中，洞冲大寨，土地祠下。人请千家开门莫过，神请万家开户莫行。信士有请，来到地名某某某，水溪之上，木桥路中，有车请来众人下车，有马请来众人下马。请来上排上坐，下排下坐，排方正坐。上请莫动，下请莫游。

　　含爷——含爷。

　　二份来了，三份不请同来，飞云走马功曹上参。二份来到，三份不请同到，飞云走马功曹上报。发兵去请，发马去报。三份转来奉请——
　　奉请东方桥上仙人，南方桥上父母。西方桥上仙人，北方桥上父母。中央桥上仙人，五方堂殿桥上父母。
　　出兵出在何州，要来请到何州。出马出在何县，要来请到何县。请在木坪洲，木坪县。报木二洲，榴木二县。辰州一府，泸溪一县。有车上车，有马上马。风快跟风，雨快跟雨。山快跟山，水快跟水。铺去阴阳二桥，请下凡间之中，洞冲大寨，土地祠下。人请千家开门莫过，神请万家开户莫行。信士有请，来到地名某某某，水溪之上，木桥路中，有车请来众人下车，有马请来众人下马。请来上排上坐，下排下坐，排方正坐。上请莫动，下请莫游。

　　含爷——含爷。

　　人请来到，神请来临。阴间来的好客，阳间到得好马。行兵弟子，阴请阴来，阳请阳到。三请同来，四请同到。有事和你通呈，无事不敢通呈，半天云云，着耳听文。有事和你登堂，无事不敢登堂，半天洋洋，着耳听章。壶中有酒，开壶奠献。茶献一呈，酒分三献。今据公元某某某某年某某月某某日清早良旦，上午之时，下午之时，晚上之期，在起信士户主某氏门中，不管别神外鬼，不管别处外路。

当管东方桥上仙人，南方桥上父母。西方桥上仙人，北方桥上父母。中央桥上仙人，五方堂殿桥上父母。

出兵出在何州，要来管到何州。出马出在何县，要来管到何县。

一车马头，管到木坪洲，木坪县。报木二洲，榴木二县。辰州一府，泸溪一县。有车上车，有马上马。

二车马头，管到东南西北，四个天门，八个地府。四个老堂，八个老殿。在堂管堂，在殿管殿。

三车马头，管到湖南省花垣县董马库乡，洞冲大寨，土地祠下。人管千家开门莫过，神管万家开户莫行。管到，信士有请，来到地名某某某，水溪之上，木桥路中，有车管来众人下车，有马管来众人下马。管来上排上坐，下排下坐，排方正坐。上请莫动，下请莫游。

含爷——含爷。

【通呈保佑】

管来不为千斤大事，不为并无小难。上山不为砍木，下水不为拖船。因为信士户主某某某，脚下同妻某氏，结婚多年，未见生育。

男人手巾包米，女人白纸包茶。东方点香，南方卜课。点香大师坛头，卜课小师坛尾。点香不出何神，打卦不见何鬼。木星子嗣，缺少未现。子嗣星辰，落入空亡。要来求你送儿送女，送子娘娘。求儿才能得子，求子才能得抱。

一屋人口，一家人眷。男人不做长心大胆，女人不做三心二意。算得好日，择得好字。选得留连太安，请得行兵弟子，前门跟你相求，后门给你相醉。

面前备办何财，要来交你何财。备办何物，要来交你何物。备办长台师椅，桌台椅凳。金杯银碗，金调银筷。细箩大肉，香米利是。斋供一筵，斋筵果供。黄缸米酒，糍粑糯供。金钱银钱，纸马钱财。陈香华香，龙凤宝香。木桥一座，新桥一座。一样不少，两样不欠。项项交在你的手中，样样送在你的手内。

交纳何财，领受何财。交纳何物，领受何物。领受在前，保佑在后，领受在左，保佑在右。

上来不保千家人名，下来不保万家名字。当保信士户主，夫妻二人，左边赐下麒麟，右边赐下贵子。麒麟来生来养，贵子来育来抱。早生早养，早育早抱。发千发万，发富发贵。发达发旺，发财发喜。谋事如意，心想事成。吉康安泰，吉祥如意，大吉大利。

当面有枷，要收鬼枷。颈上有锁，要收鬼锁。要收牛罗枷锁，板子夹棍。铜箍铁押，铜押铁撑。铜锤铁棒，板子夹棍。千百斤手囚，万百斤脚链。上有宽州，收去宽州。下有宽县，收去宽县。收去宽州大里，押送宽冈大县。收得过门过后，收得过堂过殿。

收了要收，要收早梦不灵不顺，夜梦不祥不安。早梦死人同路，夜梦死鬼同床。梦风梦雨，梦山梦水。杀牛宰马，破篾刈竹。奔田烂地，崩岩烂坎。上有宽州，收去宽州。下有宽县，收去宽县。收去宽州大里，押送宽冈大县。收得过门过后，收得过堂过殿。噩梦去了，好梦又来。早梦骑驴，夜梦跨马。早梦轿行得真，夜梦轿坐得稳。早梦日头来照，夜梦海水来淋。

收了要收，要收衣毛光裤。哭声登堂，喊号登殿。三块烂木，四块烂板。桐木板装，紫木板盖。灯笼篙把，毛竹火烟。黄土盖身，黑土盖面。木头两对，木马两双。男人披头，女人戴号。上有宽州，收去宽州。下有宽县，收去宽县。收去宽州大里，押送宽冈大县。收得过门过后，收得过堂过殿。

收了要收，要收东方官牙，南方口嘴。西方官牙，北方口嘴。中央官牙，五方堂殿官牙口嘴，官司口气。作抄拿人，土匪抢犯，贼盗小人。天火地火，阴火阳火。天怪地怪，双猪独狗，七狗八怪，八八六十四怪。上有宽州，收去宽州。下有宽县，收去宽县。收去宽州大里，押送宽冈大县。收得过门过后，收得过堂过殿。

收了要收，要收年来失财，月来破米。失财破米，麻言怄气。年来猪瘟，月来时气。猪瘟时气，牛瘟马匠。上有宽州，收去宽州。下有宽县，收去宽县。收去宽州大里，押送宽冈大县。收得过门过后，收得过堂过殿。

收了要收，要收天煞地煞，年煞月煞，日煞时煞，一百二十凶神恶煞。天瘟地气，天灾地难。种麻郎子，种痘郎君。屙血郎子，屙痢郎君。阴包草药，阳包草变。上有宽州，收去宽州。下有宽县，收去宽县。收去宽州大里，押送宽冈大县。收得过门过后，收得过堂过殿。

收了要收，要收前门猪来送屎，后门狗来送尿。前门前代伤亡，后门后代伤亡。滚坡滚岭，滚岩滚坎。早来倒在枪头，夜来死在枪尾，外音门下，本音门下，连亲门下，五音七姓男女伤亡。押送阳州以西，收送阴土地盖。早来不许相逢，夜来不许相见。若有早来相逢，夜来相见。上有宽州，收去宽州。下有宽县，收去宽县。收去宽州大里，押送宽冈大县。收得过门过后，收得过堂过殿。

千般收了得到，万般保了得到。上来不保千家人名，下来不保万家名字。当保信士户主夫妻二人，左边赐下麒麟，右边赐下贵子。麒麟来生来养，贵子来育来抱。早生早养，早育早抱。发千发万，发富发贵。发达发旺，发财发喜。谋事如意，心想事成。吉康安泰，吉祥如意，大吉大利。

保佑一屋人口，一家人眷。三班老少，男女老幼，五口人名，六口人字。桃花李花，拢统一家。人人清吉，个个平安。屋场得坐，水井得吃。查名得应，点字得齐。活过百年，坐得千岁。

要保长命，要佑富贵，要保吉祥，要佑如意，要保福禄丰足，要佑寿喜吉利。保了要保，佑了要佑。保佑高楼养猪，低楼养羊。槽头吃水，槽尾吃糠。不养自肥，不喂自长。早长千斤，夜长万两。千年是信士户主家财家本，万代是家本家利。养公成对，养母成双。财来坐得千千余年，米来坐得万万余岁。

保了要保，佑了要佑。要保长命，要佑富贵，要保吉祥，要佑如意，要保福禄丰足，要佑寿喜吉利。保佑王儿大财，丝绸大宝。保佑黄牛大财，水牛大宝。上坡吃草，满肚肥饱。下河吃水，满肚肥了。上坡吃草，不要吃着瘟草。千年背犁得走，万代背耙得重。耙重得山。千年是信士户主家财家本，万代是家本家利。养公成对，养母成双。财来坐得千千余年，米来坐得万万余岁。

保了要保，佑了要佑。要保长命，要佑富贵，要保吉祥，要佑如意，要保福禄丰足，要佑寿喜吉利。保佑打开东方求财，东路来财，南方求米，南路来米。西方求财，西路来财，北方求米，北路来米。中央求财，中路来财，五方堂殿求米来米。不会求财，财来进家，不会求米，米来进户。财来坐得千千余年，米来坐得万万余岁。

保了要保，佑了要佑。要保长命，要佑富贵，要保吉祥，要佑如意，要保福禄丰足，要佑寿喜吉利。保佑打开正月无风扫地，二月砍草平洋，三月抛粮下种。一个落地、百个成气，一个落土、百个生口，一个落下、百个生芽。保佑七月熟谷，八月熟米。生像牛头，壮像马尾。男人得挑，女人得背。吃不了存谷烂酒，用不了存米烂饭。吃不了烂饭白财，用不尽烂饭白米。财来坐得千千余年，米来坐得万万余岁。

保佑已了，挡隔又到。上不挡州，下不挡县。

一挡一隔，当面有枷、要挡鬼枷，颈上有锁、要挡鬼锁。要挡牛罗枷锁，板子夹棍。铜箍铁押，铜押铁撑。铜锤铁棒，板子夹棍。千百斤手囚，万百斤脚链。上有宽州，挡去宽州。下有宽县，挡去宽县。挡去宽州大里，隔去宽岗大县。挡得过门过后，隔得过堂过殿。

二挡二隔，要挡年来失财，月来破米。失财破米，麻言怄气。年来猪瘟，月来时气。猪瘟时气，牛瘟马匠。上有宽州，挡去宽州。下有宽县，挡去宽县。挡去宽州大里，隔去宽岗大县。挡得过门过后，隔得过堂过殿。

三挡三隔，要挡天煞地煞，年煞月煞，日煞时煞，一百二十凶神恶煞。克子煞神，克嗣煞鬼。隔生隔养凶星，隔养隔育恶煞。上有宽州，挡去宽州。下有宽县，挡去宽县。挡去宽州大里，隔去宽岗大县。挡得过门过后，隔得过堂过殿。

含爷——含爷。

信士户主，求你到堂，醉你到殿。求了得保，醉了得到。架了木桥，修了功德。送儿送女，送子送孙。求子得到，求儿得抱。求儿得生，求子得养。发财发喜，发富发贵。放下众凭神筶，众马神骑。起在卦前卦后，倒在卦头卦尾。

竹蔸分开两块神筶，竹根分出两片神卦，神筶通阴通阳，神卦通人通神。乾坎艮震，巽离坤兑。内分八卦，外分五行，内有五行生父子，外有五行定君臣。求天天也应，敬地地也灵，呼风风也到，唤雨雨也淋。今时请到，排卦郎子，掌筶郎君，子丑寅卯，辰巳午未，申酉戌亥，抛卦仙师，打筶仙人。祖师掌着筶头，本师拿着筶尾，筶头打得有准，筶尾打得有灵。嘱告尊神，尊神最灵，尊神无我，阴阳不成，我无尊神，阴阳不灵，人神同体，天人合一，沟通要准，报信要灵，打卦要验，问事要真。不把真的报假，不把假的报真，神灵莫误弟子，弟子不误信人。弟子手拿竹筶，心内观想来临，祖师随前随后，宗师随左随右，本堂本次，本求本敬，做了得保，敬了得到，灾难得消，祸害得散，灾消福长，吉康安泰，弟子一筶打了下去，众凭神筶报得平安。（打筶）

【以顺筶为例】

话讲三道，神求三筶，一筶打得顺卦，一卦打得顺筶，尊神保了佑了，神灵应了验了，一筶不要差阴，二筶不要差阳，真是本堂本次，本求本敬，做了

得保，敬了得到，求子得抱，求儿得到，弟子二筶打了下去，众凭神筶报得平安。（打筶）

二筶打得有准，还要三筶打得有灵，三次再问本堂本次，本求本敬，做了得保，敬了得到，求子得抱，求儿得到，吉康安泰，弟子三筶打了下去，众凭神筶报得平安。（打筶）

【以阴筶为例】

适来弟子一筶打了下地，双双面地背天，阴筶落地，保佑不全。真是本堂本次，本求本敬，做了不保，敬了不到，弟子二筶打了下去，双双面地背天。（打筶）

弟子二筶打了下地，双双面地背天，阴筶落地，不保不佑。弟子三筶打了下去，双双面地背天。（打筶）

【以阳筶为例】

适来弟子一筶打了下地，两块双双背地面天，阳筶落地，事阻不开。真是信士家中还有他神，户主家内还有别鬼，家门不清，晦气来缠，弟子二筶打了下去，双双背地面天。（打筶）

二筶打了阳卦，事情有些难办。问事问到根底，报事要报全面。真是信士家中还有他神，户主家内还有别鬼，兴风作浪，兴灾作难，弟子三筶打了下去，双双背地面天。（打筶）

顺筶打得有准，顺卦抛得有灵。求得好音，闻得好信。问事要得彻底，问话要得分明。限定某年某月，尊神来保，好神来佑，求子得抱，求儿得到，灾消福长，吉康安泰，弟子笼统一筶打了下去，众凭神筶报得平安。（打筶）

（得三副顺筶后，下接敬献上熟酒。）

含爷——含爷。

定阴得了好阴，倒阳得了好阳。定阴已了，退下又到。

退下黄缸米酒，一杯一碗，二呈二献。

敬送东方桥上仙人，南方桥上父母。西方桥上仙人，北方桥上父母。中央桥上仙人，五方堂殿桥上父母。

吃了保佑信士某某某，今年得生麒麟，明年得生贵子。见生见养，见养见育。早日得生男儿，早早得抱贵子。黄缸米酒，一杯二碗，一呈二献。还有细箩大肉，金刀来划，银刀来切。也都一起破在金牙银齿，倒在金肠银肚。

含爷——含爷。（倒点酒在纸钱炉内）

吃了一杯一碗，二呈二献。要来敬上三杯三碗，三呈四献。保佑酒呈，保佑酒献。

敬送东方桥上仙人，南方桥上父母。西方桥上仙人，北方桥上父母。中央桥上仙人，五方堂殿桥上父母。

吃了保佑信士某某某，求子得到，求儿得抱。求儿得生，求子得养。发财发喜，发富发贵。二杯三碗，三呈四献。还有细笋大肉，金刀来划，银刀来切。也都一起破在金牙银齿，倒在金肠银肚。

含爷——含爷。（倒点酒在纸钱炉内）

吃了三杯四碗，三呈四献。要来敬上五杯五碗，五呈五献。求财酒呈，求喜酒献。

先来敬送东方桥上仙人，南方桥上父母。西方桥上仙人，北方桥上父母。中央桥上仙人，五方堂殿桥上父母。

后来敬上九州兵马，前师后教。功曹武猖，家亡先祖、家先等众。村头龙神，寨尾土地。灶公土地，灶王菩萨。门头老鬼，把门将军。

吃了保佑信士某某某，今年得生麒麟，明年得生贵子。见生见养，见养见育。早日得生男儿，早早得抱贵子。求子得到，求儿得抱。求儿得生，求子得养。发财发喜，发富发贵。黄缸米酒，一杯化作千杯，一碗化作千碗。千人共杯，万人共碗。阴间不吃不领，阳间不领不剩。破在金牙银齿，倒在金肠银肚。还有细笋大肉，金刀来划，银刀来切。也都一起破在金牙银齿，倒在金肠银肚。

含爷——含爷。（倒点酒在纸钱炉内）

【架桥】

奉请九州兵马，前师后教。功曹武猖，家亡先祖、家先等众。村头龙神，寨尾土地。灶公土地，灶王菩萨。门头老鬼，把门将军。随前随后，随左随右。同我弟子起手成法成诀，动脚成罡成步。左讲左灵，右讲右顺。

铺天桥，（天桥诀）

架地桥，（地桥诀）

铺去阴阳二桥。（阴阳桥诀）

接起麒麟到堂，贵子到殿。麒麟到家，贵子到户。早生麒麟，早抱贵子。

（反手向背后扔顺答）

将鸡血鸡毛涂于四根桥柱上

此鸡此鸡，非凡之鸡，叫则三千玄应，啼则万里光明，日落它送，日出它迎，身亮如锦，五彩祥云。在人间名为五德，在吾于化为灵凤，出神入化，一身正气，雄风纠察，气势非凡。

有煞无煞，雄鸡挡煞。有殃无殃，雄鸡除殃。有灾无灾，鸡血消灾。有祸无祸，鸡血隔脱，有冤无冤，鸡血当斩，一斩天殃地煞不敢当，二斩凶神恶煞尽躲藏，三斩年煞月煞，日煞时煞，一百二十凶神恶煞尽消亡，凶神挡归天涯去，恶煞隔归大海洋，千年万代回不转，从今之后无灾殃。

（三遍后打顺答。）

阴间吃了得饱，阳间喝了得醉。信士户主，夫妻二人。今年得生麒麟，明年得生贵子。见生见养，见养见育。早日得生男儿，早早得抱贵子。求子得到，求儿得抱。求儿得生，求子得养。发财发喜，发富发贵。发达发旺，发财发喜。谋事如意，心想事成。吉康安泰，吉祥如意，大吉大利。

茶来吃剩交在你的茶坊，酒来吃剩交在你的酒店。黄缸米酒，交在金缸，送在银缸。刀头压盘，香米利是。斋供一筵，斋筵果供。交在你的手中，送在你的手内。金钱银钱，纸马钱财。人会发火，火化钱财，钱财用凭火化，收钱上仓，收米上库。

敬神敬了大半天，供奉供了多时辰。众神来到堂中，坐到堂内。领受香烟，纳受供奉。吃了得饱，喝酒得醉。吃茶甜肚，吃饭甜心。人人喜喜皆纳，个个欢欢领受。保了得到，佑了得成。户主了此心思，信士还了神愿。法事圆满，盛会圆毕。此堂不可久坐，此地不可久留。人人登车上马，个个上马上轿。急急上路回府，忙忙上道回堂。礼已行周，仪已行完，此后不再欠愿，今后互不相干。回堂不许转头，转殿不准转面。恶风不起，凶浪不兴，凶神无影，恶煞无踪。塞断鬼门，阻断神路。阴归阴路，阳归阳路，阴阳各别。土地回转琉璃瓦屋，龙神回转金堂瓦殿。祖师回去法堂宝殿，本师转去老堂旧殿。拥护弟子，保佑师郎。千年禄在本魂，万代马在本命。青龙不动，白虎不开。坐得千年，活过百岁。

巴代高声云：发财兴旺！
主人家答：多谢师父，大家发财！

十三、架岩桥求子科仪

【题解】

修桥铺路是中华民族的传统美德。这里所说的架岩桥包括修大石弓桥和铺架石板桥，其中石板桥又包括石板真桥和小石板路桥。

古代有些家业较大的富户，财产虽然富足，可只有女儿，没有儿子，有的甚至连女儿都没有，于是就去娶二房来续香火，但有的即使是娶了二房照样还是无后。他们在四处求神问卜无济于事的情况之下，最后按中国古代的传统方法，想到了用修桥铺路、修功积德的方法来感动上天，以求有子接后，于是出大钱请岩匠为其修架石弓桥，让受河水阻隔的道路畅通无阻。这是大型的架岩桥。

而一些家业较小的人户，虽然结婚多年，仍然不见生育，求医问药多年都没有效，想架大桥又缺银钱，结果只得在小溪小沟架些大而且厚的石板桥，让大家都为其讲好话、颂功德，借以达到感神感人、催孕见养之目的。

还有一些贫困的人户，为了求子，在经算命扛仙、求神问卜的指导，需要架岩桥才能得子，而又无经济实力的情况下，只有采取折中的办法，找一块长2.2米或2.8米，宽1.2米的岩板，用钻在板面钻上5路或7路的直线条，抬到有水的溪沟口边铺在路面上，以示架桥，借以达到感神感人、催孕见养的目的。

以上三种做法中，在乡间以最后一种较为多见。

架大型岩桥要舅爷后辈为主家找第一块石料；架中型岩板桥主家要和舅爷后辈共同开挖石料；最小的岩板桥则要舅爷单独找岩板才行的，可见苗族的舅爷在人眷关系中的重要地位。因此，苗家一般都非常尊敬舅爷前辈大人，否则，到重要时刻如找桥木、找桥岩，吃猪坐坛背祭肉，椎牛陪神，砍梁木等重大活动中要受到刁难。

场地选好以后，主家准备一只公鸡、一块刀头肉、一碗小炒肉、一瓶酒、五十个糍粑（如架大型或中型岩桥则要更多的糍粑，而肉供则需要用架子猪或者肥猪）、1.2丈桥布（除白色不用）、一碗香米、一把香、半坨纸钱、四束五色长纸钱、挖锄、柴刀、六只碗和一把隔筛，放在背篓里并背着，巴代、主人和舅爷一行人一起出发去场地边。

岩桥架好后，即用筛子摆上供品：一碗香米上插三炷香及利是，五柱糍粑，一碗刀头肉，一碗小炒肉（肉碗都放上筷子），三碗酒。鸡摆地上，桥布折叠铺于岩桥之上，再摆上十二张纸钱。桥头桥尾分别用两张纸钱铺垫后，各摆一柱糍粑（其中桥尾两柱是过路人的，桥头两柱是舅爷的），四束五色长纸钱插在四边。以朝主家来的方向为桥尾，另一方为桥头。筛子是摆在桥尾一方的，面向来路，意为在主家一方迎接走过来的子孙星。

请神前，巴代于桌前焚香烧纸，叩师藏身后才可正式请神。神请到之后，通呈保佑，勾良勾愿，判定阴阳，敬吃送喝，用诀法神咒架桥接子，烧纸钱，再度保佑，用鸡隔煞，然后送神。送神后，烧了桥上的十二张纸钱，取下铺在竹桥上的桥布。五十个糍粑，分给舅爷十个（大方人家还送舅爷利是钱或衣裤）、过路人十个（散发给过路人）、主人十五个、巴代十五个。

【神辞】

伏以，宗师神通浩浩，祖师圣德昭彰。信士凡有皈投，福神必有感应。今者，时逢公元某某某某年某某月某某日某某时，信士本因祈福保安之事，诚心虔备信香宝烛，冥财纸马，斋筵果品，凡供之仪，专申上达，神圣位前，求赐福禄寿喜康宁。为表诚心，先当沐浴，净手焚香，以为供养。诚心烧起一炷二炷，三炷宝香，先当礼请，弟子行坛会上无量高尊。家堂香火，福德正神。香迎礼请，祖师先临。

伏以金钱烧交，银钱烧送。烧送交钱祖师、度钱祖师、前传后教、宗本二师。请降仪坛，领受钱财。（烧三张纸钱，作一个揖）

伏以金钱烧交，银钱烧送。烧送祖师法高法旺、法胜法高。请降仪坛，领受钱财。（烧三张纸钱，作一个揖）

伏以钱财上奉以毕，弟子在于香炉头上，焚香叩请祖师石法高、石法旺、石法胜、石法高。叩在弟子身前身后，身左身右。同我弟子起手成法成诀，动脚成罡成步。早讲早灵，夜讲夜顺。

师爷——

弟子铜收铁收，收我弟子儿魂女魂、正魂本命，三魂七魄，七魄三魂。收在淮南堡子上。弟子天变地变，头戴金盔大帽，身穿金甲银甲，脚踏铁鞋，踩断金刚铁柱。收我弟子儿魂女命，正魂本命，三魂七魄。收在十二洞前洞后，十二洞左洞右。人看不知，鬼看不见。百无禁忌，大吉大利。人不知，鬼不见，邪神邪鬼都不见。

吾奉太上老君急急如律令。

伏以，宗师神通浩浩，祖师圣德昭彰。信士凡有饭投，福神必有感应。今者，时逢公元某某某某年某某月某某日某某时，信士本因祈福保安之事，诚心虔备信香宝烛，冥财纸马，斋筵果品，凡供之仪，专申上达，神圣位前，求赐福禄寿喜康宁。为表诚心，先当沐浴，净手焚香，以为供养。诚心烧起一炷二炷，三炷宝香，先当礼请，弟子行坛会上无量高尊。家堂香火，福德正神。香迎礼请，祖师先临。

礼请上坛七千祖师，下坛八万兵马。开坛宗师，演教祖师。行教本师，帮教仁师。宗师鸿君老宗，祖师道德老祖。自古一教传三友，老子一炁化三清。天下法堂共一教，世上法坛共老君。弟子祖传祖教坛上，历代宗本祖师。师郎本坛本教坛中，历代先宗先师先人。只请本坛，别坛勿动。只奉本教，别勿无奉。宗师法高法旺，祖师法灵法顺。双名两字，双字两名。查名奉请，依教奉行。随心念到，观想自临。一顺百顺，有验有灵。祖师来到堂中，本师来临堂内。

一心奉请：本境土地，瑞庆夫人。招财童子，进宝郎君。五方五位，五土龙神。本坊通灵土地，老尊正神。屋檐童子，把门将军。过往虚空，无边真宰。溪源潭洞，水土龙神。良民相老，地主恩官。地神地主，地脉龙神。辖本境界内，土地老祖正神，管到五方五位，五土龙脉龙神。先祖开辟本境而居，先宗生育本村子民。生为本境里域业主，死为本境土地正神。道高三天，德被三界。本境本地祀奉有请，本村本寨祈福有敬。礼当请你，先来为主，后请他神，后到为宾。该当家祖寨祖先奉，本应村宗家祖先迎。村宗久远查名不到，寨祖久长点字不明。专请本村本寨先祖土地，专奉本境本处始祖正神。闻今有请，感应降临。

奉请龙虎山头张老祖，番解张五郎。左衙张天师，右衙李真人。部下雄兵千百万，旗下猛将万千员。三元将军，四员枷栲。五营兵马，六丁六甲。七千雄兵，八万猛将。上天管星斗，下界管山河。阴间伏魔王，阳间镇邪精。纠善察恶闪火眼，穿山破石捉鬼魅。披牌披甲，提枪鸣号。拿枷把锁，拿锤把棒。大旗铺天，小旗盖地。五百蛮雷打妖魔，三昧真火烧五瘟。移星换斗，扶善除恶。法坛兵将，宝殿神员。护法天王，护教元帅。敕符仙师，掌篆掌教。天仙兵马，地仙兵将。

坛前烧香传请，坛中有酒传奉。本坛所管，本部所辖。当差当值，当传当奏，土地神员，功曹神众。天界张姓功曹总官，地界狄姓功曹神员，水界肖姓功曹神将，阳界陈姓功曹总兵。四府当值，四时当差。各府部下，各部功曹。闻今有请，急速降临。来到堂中，驾赴坛内。上天入地，出幽入冥。翻山过水，往来传呈。有功之日，名书上请。即刻往返，往世不停。三十六道功曹神官，七十二路功曹神员。

出兵出在何州，请到何州。出马出在何县，请到何县。请到十重云头，九霄云雾。七里桥头，奈何桥上。老君大堂，玉皇大殿。老君殿前殿后，老君殿左殿右。学师堂中，学法堂内。教师堂中，教法堂内。云贵两广，永保二州。湖南湖北。祖师在起湖南大堂，请到湖南大堂，本师在起湖北大殿，请到湖北大殿。大兵请上八抬大轿，小兵请上高头大马。

风快请来跟风，雨快请来跟雨。山快请来跟山，水快请来跟水。铺去阴阳二桥，请下凡间之中，洞冲大寨，土地祠下。人请千家开门莫过，神请万家开户莫行。请到信士户主，某氏门中某某某，三衙门口，四脚门外。屋檐童子，接水阶前。堂屋之中，中堂之内。有车请来众人不要下车，有马请来众人不要下马。人人请来装车，个个请来装马。装车不请何神，发马不叫何鬼。

含爷——含爷。

奉请一村之祖，一寨之宗。先来先开，先居先坐。地盘是你先开，村寨是你先立。经代代繁衍而满村，历世世生养而满寨。公公发一村而为村祖，婆婆养一寨而成寨宗。先时古木树下岩块为屋，而今古老树下岩板为祠。管虎狼猛兽不伤人畜，除瘟疫火灾不殃村寨。每家祭祖必先请你，每户敬神必先奉驾。保得清吉，佑得平安。大宗大祖，土地尊神。

出兵出在何州，请到何州。出马出在何县，请到何县。请到老木堂中，古树堂内。四个天门，八个地户。四个老堂，八个老殿。在堂请堂，在殿请殿。铺去阴阳二桥，请下凡间之中，洞冲大寨，土地祠下。人请千家开门莫过，神请万家开户莫行。请到信士户主，某氏门中某某某，三衙门口，四脚门外。屋檐童子，接水阶前。堂屋之中，中堂之内。有车请来众人不要下车，有马请来众人不要下马。人人请来装车，个个请来装马。装车不请何神，发马不叫何鬼。

含爷——含爷。

一心奉请：本音堂上，历代祖先。家亡先祖，老少众魂。上至高尊祖考，下至玄远宗亲。男昌伯叔，女妹姑嫜。信士本宗本祖，户主本房本族。始祖一家，先宗一房。一家发了千家，一户发了万户。历朝历代先祖，历代历朝先人。先祖堂中众位元老，先宗堂内众位先辈。本家本姓祖宗，本房本族祖德。家堂香火，福德正神。祭奉家祖先来，祀典家宗先到。家神先来为主，家祖先到做东。专申招请某氏堂上历代先祖，某氏门中历辈先人。九代祖公，八代祖婆。高太尊太祖太宗太，太公太婆先母先父。查名难以细致，点字难以明白。但请信士本家先宗先祖，专迎户主先辈先人。人人祖魂祖魄，个个祖宗阴灵。家奉高尊祖考妣，堂上福禄寿喜神。家祖家宗，家先家神。历代考妣，九代公婆。发家赐福先祖，庇佑财丁先人。古时同宗共祖，先时同家共族。查名皆到，点字皆齐。点到一人相喊同来，提到一字相报同到。

有车请来众人不要下车，有马请来众人不要下马。人人请来装车，个个请来装马。装车不请何神，发马不叫何鬼。

含爷——含爷。

尚来奉请，开坛演教宗师，前传后教祖师。阴传阳教本师，边传外教仁师。三传两教祖师，同坛共教本师。武猖兵马，功曹土地。家亡先祖，灶王菩萨。门神门将，把门将军。奉请齐齐来到，满满来临。来到堂中，齐到堂内。人人请来装车，个个请来装马。装车不请何神，发马不叫何鬼。

含爷——含爷。

【请岩桥神】

奉请东方桥梁土地，南方桥所官员。西方桥梁土地，北方桥所官员。中央桥梁土地，五方堂殿桥所官员。

出兵出在何州，要来请到何州。出马出在何县，要来请到何县。请在岩坪洲，岩坪县。洛阳桥头，洛阳桥尾，九十九宫。千年本堂，万年本殿。有车上车，有马上马。风快跟风，雨快跟雨。山快跟山，水快跟水。铺去阴阳二桥，请下凡间之中，洞冲大寨，土地祠下。人请千家开门莫过，神请万家开户莫行。信士有请，来到地名某某某，水溪之上，岩桥路中，有车请来众人下车，有马请来众人下马。请来上排上坐，下排下坐，排方正坐。上请莫动，下请莫游。

含爷——含爷。

一份来了，二份不请同来，飞云走马功曹上参。一份来到，二份不请同到，飞云走马功曹上报。发兵去请，发马去报。二份转来奉请——

奉请东方桥梁土地，南方桥所官员。西方桥梁土地，北方桥所官员。中央桥梁土地，五方堂殿桥所官员。

出兵出在何州，要来请到何州。出马出在何县，要来请到何县。请在岩坪洲，岩坪县。洛阳桥头，洛阳桥尾，九十九宫（弓）。千年本堂，万年本殿。有车上车，有马上马。风快跟风，雨快跟雨。山快跟山，水快跟水。铺去阴阳二桥，请下凡间之中，洞冲大寨，土地祠下。人请千家开门莫过，神请万家开户莫行。信士有请，来到地名某某某，水溪之上，岩桥路中，有车请来众人下车，有马请来众人下马。请来上排上坐，下排下坐，排方正坐。上请莫动，下请莫游。

含爷——含爷。

二份来了，三份不请同来，飞云走马功曹上参。二份来到，三份不请同到，飞云走马功曹上报。发兵去请，发马去报。三份转来奉请——

奉请东方桥梁土地，南方桥所官员。西方桥梁土地，北方桥所官员。中央桥梁土地，五方堂殿桥所官员。

出兵出在何州，要来请到何州。出马出在何县，要来请到何县。请在岩坪洲，岩坪县。洛阳桥头，洛阳桥尾，九十九宫（弓）。千年本堂，万年本殿。有车上车，有马上马。风快跟风，雨快跟雨。山快跟山，水快跟水。铺去阴阳二桥，请下凡间之中，洞冲大寨，土地祠下。人请千家开门莫过，神请万家开户莫行。信士有请，来到地名某某某，水溪之上，岩桥路中，有车请来众人下车，有马请来众人下马。请来上排上坐，下排下坐，排方正坐。上请莫动，下请莫游。

含爷——含爷。

人人随请随到，个个随叫随临。阴间来的好客，阳间到得好马。行兵弟子，阴请阴来，阳请阳到。三请同来，四请同到。有事和你通呈，无事不敢通呈，半天云云，着耳听文。有事和你登堂，无事不敢登堂，半天洋洋，着耳听章。壶中有酒，开壶奠献。茶献一呈，酒分三献。今据公元某某某某年某某月某某日清早良旦，上午之时，下午之时，晚上之期，在起信士户主某氏门中，不管别神外鬼，不管别处外路。

当管东方桥梁土地，南方桥所官员。西方桥梁土地，北方桥所官员。中央桥梁土地，五方堂殿桥所官员。

出兵出在何州，要来管到何州。出马出在何县，要来管到何县。

一车马头，管到岩坪洲，岩坪县。洛阳桥头，洛阳桥尾，九十九宫（弓）。千年本堂，万年本殿。

二车马头，管到东南西北，四个天门，八个地府。四个老堂，八个老殿。在堂管堂，在殿管殿。

三车马头，管到湖南省花垣县董马库乡，洞冲大寨，土地祠下。人管千家开门莫过，神管万家开户莫行。管到，信士有请，来到地名某某某，水溪之上，岩桥路中，有车管来众人下车，有马管来众人下马。管来上排上坐，下排下坐，排方正坐。上请莫动，下请莫游。

含爷——含爷。

管来不为千斤大事，不为并无小难。上山不为砍木，下水不为拖船。因为信士户主某某某，脚下同妻某氏，结婚多年，未见生育。

男人手巾包米，女人白纸包茶。东方点香，南方卜课。点香大师坛头，卜课小师坛尾。点香不出何神，打卦不见何鬼。子嗣缺少，贵子未现。子嗣星辰，落入空亡。要来铺架岩桥，求你五方桥梁土地，五位桥所官员。求儿才能得子，求子才能得抱。

一屋人口，一家人眷。男人不做长心大胆，女人不做三心二意。算得好日，择得好字。选得留连太安，请得行兵弟子，前门跟你相求，后门给你相醉。

面前备办何财，要来交你何财。备办何物，要来交你何物。备办长台师椅，桌台椅凳。金杯银碗，金调银筷。细箩大肉，香米利是。斋供一筵，斋筵果供。黄缸米酒，糍粑糯供。金钱银钱，纸马钱财。陈香华香，龙凤宝香。岩桥一弓，新桥一座。一样不少，两样不欠。项项交在你的手中，样样送在你的手内。

交纳何财，领受何财。交纳何物，领受何物。领受在前，保佑在后，领受在左，保佑在右。

上来不保千家人名，下来不保万家名字。当保信士户主，夫妻二人，左边赐下麒麟，右边赐下贵子。麒麟来生来养，贵子来育来抱。早生早养，早育早抱。发千发万，发富发贵。发达发旺，发财发喜。谋事如意，心想事成。吉康安泰，吉祥如意，大吉大利。

当面有枷，要收鬼枷。颈上有锁，要收鬼锁。要收牛罗枷锁，板子夹棍。铜箍铁押，铜押铁撑。铜锤铁棒，板子夹棍。千百斤手囚，万百斤脚链。上有宽州，收去宽州。下有宽县，收去宽县。收去宽州大里，押送宽冈大县。收得过门过后，收得过堂过殿。

收了要收，要收早梦不灵不顺，夜梦不祥不安。早梦死人同路，夜梦死鬼同床。梦风梦雨，梦山梦水。杀牛宰马，破篾刈竹。奔田烂地，崩岩烂坎。上有宽州，收去宽州。下有宽县，收去宽县。收去宽州大里，押送宽冈大县。收得过门过后，收得过堂过殿。噩梦去了，好梦又来。早梦骑驴，夜梦跨马。早梦轿行得真，夜梦轿坐得稳。早梦日头来照，夜梦海水来淋。

收了要收，要收衣毛光裤。哭声登堂，喊号登殿。三块烂木，四块烂板。桐木板装，紫木板盖。灯笼篙把，毛竹火烟。黄土盖身，黑土盖面。木头两对，木马两双。男人披头，女人戴号。上有宽州，收去宽州。下有宽县，收去宽县。收去宽州大里，押送宽冈大县。收得过门过后，收得过堂过殿。

收了要收，要收东方官牙，南方口嘴。西方官牙，北方口嘴。中央官牙，五方堂殿官牙口嘴，官司口气。作抄拿人，土匪抢犯，贼盗小人。天火地火，阴火阳火。天怪地怪，双猪独狗，七狗八怪，八八六十四怪。上有宽州，收去宽州。下有宽县，收去宽县。收去宽州大里，押送宽冈大县。收得过门过后，收得过堂过殿。

收了要收，要收年来失财，月来破米。失财破米，麻言怄气。年来猪瘟，月来时气。猪瘟时气，牛瘟马匠。上有宽州，收去宽州。下有宽县，收去宽县。收去宽州大里，押送宽冈大县。收得过门过后，收得过堂过殿。

收了要收，要收天煞地煞，年煞月煞，日煞时煞，一百二十凶神恶煞。天瘟地气，天灾地难。种麻郎子，种痘郎君。屙血郎子，屙痢郎君。阴包草药，阳包草变。上有宽州，收去宽州。下有宽县，收去宽县。收去宽州大里，押送宽冈大县。收得过门过后，收得过堂过殿。

收了要收，要收前门猪来送屎，后门狗来送尿。前门前代伤亡，后门后代伤亡。滚坡滚岭，滚岩滚坎。早来倒在枪头，夜来死在枪尾，外音门下，本音门下，连亲门下，五音七姓男女伤亡。押送阳州以西，收送阴土地盖。早来不许相逢，夜来不许相见。若有早来相逢，夜来相见。上有宽州，收去宽州。下有宽县，收去宽县。收去宽州大里，押送宽冈大县。收得过门过后，收得过堂过殿。

千般收了得到，万般保了得到。上来不保千家人名，下来不保万家名字。当保信士户主夫妻二人，左边赐下麒麟，右边赐下贵子。麒麟来生来养，贵子来育来抱。早生早养，早育早抱。发千发万，发富发贵。发达发旺，发财发喜。谋事如意，心想事成。吉康安泰，吉祥如意，大吉大利。

保佑一屋人口，一家人眷。三班老少，男女老幼，五口人名，六口人字。桃花李花，拢统一家。人人清吉，个个平安。屋场得坐，水井得吃。查名得应，点字得齐。活过百年，坐得千岁。

保了要保，佑了要佑。要保长命，要佑富贵，要保吉祥，要佑如意，要保福禄丰足，要佑寿喜吉利。保了要保，佑了要佑。保佑高楼养猪，低楼养羊。槽头吃水，槽尾吃糠。不养自肥，不喂自长。早长千斤，夜长万两。千年是信士户主家财家本，万代是家本家利。养公成对，养母成双。财来坐得千千余年，米来坐得万万余岁。

保了要保，佑了要佑。要保长命，要佑富贵，要保吉祥，要佑如意，要保福禄丰足，要佑寿喜吉利。保佑王儿大财，丝绸大宝。保佑黄牛大财，水牛大宝。上坡吃草，满肚肥饱。下河吃水，满肚肥了。上坡吃草，不要吃着瘟草。千年背犁得走，万代背耙得重。耙重得山。千年是信士户主家财家本，万代是家本家利。养公成对，养母成双。财来坐得千千余年，米来坐得万万余岁。

保了要保，佑了要佑。要保长命，要佑富贵，要保吉祥，要佑如意，要保福禄丰足，要佑寿喜吉利。保佑打开东方求财，东路来财，南方求米，南路来米。西方求财，西路来财，北方求米，北路来米。中央求财，中路来财，五方堂殿求米来米。不会求财，财来进家，不会求米，米来进户。财来坐得千千余年，米来坐得万万余岁。

保了要保，佑了要佑。要保长命，要佑富贵，要保吉祥，要佑如意，要保福禄丰足，要佑寿喜吉利。保佑打开正月无风扫地，二月砍草平洋，三月抛粮下种。一个落地、百个成气，一个落土、百个生口，一个落下、百个生芽。保佑七月熟谷，八月熟米。生像牛头，壮像马尾。男人得挑，女人得背。吃不了存谷烂酒，用不了存米烂饭。吃不了烂饭白财，用不尽烂饭白米。财来坐得千千余年，米来坐得万万余岁。

保佑已了，挡隔又到。上不挡州，下不挡县。

一挡一隔，当面有枷、要挡鬼枷，颈上有锁、要挡鬼锁。要挡牛罗枷锁，板子夹棍。铜箍铁押，铜押铁撑。铜锤铁棒，板子夹棍。千百斤手囚，万百斤脚链。上有宽州，挡去宽州。下有宽县，挡去宽县。挡去宽州大里，隔去宽岗大县。挡得过门过后，隔得过堂过殿。

二挡二隔，要挡年来失财，月来破米。失财破米，麻言怄气。年来猪瘟，月来时气。猪瘟时气，牛瘟马匠。上有宽州，挡去宽州。下有宽县，挡去宽县。挡去宽州大里，隔去宽岗大县。挡得过门过后，隔得过堂过殿。

三挡三隔，要挡天煞地煞，年煞月煞，日煞时煞，一百二十凶神恶煞。克子煞神，克嗣煞鬼。隔生隔养凶星，隔养隔育恶煞。上有宽州，挡去宽州。下有宽县，挡去宽县。挡去宽州大里，隔去宽岗大县。挡得过门过后，隔得过堂过殿。

竹蔸分开两块神筶，竹根分出两片神卦，神筶通阴通阳，神卦通人通神。乾坎艮震，巽离坤兑。内分八卦，外分五行，内有五行生父子，外有五行定君臣。求天天也应，敬地地也灵，呼风风也到，唤雨雨也淋。今时请到，排卦郎子，掌筶郎君，子丑寅卯，辰巳午未，申酉戌亥，抛卦仙师，打筶仙人。祖师掌着筶头，本师拿着筶尾，筶头打得有准，筶尾打得有灵。嘱告尊神，尊神最灵，尊神无我，阴阳不成，我无尊神，阴阳不灵，人神同体，天人合一，沟通要准，报信要灵，打卦要验，问事要真。不把真的报假，不把假的报真，神灵莫误弟子，弟子不误信人。弟子手拿竹筶，心内观想来临，祖师随前随后，宗师随左随右，本堂本次，本求本敬，做了得保，敬了得到，求子得子，求儿得儿，好儿到堂，好子到殿，弟子一筶打了下去，众凭神筶报得灵验。（打筶）

【以顺筶为例】

话讲三道，神求三筶，一筶打得顺卦，一卦打得顺筶，尊神保了佑了，神灵应了验了，一筶不要差阴，二筶不要差阳，弟子二筶打了下去，众凭神筶报得平安。（打筶）

二筶打得有准，还要三筶打得有灵，三次再问本堂本次，本求本敬，做了得保，敬了得到，好儿得生，好子得养。弟子三筶打了下去，众凭神筶报得平安。（打筶）

【以阴筶为例】

适来弟子一筶打了下地，双双面地背天，阴筶落地，保佑不全。真是本堂本次，本求本敬，做了不保，敬了不到，好儿难求，好子难得。弟子二筶打了下去，双双面地背天。（打筶）

弟子二筶打了下地，双双面地背天，阴筶落地，不保不佑。弟子三筶打了下去，双双面地背天。（打筶）

【以阳筶为例】

适来弟子一筶打了下地，两块双双背地面天，阳筶落地，事阻不开。真是信士家中还有他神，户主家内还有别鬼，兴风作浪，兴灾作难，有隔有阻，有挡有碍，弟子二筶打了下去，双双背地面天。（打筶）

二筶打了阳卦，事情有些难办。问事问到根底，报事要报全面。真是信士家中还有他神，户主家内还有别鬼，兴风作浪，兴灾作难，阻碍隔断，弟子三筶打了下去，双双背地面天。（打筶）

顺筶打得有准，顺卦抛得有灵，求得好音，闻得好信。问事要得彻底，问话要得分明，限定某年某月，尊神来保，好神来佑，好儿到家，好子到户，弟子笼统一筶打了下去，众凭神筶报得平安。（打筶）

含爷——含爷。

定阴得了好阴，倒阳得了好阳。定阴已了，退下又到。

退下黄缸米酒，一杯一碗，二呈二献。

敬送东方桥梁土地，南方桥所官员。西方桥梁土地，北方桥所官员。中央桥梁土地，五方堂殿桥所官员。

吃了保佑信士某某某，今年得生麒麟，明年得生贵子。见生见养，见养见育。早日得生男儿，早早得抱贵子。黄缸米酒，一杯二碗，一呈二献。还有细箩大肉，金刀来划，银刀来切。也都一起破在金牙银齿，倒在金肠银肚。

含爷——含爷。（倒点酒在纸钱炉内）

吃了一杯一碗，二呈二献。要来敬上三杯三碗，三呈四献。保佑酒呈，保佑酒献。

敬送东方桥梁土地，南方桥所官员。西方桥梁土地，北方桥所官员。中央桥梁土地，五方堂殿桥所官员。

吃了保佑信士某某某，求子得到，求儿得抱。求儿得生，求子得养。发财发喜，发富发贵。二杯三碗，三呈四献。还有细笋大肉，金刀来划，银刀来切。也都一起破在金牙银齿，倒在金肠银肚。

含爷——含爷。(倒点酒在纸钱炉内)

吃了三杯四碗，三呈四献。要来敬上五杯五碗，五呈五献。求财酒呈，求喜酒献。

先来敬送东方桥上仙人，南方桥上父母。西方桥上仙人，北方桥上父母。中央桥上仙人，五方堂殿桥上父母。

后来东方桥梁土地，南方桥所官员。西方桥梁土地，北方桥所官员。中央桥梁土地，五方堂殿桥所官员。

吃了保佑信士某某某，今年得生麒麟，明年得生贵子。见生见养，见养见育。早日得生男儿，早早得抱贵子。求子得到，求儿得抱。求儿得生，求子得养。发财发喜，发富发贵。黄缸米酒，一杯化作千杯，一碗化作千碗。千人共杯，万人共碗。阴间不吃不领，阳间不领不剩。破在金牙银齿，倒在金肠银肚。还有细笋大肉，金刀来划，银刀来切。也都一起破在金牙银齿，倒在金肠银肚。

含爷——含爷。(倒点酒在纸钱炉内)

【用诀架桥】

奉请九州兵马，前师后教。功曹武猖，家亡先祖、家先等众。村头龙神，寨尾土地。灶公土地，灶王菩萨。门头老鬼，把门将军。随前随后，随左随右。同我弟子起手成法成诀，动脚成罡成步。左讲左灵，右讲右顺。

铺天桥，(天桥诀)

架地桥，(地桥诀)

铺去阴阳二桥。(阴阳桥诀)

接起麒麟到堂，贵子到殿。麒麟到家，贵子到户。早生麒麟，早抱贵子。(反手向背后扔顺筶)

【用鸡隔煞】

将鸡血鸡毛涂在岩桥板两头

此鸡此鸡，非凡之鸡，叫则三千玄应，啼则万里光明，日落它送，日出它迎，身亮如锦，五彩祥云。在人间名为五德，在吾于化为灵凤，出神入化，一身正气，雄风纠察，气势非凡。

有煞无煞，雄鸡挡煞。有殃无殃，雄鸡除殃。有灾无灾，鸡血消灾。有祸无祸，鸡血隔脱，有冤无冤，鸡血当斩，一斩天殃地煞不敢当，二斩凶神恶煞尽躲藏，三斩年煞月煞，日煞时煞，一百二十凶神恶煞尽消亡，凶神挡归天涯去，恶煞隔归大海洋，千年万代回不转，从今之后无灾殃。

（三遍后打顺筶。）

阴间吃了得饱，阳间喝了得醉。信士户主，夫妻二人。今年得生麒麟，明年得生贵子。见生见养，见养见育。早日得生男儿，早早得抱贵子。求子得到，求儿得抱。求儿得生，求子得养。发财发喜，发富发贵。发达发旺，发财发喜。谋事如意，心想事成。吉康安泰，吉祥如意，大吉大利。

茶来吃剩交在你的茶坊，酒来吃剩交在你的酒店。黄缸米酒，交在金缸，送在银缸。刀头压盘，香米利是。斋供一筵，斋筵果供。交在你的手中，送在你的手内。金钱银钱，纸马钱财。人会发火，火化钱财，钱财用凭火化，收钱上仓，收米上库。

敬神敬了大半天，供奉供了多时辰。众神来到堂中，坐到堂内。领受香烟，纳受供奉。吃了得饱，喝酒得醉。吃茶甜肚，吃饭甜心。人人喜喜皆纳，个个欢欢领受。保了得到，佑了得成。户主了此心思，信士还了神愿。法事圆满，盛会圆毕。此堂不可久坐，此地不可久留。人人登车上马，个个上马上轿。急急上路回府，忙忙上道回堂。礼已行周，仪已行完，此后不再欠愿，今后互不相干。回堂不许转头，转殿不准转面。恶风不起，凶浪不兴，凶神无影，恶煞无踪。塞断鬼门，阻断神路。阴归阴路，阳归阳路，阴阳各别。土地回转琉璃瓦屋，龙神回转金堂瓦殿。祖师回去法堂宝殿，本师转去老堂旧殿。拥护弟子，保佑师郎。千年禄在本魂，万代马在本命。青龙不动，白虎不开。坐得千年，活过百岁。

巴代高声云：发财兴旺！
主人家答：多谢师父，大家发财！

十四、案桌寄狗科仪

【题解】

案桌寄狗指的是有人在其出生的年、月、日、时的地支中出现两个以上"戌"字，有的甚至四个都是"戌"字，变成狗年狗月狗日狗时，这种情况下，按中国人的传统说法，狗太多了必然会争抢食物，争抢不仅会互相打架，还会造成食物短缺的局面，具体反映在人的命运中就会形成人一得势、一有钱财就会受到伤害，如染患疾病、遭血光伤灾等，或者出现钱财一到手就会有地方要用钱，造成入不敷出。故而有必要把这些狗寄拜在肉铺案桌下面，让它们有肉有骨可吃，不来烦扰命主。

八字中的狗在术语上称为"戌"。此狗在六十甲子中共有五只，即甲戌、丙戌、戊戌、庚戌和壬戌。这五只狗都属于阳狗，也就是公狗。如果在人的"四柱"中出现两只以上，且又是左右紧挨而没有隔离的，就要到市场肉行的案板去寄狗了。

主家事先要准备好三块骨头、一块刀头肉、一瓶酒、一碗饭、香米利是、信香冥钱、一只公鸡。选用属兔的日子，因为"卯"与"戌"合，在这些日子去寄狗，狗才会安心不闹事。

冷场去，才不至于招惹人。到了肉行后，将一应供品摆在案桌上，巴代焚香烧纸，叩师藏身后才可正式请神。仪式中，要一人烧纸，一张接一张一直烧到仪式完毕。请神到后，通呈保佑，敬吃送喝，再将骨头摆在案桌下。然后用公鸡挡煞。掐破鸡冠至出血，将鸡毛鸡血涂在三张折过了的纸钱上，给信士扫除狗煞。还要将鸡血鸡毛涂沾在案桌腿上以隔凶煞。最后送神，回家即可。

案桌寄狗科仪是在阴阳学兴盛之后出现的，其成教、行教于苗乡，是苗乡的特色道教科仪。

【神辞】

（巴代先生站在案桌前，拿纸钱在手，先作揖一拜，然后边烧纸钱边念：）

祖师赐下真法，弟子念动真诀。太上老君赐下天隔地隔、阴隔阳隔、山隔水隔、河隔海隔、铜隔铁隔。不隔儿魂女命，不隔三魂七魄。当隔巧脚弄手，巧手弄匠，弹匠勾匠，剃头道士，光头和尚，游傩打卦老司，叫花讨米老司，红衣老司，黑衣道士，苗师客师，十二五等不正邪师，邪神邪法，邪师邪教，邪诀邪鬼。风大隔风，雨大隔雨，是事不许动作。弟子一步隔上一千里，二步隔上二千里，三步隔上三千八百八十九里。隔在一边河，安在一边海，把山为界，把水为平。远看太太平洋，近看黄土神墙。有风不许乱吹，有雨不许乱淋。风吹树木莫动，百草不准抬头。

伏以：坛场肃静，外道回避。土地正位，龙神护卫。邪魔拱首，外道皈依。弟子虔诚，志心恭敬。烧起一炷信香，乾坤开泰。烧起二炷陈香，阴阳合和。烧起三炷宝香，清净吉利。闻此香烟，凶煞退位，吉星降临。

烧香不请何神，不叫何鬼。

一心皈命礼请：法堂宝殿，老堂旧殿。法堂法殿，高堂大殿。宗本堂中，祖师殿内。教师堂中，教法堂内。香火坛中，香灯坛内。开坛演教，护坛传教。祖师大殿，兵马大营。坛上七千，坛下八万。开坛祖师石法高，传教祖师石法旺、石法灵、石法胜、龙法灵、龙法胜、龙法通、龙法高、龙法旺。江法灵、吴法德、侯法斌、田法魁、田法寿、吴法成。掌度祖师龙法胜，前代安坛刘法旺，后代祖师龙法胜、龙法明、龙法胜、石法明、石法胜。高公祖师石法旺、尊公祖师石法高、石法魁。后代安坛龙法灵、祖公祖师石法高、石法旺，师伯石法胜，严父祖师石法高。闻今有请，急速降临。出离老君大堂，离别玉皇大殿。请降法筵，受今迎请。

奉请一村之祖，一寨之宗。先来先开，先居先坐。先祖开辟本境而居，先宗生育本村子民。生为本境里域业主，死为本境土地正神。道高三天，德被三界。本境本地祀奉有请，本村本寨祈福有敬。礼当请你，先来为主，后请他神，后到为宾。该当家祖寨祖先奉，本应村宗家祖先迎。村宗久远查名不到，寨祖久长点字不明。专请本村本寨先祖土地，专奉本境本处始祖正神。闻今有请，感应降临。

以此真香，一心奉请：信士本宗本祖，户主本房本族。始祖一家，先宗一房。一家发了千家，一户发了万户。历朝历代先祖，历代历朝先人。先祖堂中众位元老，先宗堂内众位先辈。本家本姓祖宗，本房本族祖德。家堂香火，福德正神。历代先宗先祖，历朝先公先婆，先父先母，先辈先人。堂上高尊祖考妣，炉中太祖父辈魂。查得有名不到，点得有字不齐。心到请到，意到念临。家神先来为主，家祖先到做东。专申招请某氏堂上历代先祖，某氏门中历辈先人。九代祖公，八代祖婆。高太尊太祖太宗太，太公太婆先母先父。查名难以细致，点字难以明白。但请信士本家先宗先祖，专迎户主先辈先人。人人祖魂祖魄，个个祖宗阴灵。儿孙虔备凡礼相请，后代诚心凡仪相奉。请来堂中做主做东，迎到堂内做主敬神。先有东道主，后有西客宾。闻今有请，急速降临。

奉请先天真炁，后天正神。先天德道，后天德行。先天合真，后天合神。寄拜宗师，寄解祖师。阴阳宗师，八卦祖师。天干正位，地支正神。甲乙丙丁戊己，庚辛壬癸十神。子丑寅卯，辰巳午未，申酉戌亥。伏羲文王，周公孔子，五大圣人。云梦山头鬼谷先生，左衙判事陈抟先生，右衙掌印穆修先生，传下凡间孙膑先生，诸葛孔明先生，李淳风先生，袁氏天罡先师。杨救贫、刘伯温先生。杜氏九天玄女仙娘，值日传书玉女，奏事功曹，上天鉴善察恶，过往虚空一切吉神。奉请祖师石法高、石法旺、石法顺、石法高、石明璋、石明玉、石国高、石国鸿，光三光求，长春长先。天上星斗，地下仙人。阴间祖师，阳间本师。阴阳星士，三坛两教。古往今来，历代祖师。多有查名不到，少有点字不齐。有请来到肉行堂中，有迎来临案板堂内。

谨焚真香，一心奉请：

六十甲子，阴阳五行。生克制化，旺相休囚。长生帝旺，建除满平。本命星主，四柱元辰。甲戌、丙戌、戊戌、庚戌、壬戌神众。

出兵出在何州，要来请到何州。出马出在何县，要来请到何县。请到先天堂中，后天堂殿。遍满虚空，无处不在。千年本堂，万年本殿。有车上车，有马上马。风快跟风，雨快跟雨。山快跟山，水快跟水。铺去阴阳二桥，请下凡间之中，地名某某某，肉行场中，案板堂内。有车请来众人下车，有马请来众人下马。请来上排上坐，下排下坐，排方正坐。上请莫动，下请莫游。

伏以——

一份来了，二份不请同来，飞云走马功曹上参。一份来到，二份不请同到，飞云走马功曹上报。发兵去请，发马去报。二份转来奉请——

六十甲子，阴阳五行。生克制化，旺相休囚。长生帝旺，建除满平。本命星主，四柱元辰。甲戌、丙戌、戊戌、庚戌、壬戌神众。

出兵出在何州，要来请到何州。出马出在何县，要来请到何县。请到先天堂中，后天堂殿。遍满虚空，无处不在。千年本堂，万年本殿。有车上车，有马上马。风快跟风，雨快跟雨。山快跟山，水快跟水。铺去阴阳二桥，请下凡间之中，地名某某某，肉行场中，案板堂内。有车请来众人下车，有马请来众人下马。请来上排上坐，下排下坐，排方正坐。上请莫动，下请莫游。

伏以——

二份来了，三份不请同来，飞云走马功曹上参。二份来到，三份不请同到，飞云走马功曹上报。发兵去请，发马去报。三份转来奉请——

六十甲子，阴阳五行。生克制化，旺相休囚。长生帝旺，建除满平。本命星主，四柱元辰。甲戌、丙戌、戊戌、庚戌、壬戌神众。

出兵出在何州，要来请到何州。出马出在何县，要来请到何县。请到先天堂中，后天堂殿。遍满虚空，无处不在。千年本堂，万年本殿。有车上车，有马上马。风快跟风，雨快跟雨。山快跟山，水快跟水。铺去阴阳二桥，请下凡间之中，地名某某某，肉行场中，案板堂内。有车请来众人下车，有马请来众人下马。请来上排上坐，下排下坐，排方正坐。上请莫动，下请莫游。

伏以——

人行千里，神降一时。阴间来的好客，阳间到得好马。行兵弟子，阴请阴来，阳请阳到。三请同来，四请同到。有事和你通呈，无事不敢通呈，半天云云，着耳听文。有事和你登堂，无事不敢登堂，半天洋洋，着耳听章。壶中有酒，开壶奠献。茶献一呈，酒分三献。今据公元某某某某年某某月某某日清早良旦，上午之时，下午之时，晚上之期，在起信士户主某氏门中，不管别神外鬼，不管别处外路。

当管六十甲子，阴阳五行。生克制化，旺相休囚。长生帝旺，建除满平。本命星主，四柱元辰。甲戌、丙戌、戊戌、庚戌、壬戌神众。

出兵出在何州，要来管到何州。出马出在何县，要来管到何县。

一车马头，管到先天堂中，后天堂殿。遍满虚空，无处不在。千年本堂，万年本殿。有车上车，有马上马。

二车马头，管到东南西北，四个天门，八个地府。四个老堂，八个老殿。在堂管堂，在殿管殿。

三车马头，管到湖南省花垣县董马库乡，洞冲大寨，土地祠下。人管千家开门莫过，神管万家开户莫行。管到地名某某某肉行场中，案板堂内。有车管来众人下车，有马管来众人下马。管来上排上坐，下排下坐，排方正坐。上请莫动，下请莫游。

伏以——

人行千里，神降一时。阴间来的好车，阳间到得好马。阴请阴来，阳请阳到。三请同来，四请同到。

请来不为千斤大事，不为并无小难。今者信士某某某，生于某某某某年某某月某某日某某时，年柱某某某，月柱某某，日柱某某，时柱某某。四柱八字，命中带了某戌某戌，狗星太多，戌神太众。时辰带来，八字带到。今来求你寄拜宗师，阴阳大神，虔诚寄拜狗星戌神。一屋人口，一家人眷。男人不做长心大胆，女人不做三心二意，信人虔诚，主家虔备。刀头酒礼，香米利是。香纸冥财，凡供之仪。项项交在你的手中，样样送在你的手内。

领受在前，保佑在后。领受在左，保佑在右。

保佑信人某某某，今日寄拜狗星戌神。伏愿众神，全恩保佑：

冬免三灾，夏除八难。春秋清吉，四季平安。

时序安和，六时吉祥。平安清吉，福寿安康。

灾萌不起，灾殃不侵。灾星不临，灾祸不生。

遇难成祥，逢凶化吉。凶煞退位，吉星降临。

起居得乐，生活得安。一好百好，健康旺盛。

口讲合和，脸笑眯眯。屋场得坐，水井得吃。

查名得应，点字得齐。居得千年，坐过百岁。

年居清吉，月坐平安。福禄多增，寿岁延绵。

增福增寿，吉康安泰。福如东海，寿比南山。

伏望神恩，全叨庇佑。有灵有验，富贵长久。

刀头酒礼，香米利是。先来敬送：先天真炁，后天正神。先天德道，后天德行。先天合真，后天合神。寄拜宗师，寄解祖师。阴阳宗师，八卦祖师。天干正位，地支正神。甲乙丙丁戊己，庚辛壬癸十神。子丑寅卯，辰巳午未，申酉戌亥。伏羲文王，周公孔子，五大圣人。云梦山头鬼谷先生，左衙判事陈抟先生，右衙掌印穆修先生，传下凡间孙膑先生，诸葛孔明先生，李淳风先生，袁氏天罡先师。杨救贫、刘伯温先生。杜氏九天玄女仙娘，值日传书玉女，奏事功曹，上天鉴善察恶，过往虚空一切吉神。奉请祖师石法高、石法旺、石法顺、石法高、石明璋、石明玉，石国高、石国鸿，光三光求，长春长先。天上星斗，地下仙人。阴间祖师，阳间本师。阴阳星士，三坛两教。古往今来，历代祖师。多有查名不到，少有点字不齐。

六十甲子，阴阳五行。生克制化，旺相休因。长生帝旺，建除满平。本命星主，四柱元辰。甲戌、丙戌、戊戌、庚戌、壬戌神众。

后来敬送：此间土地，本境龙神。肉行财星，案板财神等众。吃在金牙银口，装进金肠银肚。还有金钱烧交，银钱烧送。项项交在你的手中，样样送在你的手内。收钱上仓，收米上库。

（奠一点酒肉于纸钱炉内以示供神。）

用鸡挡煞隔邪

阴间吃了得饱，阳间喝了得醉。弟子叩请祖师石法高、石法旺、石法胜、石法高。祖师明章明玉、国高国鸿。光三光求，长春长先。天上星斗，地下仙人。阴间祖师，阳间本师。阴阳星士，三坛两教。古往今来，历代祖师。叩在弟子身前身后，身左身右。同我弟子起手成法成诀，动脚成罡成步。早讲早灵，夜讲夜顺。

弟子手拿雄鸡一只，交送东路武猖神兵，拿去除灾灭殃。交送南路武猖神将，拿去除凶隔煞。交送西路武猖神兵，拿去除妖降魔。交送北路武猖神将，拿去除祸灭害。交送中路武猖神兵，拿去除鬼灭怪。交送五路武猖神将，拿去除邪隔瘟。鸡毛鸡血，五雷神诀，降龙伏虎，斩妖除邪，鸡血落地，正气上升，邪气远隔，挡去十方门下，隔去天涯海角，一隔千重山，二隔万条河，三隔三千八洋大海，隔去天煞地煞、年煞月煞、日煞时煞，一百二十凶神恶煞，千年不许回头，万代不准现面，一刀两断，永不再见，一隔两断，永不再现，凶煞远遁，邪魔远离，急退急退，五百蛮雷打退！

（左手拿鸡翅，右手作剑诀对鸡冠做斩状，然后掐破鸡冠，放出鸡血。叫来信士手拿三根燃香站在案桌前，巴代将三张纸钱折后，沾上一点鸡血并扯下几根鸡腿毛一起拿在右手上，在信士的背后从头扫到脚，共三次，再放于纸钱炉中烧掉。如此作法三次，每次扫三下，边扫边念。）

用鸡毛鸡血涂纸钱解扫凶煞

伏以：信士某某某，生于某某某某年某某月某某日。时辰带来，八字带到。年犯月犯，日犯时犯，多了狗星戌神，犯了天煞地煞，年煞月煞，日煞时煞，一百二十凶神恶煞。头上解身上，身上解脚下。天煞归天，地煞归地。鸡血扫到，凶神恶煞远远退位。狗星戌神，案桌安位。莫惊莫动，莫走莫行。千年你有骨拿，万代你有肉吃。

（上段神辞要念三次，每次扫三下，烧掉后再扯鸡毛涂血扫一次。）

将鸡血鸡毛涂于案桌腿上

伏以：此鸡此鸡，非凡之鸡。挡煞之鸡，隔邪之鸡。要挡天煞地煞，年煞月煞，日煞时煞，一百二十凶神恶煞。天煞要挡归天，地煞要挡归地。鸡血落地，凶神恶煞远远退去。

（三遍后打顺筶。）

尚来祖师人等，人人辛苦，个个辛劳。今有辛苦酒呈，辛劳酒献。敬送满堂师父，满殿师尊。人人动手，个个动口。喝在金口银口，装进金肚银肚。

茶来吃剩交在你的茶坊，酒来吃剩交在你的酒店。黄缸米酒，交在金缸，送在银缸。刀头压盘，香米利是。交在你的手中，送在你的手内。金钱银钱，纸马钱财。人会发火，火化钱财，钱财用凭火化，收钱上仓，收米上库。

上来法事该办已毕，法筵该做已完。该供已奉，该领已受。当办已办，当做已做。内中若有小差小误，祖师帮助补齐补好。神辞若有颠三倒四，宗师帮助修好改正。天地阴阳，年月日时，百无禁忌，大吉大利。弟子交钱坐得千年，度纸坐过百岁。家发人兴，财兴人旺，富贵双全，安康吉庆。天条所准，律令所依，凡在光中，全叨庇佑。诸神受领供奉已毕，打马回府，上轿回衙。来从天边，转去天边。来从海角，转去海角。回到你的千年本堂，转去你的万年本殿。来时有请，去时有送。送去千里之远，隔去万里之遥。黄斑把断千年路，送去千年万代不回程。人也清，理也清，无缺无欠再无情。人神隔断万里路，千年万代不回门。土地回转琉璃瓦屋，龙神回转金堂瓦殿。祖师回去法堂宝殿，本师转去老堂旧殿。拥护弟子，保佑师郎。千年禄在本魂，万代马在本命。青龙不动，白虎不开。信士户主，法事圆满，祀事圆成。有堂各人归堂，有殿各人归殿。无堂无殿，各人逃散。祖师回堂，本师回殿。

巴代高声云：清吉平安，长命富贵！
主人家答：感谢师父！

十五、洞穴寄蛇科仪

洞穴寄蛇科仪

【题解】

洞穴寄蛇是指有人在其出生的年、月、日、时的地支中出现两个以上"巳"字，有的甚至四个都是"巳"字，变成蛇年蛇月蛇日蛇时，在这种情况下，据中国人的传统说法，蛇是冷血动物，蛇太多了，冷漠过重。对人而言，恐会出现小肠、心脏、血液、舌、腹、脸面等部位的疾病，而且交替出现，严重地影响人的健康，同时还会使人出现冷漠无情、阴险狡诈的不良性格。还有一种更为严重的情况，蛇是让人恐惧厌恶的动物，人们见了便会打杀，使命主染犯不治之症，或遭突发之灾而死亡。故而有必要把这些蛇寄拜在岩洞、土穴等处，让它们有地方可安居，不被人类打杀，不来烦扰命主。

八字中的蛇在术语上称为"巳"。此蛇在六十甲子中共有五条，即乙巳、丁巳、己巳、辛巳和癸巳。这五条蛇都属于阴蛇，也就是五条母蛇。如果在人的"四柱"中出现两条以上，且又是左右紧挨而没有隔离的，就要到岩洞或土穴旁边去寄蛇。

主家事先要准备好五个鸡蛋、一块刀头肉、一瓶酒、七柱糍粑、香米利是、信香冥钱、一只公鸡等物。选用属猴的日子，因为"申"与"巳"合，在这些日子去寄蛇，蛇才相安无事。

下午去，才不至于招惹人。到了岩洞前，在岩洞边用石块筑一小土地屋，在屋前铺纸钱，摆两柱糍粑，点两炷香插在两边。将一应供品摆在隔筛上，巳代焚香烧纸，叩师藏身后才能正式请神。仪式中，要一人烧纸，一张接一张一直烧到仪式完毕。请神到后，通呈保佑，敬吃送喝，然后要将鸡蛋摆在洞穴中，让蛇有吃的。再将公鸡挡煞。掐破鸡冠出血，将鸡毛鸡血涂在三张折过了的纸钱上，给信士扫除蛇煞。还要将鸡血鸡毛涂沾在洞穴两边岩石上以隔凶煞。最后送神，回家。

洞穴寄蛇仪式是在阴阳学兴盛之后出现的，其成教、行教于苗乡，是苗乡的特色道教科仪。

在岩洞前摆设供品 （石金津摄）

【神辞】

（巴代先生站在案桌前，纸钱拿在手，先作揖一拜，然后边烧纸钱边念：）

师爷！一点乾坤大，横担日月长，波浪天地盖，邪神毁在灭光。日吉时良，天地开昌。万灵镇伏，安泰吉昌。大道当前，邪魔消亡。一炷真香通三界，二炷宝香达天地，三炷信香遍凡阳。闻此宝香，弟子所叩神真降临。不请别神，不奉别教。单请弟子法堂宝殿，老堂旧殿。开坛祖师，传教祖师，交钱祖师，度钱祖师。天下法坛共道主，世上法坛共老君。宗师随香来到坛中，祖师乘烟来临堂内。宣演正教，信受奉行。

师爷！诚心以敬，诚意以行。以诚方能感应，以虔方能施行。香能通天地，心能感福神。今在信士家门里内，设坛供奉，焚起真香，燃起宝雾。真香焚起本自然，金炉上方起祥烟。香烟飘至兜率宫，祥云缥缈玉皇殿。玉皇正教，老君门下弟子某某某，在起某氏门中，设起玉虚宝坛，摆起龙凤香案。凭此香云，仗此香烟。诚惶诚恐，一心奉请。法堂宝殿，老堂旧殿，上坛下坛，一教祖师，一坛兵马。祖师有名，兵将有姓，照名启请，照姓调用。

伏以：坛场肃静，外道回避。土地正位，龙神护卫。邪魔拱首，外道皈依。弟子虔诚，志心恭敬。烧起一炷信香，乾坤开泰。烧起二炷陈香，阴阳合和。烧起三炷宝香，清净吉利。闻此香烟，凶煞退位，吉星降临。

烧香不请何神，不叫何鬼。一心皈命礼请：开坛宗师，演教祖师。行教本师，帮教仁师。宗师鸿君老宗，祖师道德老祖。自古一教传三友，老子一炁化三清。天下法堂共一教，世上法坛共老君。弟子祖传祖教坛上，历代宗本祖师。师郎本坛本教坛中，历代先宗先师先人。只请本坛，别坛勿动。只奉本教，别勿无奉。宗师法高法旺，祖师法灵法顺。双名两字，双字两名。查名奉请，依教奉行。随心念到，观想自临。一顺百顺，有验有灵。祖师来到堂中，本师来临堂内。

奉请前传祖师石法高，后教祖师石法旺。垂科祖师石法灵，演教祖师石法胜，护法祖师龙法灵，护教祖师龙法胜。同坛祖师龙法通、龙法高，帮教仁师龙法旺。掌度祖师龙法胜，传度祖师刘法旺，行坛祖师龙法胜、龙法明、龙法胜，威灵祖师石法明，显应祖师石法胜，黄旗黄号祖师石法旺，红旗红号祖师石法高，统兵祖师石法魁，管坛祖师石法高，坐坛祖师石法旺，行坛演教石法胜，坐殿镇殿石法高。

一心奉请：本境土地，瑞庆夫人。招财童子，进宝郎君。五方五位，五土龙神。本坊通灵土地，老尊正神。屋檐童子，把门将军。过往虚空，无边真宰。溪源潭洞，水土龙神。良民乡老，地主恩官。地神地主，地脉龙神。一村之祖，一寨之宗。先来先开，先居先坐。地盘是你先开，村寨是你先立。经代代繁衍而满村，过世世生养而满寨。公公发一村而为村祖，婆婆养一寨而成寨宗。先时古木树下岩块为屋，而今古老树下岩板为祠。管虎狼猛兽不伤人畜，除瘟疫火灾不殃村寨。每家祭祖必先请你，每户敬神必先奉驾。保得清吉，佑得平安。大宗大祖，土地尊神。降临法会，受今迎请。

一心奉请：某氏堂上，某氏门中，家奉儒释道三教，净荤有感一切福神。本音堂上，历代祖先。家亡先祖，老少众魂。上至高尊祖考，下至玄远宗亲。男昌伯叔，女妹姑嫜。一宗发千祖，一祖发万房。始宗始祖，发子发孙。发千发万，发达发旺。信士本家堂上香火，户主本族本房香灯。历代先宗先祖，历朝先公先婆，先父先母，先辈先人。堂上高尊祖考妣，炉中太祖父辈魂。九代祖公，八代祖婆。高太尊太祖太宗太，太公太婆先母先父。查名难以细致，点字难以明白。但请信士本家先宗先祖，专迎户主先辈先人。人人祖魂祖魄，个个祖宗阴灵。儿孙虔备凡礼相请，后代诚心凡仪相奉。请来堂中做主做东，迎到堂内做主敬神。先有东道主，后有西客宾。闻今有请，急速降临。

奉请先天真炁，后天正神。先天德道，后天德行。先天合真，后天合神。寄拜宗师，寄解祖师。阴阳宗师，八卦祖师。天干正位，地支正神。甲乙丙丁戊己，庚辛壬癸十神。子丑寅卯，辰巳午未，申酉戌亥。伏羲文王，周公孔子，五大圣人。云梦山头鬼谷先生，左衙判事陈抟先生，右衙掌印穆修先生，传下凡间孙膑先生，诸葛孔明先生，李淳风先生，袁氏天罡先师。杨救贫、刘伯温先生。杜氏九天玄女仙娘，值日传书玉女，奏事功曹，上天鉴善察恶，过往虚空一切吉神。奉请祖师石法高、石法旺、石法顺、石法高、石明璋、石明玉、石国高、石国鸿，光三光求，长春长先。天上星斗，地下仙人。阴间祖师，阳间本师。阴阳星士，三坛两教。古往今来，历代祖师。多有查名不到，少有点字不齐。有请来到洞边，有迎来临穴旁。随方上坐，受纳明香。

谨焚真香，一心奉请：

六十甲子，阴阳五行。生克制化，旺相休囚。长生帝旺，建除满平。本命星主，四柱元辰。乙巳、丁巳、己巳、辛巳、癸巳神众。

出兵出在何州，要来请到何州。出马出在何县，要来请到何县。请到先天堂中，后天堂殿。岩土洞穴，乱草堂中，乱石堂内。千年本堂，万年本殿。有车上车，有马上马。风快跟风，雨快跟雨。山快跟山，水快跟水。铺去阴阳二桥，请下凡间之中，地名某某某，岩洞之边，土穴之旁。有车请来众人下车，有马请来众人下马。请来上排上坐，下排下坐，排方正坐。上请莫动，下请莫游。

伏以——

一份来了，二份不请同来，飞云走马功曹上参。一份来到，二份不请同到，飞云走马功曹上报。发兵去请，发马去报。二份转来奉请——

六十甲子，阴阳五行。生克制化，旺相休囚。长生帝旺，建除满平。本命星主，四柱元辰。乙巳、丁巳、己巳、辛巳、癸巳神众。

出兵出在何州，要来请到何州。出马出在何县，要来请到何县。请到先天堂中，后天堂殿。岩土洞穴，乱草堂中，乱石堂内。千年本堂，万年本殿。

摆在隔筛中的供品 （石金津摄）

有车上车，有马上马。风快跟风，雨快跟雨。山快跟山，水快跟水。铺去阴阳二桥，请下凡间之中，地名某某某，岩洞之边，土穴之旁。有车请来众人下车，有马请来众人下马。请来上排上坐，下排下坐，排方正坐。上请莫动，下请莫游。

伏以——

二份来了，三份不请同来，飞云走马功曹上参。二份来到，三份不请同到，飞云走马功曹上报。发兵去请，发马去报。三份转来奉请——

六十甲子，阴阳五行。生克制化，旺相休囚。长生帝旺，建除满平。本命星主，四柱元辰。乙巳、丁巳、己巳、辛巳、癸巳神众。

出兵出在何州，要来请到何州。出马出在何县，要来请到何县。请到先天堂中，后天堂殿。岩土洞穴，乱草堂中，乱石堂内。千年本堂，万年本殿。有车上车，有马上马。风快跟风，雨快跟雨。山快跟山，水快跟水。铺去阴阳二桥，请下凡间之中，地名某某某，岩洞之边，土穴之旁。有车请来众人下车，有马请来众人下马。请来上排上坐，下排下坐，排方正坐。上请莫动，下请莫游。

伏以——

人以诚为信,神以灵为本。阴间来的好客,阳间到得好马。行兵弟子,阴请阴来,阳请阳到。三请同来,四请同到。有事和你通呈,无事不敢通呈,半天云云,着耳听文。有事和你登堂,无事不敢登堂,半天洋洋,着耳听章。壶中有酒,开壶奠献。茶献一呈,酒分三献。今据公元某某某某年某某月某某日清早良旦,上午之时,下午之时,晚上之期,在起信士户主某氏门中,不管别神外鬼,不管别处外路。

当管六十甲子,阴阳五行。生克制化,旺相休囚。长生帝旺,建除满平。本命星主,四柱元辰。乙巳、丁巳、己巳、辛巳、癸巳神众。

出兵出在何州,要来管到何州。出马出在何县,要来管到何县。

一车马头,管到先天堂中,后天堂殿。岩土洞穴,乱草堂中,乱石堂内。千年本堂,万年本殿。有车上车,有马上马。

二车马头,管到东南西北,四个天门,八个地府。四个老堂,八个老殿。在堂管堂,在殿管殿。

三车马头,管到湖南省花垣县董马库乡,洞冲大寨,土地祠下。人管千家开门莫过,神管万家开户莫行。管到地名某某某,岩洞之边,土穴之旁。有车管来众人下车,有马管来众人下马。管来上排上坐,下排下坐,排方正坐。上请莫动,下请莫游。

伏以——

寄蛇的岩洞和供品 (石金津摄)

人行千里,神降一时。阴间来的好车,阳间到得好马。阴请阴来,阳请阳到。三请同来,四请同到。

请来不为千斤大事,不为并无小难。今者信士某某某,生于某某某某年某某月某某日某某时，年柱某某，月柱某某，日柱某某，时柱某某。四柱八字，命中带了某巳某巳，蛇星太多，巳神太众。时辰带来，八字带到。今来求你寄拜宗师，阴阳大神，虔诚寄拜蛇星巳神。一屋人口，一家人眷。男人不做长心大胆，女人不做三心二意，信人虔诚，主家虔备。刀头酒礼，香米利是。香纸冥财，凡供之仪。项项交在你的手中，样样送在你的手内。

领受在前，保佑在后。领受在左，保佑在右。

保佑信士某某某，今日寄拜蛇星巳神。伏愿众神，全恩保佑：

蛇星寄安，巳神寄吉。八字祥合，益寿延年。

冬免三灾，夏除八难。春秋清吉，四季平安。

时序安和，六时吉祥。平安清吉，福寿安康。

灾萌不起，灾殃不侵。灾星不临，灾祸不生。

遇难成祥，逢凶化吉。凶煞退位，吉星降临。

起居得乐，生活得安。一好百好，健康旺盛。

口讲合和，脸笑眯眯。屋场得坐，水井得吃。

查名得应，点字得齐。居得千年，坐过百岁。

年居清吉，月坐平安。福禄多增，寿岁延绵。

增福增寿，吉康安泰。福如东海，寿比南山。

伏望神恩，全叨庇佑。有灵有验，富贵长久。

刀头酒礼，香米利是。先来敬送：先天真炁，后天正神。先天德道，后天德行。先天合真，后天合神。寄拜宗师，寄解祖师。阴阳宗师，八卦祖师。天干正位，地支正神。甲乙丙丁戊己，庚辛壬癸十神。子丑寅卯，辰巳午未，申酉戌亥。伏羲文王，周公孔子，五大圣人。云梦山头鬼谷先生，左衙判事陈抟先生，右衙掌印穆修先生，传下凡间孙膑先生，诸葛孔明先生，李淳风先生，袁氏天罡先师。杨救贫、刘伯温先生。杜氏九天玄女仙娘，值日传书玉女，奏事功曹，上天鉴善察恶，过往虚空一切吉神。奉请祖师石法高、石法旺、石法顺、石法高、石明璋、石明玉、石国高、石国鸿，光三光求，长春长先。天上星斗，地下仙人。阴间祖师，阳间本师。阴阳星士，三坛两教。古往今来，历代祖师。多有查名不到，少有点字不齐。

六十甲子，阴阳五行。生克制化，旺相休囚。长生帝旺，建除满平。本命星主，四柱元辰。乙巳、丁巳、己巳、辛巳、癸巳神众。

后来敬送：此间土地，本境龙神。肉行财星，案板财神等众。吃在金牙银口，装进金肠银肚。还有金钱烧交，银钱烧送。项项交在你的手中，样样送在你的手内。收钱上仓，收米上库。

（奠一点酒肉于纸钱火炉内以示供神。）

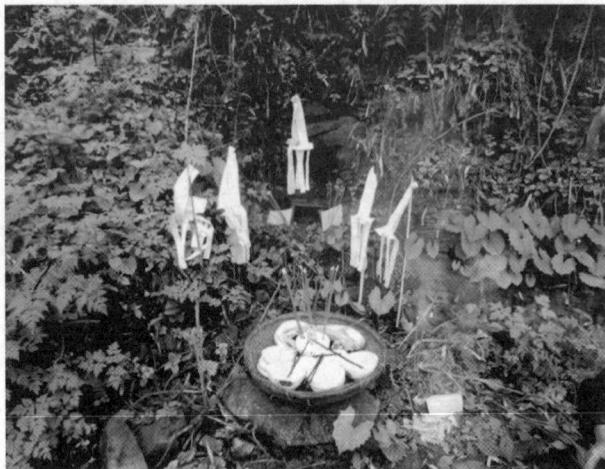

整个祭祀的场景　（石金津摄）

阴间吃了得饱，阳间喝了得醉。弟子叩请祖师石法高、石法旺、石法胜、石法高，祖师明章明玉，国高国鸿，光三光求，长春长先。天上星斗，地下仙人。阴间祖师，阳间本师。阴阳星士，三坛两教。古往今来，历代祖师。叩在弟子身前身后，身左身右。同我弟子起手成法成诀，动脚成罡成步。早讲早灵，夜讲夜顺。

用鸡挡煞

此鸡此鸡，非凡之鸡，叫则三千玄应，啼则万里光明，日落它送，日出它迎，身亮如锦，五彩祥云。在人间名为五德，在吾于化为灵凤，出神入化，一身正气，雄风纠察，气势非凡。

有煞无煞，雄鸡挡煞。有殃无殃，雄鸡除殃。有灾无灾，鸡血消灾。有祸无祸，鸡血隔脱，有冤无冤，鸡血当斩，一斩天殃地煞不敢当，二斩凶神恶煞尽躲藏，三斩年煞月煞，日煞时煞，一百二十凶神恶煞尽消亡，凶神挡归天涯去，恶煞隔归大海洋，千年万代回不转，从今之后无灾殃。

（左手拿鸡翅，右手作剑诀对鸡冠做斩状，然后掐破鸡冠，放出鸡血。叫来信士手拿三根燃香站在案桌前，巴代将三张纸钱折后沾上一点鸡血并扯下几根鸡腿毛一起拿在右手上，在信士的背后从头扫到脚，共三次后，再放于纸钱炉中烧掉。如此作法三次，每次扫三下，边扫边念。）

用鸡毛鸡血涂纸钱解扫凶煞

伏以：信士某某某，生于某某某某年某某月某某日。时辰带来，八字带到。年犯月犯，日犯时犯，多了蛇星巳神，犯了天煞地煞，年煞月煞，日煞时煞，一百二十凶神恶煞。头上解身上，身上解脚下。天煞归天，地煞归地。鸡血扫到，凶神恶煞远远退位。蛇星巳神，洞穴安位。莫惊莫动，莫走莫行。千年你有洞居，万代你有穴住。

（上段神辞要念三次，每次扫三下，烧掉后再扯鸡毛涂血扫一次。）

将鸡血鸡毛涂于洞穴边

伏以：此鸡此鸡，非凡之鸡。挡煞之鸡，隔邪之鸡。要挡天煞地煞、年煞月煞、日煞时煞，一百二十凶神恶煞。天煞要挡归天，地煞要挡归地。鸡血落地，凶神恶煞远远退去。

安土地神咒

元始安镇，普告万灵。左社右稷，不得妄惊。回向正道，内外澄清。各安方位，备守岩屋。太上有命，搜捕邪精。护法神王，保卫安宁。皈依大道，元亨利贞。急急如律令。

（三遍后打顺筶。）

尚来祖师人等，人人辛苦，个个辛劳。今有辛苦酒呈，辛劳酒献。敬送满堂师父，满殿师尊。人人动手，个个动口。喝在金口银口，装进金肚银肚。

茶来吃剩交在你的茶坊，酒来吃剩交在你的酒店。黄缸米酒，交在金缸，送在银缸。刀头压盘，香米利是。交在你的手中，送在你的手内。金钱银钱，纸马钱财。人会发火，火化钱财，钱财用凭火化，收钱上仓，收米上库。

上来法事该办已毕，法筵该做已完。该供已奉，该领已受。当办已办，当做已做。内中若有小差小误，祖师帮助补齐补好。神辞若有颠三倒四，宗师帮助修好改正。天地阴阳，年月日时，百无禁忌，大吉大利。弟子交钱坐得千年，度纸坐过百岁。家发人兴，财兴人旺，富贵双全，安康吉庆。天条所准，律令所依，凡在光中，全叨庇佑。诸神受领供奉已毕，打马回府，上轿回衙。来从天边，转去天边。来从海角，转去海角。回到你的千年本堂，转去你的万年本殿。来时有请，去时有送。送去千里之远，隔去万里之遥。黄斑把断千年路，送去千年万代不回程。人也清，理也清，无缺无欠再无情。人神隔断万里路，千年万代不回门。土地回转琉璃瓦屋，龙神回转金堂瓦殿。祖师回去法堂宝殿，本师转去老堂旧殿。拥护弟子，保佑师郎。千年禄在本魂，万代马在本命。青龙不动，白虎不开。

十六、山洞寄虎科仪

【题解】

山洞寄虎是指把命局中多余的虎寄到深山老林的岩洞里的一种仪式。有人在其出生的年、月、日、时的地支中出现两个以上"寅"字，有的甚至四个都是"寅"字，变成了虎年虎月虎日虎时，四柱全是虎。虎太多了，凶猛过度，争抢食物，相互残杀。据中国人的传统说法，这会使命主遭遇突发的血光之灾，或性情凶恶暴躁，喜怒无常，爱打架斗殴。不仅伤及自身，而且还会殃及亲人。据说还会出现肝胆、头颈、四肢、筋脉、眼目、神经等方面的疾病，而且会交替出现，严重地影响人的健康。故而有必要把这些虎寄拜在老木青山的岩洞等处，让它们有地方可安居，不去伤人，不被人类打杀，不来烦扰命主。

八字中的虎在术语上称为"寅"。此虎在六十甲子中共有五只，即甲寅、丙寅、戊寅、庚寅和壬寅。这五只猛虎都属于阳虎，也就是五只公虎。如果在人的"四柱"中出现两只以上，且又是左右紧挨而没有隔离的，就要到老木青山的岩洞等处去寄虎了。

主家事先要准备好五片肉(三指大)、一块刀头肉、一瓶酒、七柱糍粑、香米利是、信香冥钱、一只公鸡。选用属猪的日子，因为"亥"与"寅"合，用这些日子去寄虎，虎才相安无事。

下午去，才不至于招惹人。到了岩洞前，在岩洞边用石块筑一小土地屋，在屋前铺纸钱，摆两柱糍粑，点两炷香插在两边。将一应供品摆在隔筛上，巴代焚香烧纸，叩师藏身后才可正式请神。仪式中，要一人烧纸，一张接一张一直烧到仪式完毕。请神到后，通呈保佑，敬吃送喝，然后要将肉摆在洞穴中，让虎有吃的。再用公鸡挡煞。掐破鸡冠出血，将鸡毛鸡血涂在三张折过了的纸钱上，给信士扫除虎煞。还要将鸡血鸡毛涂沾在洞穴两边岩石上以隔凶煞。最后送神，回家。

山洞寄虎科仪是在阴阳学兴盛之后出现的，是苗乡的特色道教科仪。

【神辞】

（巴代先生站在案桌前，手拿纸钱，先作揖一拜，然后边烧纸钱边念：）
伏以——
角亢氏房心尾箕，斗牛女虚危室壁，
奎娄胃昴毕觜参，井鬼柳星张翼轸。
斗、错、权、衡、毕、伏、标。
吾奉太上老君急急如律令。

师爷！香烟一烧，遍满天朝。香烟一燃，遍满三界。香烟一焚，遍满乾坤。腾腾瑞气，朵朵祥云，诚心启请，神圣降临。阴把香烟为据，阳把竹筶为凭。据虔据诚，凭人凭神。香烟能通天地，祥云能感福神。今者，在起某某省某某县，某某乡某某村土地祠下，在起东家户主，某氏某某门中。恭就福神坛下，诚心沐手，诚意焚香。不请别神，不奉外道。

伏以：坛场肃静，外道回避。土地正位，龙神护卫。邪魔拱首，外道皈依。弟子虔诚，志心恭敬。烧起一炷信香，乾坤开泰。烧起二炷陈香，阴阳合和。烧起三炷宝香，清净吉利。闻此香烟，凶煞退位，吉星降临。

烧香不请何神，不叫何鬼。

谨焚真香，一心奉请。弟子法坛会上，开坛传教，历代先祖先宗，宗本祖师，祖本仁师。查名不到自到，点字不齐自齐。随心观想祖师，随意乘念祖师，传我教我祖师，拥我护我祖师。请得宗师齐来到，迎得祖师降来临。祖师石法高座上祖师，祖师石法旺座上祖师。石法灵座上，石法顺座上，随同法号有请，一齐降下来临。传教护教，行教演教，行教得准祖师，演教得灵本师。护教得安祖师，帮教得力仁师。三教两教祖师，五坛七教仁师。腾云乘风而至，驾雾乘光而临。神通闪闪，雷鸣轰轰。威灵赫赫，威仪堂堂。来到上排上坐，中排中坐，排方正坐。

奉请先天德道，后天德行。先天合真，后天合神。寄拜宗师，寄解祖师。阴阳宗师，八卦祖师。天干正位，地支正神。甲乙丙丁戊己，庚辛壬癸十神。子丑寅卯，辰巳午未，申酉戌亥。伏羲文王，周公孔子，五大圣人。云梦山头鬼谷先生，左衙判事陈抟先生，右衙掌印穆修先生，传下凡间孙膑先生，诸葛孔明先生，李淳风先生，袁氏天罡先师。杨救贫、刘伯温先生。杜氏九天玄女仙娘，值日传书玉女，奏事功曹，上天鉴善察恶，过往虚空一切吉神。奉请祖师石法高、石法旺、石法顺、石法高、石明璋、石明玉、石国高、石国鸿，光三光求，长春长先。天上星斗，地下仙人。阴间祖师，阳间本师。阴阳星士，三坛两教。古往今来，历代祖师。多有查名不到，少有点字不齐。有请来到肉行堂中，有迎来临案板堂内。

奉请先来为大，先到为尊。先发为祖，先养为宗。先立此村此寨，先管此山此地。此村人家是你所发，此寨人户为你所兴。立为先祖，奉为先宗。生时管山管水，死后成龙成神。安在村中，奉于村内。村头古老林下岩屋为祠，寨中古老树下岩板为堂。管村管寨虎狼不凶，管坊管地瘟火不侵。接受全村香火，保佑全寨平安。本村当坊土地，本寨老祖正神。

一心奉请：某氏堂上，某氏门中，家奉儒释道三教，净莹有感一切福神。斋神功德，佛道真仙。文昌开化，梓潼帝君。伏魔大帝，关圣帝君。求财有感，四官大神。九天司命，太乙府君。灶公灶母，灶王灶君。当年太岁。至德真神。本音堂上，历代祖先。家亡先祖，老少众魂。上至高尊祖考，下至玄远宗亲。始宗始祖，发子发孙。发千发万，发达发旺。信士本家堂上香火，户主本族本房香灯。历代先宗先祖，历朝先公先婆，先父先母，先辈先人。堂上高尊祖考妣，炉中太祖父辈魂。查得有名不到，点得有字不齐。心到请到，意到念临。去是前后陆续，来时同请同到。到堂把持香火，到殿把持香灯。来到堂中，迎到堂内。

谨焚真香，一心奉请：

六十甲子，阴阳五行。生克制化，旺相休囚。长生帝旺，建除满平。本命星主，四柱元辰。甲寅、丙寅、戊寅、庚寅、壬寅神众。扁担王花，过山猛虎。

出兵出在何州，要来请到何州。出马出在何县，要来请到何县。请到先天堂中，后天堂殿。老木古木，万里青山，高坡陡岭，岩土洞穴。千年本堂，万年本殿。有车上车，有马上马。风快跟风，雨快跟雨。山快跟山，水快跟水。铺去阴阳二桥，请下凡间之中，地名某某某某，深山老林，岩洞之边，土穴之旁。有车请来众人下车，有马请来众人下马。请来上排上坐，下排下坐，排方正坐。上请莫动，下请莫游。

伏以——

一份来了，二份不请同来，飞云走马功曹上参。一份来到，二份不请同到，飞云走马功曹上报。发兵去请，发马去报。二份转来奉请——

六十甲子，阴阳五行。生克制化，旺相休囚。长生帝旺，建除满平。本命星主，四柱元辰。甲寅、丙寅、戊寅、庚寅、壬寅神众。扁担王花，过山猛虎。

出兵出在何州，要来请到何州。出马出在何县，要来请到何县。请到先天堂中，后天堂殿。老木古木，万里青山，高坡陡岭，岩土洞穴。千年本堂，万年本殿。有车上车，有马上马。风快跟风，雨快跟雨。山快跟山，水快跟水。铺去阴阳二桥，请下凡间之中，地名某某某，深山老林，岩洞之边，土穴之旁。有车请来众人下车，有马请来众人下马。请来上排上坐，下排下坐，排方正坐。上请莫动，下请莫游。

伏以——

二份来了，三份不请同来，飞云走马功曹上参。二份来到，三份不请同到，飞云走马功曹上报。发兵去请，发马去报。三份转来奉请——

人行千里，神降一时。阴间来的好客，阳间到得好马。行兵弟子，阴请阴来，阳请阳到。三请同来，四请同到。有事和你通呈，无事不敢通呈，半天云云，着耳听文。有事和你登堂，无事不敢登堂，半天洋洋，着耳听章。壶中有酒，开壶奠献。茶献一呈，酒分三献。今据公元某某某某年某某月某某日清早良旦，上午之时，下午之时，晚上之期，在起信士户主某氏门中，不管别神外鬼，不管别处外路。

当管六十甲子，阴阳五行。生克制化，旺相休囚。长生帝旺，建除满平。本命星主，四柱元辰。甲寅、丙寅、戊寅、庚寅、壬寅神众。扁担王花，过山猛虎。

出兵出在何州，要来管到何州。出马出在何县，要来管到何县。

一车马头，管到先天堂中，后天堂殿。老木古木，万里青山，高坡陡岭，岩土洞穴。千年本堂，万年本殿。

二车马头，管到东南西北，四个天门，八个地府。四个老堂，八个老殿。在堂管堂，在殿管殿。

三车马头，管到湖南省花垣县董马库乡，洞冲大寨，土地祠下。人管千家开门莫过，神管万家开户莫行。管到地名某某某，深山老林，岩洞之边，土穴之旁。有车管来众人下车，有马管来众人下马。管来上排上坐，下排下坐，排方正坐。上请莫动，下请莫游。

伏以——

人行千里，神降一时。阴间来的好车，阳间到得好马。阴请阴来，阳请阳到。三请同来，四请同到。请来不为千斤大事，不为并无小难。今者信士某某某，生于某某某某年某某月某某日某某时，年柱某某，月柱某某，日柱某某，时柱某某。四柱八字，命中带了某寅某寅，虎星太多，寅神太众。时辰带来，八字带到。今来求你寄拜宗师，阴阳大神，虔诚寄拜虎星寅神。一屋人口，一家人眷。男人不做长心大胆，女人不做三心二意，信人虔诚，主家虔备。刀头酒礼，香米利是。香纸冥财，凡供之仪。项项交在你的手中，样样送在你的手内。

领受在前，保佑在后。领受在左，保佑在右。

保佑信人某某某，今日寄拜虎星寅神。伏愿众神，全恩保佑：

虎星寄安，寅神寄吉。八字祥合，益寿延年。冬免三灾，夏除八难。春秋清吉，四季平安。时序安和，六时吉祥。平安清吉，福寿安康。灾萌不起，灾殃不侵。灾星不临，灾祸不生。遇难成祥，逢凶化吉。凶煞退位，吉星降临。起居得乐，生活得安。一好百好，健康旺盛。口讲合和，脸笑眯眯。屋场得坐，水井得吃。查名得应，点字得齐。居得千年，坐过百岁。年居清吉，月坐平安。福禄多增，寿岁延绵。增福增寿，吉康安泰。福如东海，寿比南山。伏望神恩，全叨庇佑。有灵有验，富贵长久。

刀头酒礼，香米利是。先来敬送：先天真炁，后天正神。先天德道，后天德行。先天合真，后天合神。寄拜宗师，寄解祖师。阴阳宗师，八卦祖师。天干正位，地支正神。甲乙丙丁戊己，庚辛壬癸十神。子丑寅卯，辰巳午未，申酉戌亥。伏羲文王，周公孔子，五大圣人。云梦山头鬼谷先生，左衙判事陈抟先生，右衙掌印穆修先生，传下凡间孙膑先生，诸葛孔明先生，李淳风先生，袁氏天罡先师。杨救贫、刘伯温先生。杜氏九天玄女仙娘，值日传书玉女，奏事功曹，上天鉴善察恶，过往虚空一切吉神。奉请祖师石法高、石法旺、石法顺、石法高、石明璋、石明玉、石国高、石国鸿，光三光求，长春长先。天上星斗，地下仙人。阴间祖师，阳间本师。阴阳星士，三坛两教。

古往今来，历代祖师。多有查名不到，少有点字不齐。

六十甲子，阴阳五行。生克制化，旺相休囚。长生帝旺，建除满平。本命星主，四柱元辰。甲寅、丙寅、戊寅、庚寅、壬寅神众。扁担王花，过山猛虎。

后来敬送：此间土地，本境龙神。洞神穴神，山神等众。吃在金牙银口，装进金肠银肚。还有金钱烧交，银钱烧送。项项交在你的手中，样样送在你的手内。收钱上仓，收米上库。

（奠一点酒肉于纸钱炉内以示供神。）

阴间吃了得饱，阳间喝了得醉。弟子叩请祖师石法高、石法旺、石法胜、石法高，祖师明章明玉、国高国鸿、光三光求、长春长先。天上星斗，地下仙人。阴间祖师，阳间本师。阴阳星士，三坛两教。古往今来，历代祖师。叩在弟子身前身后，身左身右。同我弟子起手成法成诀，动脚成罡成步。早讲早灵，夜讲夜顺。

用鸡挡煞

弟子手拿公鸡一只，交送东路武猖神兵，拿去除灾灭殃。交送南路武猖神将，拿去除凶隔煞。交送西路武猖神兵，拿去除妖降魔。交送北路武猖神将，拿去除祸灭害。交送中路武猖神兵，拿去除鬼灭怪。交送五路武猖神将，拿去除邪隔瘟。鸡毛鸡血，五雷神诀，降龙伏虎，斩妖除邪，鸡血落地，正气上升，邪气远隔，挡去十方门下，隔去天涯海角，一隔千重山，二隔万条河，三隔三千八洋大海，隔去天煞地煞、年煞月煞、日煞时煞，一百二十凶神恶煞。千年不许回头，万代不准现面，一刀两断，永不再见。一隔两断，永不再现，凶煞远遁，邪魔远离，急退急退，五百蛮雷打退！

（左手拿鸡翅，右手作剑诀对鸡冠做斩状，然后掐破鸡冠，放出鸡血。信士手拿三根燃香站在案桌前，巴代将三张纸钱折后沾上一点鸡血并扯下几根鸡腿毛一起拿在右手上，在信士的背后从头扫到脚，共三次，再放于纸钱炉中烧掉。如此作法三次，每次扫三下，边扫边念。）

用鸡毛鸡血涂纸钱解扫凶煞

伏以：信士某某某，生于某某某某年某某月某某日。时辰带来，八字带到。年犯月犯，日犯时犯，多了虎星寅神，犯了天煞地煞，年煞月煞，日煞时煞，一百二十凶神恶煞。头上解身上，身上解脚下。天煞归天，地煞归地。

鸡血扫到，凶神恶煞远远退位。虎星寅神，洞穴安位。莫惊莫动，莫走莫行。千年你有洞居，万代你有穴住。

（上段神辞要念三次，每次扫三下，烧掉后再扯鸡毛涂血扫一次。）

将鸡血鸡毛涂于洞穴边

伏以：此鸡此鸡，非凡之鸡。挡煞之鸡，隔邪之鸡。要挡天煞地煞、年煞月煞、日煞时煞、一百二十凶神恶煞。天煞要挡归天，地煞要挡归地。鸡血落地，凶神恶煞远远退去。

安土地神咒

元始安镇，普告万灵。左社右稷，不得妄惊。回向正道，内外澄清。各安方位，备守岩屋。太上有命，搜捕邪精。护法神王，保卫安宁。皈依大道，元亨利贞。急急如律令。

（三遍后打顺筶。）

尚来祖师人等，人人辛苦，个个辛劳。今有辛苦酒呈，辛劳酒献。敬送满堂师父，满殿师尊。人人动手，个个动口。喝在金口银口，装进金肚银肚。

茶来吃剩交在你的茶坊，酒来吃剩交在你的酒店。黄缸米酒，交在金缸，送在银缸。刀头压盘，香米利是。交在你的手中，送在你的手内。金钱银钱，纸马钱财。人会发火，火化钱财，钱财用凭火化，收钱上仓，收米上库。

三呈三敬已了，三杯三献已毕。斋荤二供，凡仪诸般。众神件件皆纳，众将细细皆领。酒足饭饱，皆大欢喜。该供已经全部供到，该奉已经全部奉呈。礼仪已毕，无有重久。法事已了，盛会已毕。阳间不可久坐，人间不可久留。人神有别，阴阳各异。阴归阴路，阳归阳道。神灵该当打道回府，清官该当打马回衙。带起你的前呼后拥，领起你的满堂帮众。人人不许漏落，个个不准逃散。前队领路，后队随行。不许前后东张西望，不要四处东逃西散。有风不许乱吹，有雨不准乱淋。不许乱呼乱叫，不准乱作乱为。凶秽不可留后，是事不许动作。回去坐堂，转去守殿。各发善心，各起善愿。千年坐堂，万代坐殿，千年莫动，万代莫行。土地回转琉璃瓦屋，龙神回转金堂瓦殿。祖师回去法堂宝殿，本师转去老堂旧殿。拥护弟子，保佑师郎。千年禄在本魂，万代马在本命。青龙不动，白虎不开。信士户主，还了得保，敬了得到。一家老小，吉利平安。

（用莲花诀顺收。）

行兵弟子，正魂本命，三魂七魄。收在十二洞前洞后，收在十二洞左洞右。弟子增福延寿，长命百岁。（藏身诀）

巴代高声云：清吉平安，长命富贵！

主人家答：感谢师父！

十七、悬崖寄猴科仪

【题解】

悬崖寄猴是指把命局中多余的猴寄到悬崖峭壁，如本地没有悬崖则可寄到大果木树上的一种仪式。猴在人的八字中叫作"申"，五行属金。如有人在其出生的年、月、日、时的地支中出现两个以上"申"字，有的甚至四个都是"申"字，变成猴年猴月猴日猴时，人的"四柱"中全是猴。猴太多了，会手脚乱动，狂乱过度，争抢食物，相互打架。据中国人的传统说法，这会使命主多动，惹是非，遭冤屈，一生动荡不安。同时还会出现大肠、肺、脐、气管、精血等部位的疾病，而且会交替出现，严重地影响人的健康。故而有必要把这些猴寄在老木青山的悬崖山洞、果木果树等处，让它们有地方可安居，不来烦扰命主。

八字中的猴称为"申"。此猴在六十甲子中共有五只，即甲申、丙申、戊申、庚申和壬申。这五只猴都属于阳猴，是五只公猴。如果在人的"四柱"中出现两只以上，且又是左右紧挨而没有分开的，就要到老木青山的悬崖山洞、果木果树等处去寄猴。

主家事先要准备好五果(如桃、板栗等)、一块刀头肉、一瓶酒、七柱糍粑、香米利是、信香冥钱、一只公鸡。选用属蛇的日子，因为"巳"与"申"合，在这些日子去寄猴，猴才相安无事。

下午去，才不至于招惹人。到了场地之后，先在悬崖下或果木下用石块筑一小土地屋，烧香插在两边，并在屋前铺上纸钱、摆上两柱糍粑和五果。再用筛子摆上刀头酒礼、供品等物，鸡摆在地上。巴代边烧纸钱边念神辞，要一张接一张一直烧到仪式完毕。请神到后，通呈保佑，敬吃送喝，然后要将五果散在四周，让猴有吃的。再用公鸡挡煞。掐破鸡冠出血，将鸡毛鸡血涂在三张折过了的纸钱上，给信士扫除猴煞。还要将鸡血鸡毛涂沾在岩屋两边岩石上以隔凶煞。最后送神，回家即可。

悬崖寄猴科仪是苗乡特色道教科仪。

【神辞】

伏以——
道法不用多，南山观北河，
斗然一个字，降尽世间魔。
吾奉太上老君急急如律令。

伏以：日出东方，天地吉祥。某某某某年某某月某某日某某时，清早良旦，日吉时良，天地开张。百般祥和，大吉大昌。信士本因祈福保安盛事，奉请弟子来到家堂。开启之初，布供设坛，摆设长台师椅，桌台椅凳。金杯银碗，金调银筷。刀头酒礼，凡供之仪。烧起陈香华香，龙凤宝香。烧香不请何神，不叫何鬼。不请别处，不叫外路。

伏以：坛场肃静，外道回避。土地正位，龙神护卫。邪魔拱首，外道皈依。弟子虔诚，志心恭敬。烧起一炷信香，乾坤开泰。烧起二炷陈香，阴阳合和。烧起三炷宝香，清净吉利。闻此香烟，凶煞退位，吉星降临。

烧香不请何神，不叫何鬼。一心皈命礼请：上坛七千祖师，下坛八万兵马。南郊大王，北郊天子。开坛宗师，演教祖师。行教本师，帮教仁师。宗师鸿君老宗，祖师道德老祖。自古一教传三友，老子一炁化三清。天下法堂共一教，世上法坛共老君。弟子祖传祖教坛上，历代宗本祖师。师郎本坛本教坛中，历代先宗先师先人。只请本坛，别坛勿动。只奉本教，别勿无奉。宗师法高法旺，祖师法灵法顺。双名两字，双字两名。查名奉请，依教奉行。随心念到，观想自临。一顺百顺，有验有灵。祖师来到堂中，本师来临堂内。

谨焚真香，一心奉请。弟子法坛会上，开坛传教，历代先祖先宗，宗本祖师，祖本仁师。查名不到自到，点字不齐自齐。随心观想祖师，随意乘念祖师，传我教我祖师，拥我护我祖师。请得宗师齐来到，迎得祖师降来临。祖师石法高座上祖师，祖师石法旺座上祖师。石法灵座上，石法顺座上，随同法号有请，一齐降下来临。传教护教，行教演教，行教得准祖师，演教得灵本师。护教得安祖师，帮教得力仁师。三教两教祖师，五坛七教仁师。腾云乘风而至，驾雾乘光而临。神通闪闪，雷鸣轰轰。威灵赫赫，威仪堂堂。来到上排上坐，中排中坐，排方正坐。

一心奉请：本音堂上，历代祖先。家亡先祖，老少众魂。上至高尊祖考，下至玄远宗亲。男昌伯叔，女妹姑嫜。老不真名，少不到此。是其宗支，普同供养。信士本宗本祖，户主本房本族。始祖一家，先宗一房。一家发了千家，一户发了万户。历朝历代先祖，历代历朝先人。先祖堂中众位元老，先宗堂内众位先辈。本家本姓祖宗，本房本族祖德。家堂香火，福德正神。保佑儿孙发达先祖，庇佑后代发旺先人。回归天堂不同年月，请坐香炉同日同时。一份请到先祖堂中，二份请到墓坟山地，三份请到家堂香火，乘香来到，随请来临。

奉请一村之祖，一寨之宗。先来先开，先居先坐。地盘是你先开，村寨是你先立。经代代繁衍而满村，过世世生养而满寨。公公发一村而为村祖，婆婆养一寨而成寨宗。先时古木树下岩块为屋，而今古老树下岩板为祠。管虎狼猛兽不伤人畜，除瘟疫火灾不殃村寨。每家祭祖必先请你，每户敬神必先奉驾。保得清吉，佑得平安。大宗大祖，土地尊神。道高三天，德被三界。本境本地祀奉有请，本村本寨祈福有敬。礼当请你先来为主，后请他神后到为宾。该当家祖寨祖先奉，本应村宗家祖先迎。村宗久远查名不到，寨祖久长点字不明。专请本村本寨先祖土地，专奉本境本处始祖正神。闻今有请，感应降临。

奉请寄拜宗师，寄解祖师。阴阳宗师，八卦祖师。天干正位，地支正神。甲乙丙丁戊己，庚辛壬癸十神。子丑寅卯，辰巳午未，申酉戌亥。伏羲文王，周公孔子，五大圣人。云梦山头鬼谷先生，左衙判事陈抟先生，右衙掌印穆修先生，传下凡间孙膑先生，诸葛孔明先生，李淳风先生，袁氏天罡先师。杨救贫、刘伯温先生。杜氏九天玄女仙娘，值日传书玉女，奏事功曹，上天鉴善察恶，过往虚空一切吉神。奉请祖师石法高、石法旺、石法顺、石法高、石明璋、石明玉、石国高、石国鸿，光三光求，长春长先。天上星斗，地下仙人。阴间祖师，阳间本师。阴阳星士，三坛两教。古往今来，历代祖师。多有查名不到，少有点字不齐。有请来到肉行堂中，有迎来临案板堂内。

谨焚真香，一心奉请：

六十甲子，阴阳五行。生克制化，旺相休囚。长生帝旺，建除满平。本命星主，四柱元辰。甲申、丙申、戊申、庚申、壬申神众。猴公猴母，猴娘猴爷，猴子猴孙。

　　出兵出在何州，要来请到何州。出马出在何县，要来请到何县。请到先天堂中，后天堂殿。老木青山，万丈悬崖，高坡陡岭，高岩陡洞。千年本堂，万年本殿。有车上车，有马上马。风快跟风，雨快跟雨。山快跟山，水快跟水。铺去阴阳二桥，请下凡间之中，地名某某某，悬崖之边，陡岭之旁（或果木之边，果树之旁）。有车请来众人下车，有马请来众人下马。请来上排上坐，下排下坐，排方正坐。上请莫动，下请莫游。

　　伏以——

　　一份来了，二份不请同来，飞云走马功曹上参。一份来到，二份不请同到，飞云走马功曹上报。发兵去请，发马去报。二份转来奉请——

　　六十甲子，阴阳五行。生克制化，旺相休囚。长生帝旺，建除满平。本命星主，四柱元辰。甲申、丙申、戊申、庚申、壬申神众。猴公猴母，猴娘猴爷，猴子猴孙。

　　出兵出在何州，要来请到何州。出马出在何县，要来请到何县。请到先天堂中，后天堂殿。老木青山，万丈悬崖，高坡陡岭，高岩陡洞。千年本堂，万年本殿。有车上车，有马上马。风快跟风，雨快跟雨。山快跟山，水快跟水。铺去阴阳二桥，请下凡间之中，地名某某某，悬崖之边，陡岭之旁（或果木之边，果树之旁）。有车请来众人下车，有马请来众人下马。请来上排上坐，下排下坐，排方正坐。上请莫动，下请莫游。

　　伏以——

　　二份来了，三份不请同来，飞云走马功曹上参。二份来到，三份不请同到，飞云走马功曹上报。发兵去请，发马去报。三份转来奉请——

　　六十甲子，阴阳五行。生克制化，旺相休囚。长生帝旺，建除满平。本命星主，四柱元辰。甲申、丙申、戊申、庚申、壬申神众。猴公猴母，猴娘猴爷，猴子猴孙。

　　出兵出在何州，要来请到何州。出马出在何县，要来请到何县。请到先天堂中，后天堂殿。老木青山，万丈悬崖，高坡陡岭，高岩陡洞。千年本堂，万年本殿。有车上车，有马上马。风快跟风，雨快跟雨。山快跟山，水快跟水。铺去阴阳二桥，请下凡间之中，地名某某某，悬崖之边，陡岭之旁（果木之边，果树之旁）。有车请来众人下车，有马请来众人下马。请来上排上座，下排下坐，排方正坐。上请莫动，下请莫游。

伏以——

三请周礼圆满，三奉礼仪圆毕。阴间来的好客，阳间到得好马。行兵弟子，阴请阴来，阳请阳到。三请同来，四请同到。有事和你通呈，无事不敢通呈，半天云云，着耳听文。有事和你登堂，无事不敢登堂，半天洋洋，着耳听章。壶中有酒，开壶奠献。茶献一呈，酒分三献。今据公元某某某某年某某月某某日清早良旦，上午之时，下午之时，晚上之期，在起信士户主某氏门中，不管别神外鬼，不管别处外路。

当管六十甲子，阴阳五行。生克制化，旺相休囚。长生帝旺，建除满平。本命星主，四柱元辰。甲申、丙申、戊申、庚申、壬申神众。猴公猴母，猴娘猴爷，猴子猴孙。

出兵出在何州，要来管到何州。出马出在何县，要来管到何县。

一车马头，管到先天堂中，后天堂殿。老木古木，万里青山，高坡陡岭，岩土洞穴。千年本堂，万年本殿。

二车马头，管到东南西北，四个天门，八个地府。四个老堂，八个老殿。在堂管堂，在殿管殿。

三车马头，管到湖南省花垣县董马库乡，洞冲大寨，土地祠下。人管千家开门莫过，神管万家开户莫行。管到地名某某某，悬崖之边，陡岭之旁（果木之边，果树之旁）。有车管来众人下车，有马管来众人下马。管来上排上坐，下排下坐，排方正坐。上请莫动，下请莫游。

伏以——

人行千里，神降一时。阴间来的好车，阳间到得好马。阴请阴来，阳请阳到。三请同来，四请同到。

请来不为千斤大事，不为并无小难。今者信士某某某，生于某某某某年某某月某某日某某时，年柱某某，月柱某某，日柱某某，时柱某某。四柱八字，命中带了某申某申，猴星太多，中神太众。时辰带来，八字带到。今来求你寄拜宗师，阴阳大神，虔诚寄拜猴星申神。一屋人口，一家人眷。男人不做长心大胆，女人不做三心二意，信人虔诚，主家虔备。刀头酒礼，香米利是。香纸冥财，凡供之仪。项项交在你的手中，样样送你的手内。

领受在前，保佑在后。领受在左，保佑在右。

保佑信人某某某，今日寄拜猴星申神。伏愿众神，全恩保佑：

猴星寄安，申神寄吉。八字祥合，益寿延年。

冬免三灾，夏除八难。春秋清吉，四季平安。
时序安和，六时吉祥。平安清吉，福寿安康。
灾萌不起，灾殃不侵。灾星不临，灾祸不生。
遇难成祥，逢凶化吉。凶煞退位，吉星降临。
起居得乐，生活得安。一好百好，健康旺盛。
口讲合和，脸笑眯眯。屋场得坐，水井得吃。
查名得应，点字得齐。居得千年，坐过百岁。
年居清吉，月坐平安。福禄多增，寿岁延绵。
增福增寿，吉康安泰。福如东海，寿比南山。
伏望神恩，全叨庇佑。有灵有验，富贵长久。

刀头酒礼，香米利是。先来敬送：先天真炁，后天正神。先天德道，后天德行。先天合真，后天合神。寄拜宗师，寄解祖师。阴阳宗师，八卦祖师。天干正位，地支正神。甲乙丙丁戊己，庚辛壬癸十神。子丑寅卯，辰巳午未，申酉戌亥。伏羲文王，周公孔子，五大圣人。云梦山头鬼谷先生，左衙判事陈抟先生，右衙掌印穆修先生，传下凡间孙膑先生，诸葛孔明先生，李淳风先生，袁氏天罡先师。杨救贫、刘伯温先生。杜氏九天玄女仙娘，值日传书玉女，奏事功曹，上天鉴善察恶，过往虚空一切吉神。奉请祖师石法高、石法旺、石法顺、石法高、石明璋、石明玉、石国高、石国鸿，光三光求，长春长先。天上星斗，地下仙人。阴间祖师，阳间本师。阴阳星士，三坛两教。古往今来，历代祖师。多有查名不到，少有点字不齐。

六十甲子，阴阳五行。生克制化，旺相休囚。长生帝旺，建除满平。本命星主，四柱元辰。甲申、丙申、戊申、庚申、壬申神众。猴公猴母，猴娘猴爷，猴子猴孙。

后来敬送：此间土地，本境龙神。木神树神，山神等众。吃在金牙银口，装进金肠银肚。还有金钱烧交，银钱烧送。项项交在你的手中，样样送在你的手内。收钱上仓，收米上库。

（奠一点酒肉于纸钱炉内以示供神。）

阴间吃了得饱，阳间喝了得醉。弟子叩请祖师石法高、石法旺、石法胜、石法高、祖师明章明玉、国高国鸿、光三光求、长春长先。天上星斗，地下仙人。阴间祖师，阳间本师。阴阳星士，三坛两教。古往今来，历代祖师。叩在弟子身前身后，身左身右。同我弟子起手成法成诀，动脚成罡成步。早讲早灵，夜讲夜顺。

用鸡挡煞

东家拿来一只鸡，弟子化作挡煞鸡。
此鸡不是非凡鸡，挡隔凶煞远远退。
雄鸡一叫东方明，凶神恶煞躲纷纷。
雄鸡一叫天下白，凶神恶煞跑不扯。
此鸡化作光明神，凶神恶煞无踪影。
此鸡化作正气神，凶神恶煞远逃遁。
此鸡化作挡煞神，凶神恶煞远远奔。
此鸡化作隔煞神，凶神恶煞化为尘。
隔去天煞地煞，年煞月煞，日煞时煞，
一百二十凶神恶煞，一切灾殃无踪影！
凶神挡归天涯去，恶煞隔归大海洋，
千年万代回不转，从今之后无灾星，
大吉大利。

（左手拿鸡翅，右手作剑诀对鸡冠做斩状，然后掐破鸡冠，放出鸡血。信士手拿三根燃香站在案桌前，巴代将三张纸钱折后沾上一点鸡血并扯下几根鸡腿毛一起拿在右手，在信士的背后从头扫到脚，共三次，放于纸钱火炉烧掉。如此作法三次，每次扫三下，边扫边念。）

用鸡毛鸡血涂纸钱解扫凶煞

伏以：信士某某某，生于某某某某年某某月某某日。时辰带来，八字带到。年犯月犯，日犯时犯，多了申星猴神，犯了天煞地煞，年煞月煞，日煞时煞，一百二十凶神恶煞。头上解身上，身上解脚下。天煞归天，地煞归地。鸡血扫到，凶神恶煞远远退位。申星猴神，洞穴安位。莫惊莫动，莫走莫行。千年你有洞居，万代你有穴住。

（上段神辞要念三次，每次扫三下。烧掉后再扯鸡毛涂血扫一次。）

将鸡血鸡毛涂于洞穴边

伏以：此鸡此鸡，非凡之鸡。挡煞之鸡，隔邪之鸡。要挡天煞地煞、年煞月煞、日煞时煞，一百二十凶神恶煞。天煞要挡归天，地煞要挡归地。鸡血落地，凶神恶煞，远远退去。

安土地神咒

元始安镇，普告万灵。左社右稷，不得妄惊。回向正道，内外澄清。各安方位，备守岩屋。太上有命，搜捕邪精。护法神王，保卫安宁。皈依大道，元亨利贞。急急如律令。

（三遍后打顺笆。）

尚来祖师人等，人人辛苦，个个辛劳。今有辛苦酒呈，辛劳酒献。敬送满堂师父，满殿师尊。人人动手，个个动口。喝在金口银口，装进金肚银肚。

茶来吃剩交在你的茶坊，酒来吃剩交在你的酒店。黄缸米酒，交在金缸，送在银缸。刀头压盘，香米利是。交在你的手中，送在你的手内。金钱银钱，纸马钱财。人会发火，火化钱财，钱财用凭火化，收钱上仓，收米上库。

上来，酬神敬奉，通呈保佑已了，三献酒食已毕。人神皆领，阴阳皆利。乐得敬奉，喜得酒食。吃剩交纳在手，喝余交纳在瓶。众神酒醉饭饱，列位心满意足。到时当堂辞客，到边当坛送神。辞客回家，送神回堂。水有源头，木有根荄。人有老家，神有老堂。从何处来，转何处去。人归正路，马归正道。不做一涨一退三溪水，不学一反一复小人心。君子一言，驷马难追。一锤定音，讲话算数。户主心愿已做已了，信士神愿已还已毕。一堂准得千堂，一愿准得万愿。从今之后，互不相干，永不相欠。回到你的千年本堂，转到你的万年本殿。莫走莫动，莫动莫行。眼看天边，莫看信士一边，眼看十方，莫看信士一方。眼看八面，莫看信士一面。一刀两断，再不相见。土地回转琉璃瓦屋，龙神回转金堂瓦殿。祖师回去法堂宝殿，本师转去老堂旧殿。拥护弟子，保佑师郎。千年禄在本魂，万代马在本命。青龙不动，白虎不开。交钱得过，度纸得明。清官明府，福寿康宁。

巴代高声云：清吉平安，长命富贵！
主人家答：感谢师父！

十八、年饭敬祖师科仪

【题解】

传说巴代法坛(祖师坛)的祖师们在过年期间，也要放年假让祖师们回到上天的"老君大堂、玉皇大殿"中的"学师堂中、学法堂内、教师堂中、教法堂内"过年。假期一般为三天，从大年三十的年饭后开始，到新年初三的夜饭前为止。祖师们吃了年饭之后便上天去了，到初三晚饭前要回转到法坛。去时巴代用年饭奉送，转时用晚饭接回。因此，敬年饭又叫作"放祖师过年饭"，苗语叫作"将棍空"。

大年三十，做好年夜饭后，巴代得先在法坛前的供桌上摆五碗饭、三碗肉、三碗酒，烧九炷香，三炷插在上坛大炉中，三炷插在下坛中炉内，三炷插在大门边的小炉上。同时，在上坛的两边各挂一束长纸钱、一束纸马，在大门外两边各挂一束大长纸钱。烧香后，巴代手拿筶子站于桌前，作三个揖，即可请祖师。敬了年饭之后即可烧化纸钱送祖师们上天宫去。

【神辞】

师爷——师爷!

一点乾坤大，横担日月长，波浪天地盖，邪神毁在灭光。日吉时良，天地开昌。万灵镇伏，安泰吉昌。大道当前，邪魔消亡。一炷真香通三界，二炷宝香达天地，三炷信香遍凡阳。闻此宝香，弟子所叩神真降临。不请别神，不奉别教。单请弟子法堂宝殿，老堂旧殿。开坛祖师，传教祖师，交钱祖师，度钱祖师。天下法坛共道主，世上法坛共老君。宗师随香来到坛中，祖师乘烟来临堂内。宣演正教，信受奉行。

冬到年尽，三十良夜。人间同喜，普天回庆。弟子在起中宫门首，中堂大殿。法堂宝殿，老堂旧殿。立造坛场，摆设香案。烧起一炷金炉宝香，二炷银炉真香，三炷明炉信香。烧香洋洋，立造坛场。邪魔拱首，外道惊慌。烧香浓浓，立造坛中。凶煞退尽，恶鬼无踪。烧香纷纷，立造坛庭。凶星退位，吉星照临。香云盖天，紫云盖地。人看不见，鬼看不明。香不乱烧，神不乱请。

师爷——师爷。

一心皈命礼请：敲角七声，三元盘古，三元法主，三桥王母，三清大道。弟子法堂会中，师郎宝殿坛上。阴传阴教，阳传阳教。前传后教，不传自教。梦传梦教，祖传师教。三坛两教，同坛共教。拥我护我，源渊祖师。闻今有请，伏愿降临。请降法坛，受今供奉。

师爷——师爷。

一心皈命礼请：坐坛师、管坛师、镇坛师、护坛师。巡坛师，鉴坛师。掌坛大法师尊，兴教大法师人。左边执肃静，右边拿回避。抬旗掌号，鸣锣开道。天仙猛将，地仙神兵。闻今有请，急速降临。请降法坛，受今年饭供奉。

师爷——师爷。

一心皈命礼请：前代祖师石法高，后代祖师石法旺、石法灵、石法胜、龙法灵、龙法胜、龙法通、龙法高、龙法旺、江法灵、吴法德、侯法斌、田法魁、田法寿、吴法成。掌度祖师龙法胜，前代安坛刘法旺，后代祖师龙法胜、龙法明、龙法胜、石法明、石法胜。高公祖师石法旺，尊公祖师石法高、石法魁。后代安坛龙法灵。祖公祖师石法高、石法旺。师伯石法胜，严父祖师石法高。闻今有请，急速降临。请降法坛，受今年饭供奉。

师爷——师爷。

一心皈命礼请：上坛七千祖师，下坛八万兵马。南郊大王，北郊天子。东路东营木神兵马，南路南营火神兵将。西路西营金神兵马，北路北营水神兵将。中路中营土神兵马，五营五营兵马兵将。五营四哨武狷，五路五界武狷。牛头马面武狷，青脸蓝面武狷。翻天倒地武狷，吃毛吃血、吃生吃熟武狷。拿枷把锁、拿枷把锁、拿锤把棒武狷。抬旗掌号，追魂翻案武狷。三十六部护法，三十六道武狷。闻今招请，急速降临。请降法坛，受今年饭供奉。

师爷——师爷。

一心皈命礼请：威武堂上，石氏门中，家奉儒释道三教，净荤有感一切福神。斋神功德，佛道真仙。文昌开化，梓潼帝君。伏魔大帝，关圣帝君。求财有感，四官大神。九天司命，太乙府君。灶公灶母，灶王灶君。当年太岁。至德真神。闻今有请，急速降临。请降仪坛，受今年饭供奉。

师爷——师爷。

一心奉请：本音堂上，历代祖先。家亡先祖，老少众魂。上至高尊祖考，下至玄远宗亲。男昌伯叔，女妹姑嫜。老不真名，少不到此。是其宗支，普同供养。家龛位上，父兮母兮。前亡后化，老幼一派灵魂。闻今有请，急速降临。请降法坛，受今年饭供奉。

师爷——师爷。

一心奉请：本境土地，瑞庆夫人。招财童子，进宝郎君。五方五位，五土龙神。本坊通灵土地，老尊正神。屋檐童子，把门将军。过往虚空，无边真宰。溪源潭洞，水土龙神。良民乡老，地主恩官。地神地主，地脉龙神。闻今有请，急速降临。请降法坛，受今年饭供奉。

师爷——师爷。

尚来，专申礼请，神圣降临。冬到年尽，三十良夜，人间同喜，普天同庆。弟子虔诚备办，信香宝烛，纸马钱财。黄缸米酒，白粮米饭。大鱼大肉，大酒大饭。先送：法坛会上，无量高真。七千祖师，八万师尊。三教福神，祖先大众。天仙兵马，地仙兵将。查名不到，点字不齐。唯愿众神，喜喜皆纳，欢欢领受。

师爷——师爷。

大酒大饭，大鱼大肉。阴间吃了得饱，阳间喝了得醉。吃饱喝醉，喝醉吃饱。还有金钱烧交，银钱烧送。伏愿祖师收钱上仓，本师收米上库。吃了之后回到老君大堂，转去玉皇大殿。回去教师堂中，转去教法堂内。同喜新春，同过新年。等到初三良宵，夜晚之时。弟子在起法堂宝殿，老堂旧殿。摆起神桌，排起香案。虔备凡供之仪，再来迎请诸位祖师，回到凡间，转下凡尘。回到法坛，转到宝殿。

千兵去时不要走东走西，万将行时不要走南走北。千兵不许东逃，万马不要西散。留下管坛使者，护法神王。镇守法坛，护好宝殿。何神不许进堂，别鬼不准进殿。

师爷——师爷。

（用诀按方，立造五方五位。）
东方立起甲乙寅卯木，（木兵诀）

木神兵马镇坛场。（木将诀）

木神兵马九千九万，（大九诀）

木神兵将九万九千，（小九诀）

东方东九夷兵，（九夷诀）

震宫震雷神将。（五雷诀）

天诀	阴仪诀
乾诀	男诀
盖诀	扑诀
动诀	地诀
阳仪诀	坤诀
老父诀	女诀
温柔诀	静诀
仰诀	迎奉诀
伏乞诀	讨要诀
求诀	发愿诀
造化诀	生发诀
和合诀	天地交泰诀
吉祥诀	天设地造诀
天动地静诀	动静诀
阴阳诀	表里诀
两仪诀	元始诀
乾坤诀	老父老母诀
交合诀	情爱诀
发旺诀	造化万物诀
大金刀诀	剑诀
刀诀	斩诀
令箭诀	单礼诀
叩首诀	双礼诀

双叩首诀　　　　　　　　指示诀
指向诀　　　　　　　　　师刀诀
圈刀诀　　　　　　　　　小金刀诀
长枪诀　　　　　　　　　短枪诀
铜棍诀　　　　　　　　　铁棍诀
铜板诀　　　　　　　　　铁板诀
板子诀　　　　　　　　　夹棍诀
链子诀　　　　　　　　　链诀
金链子诀　　　　　　　　链神诀
银链子诀　　　　　　　　链仙诀
铜链子诀　　　　　　　　链鬼诀
铁链子诀　　　　　　　　链妖诀
第三金刀决　　　　　　　毫光诀
大毫光诀　　　　　　　　大千光诀
神光诀　　　　　　　　　仙光诀
阴光诀　　　　　　　　　千里眼诀
千里照诀　　　　　　　　开光诀
闭光诀　　　　　　　　　天桥诀
地桥诀　　　　　　　　　阴桥诀
阳桥诀　　　　　　　　　阴阳二桥诀
叉诀　　　　　　　　　　金叉诀
叉神诀　　　　　　　　　银叉诀
叉仙诀　　　　　　　　　铜叉诀
叉鬼诀　　　　　　　　　铁叉诀
叉妖诀　　　　　　　　　阴阳二叉诀
双叉诀　　　　　　　　　钩诀
铜钩诀　　　　　　　　　勾鬼诀
铁钩诀　　　　　　　　　勾煞诀
金钩诀　　　　　　　　　勾神诀
银钩诀　　　　　　　　　勾仙诀
倒钩诀　　　　　　　　　勾邪诀
阴钩诀　　　　　　　　　阳钩诀
阴阳二钩诀　　　　　　　勾魂诀

杀诀　　　　　　　　　　天杀诀

杀恶神诀　　　　　　　　地杀诀

杀恶鬼诀　　　　　　　　杀妖诀

阴杀诀　　　　　　　　　杀恶仙诀

阳杀诀　　　　　　　　　杀恶煞诀

杀邪诀　　　　　　　　　阴阳杀诀

杀蛊婆诀　　　　　　　　杀草鬼婆诀

杀恶风诀　　　　　　　　杀怪异诀

杀诅咒诀　　　　　　　　杀毒誓诀

相斗诀　　　　　　　　　较量诀

斗雨诀　　　　　　　　　托诀

架碗诀　　　　　　　　　祖师诀

请师诀　　　　　　　　　叩师诀

加持诀　　　　　　　　　子宫祖师诀

丑宫祖师诀　　　　　　　寅宫祖师诀

卯宫祖师诀　　　　　　　辰宫祖师诀

巳宫祖师诀　　　　　　　午宫祖师诀

未宫祖师诀　　　　　　　申宫祖师诀

酉宫祖师诀　　　　　　　戌宫祖师诀

亥宫祖师诀　　　　　　　护师诀

罩师师　　　　　　　　　保师诀

藏师诀　　　　　　　　　念师诀

嘱师诀　　　　　　　　　拜师诀

敬师诀　　　　　　　　　侍师诀

观想诀　　　　　　　　　礼师诀

浴神诀　　　　　　　　　沐浴诀

祖师藏身诀　　　　　　　回身诀

保身诀　　　　　　　　　藏身诀

藏魂诀　　　　　　　　　保命诀

保众信诀　　　　　　　　保财诀

保五谷诀　　　　　　　　保六畜诀

保眷属诀　　　　　　　　保安诀

收祚诀　　　　　　　　　莲华顺收诀

莲华逆收诀　　　　　　收邪诀
收瘟诀　　　　　　　　收灾殃诀
收灾祸诀　　　　　　　收口嘴诀
收官非诀　　　　　　　收病魔诀
收怪异诀　　　　　　　收关煞诀
收火灾诀　　　　　　　收水灾诀
收盗贼诀　　　　　　　收抢犯诀
收魂诀　　　　　　　　通用收魂诀
通用养老诀　　　　　　三子登仙养老诀
五子登仙养老诀　　　　七子登仙养老诀
九子登仙养老诀　　　　化水诀
龙王吐水诀　　　　　　双龙吐水诀
三龙吐水诀　　　　　　五龙吐水诀
化符画诀　　　　　　　化井诀
化牢井诀　　　　　　　天牢地井诀
点穴诀　　　　　　　　点子穴诀
点丑穴诀　　　　　　　点寅穴诀
点卯穴诀　　　　　　　点辰穴诀
点巳穴诀　　　　　　　点午穴诀
点未穴诀　　　　　　　点申穴诀
点酉穴诀　　　　　　　点戌穴诀
点亥穴诀　　　　　　　撑诀
铜撑诀　　　　　　　　铁撑诀
撑天诀　　　　　　　　撑地诀
撑井诀　　　　　　　　撑牢诀
锁诀　　　　　　　　　金锁诀
锁神诀　　　　　　　　银锁诀
锁仙诀　　　　　　　　铜锁诀
锁鬼诀　　　　　　　　铁锁诀
锁妖诀　　　　　　　　阴锁诀
阳锁诀　　　　　　　　双锁诀
单锁诀　　　　　　　　倒锁诀
锁坛诀

东方立起青帝大将军，将军青大炮，（大将军、将军大炮诀）
东方立起青帝小将军，将军青小炮，（小将军、将军小炮诀）
东方立起青帝五哨大弁，红黑大帽，（大弁诀）
青帝五哨小弁，红黑小帽，（小弁诀）
青帝铜面将军，（阳面将军诀）
青帝铁面将军，（阴面将军诀）
甲乙寅卯，（寅宫、卯宫诀）
木神兵将。（震宫诀）
铜篱笆、铁篱笆，（铜铁篱笆诀）
三十六道金绞大笆，（金绞大笆诀）
铜城墙、铁城墙，（铜、铁城墙诀）
高上高万丈，（重叠诀）
立东方，造东方，（剑诀东划）
镇东方，卫东方，（镇诀东坐）
保东方，守东方，（围诀东安）
邪魔外道远远退，（指地成钢诀）
东方堂殿大吉祥。（莲花保身诀）

南方立起丙丁巳午火，（火兵诀）

火神兵马镇坛场。（火将诀）

火神兵马八千八万，（大八诀）

火神兵将八万八千，（小八诀）

南方南八蛮兵，（八蛮诀）

离宫火神将。（火雷诀）

锁链诀	双锁诀
单锁诀	倒锁诀
锁头诀	锁腰诀

锁尾诀　　　　　　　锁身诀

锁邪诀　　　　　　　锁心诀

锁下坛诀　　　　　　锁阴界诀

锁阳界诀　　　　　　锁天门诀

锁地门诀　　　　　　锁东诀

锁南诀　　　　　　　锁西诀

锁北诀　　　　　　　锁中诀

链诀　　　　　　　　锁链诀

铜链诀　　　　　　　链鬼诀

铁链诀　　　　　　　链妖诀

金链诀　　　　　　　链神诀

银链诀　　　　　　　链仙诀

阴链诀　　　　　　　阳链诀

扣链诀　　　　　　　捆链诀

连环诀　　　　　　　锁链诀

死链诀　　　　　　　宝盖诀

天护诀　　　　　　　铜宝盖诀

铁宝盖诀　　　　　　金宝盖诀

银宝盖诀　　　　　　金铁银宝盖诀

盖天诀　　　　　　　盖地诀

盖阴诀　　　　　　　盖阳诀

盖东诀　　　　　　　盖南诀

盖西诀　　　　　　　盖北诀

盖中诀　　　　　　　盖坛诀

盖堂诀　　　　　　　盖伞诀

镇压诀　　　　　　　压邪诀

压怪诀　　　　　　　压病诀

压鬼诀　　　　　　　压灾诀

压恶诀　　　　　　　压口嘴诀

压是非诀　　　　　　压官非诀

压诉讼诀　　　　　　压火诀

压野心诀　　　　　　压狂妄诀

压嚣张诀　　　　　　压头诀

压煞诀　　　　　　　　压东诀
压南诀　　　　　　　　压西诀
压北诀　　　　　　　　压中诀
封诀　　　　　　　　　封牢诀
封井诀　　　　　　　　封阴诀
封阳诀　　　　　　　　封鬼诀
封神诀　　　　　　　　封门诀
封山诀　　　　　　　　封路诀
封口诀　　　　　　　　封斋诀
封地狱门诀　　　　　　封坛诀
封丧诀　　　　　　　　封漏诀
封灶口诀　　　　　　　封恶风诀
封东诀　　　　　　　　封南诀
封西诀　　　　　　　　封北诀
封中诀　　　　　　　　封七十二庙诀
封五岳诀　　　　　　　封洞诀
封官非诀　　　　　　　封失破耗散诀
封阴火诀　　　　　　　封阳火诀
马诀　　　　　　　　　大马诀
小马诀　　　　　　　　阴马诀
阳马诀　　　　　　　　天神马诀
功曹马诀　　　　　　　地神马诀
水神马诀　　　　　　　阳神马诀
赤鬃大马诀　　　　　　君王大马诀
银鬃大马诀　　　　　　祖师马诀
高头大马诀　　　　　　二十四戏马诀
龙车马诀　　　　　　　百鸟嘈嘈诀
飞天马诀　　　　　　　地马诀
快马诀　　　　　　　　回马诀
车诀　　　　　　　　　天车诀
地车诀　　　　　　　　阴车诀
阳车诀　　　　　　　　金车诀
银车诀　　　　　　　　铜车诀

铁车诀	大车诀
小车诀	炮诀
铜炮诀	铁炮诀
阴炮诀	阳炮诀
将军大炮诀	将军小炮诀
合炮诀	天炮诀
地炮诀	神炮诀
仙炮诀	鬼炮诀
雷炮诀	三连九炮诀
礼炮诀	大将军诀
武哨大弁诀	大哥诀
大元帅诀	红黑大帽诀
金盔诀	银盔诀
铜盔诀	铁盔诀
神盔诀	大盔诀
小将军诀	武哨小弁诀
铜柱诀	铁柱诀
撑天柱诀	将军大柱诀
将军小柱诀	神柱诀
红黑小帽诀	小盔诀上
兵盔诀上	头盖诀
三元将军诀	三礼三拜诀
稽首诀	三生万物诀
三堂诀	圆满诀
三分诀	三道诀
三山诀	三清诀
三迎三请诀	三合诀
三元诀	三昧诀
四员枷栲诀	四季诀
四通诀	四海诀
四象诀	四面诀
四大天王诀	五营兵马诀
五方五位诀	五龙诀

五虎诀	五道诀
五岳诀	五通五显诀
五路诀	五洲四海诀
五哨诀	五灵童子诀
五天诀	五色旗号诀
五云诀	五花诀

南方立起赤帝大将军，将军赤大炮，（大将军、将军大炮诀）

南方立起赤帝小将军，将军赤小炮，（小将军、将军小炮诀）

南方立起赤帝五哨大弁，红黑大帽，（大弁诀）

赤帝五哨小弁，红黑小帽，（小弁诀）

赤帝铜面将军，（阳面将军诀）

赤帝铁面将军，（阴面将军诀）

丙丁巳午，（巳宫、午宫诀）

火神兵将。（离宫诀）

铜篱笆，铁篱笆，（铜铁篱笆诀）

三十六道金绞大笆，（金绞大笆诀）

铜城墙，铁城墙，（铜、铁城墙诀）

高上高万丈，（重叠诀）

立南方，造南方，（剑诀南划）

镇南方，卫南方，（镇诀南坐）

保南方，守南方，（围诀南安）

邪魔外道远远退，（指地成钢诀）

南方堂殿大吉祥。（莲花保身诀）

立西方：

西方立起庚申辛酉金，（金兵诀）

金神兵马镇坛场。（金将诀）

金神兵马六千六万，（大六诀）

金神兵将六万六千，(小六诀)

西方西六戎夷兵，(六戎诀)

兑宫兑泽神将。(兑泽诀)

六丁六甲诀	六位高升诀
六六大顺诀	六耕六种诀
六壬天牢诀	六庚天刑诀
六辛天延诀	六癸天狱诀
六甲天福诀	六乙天德诀
六丙天成诀	六丁天阳诀
七千雄兵诀	七仙姊妹诀
七子团圆诀	七七圆满诀
七七四九诀	七擒七放诀
七打七胜诀	八万猛将诀
八大金刚诀	八方诀
八卦诀	八面诀
八大块诀	八门诀
八八六四诀	八八圆满诀
八洋大海诀	八轮诀
八盘诀	牛角诀
号诀	铜号诀
铁号诀	长号诀
短号诀	阴号诀
阳号诀	双吹双号诀
神号诀	鬼号诀
穿山过海诀	穿坡过岭诀
穿岩过洞诀	穿壁过墙诀
穿弯过坳诀	空肠过肚诀
穿骨过肉诀	穿火过罡诀
城墙诀	铜城墙诀
铁城墙诀	岩城墙诀

土城墙诀　　　　　　　隔挡诀
阳隔诀　　　　　　　　阴隔诀
天隔诀　　　　　　　　地隔诀
水隔诀　　　　　　　　火隔诀
人隔诀　　　　　　　　神隔诀
鬼隔诀　　　　　　　　围隔诀
封挡诀　　　　　　　　阻隔诀
挡风诀　　　　　　　　护面诀
护坛诀　　　　　　　　保安诀
护身诀　　　　　　　　牛头诀
单叉诀　　　　　　　　双叉诀
抵门诀　　　　　　　　关门诀
封门诀　　　　　　　　锁门诀
门诀　　　　　　　　　闭门诀
塞门诀　　　　　　　　阴门诀
阳门诀　　　　　　　　鬼门诀
神门诀　　　　　　　　天门诀
地门诀　　　　　　　　山门诀
火门诀　　　　　　　　风门诀
水门诀　　　　　　　　岩门诀
木门诀　　　　　　　　铜门诀
铁门诀　　　　　　　　怪门诀
虎头诀　　　　　　　　白虎诀
过山虎诀　　　　　　　曾王诀
麒麟诀　　　　　　　　狮子诀
黄斑饿虎诀　　　　　　魁头诀
红虎大王诀　　　　　　咬鬼诀
吃鬼诀　　　　　　　　咬邪精诀
咬邪师魂诀　　　　　　咬蛊诀
吃蛊婆魂诀　　　　　　咬怪诀
吞鬼诀　　　　　　　　吞风诀
吞邪精诀　　　　　　　吞怪诀
吞食魔王诀　　　　　　吞啖诀

大吞诀	吞煞诀
吞天诀	吞地诀
吞日诀	吞月诀
千里眼诀	千里照诀
照妖诀	现形诀
光明诀	豪光诀
金光诀	日光诀
月光诀	星光诀
神光诀	铜照诀
铁照诀	顺风耳诀
鬼报信诀	千里音诀
耳报诀	灵耳诀
听风诀	听魔音诀
听是非诀	探邪诀
听鬼过路诀	香炉诀
金仓诀	银库诀
钱仓诀	米库诀
东河东海诀	南河南海诀
西河西海诀	北河北海诀
中河中海诀	五湖四海诀
十二盘洋大海诀	杯诀
金杯银碗诀	金调诀
银筷诀	水碗诀
二龙圣水诀	龙宫诀
绞诀	阴绞诀
阳绞诀	铜绞诀
铁绞	天绞诀
地绞诀	神绞诀
仙绞诀	邪绞诀
鬼绞诀	盾牌诀
阴盾诀	阳盾诀
金盾诀	银盾诀
铜盾诀	铁盾诀

护身诀	护心诀
护胸诀	阴护诀
阳护诀	隔挡诀
阴挡诀	阳挡诀
挡前诀	挡后诀
挡风诀	挡雨诀

西方立起白帝大将军，将军白大炮，（大将军、将军大炮诀）

西方立起白帝小将军，将军白小炮，（小将军、将军小炮诀）

西方立起白帝五哨大弁，红黑大帽，（大弁诀）

白帝五哨小弁、红黑小帽，（小弁诀）

白帝铜面将军，（阳面将军诀）

白帝铁面将军，（阴面将军诀）

庚辛申酉，（申宫、酉宫诀）

金神兵将。（乾宫诀）

铜篱笆、铁篱笆，（铜铁篱笆诀）

三十六道金绞大笆，（金绞大笆诀）

铜城墙、铁城墙，（铜、铁城墙诀）

高上高万丈，（重叠诀）

立西方，造西方，（剑诀西划）

镇西方，卫西方，（镇诀西坐）

保西方，守西方，（围诀西安）

邪魔外道远远退，（指地成钢诀）

西方堂殿大吉祥。（莲花保身诀）

北方立起壬癸亥子水，（水兵诀）

水神兵马镇坛场。（水将诀）

水神兵马五千五万，（大五诀）

水神兵将五万五千，（小五诀）

北方北五狄兵，（五狄诀）

坎宫水神将。（水济诀）

阴手诀	阳手诀
阴收诀	阳收诀
阴除诀	阳除诀
护阴魂诀	护阳魂诀
扫除诀	天扫诀
地扫诀	阴扫诀
阳扫诀	收魂上身诀
收惊诀	除晦气诀
除灾殃诀	除口嘴诀
除官非诀	除病解痛诀
除邪气诀	手弹诀
阴手弹诀	阳手弹诀
金手弹诀	银手弹诀
铜手弹诀	铁手弹诀
打魔弹诀	打邪弹诀
打神弹诀	打鬼弹诀
雷筒大炮弹诀	天炮弹诀
地炮弹诀	弓箭诀
阴弓诀	阳弓诀
金弓诀	银弓诀
铜弓诀	铁弓诀
神弓诀	鬼箭诀
弩弓诀	弩箭诀
穿心箭诀	射风诀
射妖诀	射怪异诀
射邪师诀	仙鹅诀
飞身诀	神鸟诀
仙鹤诀	腾云诀
驾雾诀	度仙诀
铜背诀	铁背诀
步罡诀	天罡斗数诀

紫府步虚诀　　　　踏罡斗步诀
斗府朝礼诀　　　　法堂朝礼诀
正坛朝礼诀　　　　正殿朝礼诀
送神诀一　　　　　送神诀二
送神诀三　　　　　送神诀四
送瘟诀　　　　　　遣怪诀
送灾诀　　　　　　驱鬼诀
赶杀诀　　　　　　追杀诀
洞府诀　　　　　　阴洞诀
阳洞诀　　　　　　仙洞诀
神洞诀　　　　　　鬼洞诀
桃源仙洞诀　　　　华山洞府诀
仙道洞天诀　　　　溪源潭洞诀
五岳洞天诀　　　　五庙神洞诀
无名山洞诀　　　　围兵诀
围界诀　　　　　　围山诀
围城诀　　　　　　围墙诀
围杀诀　　　　　　围剿诀
围魔诀　　　　　　围水诀
铜围诀　　　　　　铁围诀
围东诀　　　　　　围南诀
围西诀　　　　　　围北诀
围中诀　　　　　　围天诀
围地诀　　　　　　围阴诀
围阳诀　　　　　　管兵诀
锁兵诀　　　　　　制兵诀
拢兵诀　　　　　　团兵诀
合兵诀　　　　　　发兵诀
收兵诀　　　　　　进兵诀
退兵诀　　　　　　歇兵诀
扎兵诀　　　　　　激兵诀
乐兵诀　　　　　　合和诀
和好诀　　　　　　同心诀

贴心诀　　　　　　　　南蛇诀

大蟒诀　　　　　　　　穿山诀

过海诀　　　　　　　　穿弯诀

过坳诀　　　　　　　　穿坡诀

过岭诀　　　　　　　　大穿诀

堂屋诀　　　　　　　　龙堂诀

中堂诀　　　　　　　　神坛诀

凡间诀　　　　　　　　中厅诀

门诀　　　　　　　　　阳界关口诀

当坊土地诀　　　　　　村头龙神诀

五方土地龙神诀　　　　鱼神肉神堂诀

阴界关口诀　　　　　　阴界第一天诀

山川洞神诀

山神堂诀　"斗补告补"诀

先祖堂殿诀　"依流西向"诀

阴界第二天诀

族堂祖殿诀　"意苟格补"诀

阴间神堂诀　"冬绒冬棍"诀

岳王大堂诀

阴界最高天诀　"林豆林且"诀

万年本殿诀　本堂本殿诀

桃源上洞诀

第一洞天诀　　　　　　天仙洞诀

许愿洞诀　　　　　　　桃源中洞诀

第二洞天诀　　　　　　地仙洞诀

催愿洞诀　　　　　　　桃源下洞诀

第三洞天诀　　　　　　凡仙洞诀

勾愿洞诀　　　　　　　桃源洞脑诀

洞门山诀　　　　　　　阴山平川诀

世外桃源诀　　　　　　铜榔诀

铜地盘诀　　　　　　　铁界诀

铁地盘诀

后山州诀　"洞腊追补"诀

后山殿诀　"洞油追绒"诀

五岳尖山诀

五岳平山诀　　　　　　　华山庙堂诀

五岳神庙诀　　　　　　　五岳圣主诀

五盟诀　　　　　　　　　铜尖诀

铁尖诀　　　　　　　　　金键诀

银键诀　　　　　　　　　阴键诀

阳键诀　　　　　　　　　大键诀

小键诀　　　　　　　　　铜拴诀

铁拴诀　　　　　　　　　铜关诀

铁关诀　　　　　　　　　回驴诀

转步诀　　　　　　　　　回车诀

转身诀　　　　　　　　　金童诀

玉女诀　　　　　　　　　判官诀

小鬼诀

北方立起黑帝大将军，将军黑大炮，（大将军、将军大炮诀）

北方立起黑帝小将军，将军黑小炮，（小将军、将军小炮诀）

北方立起黑帝五哨大弃，红黑大帽，（大弃诀）

黑帝五哨小弃，红黑小帽，（小弃诀）

黑帝铜面将军，（阳面将军诀）

黑帝铁面将军，（阴面将军诀）

壬癸亥子水，（亥宫、子宫诀）

水神兵将。（坎宫诀）

铜篱笆、铁篱笆，（铜铁篱笆诀）

三十六道金绞大笆，（金绞大笆诀）

铜城墙、铁城墙，（铜、铁城墙诀）

高上高万丈，（重叠诀）

立北方，造北方，（剑诀北划）

镇北方，卫北方，（镇诀北坐）

保北方，守北方，（围诀北安）

邪魔外道远远退，（指地成钢诀）

北方堂殿大吉祥。（莲花保身诀）

中央立起戊己辰戌丑未土，（土兵诀）

土神兵马镇坛场。（土将诀）

土神兵马三清三万，（大三诀）

土神兵将三万三清，（小三诀）

中央中三清兵，（三清诀）

中宫龙雷虎将。（龙雷诀）

童男诀	童女诀
夹诀	金夹诀
银夹诀	铜夹诀
铁夹诀	阴夹诀
阳夹诀	大排诀
小排诀	大篱笆诀
小篱笆诀	铜篱笆诀
铁篱笆诀	三十六道金绞大笆诀
铜城墙诀	铁城墙诀
大斩诀	大砍诀
小斩诀	小砍诀
阴斩诀	阳斩诀
铜斩诀	铁斩诀
斩魔诀	斩神诀
斩鬼诀	斩妖诀
斩煞诀	斩邪精诀
大砍诀	砍树诀
小砍诀	割草诀
双砍诀	单砍诀
魑魅魍魉诀	鬼怪诀
邪精诀	邪魔诀

妖鬼诀　　　　　　　　恶煞诀

长凳诀　　　　　　　　香案诀

塞海诀　　　　　　　　塞岗诀

堵漏诀　　　　　　　　塞孔诀

填空诀　　　　　　　　上镇犲狼虎豹诀

下踏溪源水口诀　　　　指地成钢诀

塞地狱门诀　　　　　　制天诀

制地诀　　　　　　　　制坤诀

八尺角诀　　　　　　　怪头诀

鬼角诀　　　　　　　　倒毛衣诀

怪尾诀　　　　　　　　倒叉诀

上元盘古肚诀　　　　　中元盘古肚诀

下元盘古肚诀　　　　　上洞梅山诀

上洞尤祖诀　　　　　　中洞梅山诀

中洞神祖诀　　　　　　下洞梅山诀

下洞王祖诀　　　　　　上八洞神仙诀

中八洞神仙诀　　　　　下八洞神仙诀

弹水诀　　　　　　　　洒净诀

解荤腥诀　　　　　　　持斋诀

净坛诀　　　　　　　　荡秽诀

开天门诀　　　　　　　闭地户诀

升天界诀　　　　　　　度身诀

灯花诀　　　　　　　　蜡烛诀

火把诀　　　　　　　　神灯诀

阴筶诀　　　　　　　　阳筶诀

顺筶诀　　　　　　　　蚩尤刀诀

绺巾诀　　　　　　　　马鞭诀

牌筶诀　　　　　　　　金盔诀

银甲诀　　　　　　　　梳头诀

洗脸诀　　　　　　　　免灾诀

琉璃瓦屋诀　　　　　　金堂瓦殿诀

茅舍诀　　　　　　　　金床银床诀

龙公交椅诀　　　　　　男根诀

女阴诀　　　　　　　交和诀

骂娘诀　　　　　　　融合诀

并拢诀　　　　　　　捆鬼诀

捆妖诀　　　　　　　捆煞诀

捆怪诀　　　　　　　捆魔诀

链鬼诀　　　　　　　链妖诀

链煞诀　　　　　　　链怪诀

链魔诀　　　　　　　打五鬼诀

赶五鬼诀　　　　　　锁五鬼诀

割草诀二　　　　　　砍树诀二

开荒诀　　　　　　　除草诀

播种诀　　　　　　　插秧诀

收割诀　　　　　　　刀耕诀

火种诀　　　　　　　上仓诀

满仓诀　　　　　　　法船诀

木筏诀　　　　　　　普度诀

追魂诀　　　　　　　抢魂诀

保魂诀　　　　　　　太阳诀

日头诀　　　　　　　太阴诀

月亮诀　　　　　　　紫微诀

星斗诀　　　　　　　三光诀

祥云诀　　　　　　　五色云诀

乌云盖天诀　　　　　天平诀

地平诀　　　　　　　人平诀

鬼平诀　　　　　　　阴平诀

阳平诀　　　　　　　平诀

九宫诀　　　　　　　八卦诀

紫白诀　　　　　　　九州诀

八方诀　　　　　　　八面诀

飞宫诀　　　　　　　剪刀诀

金剪诀　　　　　　　银剪诀

铜剪诀　　　　　　　铁剪诀

阴剪诀　　　　　　　阳剪诀

大称诀	小称诀
金称诀	银称诀
阴称诀	阳称诀
升斗印量诀	泰山压顶诀
移山倒海诀	大拦诀
小拦诀	挡隔诀
大挡隔诀	小挡隔诀
大钩连诀	小钩连诀
阳抱阴诀	阴抱阳诀
开锁诀	十二通天大旗诀
十二统兵大将诀	八抬大轿诀
八抬小轿诀	阴阳二轿诀
祖师令箭诀	老君大印诀
玉皇大印诀	老君大令诀
玉皇大令诀	山诀
水诀	岩诀
土诀	火诀
树木诀	花草诀
阴诀	男诀
阳诀	女诀
上诀	下诀
前诀	后诀
左诀	右诀

中央立起黄地大将军，将军黄大炮，（大将军、将军大炮诀）

中央立起黄地小将军，将军黄小炮，（小将军、将军小炮诀）

中央立起黄地五哨大弁，红黑大帽，（大弁诀）

黄地五哨小弁，红黑小帽，（小弁诀）

黄地铜面将军，（阳面将军诀）

黄地铁面将军，（阴面将军诀）

戊己辰戌丑未，（辰宫、戌宫、丑宫、未宫诀）

土神兵将。（坤宫诀）

铜篱笆，铁篱笆，（铜铁篱笆诀）

三十六道金绞大笆，（金绞大笆诀）

铜城墙、铁城墙，（铜、铁城墙诀）

高上高万丈，（重叠诀）

立中央，造中央，（剑诀中央划）

镇中央，卫中央，（镇诀中央坐）

保中央，守中央，（围诀中央安）

邪魔外道远远退，（指地成钢诀）

中央堂殿大吉祥。（莲花保身诀）

（编者按：其五方五位的定位法，不是按实际方向来定，而是以面对祭坛的四大角来定位的。人面向祭坛站好，右手上角为东方，右手下角为南方，左手下角为西方，左手上角为北方，面对主坛为中央。五方五位都定好之后，将牛角拿起，鸣"玉皇角"。舞起"九州五方旗牌"绺巾庆贺，再鸣"九州角"后，止住锣鼓完毕。）

（取下压在神水碗上的令牌，对法坛画"雨渐耳"式的"紫微神符"锁坛，对外画"雨渐斗"式的"封坛神符"封坛。再对上坛画"保坛符"。边画边念：）

师爷！

伏以角亢氏房心尾箕，斗牛女虚危室壁。奎娄胃昴毕觜参，井鬼柳星张翼轸。斗、错、权、衡、毕、伏、标。吾奉太上老君急急如律令。

（画一紫微符于上坛，即雨渐耳拖一圆圈点七点。）

伏以道法不用多，南山观北河。斗然一个字，降尽世间魔。吾奉太上老君急急如律令。

（画一降魔符于外坛，即雨渐斗拖一圆圈。）

伏以一点乾坤大，横担日月长。波浪天地盖，凶煞一扫光。吾奉太上老君急急如律令。

（再画一保坛符于上坛，即一叉倒立，再横一笔加上一点。）

十九、新年迎祖师科仪

【题解】

传说巴代法坛(祖师坛)的祖师们在过年期间也要放年假,让祖师们回到上天的"老君大堂、玉皇大殿"中的"学师堂中、学法堂内、教师堂中、教法堂内"去过年。假期一般为三天,即从大年三十的年饭后开始,到新年初三的夜饭前为止。祖师们吃了年饭之后便上天去了,到初三晚饭前要回转到法坛。到了新年初三日,巴代家早早地做好夜饭之后,得先在法坛前的供桌上摆五碗饭、三碗肉、三碗酒。烧九炷香,三炷插在上坛大炉中,三炷插在下坛中炉内,三炷插在大门边的小炉上。巴代手拿筶子站于桌前,作三个揖后即可请祖师。祖师等神回到法坛后,即通呈保佑,敬送吃喝。此外,将挂在上坛左边的一束长纸钱、一束纸马烧在下坛前,也将大门左边所挂的那一束长纸钱烧在大门边。留下右边所挂的上坛纸束、纸马以及大门所挂的纸束等到正月十五"大月半"晚上再烧。

【神辞】

师爷——师爷。

新年初三,开年吉日。下午之时,夜饭之前。弟子诚惶诚恐,虔诚恭敬。备办信香宝烛,玉科财马。长台师椅,桌台椅凳。金杯银碗,金调银筷。黄缸正酒,白粮米饭。大鱼大肉,大酒大饭。金钱银钱,纸马钱财。陈香华香,龙凤宝香。凡供之仪,呈敬坛前。弟子在起中宫门首,中堂大殿。法堂宝殿，老堂旧殿。立造坛场，摆设香案。烧起一炷金炉宝香，二炷银炉真香，三炷明炉信香。烧香洋洋，立造坛场。邪魔拱首，外道惊慌。烧香浓浓，立造坛中。凶煞退尽，恶鬼无踪。烧香纷纷，立造坛庭。凶星退位，吉星照临。香云盖天，紫云盖地。人看不见，鬼看不明。香不乱烧，神不乱请。

师爷——师爷。

一心皈命礼请：上坛七千祖师，下坛八万兵马。南郊大王，北郊天子。敲角七声，三元盘古，三元法主，三桥王母，三清大道。弟子法堂会中，师郎宝殿坛上。阴传阴教，阳传阳教。前传后教，不传自教。梦传梦教，祖传师教。三坛两教，同坛共教。拥我护我，源渊祖师。闻今有请，伏愿降临。出离老君大堂，离别玉皇大殿。请降法坛，受今新年迎请供奉。

师爷——师爷。

一心皈命礼请：坐坛师、管坛师、镇坛师、护坛师。巡坛师，鉴坛师。掌坛大法师尊，兴教大法师人。左边执肃静，右边拿回避。抬旗掌号，鸣锣开道。天仙猛将，地仙神兵。闻今有请，急速降临。出离老君大堂，离别玉皇大殿。请降法坛，受今新年迎请供奉。

师爷——师爷。

一心皈命礼请：元皇启教，字辈分明，铭宗传祖，万代繁荣，高旺灵胜，魁雷全明，科信诚应，德龙相清，圆道虎顺，通成荣兵，显威真正，远寿福臻。

金山启教，应供祖师，南泉教祖，普愿祖师，来天东土，历代祖师，拥我护我，一切祖师，三坛两教，五坛七教，同坛共教，帮师帮教，历代大德，源渊祖师，文义忠信，礼义享悟，智慧清净，道德圆明。

灵龟三叩，幽赞神明，道合乾坤，包含万象。卦者：天地合其德，日月合其明，四时合其序，鬼神合其吉。甲乙丙丁，戊己庚辛，壬癸十神。子丑寅卯，辰巳午未，申酉戌亥，十二地支。伏羲文王，周公孔子，五大圣人。云梦山头鬼谷先生，左衙判事陈抟先生，右衙掌印穆修先生，黄石老道玄法先师，龙虎仙山道陵天师，传下凡间孙膑先生，诸葛孔明，刘伯温先生，杨公救贫。堪舆先贤，袁氏天罡，李淳风先生。古往今来，历大祖师，祖师石明璋、石明玉、石国高、石国鸿、石永贤、石光三、石光求、石长春、石长任、石长先、石成玖。查名不到，点字不齐。空中得听，回转云头。水中得听，回转船头。

路中得听，回转车头。家中得听，即刻动驾。闻今有请，光降来临。同来同到，齐来齐到。有迎有请，急速光临。上排上坐，中排中坐，下排下坐，同坐香炉，受纳明香，莫惊莫动，莫走莫行。

前代祖师石法高，后代祖师石法旺、石法灵、石法胜、龙法灵、龙法胜、龙法通、龙法高、龙法旺、江法灵、吴法德、侯法斌、田法魁、田法寿、吴法成。掌度祖师龙法胜，前代安坛刘法旺，后代祖师龙法胜、龙法明、龙法胜、石法明、石法胜。高公祖师石法旺，尊公祖师石法高、石法魁。后代安坛龙法灵。祖公祖师石法高、石法旺。师伯石法胜，严父祖师石法高。闻今有请，急速降临。出离老君大堂，离别玉皇大殿。请降法坛，受今新年迎请供奉。

师爷——师爷。

一心皈命礼请：上坛七千祖师，下坛八万兵马。南郊大王，北郊天子。东路东营木神兵马，南路南营火神兵将。西路西营金神兵马，北路北营水神兵将。中路中营土神兵马，五营五营兵马兵将。五营四哨武猖，五路五界武猖。牛头马面武猖，青脸蓝面武猖。翻天倒地武猖，吃毛吃血、吃生吃熟武猖。拿枷把锁，拿枷把锁、拿锤把棒武猖。抬旗掌号，追魂翻案武猖。三十六部护法，三十六道武猖。闻今招请，急速降临。出离老君大堂，离别玉皇大殿。请降法坛，受今新年迎请供奉。

师爷——师爷。

一心皈命礼请：威武堂上，石氏门中，家奉儒释道三教，净荤有感一切福神。斋神功德，佛道真仙。文昌开化，梓潼帝君。伏魔大帝，关圣帝君。求财有感，四官大神。九天司命，太乙府君。灶公灶母，灶王灶君。当年太岁。至德真神。闻今有请，急速降临。离开天宫祖堂，离别天堂祖殿。请降法坛，受今新年迎请供奉。

师爷——师爷。

一心奉请：本音堂上，历代祖先。家亡先祖，老少众魂。上至高尊祖考，下至玄远宗亲。男昌伯叔，女妹姑嫜。老不真名，少不到此。是其宗支，普同供养。家龛位上，父兮母兮。前亡后化，老幼一派灵魂。闻今有请，急速降临。离开天宫祖堂，离别天堂祖殿。请降法坛，受今新年迎请供奉。

师爷——师爷。

一心奉请：本境土地，瑞庆夫人。招财童子，进宝郎君。五方五位，五土龙神。本坊通灵土地，老尊正神。屋檐童子，把门将军。过往虚空，无边真宰。溪源潭洞，水土龙神。良民相老，地主恩官。地神地主，地脉龙神。闻今有请，急速降临。请降法坛，受今供奉。

师爷——师爷。

尚来，恭请神驾，想梦来临。人行千里，神降一时。阴间来的好客，阳间到得好马。行兵弟子，阴请阴来，阳请阳到。三请同来，四请同到。有事和你通呈，无事不敢通呈，半天云云，着耳听文。有事和你登堂，无事不敢登堂，半天洋洋，着耳听章。壶中有酒，开壶奠献。茶献一呈，酒分三献。今据公元某某某某年正月初三日下午之时，晚饭之前，弟子在起法堂宝殿，老堂旧殿。弟子虔诚，专申礼请，神圣降临。新年初三，开年吉日。下午之时，夜饭之前。弟子虔诚备办，信香宝烛，纸马钱财。黄缸米酒，白粮米饭。大鱼大肉，大酒大饭。先送：法坛会上，无量高真。七千祖师，八万师尊。三教福神，祖先大众。天仙兵马，地仙兵将。查名不到，点字不齐。唯愿众神，喜喜皆纳，欢欢领受。

师爷——师爷。

大酒大饭，大鱼大肉。阴间吃了得饱，阳间喝了得醉。吃饱喝醉，喝醉吃饱。再有虔备香茶，用伸奠献。伏愿慈悲喜纳受。神圣安坐，弟子口语通呈：

三清玉皇宝坛，老君门下：

南赡部洲　今据

中华人民共和国某某省某某县某某乡某某村某某寨土地祠下居住　奉

师设供祈福保安，谢天答地。修建功德，启建迎请师驾，法筵一供。弟子三兄四弟，暨合家眷人等，诚心虔备香花灯烛，露水净茶，斋筵果品，香米钱财，凡供之仪，专申供奉。

师圣诸真位前，唯愿纳受，伏乞慈悲保佑弟子，三家人名，四家人字：

冬免三灾，夏除八难。春秋清吉，四季平安。灾难消散，祸害消除。冤孽消清，恶害不出。

保佑弟子及吾家眷：灾萌不起，火盗不侵。口牙永息同，是非不生。遇难成祥，逢凶化吉。凶煞退位，吉星降临。

保佑弟子及吾家眷：四序安和，六时康泰。年居清吉，月坐平安。福禄多增，寿岁延绵。福如东海，寿比南山。

保佑弟子及吾家眷：屋场得坐，水井得吃。查名得应，点字得齐。活过百年，坐得千岁。发白转青，齿脱转生。鹤发童颜，越活越精。返老还童，堪称寿星。坐如彭祖，天地共存。

保佑弟子及吾家眷：求财得发，求有得收。求财到堂，求利到手。五路进财，八方顺头。财源广进，利禄丰厚。一本万利，富贵长久。

保佑弟子及吾家眷：求财得财，求官得官。官运亨通，官禄丰厚。升官发财，高升出头。出众显达，名利双收。幸福快乐，无忧无愁。尽享天年，五福全收。

保佑家眷儿童小孩：身体健康，无灾无难，茁壮成长，好好学习，天天向上。成绩优秀，出众高强。考试得中，录取得上。金榜题名，材为栋梁。

保佑弟子及吾家眷：人财两发，财兴人旺。门庭显达，嗣息繁昌。家道兴隆，子孙旺盛。香火万年，万代繁荣。

保佑弟子及吾家眷：发如竹笋，多似森林。发千发万，发家发人。金玉满堂，兰桂腾芳。千年发达，万年兴旺。

保佑弟子及吾家眷：男增百福，女纳千祥。家庭和睦，老少安康。夫妻恩爱，白头偕老。兄友弟恭，父慈子孝。

保佑弟子及吾家眷：早出吉祥，夜归平安。求谋顺利，心想事成。吉祥如意，平步青云。三星在户，五福临门。富贵双全，安康吉庆。

保佑弟子及吾家眷：五谷丰登，六畜兴旺。财喜盈门，蒸蒸日上。般般迪吉，百业旺相。合家平安，大布祯祥。

保佑弟子及吾家眷：家有百福，户载千祥。福禄咸集，百世吉昌。万事如意，求谋顺遂。利路亨通，横财累累。

保佑弟子及吾家眷：大祥大昌，大发大旺，大财大喜，大安大康，大通大顺，大富大贵，大清大泰，大吉大利。

以上所求，全叼庇佑，有灵有验，必定成就。

天运公元某某某某年岁次某某，正月初三日 弟子诚惶诚恐百拜通呈

（念完通呈之后，打顺筶，然后再给祖师安位。）

安位

给你立琉璃瓦屋，金堂瓦殿。（瓦屋诀）

立金床银床，金凳银凳。（床诀）

立长台师椅，桌台椅凳。（椅凳诀）

立金漆交椅，立银漆交椅，立龙公交椅。（交椅诀）

奉请上坛七千祖师，下坛八万兵马。儒释道教，福德正神。上排上坐，下排下坐，排方正坐。上请莫动，下请莫游。

安位神咒

元始安镇，普告万灵。左社右稷，不得妄惊。回向正道，内外澄清。各安方位，备守岩屋。太上有命，搜捕邪精。护法神王，保卫安宁。皈依大道，元亨利贞。急急如律令。

（三遍后打顺答。）

用诀立五方

奉太上老君敕令：

化大金刀，（大金刀诀）

小金刀，（小金刀诀）

第三金刀，（第三金刀诀）

大将军、将军大炮，（大将军、将军大炮诀）

小将军、将军小炮，（小将军、将军小炮诀）

五哨大弁、红黑大帽，（大弁诀）

五哨小弁、红黑小帽，（小弁诀）

铜面将军，（阳面将军诀）

铁面将军，（阴面将军诀）

铜叉铁叉、金叉银叉，（叉诀）

铜枪铁枪、金枪钢枪，（枪诀）

铜撑铁撑、金撑银撑，（撑诀）

火索火种、火盘火盖，（火索诀）

火铳鸟枪，（火铳、鸟枪诀）

金弓银弩，（弓箭诀）

黄弓大弩，（大弓诀）

腰弓弩箭，（小弓诀）

三元将军，（三元将军诀）

四员枷栲，（四员枷栲诀）

五营兵马，（五营兵马诀）

六丁六甲，（六丁六甲诀）

七千雄兵，（七千雄兵诀）

八万猛将，（八万猛将诀）

麒麟狮子,（麒麟狮子诀）

黄斑饿虎。（黄斑饿虎诀）

吞鬼大王,（吞鬼大王诀）

咬鬼大将,（咬鬼大将诀）

千里神眼,（千里眼诀）

顺风神耳,（顺风耳诀）

甲乙寅卯,（寅宫、卯宫诀）

木神兵将。（震宫诀）

铜篱笆、铁篱笆,（铜铁篱笆诀）

三十六道金绞大笆,（金绞大笆诀）

铜城墙、铁城墙,（铜、铁城墙诀）

高上高万丈,（重叠诀）

划东方,结东方,（剑诀东划）

镇东方,卫东方,（镇诀东坐）

保东方,守东方,（围诀东安）

邪魔外道远远退,（指地成钢诀）

东方神界保吉祥。（莲花保身诀）

（五方相同,只方位名词不同而已。）

嘱咐祖师

祖师守住坛头,本师把住坛尾。保佑弟子坛头旺相,香火通行。东方有请,南方有用。早不停兵,夜不歇马。早讲早灵,夜讲夜顺。有灵有验,百做百顺。

立起金猫儿守住坛上,银猫儿守住坛下。法堂上下不许老鼠现身,宝殿内外不准老鼠现形。金猴守住上方,银猴守住下方。不许蜘蛛结网,不准百虫侵店。若有不遵,斩杀无情！太上老君急急如律令！

触坛

（以筊子在神龛坐板的"天地……无忌"的面上敲三下,讲完"触坛"神咒后,将筊子从左肩扔去背后,以得顺筊为准。）

弟子以及家眷,早来扫坛,夜来扫殿。早来装香,夜来点灯。触动坛头,碰着坛尾。男人脱裤,女人脱衣。打屁堂前。天无忌、地无忌、年无忌、月无忌、日无忌、时无忌、阴无忌、阳无忌,一年春冬四季百无禁忌,大吉大利。

（向背后扔筶，以得顺卦为准，若没得筶，则再念咒再扔。）

还有金钱烧交，银钱烧送。伏愿祖师收钱上仓，本师收米上库。管坛使者，护法神王。镇守法坛，护好宝殿。何神不许进堂，别鬼不准进殿。

师爷——师爷。

莲花宝座，莲花宝诀。三十六道正传，七十二道正诀。不收儿魂女命，不收正魂本命，三魂七魄。

当收巧脚弄手，巧手弄匠，弹匠勾匠，剃头道士，光头和尚，游傩打卦老司，叫花讨米老司，红衣老司，黑衣道士，苗师客师，十二五等不正邪师，邪神邪法，邪师邪教邪诀邪鬼。弟子东收二十五里，南收二十五里，西收二十五里，北收二十五里，中收二十五里，五五收去一百二十五里，祖师收来，本师收尽，收在天牢，押在地井，收在千丈深潭，押在万丈古井。莫惊莫动，莫走莫行。

再来当收，天煞地煞，年煞月煞，日煞时煞，一百二十凶神恶煞，要收四方官牙，五方口嘴。千人乱说，百人乱讲。吵事郎子，闹事郎君。五瘟时气，麻衣孝服。迫肠郎子，胀肚郎君。屙血郎子，屙痢郎君。阴包草药，阳包草变。收在天牢，押在地井，收在千丈深潭，押在万丈古井。莫惊莫动，莫走莫行。

吾奉太上老君急急如律令。

（用莲花诀顺收。）

行兵弟子，正魂本命，三魂七魄。收在十二洞前洞后，收在十二洞左洞右。弟子增福延寿，长命百岁。（藏身诀）

二十、解牢狱枷锁科仪

【题解】

解牢狱枷锁，是指因犯罪、遭冤枉等而被绳索捆绑过的人，获释之后要请巴代为其举行"解牢狱枷锁"的仪式，苗语叫作"他数他那"。传统观念认为，其人的阳锁（枷锁）阳索（绳索）虽然已经被解开了（指捆绑肉体的锁或索），但是阴锁阴索（捆绑魂魄，思想上的锁或索）仍然存在，如不请巴代来为其解锁脱索，此人将翻不起身，仍然被晦气笼罩着，或不健康，如四肢无力、萎靡不振、饭茶无味、运气不好、求谋不遂等。

开锁解索的仪式有三个地方可以举行：

一、可在"上刀梯"仪式中的老君殿内举行。

二、可在巴代的"法堂宝殿"（祖师法坛前）举行。

三、可在信士（当事人）主家的堂屋举行。

在这些场地中，摆一张饭桌，桌上摆香米利是（上插三根香）、一把新剪刀、五柱糍粑、一块肉、三碗酒、一碗神水，点一盏油灯。一只雄鸡拴于桌脚下。旁边放一凳，在凳的靠背上插一根夹着一束长纸钱的篾条。巴代先用纸包魂，然后站在桌前烧纸叩师，启建请神，敬吃送喝再叫当事人站于桌前，巴代右手拿剪刀，左手执长纸钱站在此人的身后，边念诵开锁解索神辞，边用长纸钱在此人头上逆时针方向旋绕其身三圈，接着从头扫至脚；打一副阴阳卦（即顺答），得卦后，用剪刀剪去一段长纸钱，此为一次。如此三次之后，将剩下不多的长纸钱与原先所剪下的一并烧在地下，最后用鸡挡煞，用神水洗净晦气，送神完毕。

解牢狱枷锁仪式祭坛设置 （石金津摄）

【神辞】

弟子铜收铁收，收起弟子儿魂女命，元辰本命，三魂七魄。收在水牛肚内，铁牛肚内，犀牛肚内，牯牛肚内。下金盖银盖，人看不知，鬼看不见。吾奉太上老君急急如律令敕。收在彭龙扣乃，收在淮堡上。隔山交钱有灵，隔水度纸有验。

远看太太平洋，近看黄土神墙。天无忌，地无忌，年无忌，月无忌，日无忌，时无忌，大吉大利。

抬眼看青天，师父在眼前。闭眼看身后，师父在左右。太上老君随前随后，随左随右。身左身右。同我弟子起手成法成诀，动脚成罡成步。莲花宝座，莲花宝诀。三十六道正法，七十二道真诀。收起病害良人某某某，正魂本命，三魂七魄。收在十二洞前洞后，十二洞左洞右。下铜盖，下铁盖，高上金铁银宝盖。人看不知，鬼看不见。

（用宝盖诀盖住后，把纸钱卷成筒状，绞住两头，并对两头各吹一口气。）

困住千兵，拢住万将。化会我身，变会我身，十个我一个，十人我一人。化会我身，变会我身，人人头戴六只角。化会我身，变会我身，人人头戴一十二只角。化会我身，变会我身，人人头戴一十八只角。人看不知，鬼看不见，八面山河也不见。人汪汪，鬼汪汪，八面山河也汪汪。

吾奉太上老君急急如律令。

请神

师爷——师爷。

今据，公元某某某某年某某月某某日某某时。在起：

弟子的法堂宝殿，老堂旧殿。

大仪的老君大堂，道君大殿。

信士家堂屋之中，中堂里内。

信士某某某，及其家眷人等。诚惶诚恐，虔诚恭敬。备办信香宝烛，玉科财马。长台师椅，桌台椅凳。金杯银碗，金调银筷。黄缸正酒，刀头压盘。香米利是，金钱银钱。陈香华香，龙凤宝香。凡供之仪，呈敬坛前。弟子在起中宫门首，中堂大殿。

弟子的法堂宝殿，老堂旧殿。

大仪的老君大堂，道君大殿。

信士家堂屋之中，中堂里内。

立造坛场，摆设香案。烧起一炷金炉宝香，二炷银炉真香，三炷明炉信香。烧香洋洋，立造坛场。邪魔拱首，外道惊慌。烧香浓浓，立造坛中。凶煞退尽，恶鬼无踪。烧香纷纷，立造坛庭。凶星退位，吉星照临。香云盖天，紫云盖地。人看不见，鬼看不明。香不乱烧，神不乱请。

师爷——师爷。

一心皈命礼请：敲角七声，三元盘古，三元法主，三桥王母，三清大道。弟子法堂会中，师郎宝殿坛上。阴传阴教，阳传阳教。前传后教，不传自教。梦传梦教，祖传师教。三坛两教，同坛共教。拥我护我，源渊祖师。闻今有请，伏愿降临。请降仪坛，受今供奉。

师爷——师爷。

一心皈命礼请：坐坛师、管坛师、镇坛师、护坛师。巡坛师、鉴坛师。掌坛大法师尊，兴教大法师人。左边执肃静，右边拿回避。抬旗掌号，鸣锣开道。天仙猛将，地仙神兵。闻今有请，伏愿降临。请降仪坛，受今供奉。

师爷——师爷。

一心皈命礼请：奉请开坛祖师吴法成，传教祖师石法高，同坛祖师石法旺。接坛石法灵、石法胜，帮教龙法灵、龙法胜，同教龙法通、龙法高、龙法旺。远传祖师江法灵、吴法德、侯法斌。普教祖师田法魁、田法寿。青旗青号石法明、黑旗黑号石法胜。

护法祖师龙法胜、龙法明。龙虎大坛石法旺，骑虎大坛石法高、石法魁。护坛祖师龙法灵，传法祖师石法高，掌教祖师石法旺。排法祖师石法胜，传度祖师石法高。

奉请三清正教祖师石法灵、元皇传教祖师石法高，开坛演教祖师石法旺，香火坛头石法胜，帮师帮教龙法灵、龙法胜。掌度祖师石法高，前代安坛石法明，保举祖师刘法旺，证盟祖师龙法胜。三师同证龙法明、龙法胜、石法胜。掌印祖师石法旺，掌教祖师石法高、石法魁。行坛祖师龙法灵，威武祖师石法高，显应祖师石法旺、石法全，护坛祖师石法清，护教祖师石法雷，弘教祖师石法高，传教祖师石法德，行兵弟子石法高。

奉请前传后教祖师石法高、石法旺、石法灵、石法胜、石法魁、石法雷、石法全、石法明、石法科、石法信、石法成、石法应、石法德、石法龙、石法相、石法清、石法圆、石法道、石法虎、石法顺、石法通、石法威、石法荣、石法兵、石法显、石法威、石法真、石法正、石法远、石法寿、石法福、石法臻。

帮师帮教祖师龙法灵、龙法胜、龙法通、龙法高、龙法旺、江法灵、吴法德、侯法兵、田法魁、田法寿、吴法成、吴法雷、龙法魁、龙法胜、龙法明、龙法德、龙法全。

三坛两教祖师黄文隆、黄意阶、吴礼清、吴礼源、李礼超、李礼显、吴意信、礼意僧、范亨敏、李亨旺、李吾民、孙传芳、石智慧、石慧海。文意忠信，礼义亨悟。智慧清净，道德圆明。吴法雷、石法高、石法魁、石法旺、石法顺。

闻今有请，伏愿降临。请降仪坛，受今供奉。

师爷——师爷。

谨焚真香，一心奉请。弟子法坛会上，开坛传教，历代先祖先宗，宗本祖师，祖本仁师。查名不到自到，点字不齐自齐。随心观想祖师，随意乘念祖师，传我教我祖师，拥我护我祖师。请得宗师齐来到，迎得祖师降来临。祖师石法高座上祖师，祖师石法旺座上祖师。石法灵座上，石法顺座上，随同法号有请，一齐降下来临。传教护教，行教演教，行教得准祖师，演教得灵本师。护教得安祖师，帮教得力仁师。三教两教祖师，五坛七教仁师。腾云乘风而至，驾雾乘光而临。神通闪闪，雷鸣轰轰。威灵赫赫，威仪堂堂。来到上排上坐，中排中坐，排方正坐。

一心奉请：上坛七千祖师，下坛八万兵马。南郊大王，北郊天子。东路东营木神兵马，南路南营火神兵将。西路西营金神兵马，北路北营水神兵将。中路中营土神兵马，五路五营兵马兵将。五营四哨武猖，五路五界武猖。牛头马面武猖，青脸蓝面武猖。翻天倒地武猖，吃毛吃血、吃生吃熟武猖。拿枷把锁，拿枷把锁、拿锤把棒武猖。抬旗掌号，追魂翻案武猖。三十六部护法，三十六道武猖。十二统兵大旗，十二统天大将。红旗红号旗头鸡毛，黄旗黄号旗下兵马。旗头雄兵千百万，旗下猛将万百千。大将军管大营盘，小将军镇五方界。伏魔大帝大将军，镇妖将王大元帅。四方四大四天王，八轮八大八金刚。左右护坛，赵大元帅。阴阳护法，钟馗神王。上坛七千官将，下坛百万雄兵。呼风唤雨，飞沙走石。穿山破牢，追魂翻案。五圣神祖，兵主神王。五路武猖，五营兵马。南郊大王，北郊天子。天仙兵马，地仙兵将。降临法会，受今迎请。

一心奉请：玉皇正教，老君门下。法堂宝殿，功曹神众。天界功曹，骑凤飞云驾雾传奏，天府浩浩，天京上圣，各神圣真宫口殿下呈疏。地界功曹，骑虎出幽入冥传奏。地府冥冥，地府王官，各殿阁君大王案下呈疏。水界功曹，骑龙漂洋过海传奏。水府滔滔，水国真仙，各海龙王水晶宫殿呈疏。阳界功曹，骑马翻山越岭传奏。阳府烈烈，阳元祀典，三下五岳神祠庙宇呈疏。三界四府，三十六路七十二道神众功曹。

师爷——师爷。

一心奉请：本境土地，瑞庆夫人。招财童子，进宝郎君。五方五位，五土龙神。本坊通灵土地，老尊正神。一村之祖，一寨之宗。先来为大，先到为尊。先发为祖，先养为宗。先立此村此寨，先管此山此地。此村人家是你所发，此寨人户为你所兴。立为先祖，奉为先宗。生时管山管水，死后成龙成神。安在村中，奉于村内。村头古老林下岩屋为祠，寨中古老树下岩板为堂。管村管寨虎狼不凶，管坊管地瘟火不侵。接受全村香火，保佑全寨平安。本村当坊土地，本寨老祖正神。

一心皈命礼请：威武堂上，石氏门中，家奉儒释道三教，净荦有感一切福神。斋神功德，佛道真仙。文昌开化，梓潼帝君。伏魔大帝，关圣帝君。

巴代请神要一人在旁烧纸陪奉 （石金津摄）

求财有感，四官大神。九天司命，太乙府君。灶公灶母，灶王灶君。当年太岁。至德真神。闻今有请，伏愿降临。请降仪坛，受今供奉。

师爷——师爷。

一心奉请：信士某某某，某氏堂上，历代祖先。家亡先祖，老少众魂。上至高尊祖考，下至玄远宗亲。男昌伯叔，女妹姑嫜。老不真名，少不到此。是其宗支，普同供养。家龛位上，父兮母兮。前亡后化，老幼一派灵魂。闻今有请，伏愿降临。请降仪坛，受今供奉。

师爷——师爷。

祭坛上的供品 （石金津摄）

一心奉请：本境土地，瑞庆夫人。招财童子，进宝郎君。五方五位，五土龙神。本坊通灵土地，老尊正神。屋檐童子，把门将军。过往虚空，无边真宰。溪源潭洞，水土龙神。良民乡老，地主恩官。地神地主，地脉龙神。闻今有请，急速降临。请降仪坛，受今供奉。

师爷——师爷。

献供

尚来，恭请神驾，想梦来临。人行千里，神降一时。阴间来的好客，阳间到得好马。行兵弟子，阴请阴来，阳请阳到。三请同来，四请同到。有事和你通呈，无事不敢通呈，半天云云，着耳听文。有事和你登堂，无事不敢登堂，半天洋洋，着耳听章。壶中有酒，开壶奠献。茶献一呈，酒分三献。今据公元某某某某年正月初三日下午之时、晚饭之前，在起弟子的法堂宝殿，老堂旧殿。

大仪的老君大堂，道君大殿。

信士家堂屋之中，中堂里内。

弟子虔诚，专申礼请，神圣降临。信士诚惶诚恐，虔诚备办，信香宝烛，纸马钱财。香米利是，刀头压盘。黄缸米酒，凡供礼仪。先送：法坛会上，无量高真。七千祖师，八万师尊。三教福神，祖先大众。天仙兵马，地仙兵将。查名不到，点字不齐。唯愿众神，喜喜皆纳，欢欢领受。

师爷——师爷。

（将酒、肉、香米等供品奠一点在地上的纸钱炉里表示供奉了。）

阴间吃了得饱，阳间喝了得醉。吃饱喝醉，喝醉吃饱。再有虔备香茶，用伸奠献。伏愿慈悲喜纳受。神圣安坐，弟子口语通呈：

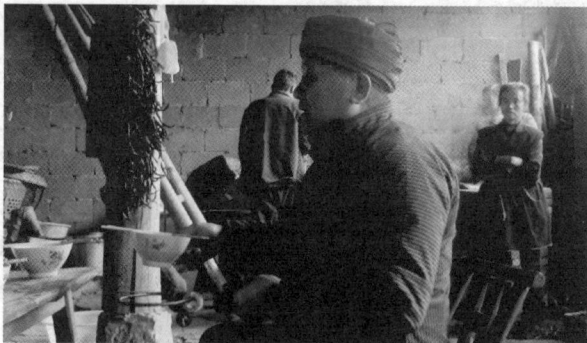

巴代献供 （石金津摄）

今有信士某某某，在此之前，星主不保，吉神不佑。八字走入"勾绞"，命边逢遇"贯索"。撞上"天罗"，落入"地网"。身披枷锁，体被笼囚（陷入牢狱）。苦楚难当，灾星难熬。今者阳锁已开，阳索已脱。唯恐阴锁未除，阴索未释。人已出离苦海，魂恐仍在牢狱。酿成千斤重担，难挑难负。茶无香味，饭无食欲。茶饭不思，重担难释。投天无路，投地无门。思计再三，唯靠尊神。一屋人口，一家人眷。男人不做长心大胆，女人不做三心二意。算得好日，择得好字。选得留连太安，请得行兵弟子，前门跟你相求，后门给你相醉。

求你为他解枷脱锁，求你为其追魂翻案。上来不保千家人名，下来不保万家名字。当保信士某某某，正魂在我手中，本命在我手内（把包魂纸筒夹在师刀圈根部）。身上少力，（对包魂纸吹一口气）学——化了替他添力。身上少气，（对包魂纸吹一口气）学——化了替他添气。左边添他龙力虎气，右边补他龙心虎胆。添了龙力莫倒，补了虎气莫崩。千年禄在本魂，万代马在本命。

解阴锁、脱阴索

（当事人站在坛前，巴代拿长纸钱在其背后，沿顺时针方向绕三圈后，从头扫到脚，边扫边念。）

当面有枷，要收鬼枷。颈上有锁，要收鬼锁。要收牛罗枷锁，板子夹棍。铜箍铁押，铜押铁撑。铜锤铁棒，板子夹棍。千百斤手囚，万百斤脚链。上有宽州，收去宽州。下有宽县，收去宽县。收去宽州大里，押送宽冈大县。收得过门过后，收得过堂过殿。

（每次打一顺筶，并用剪刀剪一段长纸钱表示解脱。）

放魂

解锁已了，放魂又到。人会同名同姓，发兵莫开。千人同枷同锁，发马莫放。当放信士户主，病害良人某某某，正魂本命，三魂七魄。

关在东牢，发开东路武猖打开你的东牢。（双手做剑诀朝东方一指）

关在南牢，发开南路武猖打开你的南牢。（双手做剑诀朝南方一指）

关在西牢，发开西路武猖打开你的西牢。（双手做剑诀朝西方一指）

关在北牢，发开北路武猖打开你的北牢。（双手做剑诀朝北方一指）

关在中牢，发开中路武猖打开你的中牢。（双手做剑诀朝中央一指）

关在天牢地牢、山牢水牢、岩牢土牢、竹牢木牢、亮牢黑牢，十二牢前牢后，十二牢左牢右。开牢放锁，开锁放命。大人放话，娃儿放枷。大人放口，娃儿放手。放龙归位，放虎归山。放魂放送太上老君，太上老君放送祖师，祖师放送本师。

（将双膝夹住师刀把，让刀圈朝上，双手交替将包魂纸筒从巴代颈背绕一圈，后穿过师刀圈，再从膝下绕上来，边绕边讲：）

本师带来穿山过海、穿坡过岭、穿弯过坳、穿桥过渡，放魂放到床头，放命放到床尾。放魂得了好魂，放命得了好命。放魂请放下众凭顺答，众马神骑。起在卦前卦后，倒在卦头卦尾。

师爷——师爷。

（打一顺答，然后将包魂纸打开，取出里面所包布头放在筛子上。）

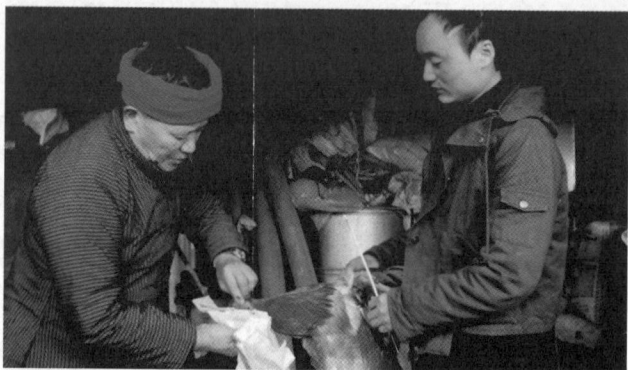

用鸡冠血涂在武猖旗上给信士绕身解枷锁 （石金津摄）

定判阴阳

（问好的一面。）

放魂已了，定阴又到。定阴定在卦中，判阳判在卦内。信士某某某，求你解枷脱锁，求你追魂翻案。求了得保，醉了得到。阴锁已开，阴索已脱。放下众凭神答，众马神骑。起在卦前卦后，倒在卦头卦尾。

（问差的一面。）

信士某某某，求你解枷脱锁，求你追魂翻案。求了不保，醉了不到。阴锁未开，阴索未脱。放下五阴到地，五马奔槽。起在卦前卦后，倒在卦头卦尾。

（问其他的一面。）

信士某某某，求你解枷脱锁，求你追魂翻案。求了不保，醉了不到。前门怕有大鬼停车，后门怕有小鬼歇马，为殃作祸，兴灾作难。放下开天阳卦，双阳朝天。起在卦前卦后，倒在卦头卦尾。

细查细点祖师，细考细问本师。祖师细查细点，本师细考细问。真的报真，假的报假。莫把真的报假，莫把假的报真。真的报真，假的报真。人人说我行兵弟子，说话不灵，讲话不真。交钱不过，度纸不明。高上无雷下雨，地下无人交钱度纸。有钱无人来交，有纸无人来送。要钱不得到手，要米不得到口。

真的报真，假的报假。不把真的报假，不把假的报真。真的报真，人人说我行兵弟子，东方交钱交得清清，南方度纸度得明明。东方有请，南方有用。早不停兵，夜不歇马。要钱才得到手，要米才得到口。

信士某某某，求你解枷脱锁，求你追魂翻案。求了得保，醉了得到。阴锁已开，阴索已脱。放下众凭神筶，众马神骑。起在卦前卦后，倒在卦头卦尾。（打筶，若得顺筶后再打第二筶）

第一众凭神筶不可不信，放下第二众凭神筶。起在卦前卦后，倒在卦头卦尾。（打筶，若得顺筶后再打第三筶）

第二众凭神筶不可不信，放下第三车凭神筶，众马神骑。起在卦前卦后，倒在卦头卦尾。

（得三副顺筶后，接化水、用鸡挡煞隔晦气。）

用叉诀托水碗游于香烟之上

伏以圣水过香，一变祖师与我，敕变圣水过香。二变本师与我，敕变圣水过香。三变三元祖师与我，敕变圣水过香。圣水不敕不灵，敕了便灵，变敕为现，变赐为献。

右手叉诀托水碗，左手拿令牌于水碗上画符

伏以角亢氏房心尾箕，斗牛女虚危室壁。奎娄胃昴毕觜参，井鬼柳星张翼轸。斗、错、权、衡、毕、伏、标。吾奉太上老君急急如律令。（画一紫微符于水碗上，即雨渐耳拖一圆圈点七点）

伏以道法不用多，南山观北河。斗然一个字，降尽世间魔。吾奉太上老君急急如律令。（画一降魔符于水碗上，即雨渐斗拖一圆圈）

伏以"一点乾坤大，横担日月长。波浪天地盖，凶煞一扫光。"吾奉太上老君急急如律令。（画一斩煞符于水碗上，即一叉倒立再横一笔加上一点）

奉请画符仙师，造符仙人。一道化为百道，百道化为千千万万道。画符一道有准万道有灵，人往符下生，鬼往符下亡。吾奉太上老君急急如律令。

（打筶，若不得顺筶，则需再念此段神咒一次，以打得顺筶为止。得筶后放下水碗，再去拿鸡挡煞）

用鸡挡煞

伏以：此鸡此鸡，非凡之鸡。王母娘娘抱此鸡，生得头高尾高中间低，身穿绿毛五色衣。别人拿来无用处，弟子拿来挡煞鸡。要挡天煞地煞、年煞月煞、日煞时煞，一百二十凶神恶煞。天煞要挡归天，地煞要挡归地。鸡血落地，凶神恶煞远远退去。保佑信士吉祥如意，大吉大利。

（左手拿鸡翅，右手作剑诀对鸡冠做斩状，然后掐破鸡冠，放出鸡血。当事人手捧信香站在坛前，巴代将三张纸钱折后沾上一点鸡血并扯下几根鸡腿毛一起拿在右手，在当事人的背后从头扫到脚，共三次，再放于纸钱炉中烧掉。如此作法三次，每次扫三下。）

用鸡毛鸡血涂纸钱解扫凶煞和晦气

伏以：信士某某某，生于某某某某年某某月某某日。时辰带来，八字带到。年犯月犯，日犯时犯，犯了天煞地煞，年煞月煞，日煞时煞，一百二十凶神恶煞。晦气神煞，头上扫身上，身上扫脚下。天煞归天，地煞归地。鸡血扫到，凶神恶煞远远退位。

（上段神辞要念三次，每次扫三下，烧掉后再扯鸡毛涂血扫一次）

用令牌沾圣水于犯煞人背上扫下以示清洗

伏以：金吒金吒僧金吒，吾今为汝解金吒。唵、祥中祥，吉中吉，般若会上有殊利，一切凶煞离开信人身，摩诃般若波罗蜜，甚深般若波罗蜜。

尚来，代为信士某某某，解除天煞地煞，年煞月煞，日煞时煞，一百二十凶神恶煞。晦气神煞，解去天涯，除去海角。从今之后，谋事如意，心想事成。增福延寿，吉康安泰，大吉大利。阴把香烟为据，阳把竹筶为凭。放下众凭神筶，众马神骑。

（拍牌打筶，打得顺筶即可。若没得顺筶，则还需再用令牌沾圣水给信士洗扫一次后再打筶。打得顺筶后则说："脱灾脱难，大吉大利！"让信士将手中的香放在纸钱炉中烧掉，并退去一边）

交纳雄鸡

尚来，解除凶煞已毕，雄鸡一只，交送祖师神众，化作白马一匹，上山骑着交钱，下水骑去度纸。交在手中，送在手内。

（再扯几片鸡腿毛烧在炉中，将鸡放在一边。解煞后，下接赏兵赏马。再添加一点酒在碗内，然后游于香烟上）

尚来，枷锁已脱，凶煞已解除，辛苦大众。辛苦酒呈，辛劳酒献。敬送法坛会上，无量高真。七千祖师，八万师尊。三教福神，祖先大众。天仙兵马，地仙兵将。查名不到，点字不齐。唯愿众神，喜喜皆纳，欢欢领受。喝在金牙银口，倒在金肠银肚。

伏以——

茶来吃剩交在你的茶坊，酒来吃剩交在你的酒店。黄缸米酒，交在金缸，送在银缸。刀头压盘，香米利是。斋供一筵，斋筵果供。交在你的手中，送在你的手内。金钱银钱，纸马钱财。人会发火，火化钱财，钱财用凭火化，收钱上仓，收米上库。

行兵弟子，投坛年久，拜法年多。话多难讲，路远难行。不讲九州歇马，不讲车练停场。讲多几句祖师来改，讲少几句本师来添。千年要留本魂交钱，万代要留本命度纸。放下左阴右阳，黄土神墙。

（放笞在桌子上，然后用送神诀送神。）

信士户主，法事圆满，祀事圆成。有堂各人归堂，有殿各人归殿。无堂无殿，各人逃散。

师爷，敬了得保，奉了得佑。保得千年清吉，佑得万代平安。一堂准了千堂，一愿准得万愿。法事圆满，盛会周隆。送客回堂，送神回殿。莲花宝柱，莲花宝诀。正法正教，正诀正法。收起长台师椅，桌台椅凳。金杯银碗，金调银筷。黄缸米酒，刀头压盘。斋筵果品，凡供诸般。金银纸币，纸马钱财。交去你的千年本堂，送去你的万年本殿。送去天涯，交去海角。千年不转，万代不回。弟子交钱保得长生，度纸佑得长命。无灾无难，百年长寿。儿女发旺，家道兴隆旺盛。

弟子背负正魂本命，三魂七魄。荣华富贵，福禄寿喜，财宝利禄，大吉大利。平安坐得千年，吉康活过百岁。借起五百蛮雷，打断东西南北回头之路，劈断五方五位回头之道。从此一别，永不相见。

二十一、祭云雄王科仪

【题解】

祭云雄王又叫作解鬼药,苗语叫作"下家儒"。有的人在受到山风、寒气、惊吓或路过凶山险水处,回家后发冷发热,心律失常。在医治无效的情况下,人们认为是其魂被山鬼扣去了,或中了山鬼所放的药。因此,苗乡传统的做法是请巴代来家为其解鬼难、追魂,即把所中的药解除、把其失落的魂魄给追回来。

传说云雄王是山鬼中最凶的鬼王。山鬼是指那些没有后代儿女、死了的人,由于没有后人供奉香火,没有火炉神壁"夯告"可居,才沦落为孤魂野鬼。它们为了得到吃喝,占据山野洞穴溪河涧潭,专捉拿一些运气差的人来讨吃讨喝,被敬奉后,它们就放人魂魄归附其身,人的病就好了。当然,这仅仅只是传说。

祭云雄王仪式很简单:将一把木凳放在门外屋檐下,面朝东方。在凳上摆一把隔筛,内放五柱糍粑(每柱糍粑上各摆一片肉或一条小鱼或一只虾),三炷香(插在中间的那柱糍粑上),一碗小炒肉(或鱼虾),三碗酒,五小沓纸钱。在凳下摆一块木板,上面摆五小坨生糍粑(传说有吃生食的孤魂)。解鬼难还要用一只狗(大小不限),拴在木凳边。另外还须在凳边插一层"良愿"(愿标),苗语称为"吉嘎归",是在一根包谷秆上方用竹片穿一十字架,在尾端夹上纸剪,秆顶上穿"鱼尾旗"纸剪而成。

仪式在堂屋内大门外边举行。先要剪下病人所穿之衣的一点布头,包在一张纸钱内,谓之"包魂"。后烧几张纸钱、叩师藏身,再坐下摇师刀请神、通呈保佑、敬交生酒、放魂放命、勾良勾愿、敬吃送喝、送神。完毕后,巴代回屋时要用脚踢门槛问屋内:"某某某(病人的名字)回到家了吗?"屋内一个人回答:"回到家了!"如此踢三下,问三声,屋内答三声,然后进屋,将原先所剪的病人衣服布头放回床上,并高声云:"脱灾脱难,病好了!"意示魂魄回来附体,病人放心,病也就慢慢地转好了。

【神辞】

莲花宝座,莲花宝决。三十六道正传,七十二道真诀。化天造造堂,地造造殿,红造造堂,黑造造殿。立河让堂,立海让殿。何神不准进堂,别鬼不要进殿。

吾奉太上老君急急如律令。

抬眼看青天,师父在眼前。闭眼看身后,师父在左右。太上老君随前随后,随左随右。身左身右。同我弟子起手成法成诀,动脚成罡成步。莲花宝座,莲花宝诀。三十六道正法,七十二道真诀。收起病害良人某某某,正魂本命,三魂七魄。收在十二洞前洞后,十二洞左洞右。下铜盖,下铁盖,高上金铁银宝盖。人看不知,鬼看不见。

(用宝盖诀盖住后,把纸钱卷成筒状,绞住两头,并对两头各吹一口气。)

师爷!有请才来行教,无请不来上门行教。户主有迎有请,三请四奉。弟子才来上门行教,凭天凭地,凭阴凭阳,凭人凭神。天地阴阳,年月日时,百无禁忌,大吉大利。法事初启,宝香先焚。宝香方能沟通阴阳,香烟才能联通人神。香烟飘在空中,福神敬在心中。人有虔诚之心,神有应验之灵。做了得保,求了得佑。以此香烟传奏福神,表此心意虔诚敬奉。有迎有请,有求有应。以此香烟,首当叩请三界四值功曹,为吾传奏,即刻起程。

伏以金钱烧交,银钱烧送。烧送交钱祖师、度钱祖师,前传后教,宗本二师。请降仪坛,领受钱财。(烧三张纸钱,作一个揖)

伏以金钱烧交,银钱烧送。烧送祖师法高法旺、法胜法高。请降仪坛,领受钱财。(烧三张纸钱,作一个揖)

伏以钱财上奉已毕,弟子在于香炉头上,焚香叩请祖师石法高、石法旺、石法胜、石法高。叩在弟子身前身后,身左身右。同我弟子起手成法成诀,动脚成罡成步。早讲早灵,夜讲夜顺。

抬眼看青天，师父在眼前。闭眼看身后，师父在左右。太上老君随前随后，随左随右。身左身右。同我弟子起手成法成诀，动脚成罡成步。金车莲花宝柱，银车莲花宝诀。收我弟子真魂本命，三魂七魄。收在金箍桶，收在金箍桶，收在金箍桶，收在五龙圣水，人看不知，鬼看不见。

吾奉太上老君急急如律令。

化会我身，变会我身，我身变作中殿阎罗大将军。三十六堂服我管，七十二庙护我身。

吾奉太上老君急急如律令。

师爷！玉皇正教，老君门下弟子某某某，在起信士户主某氏门中，大门之边，下门之外。堂屋之中，中堂里内。烧起三炷陈香华香，琉璃七宝正香。香焚玉炉，心诚帝前。伏以真香，香气非常，南瞻丛中为第一，旆坛林里号无双。焚香瑞气，遍满十方。神闻则达，人闻则康。邪魔供首，外道皈依。正法正教，百用百灵。香烟奉请，弟子本坛本教师真来临。

一心皈命礼请：上坛七千祖师，下坛八万兵马。南郊大王，北郊天子。宗本堂中，祖师殿内。教师堂中，教法堂内。香火坛中，香灯坛内。开坛演教，护坛传教。祖师大殿，兵马大营。坛上七千，坛下八万。开坛祖师石法高，传教祖师石法旺、石法灵、石法胜、龙法灵、龙法胜、龙法通、龙法高、龙法旺、江法灵、吴法德、侯法斌、田法魁、田法寿、吴法成。掌度祖师龙法胜，前代安坛刘法旺，后代祖师龙法胜、龙法明、龙法胜、石法明、石法胜。高公祖师石法旺，尊公祖师石法高、石法魁。后代安坛龙法灵。祖公祖师石法高、石法旺。师伯石法胜，严父祖师石法高。闻今有请，急速降临。出离老君大堂，离别玉皇大殿。请降法筵，受今迎请。

一心皈命礼请：开坛宗师，演教祖师。行教本师，帮教仁师。宗师鸿君老宗，祖师道德老祖。自古一教传三友，老子一炁化三清。天下法堂共一教，世上法坛共老君。弟子祖传祖教坛上，历代宗本祖师。师郎本坛本教坛中，历代先宗先师先人。只请本坛，别坛勿动。只奉本教，别勿无奉。宗师法高法旺，祖师法灵法顺。双名两字，双字两名。查名奉请，依教奉行。随心念到，观想自临。一顺百顺，有验有灵。祖师来到堂中，本师来临堂内。

奉请太上老君，正君道君。张赵二郎、圣水三郎，十二婆令大娘，花林姊妹。阴传阴教，阳传阳教，梦传梦教，不传自教，三坛两教，三十六道祖师。

奉请玉皇正教，老君门下。法堂宝殿，老堂旧殿。法堂法殿，法坛法会。十二统兵大旗，十二统天大将。红旗红号旗头鸡毛，黄旗黄号旗下兵马。旗头雄兵千百万，旗下猛将万百千。大将军管大营盘，小将军镇五方界。伏魔大帝大将军，镇妖将王大元帅。四方四大四天王，八轮八大八金刚。左右护坛，赵大元帅。阴阳护法，钟馗神王。上坛七千官将，下坛百万雄兵。呼风唤雨，飞沙走石。穿山破牢，追魂翻案。五圣神祖，兵主神王。五路武猖，五营兵马。南郊大王，北郊天子。天仙兵马，地仙兵将。

奉请三清玉皇宝坛，老君法堂。当差当值，当传当奏。本年当值功曹神官，本月当值神员，本日当值神将，本时当值神兵。上天入地，翻山过水，飞云驾雾，走马乘风。早喊早来，夜喊夜到。传书达信，传言达呈（情）。随传随到，随奏随达。腾云而出，乘风而达。随心即往，随念即至。法坛传奏三十六道功曹。

出兵出在何州，请到何州。出马出在何县，请到何县。请到十重云头，九霄云雾。七里桥头，奈何桥上。老君大堂，玉皇大殿。老君殿前殿后，老君殿左殿右。学师堂中，学法堂内。教师堂中，教法堂内。云贵两广，永保二州。湖南湖北。祖师在起湖南大堂，请到湖南大堂，本师在起湖北大殿，请到湖北大殿。大兵请上八抬大轿，小兵请上高头大马。

风快请来跟风，雨快请来跟雨。山快请来跟山，水快请来跟水。铺去阴阳二桥，请下凡间之中，洞冲大寨，土地祠下。人请千家开门莫过，神请万家开户莫行。请到信士户主，某氏门中某某某，三衙门口，四脚门外。屋檐童子，接水阶前。大门之边，小门之外。有车请来众人不要下车，有马请来众人不要下马。人人请来装车，个个请来装马。装车不请何神，发马不叫何鬼。

含爷——也——含爷——也——

一心奉请：某氏堂上，某氏门中，家奉儒释道三教，净莘有感一切福神。斋神功德，佛道真仙。文昌开化，梓潼帝君。伏魔大帝，关圣帝君。求财有感，四官大神。九天司命，太乙府君。灶公灶母，灶王灶君。当年太岁。至德真神。信士本宗本祖，户主本房本族。始祖一家，先宗一房。一家发了千家，一户发了万户。历朝历代先祖，历代历朝先人。先祖堂中众位元老，先宗堂内众位先辈。本家本姓祖宗，本房本族祖德。家堂香火，福德正神。保佑儿孙发达先祖，庇佑后代发旺先人。始宗始祖，发子发孙。发千发万，发达发旺。信士本家堂上香火，户主本族本房香灯。历代先宗先祖，历朝先公先婆，先父先母，先辈先人。堂上高尊祖考妣，炉中太祖父辈魂。查得有名不到，点得有字不齐。心到请到，意到念临。去是前后陆续，来时同请同到。到堂把持香火，到殿把持香灯。来到堂中，迎到堂内。

　　奉请先来此村，先住此寨。先与荆棘刺丛为伍，先和古树古木为伴。古林丛中岩屋先起，古树堂内岩板先盖。生时立此村寨以居繁衍，古时开此地盘以耕养命。公公发满一村，婆婆养满一寨。此村以你为祖，此地以你为神。安位老木岩屋堂中，安在古树岩板堂内。保村保寨，保子保孙。驱瘟打邪，祈福保安。当坊尊者，寨祖土地。
　　出兵出在何州，请到何州。出马出在何县，请到何县。请到老木堂中，古树堂内。四个天门，八个地户。四个老堂，八个老殿。在堂请堂，在殿请殿。铺去阴阳二桥，请下凡间之中，洞冲大寨，土地祠下。人请千家开门莫过，神请万家开户莫行。请到信士户主，某氏门中某某某，三衙门口，四脚门外。屋檐童子，接水阶前。大门之边，小门之外。有车请来众人不要下车，有马请来众人不要下马。人人请来装车，个个请来装马。装车不请何神，发马不叫何鬼。
　　含爷——也——含爷——也——

　　奉请本音堂上，历代祖先。家亡先祖，老少众魂。上至高尊祖考，下至玄远宗亲。男昌伯叔，女妹姑嫜。老不真名，少不到此。是其宗支，普同供养。家龛位上，父兮母兮。前亡后化，老幼一派灵魂。唯愿，去是前前后后去，今时有请一同来。
　　一份请到墓坟山水，盘龙吉地。二份请到水火炉位前，飞林子幕、花林子盖。三份请到大门之边，小门之外。有车请来众人不要下车，有马请来众人不要下马。人人请来装车，个个请来装马。装车不请何神，发马不叫何鬼。
　　含爷——也——含爷——也——

　　奉请弟子法坛会上，无量高尊。前传后教，宗本祖仁。法坛兵马，护法神君。本坛当差，使者传文。家亡先祖，老少众魂。本境土地，五方龙神。灶公灶母，东厨司命。屋檐童子，把门将军。本家护持，福德正神。人人请来装车，个个请来装马。装车不请何神，发马不叫何鬼。
　　含爷——也——含爷——也——

奉请云雄大王,马雄大将。铜马沙郎,铁马沙将。五面药公药母,五面药子药孙。第一马杂,第二马打。马牙马口,马肠马肚。拿愿郎子,收愿郎君。

出兵出在何州,要来请到何州。出马出在何县,要来请到何县。出在上洞古老,李舍大堂,李洞大殿。中洞古老,几吼打陇,嘎晚洞图。下洞古老,老家四十八个老堂,让龙四十八个老殿。七面山头,八面山尾。千个高坡陡岭,万个高岩陡洞。千年本堂,万年本殿。有车上车,有马上马。风快跟风,雨快跟雨。山快跟山,水快跟水。铺去阴阳二桥,请下凡间之中,洞冲大寨,土地祠下。人请千家开门莫过,神请万家开户莫行。请到信士户主,某氏门中某某某,三衙门口,四脚门外。屋檐童子,接水阶前。大门之边,小门之外。有车请来众人下车,有马请来众人下马。请来上排上坐,下排下坐,排方正坐。上请莫动,下请莫游。

含爷——也——含爷——也——

一份来了,二份不请同来,飞云走马功曹上参。一份来到,二份不请同到,飞云走马功曹上报。发兵去请,发马去报。二份转来奉请——

云雄大王,马雄大将。铜马沙郎,铁马沙将。五面药公药母,五面药子药孙。第一马杂,第二马打。马牙马口,马肠马肚。拿愿郎子,收愿郎君。

出兵出在何州,要来请到何州。出马出在何县,要来请到何县。出在上洞古老,李舍大堂,李洞大殿。中洞古老,几吼打陇,嘎晚洞图。下洞古老,老家四十八个老堂,让龙四十八个老殿。七面山头,八面山尾。千个高坡陡岭,万个高岩陡洞。千年本堂,万年本殿。有车上车,有马上马。风快跟风,雨快跟雨。山快跟山,水快跟水。铺去阴阳二桥,请下凡间之中,洞冲大寨,土地祠下。人请千家开门莫过,神请万家开户莫行。请到信士户主,某氏门中某某某,三衙门口,四脚门外。屋檐童子,接水阶前。大门之边,小门之外。有车请来众人下车,有马请来众人下马。请来上排上坐,下排下坐,排方正坐。上请莫动,下请莫游。

含爷——也——含爷——也——

二份来了,三份不请同来,飞云走马功曹上参。二份来到,三份不请同到,飞云走马功曹上报。发兵去请,发马去报。三份转来奉请——

云雄大王,马雄大将。铜马沙郎,铁马沙将。五面药公药母,五面药子药孙。第一马杂,第二马打。马牙马口,马肠马肚。拿愿郎子,收愿郎君。

出兵出在何州，要来请到何州。出马出在何县，要来请到何县。出在上洞古老，李舍大堂，李洞大殿。中洞古老，几吼打陇，嘎晚洞图。下洞古老，老家四十八个老堂，让龙四十八个老殿。七面山头，八面山尾。千个高坡陡岭，万个高岩陡洞。千年本堂，万年本殿。有车上车，有马上马。风快跟风，雨快跟雨。山快跟山，水快跟水。铺去阴阳二桥，请下凡间之中，洞冲大寨，土地祠下。人请千家开门莫过，神请万家开户莫行。请到信士户主，某氏门中某某某，三衙门口，四脚门外。屋檐童子，接水阶前。大门之边，小门之外。有车请来众人下车，有马请来众人下马。请来上排上坐，下排下坐，排方正坐。上请莫动，下请莫游。

含爷——也——含爷——也——

人人诚心相请，神神随请随到。阴间来的好客，阳间到得好马。行兵弟子，阴请阴来，阳请阳到。三请同来，四请同到。有事和你通呈，无事不敢通呈，半天云云，着耳听文。有事和你登堂，无事不敢登堂，半天洋洋，着耳听章。壶中有酒，开壶莫献。茶献一呈，酒分三献。今据公元某某某某年某某月某某日清早良旦，上午之时，下午之时，晚上之期，在起信士户主某氏门中，不管别神外鬼，不管别处外路。

当管云雄大王，马雄大将。铜马沙郎，铁马沙将。五面药公药母，五面药子药孙。第一马杂，第二马打。马牙马口，马肠马肚。拿愿郎子，收愿郎君。

出兵出在何州，要来管到何州。出马出在何县，要来管到何县。

一车马头，管到上洞古老，李舍大堂，李洞大殿。中洞古老，几吼打陇，嘎晚洞图。下洞古老，老家四十八个老堂，让龙四十八个老殿。有车管来众人上车，有马管来众人上马。

二车马头，管到东南西北，四个天门，八个地户。四个老堂，八个老殿。在堂管堂，在殿管殿。有车管来众人上车，有马管来众人上马。

三车马头，管到湖南省花垣县董马库乡洞冲大寨，土地祠下。人管千家开门莫过，神管万家开户莫行。管到信士户主，某氏门中某某某，三衙门口，四脚门外。屋檐童子，接水阶前。大门之边，小门之外。有车管来众人下车，有马管来众人下马。管来上排上坐，下排下坐，排方正坐。上请莫动，下请莫游。

含爷——也——含爷——也——

管来不为千斤大事，不为并无小难。上山不为砍木，下水不为拖船。因为信士户主，病害良人某某某，早来行东行西，夜来行南行北。见车不会躲车、车来不得高过，见马不会躲马，马来不得高骑。左边撞着你的车头，右边碰着你的马尾。转来得病在身，困在眠床，倒在卧巾。一日不消不散，二天不减不退。

　　男人手巾包米，女人白纸包茶。东方点香，南方卜课。点香大师坛头，卜课小师坛尾。点香不出何神，打卦不出何鬼。是你为殃作祸，给灾作难。头上是你上枷，颈上是你上锁。标了良愿一重，许了契愿一朵。标良不把良停，许愿不把愿丢。兴良兴许，兴愿兴还。一屋人口，一家人眷。男人不做长心大胆，女人不做三心二意。算得好日，择得好字。选得留连太安，请得行兵弟子，前门跟你相求，后门给你相醉。

　　面前备办何财，要来交你何财。备办何物，要来交你何物。备办长台师椅，桌台椅凳。金杯银碗，金调银筷。黄缸米酒，白粮米饭。金钱银钱，纸马钱财。陈香华香，龙凤宝香。一样不少，两样不欠。项项交在你的手中，样样送在你的手内。

　　交纳何财，领受何财。交纳何物，领受何物。领受在前，保佑在后，领受在左，保佑在右。

　　上来不保千家人名，下来不保万家名字。当保信士户主，病害良人某某某，正魂在我手中，本命在我手内（把包魂纸筒夹在师刀圈根部）。身上少力，（对包魂纸吹一口气）学——化了替他添力。身上少气，（对包魂纸吹一口气）学——化了替他添气。左边添他龙力虎气，右边补他龙心虎胆。添了龙力莫倒，补了虎气莫崩。千年禄在本魂，万代马在本命。

　　当面有枷，要收鬼枷。颈上有锁，要收鬼锁。要收牛罗枷锁，板子夹棍。铜箍铁押，铜押铁撑。铜锤铁棒，板子夹棍。千百斤手囚，万百斤脚链。上有宽州，收去宽州。下有宽县，收去宽县。收去宽州大里，押送宽冈大县。收得过门过后，收得过堂过殿。

　　要收灾煞，要除祸害，要收病痛，要除顽疾，要收瘟疫，要除时气，要收凶神，要除恶煞。收了要收，要收早来发冷，夜来发热。早来痛头，夜来痛脑。病床多久，眠床多日。天煞地煞，年煞月煞，日煞时煞，一百二十凶神恶煞。天瘟地气，天灾地难。种麻郎子，种痘郎君。屙血郎子，屙痢郎君。阴包草药，阳包草变。上有宽州，收去宽州。下有宽县，收去宽县。收去宽州大里，押送宽冈大县。收得过门过后，收得过堂过殿。

要收灾煞，要除祸害，要收病痛，要除顽疾，要收瘟疫，要除时气，要收凶神，要除恶煞。收了要收，要收得了，要送得完。要消得清，要除得尽。要收凶症，要消恶疾。有药治不了，良医治不得。疑症难症，杂症奇症。热天要收暑气来袭，冷天要收寒气来侵，心起无名之火，身染不治之症。上有宽州，收去宽州。下有宽县，收去宽县。收去宽州大里，押送宽冈大县。收得过门过后，收得过堂过殿。

要收灾煞，要除祸害，要收病痛，要除顽疾，要收瘟疫，要除时气，要收凶神，要除恶煞。收了要收，要收得了，要送得完。要消得清，要除得尽。山崩乱石来打，洪水滔天来淹。垮崖垮岩垮土来压，垮山垮坡倒树来压。大路要收车碾，大道要收车轧。要收凶灾奇祸来殃，要收不预之害来当。上有宽州，收去宽州。下有宽县，收去宽县。收去宽州大里，押送宽冈大县。收得过门过后，收得过堂过殿。

要收灾煞，要除祸害，要收病痛，要除顽疾。要收瘟疫，要除时气。要收凶神，要除恶煞。收了要收，要收得了，要送得完。要消得清，要除得尽。要收早晨出门是晴，夜晚归家逢雨。好出不得好转，好去不得好回，走路碰着陷孔，走马遇着套索。逢了盗贼，遇着强盗。惹着马蜂，碰着抢犯。遇着抓丁，碰着抓夫。有去不转，好出恶回。上有宽州，收去宽州。下有宽县，收去宽县。收去宽州大里，押送宽冈大县。收得过门过后，收得过堂过殿。

收了要收，要收得了，要送得完。要消得清，要除得尽。要收灾煞，要除祸害，要收病痛，要除顽疾，要收瘟疫，要除时气，要收凶神，要除恶煞。要收凶神现脸，恶鬼现面，凶兆来报恶信，凶祸来当道途，邪神引路，妖鬼引道，走入迷途，误入圈套。上有宽州，收去宽州。下有宽县，收去宽县。收去宽州大里，押送宽冈大县。收得过门过后，收得过堂过殿。

收了要收，要收得了，要送得完。要消得清，要除得尽。要收灾煞，要除祸害，要收病痛，要除顽疾，要收瘟疫，要除时气，要收凶神，要除恶煞。要收恶人乱讲，强势乱压，捆绑绳索，披枷戴锁，前有枪逼，后有枪押，官衙官牢，官镇官压，有理无理，强词夺理，遭逢欺凌压榨，遭受冤枉官非。上有宽州，收去宽州。下有宽县，收去宽县。收去宽州大里，押送宽冈大县。收得过门过后，收得过堂过殿。

要收灾煞，要除祸害，要收病痛，要除顽疾，要收瘟疫，要除时气，要收凶神，要除恶煞。收了要收，要收得了，要送得完。要消得清，要除得尽。要收恶疾缠体，恶病缠身，有卧无起，良药不愈，病床多久，倒床多日，内病外伤，疑难不治，失魂落魄，疯癫病狂，神志不清，世事无常，身病心病，里病外病，体病身病，骨病肉病，筋病皮病，恶疮毒疔，三包草药，四包草患。上有宽州，收去宽州。下有宽县，收去宽县。收去宽州大里，押送宽冈大县。收得过门过后，收得过堂过殿。

灾难收了，保佑又到。上来不保千家人名，下来不保万家名字。当保信士户主，病害良人某某某，好了不加不重，退了不反不复。大病化小，小病化无。口讲合合，脸笑眯眯。吃茶甜肚，吃饭甜心。上山得到，下水得临。千年坐到管儿管女，万代坐到管子管孙。风吹保佑莫动，浪打保佑莫流。青龙不动，白虎不开。千年禄在本魂，万代马在本命。

保了要保，佑了要佑。保佑信士，冬免三灾，夏除八难，春秋清吉，四季平安，灾难消散，祸害消除，冤孽消清，恶害不出。

保了要保，佑了要佑。保佑信士，灾萌不起，火盗不侵，口牙永息，是非不生，遇难成祥，逢凶化吉，凶煞退位，吉星降临。

保了要保，佑了要佑。保佑信士，四序安和，六时康泰，年居清吉，月坐平安，福禄多增，寿岁延绵，福如东海，寿比南山。

保了要保，佑了要佑。保佑信士，求赐福禄，寿喜康宁。人丁兴旺，财宝盈门。利路亨通，财源广进。富贵双全，安康吉庆。

保了要保，佑了要佑。保佑信士，解冤解结，解罪解孽，解灾解难，解祸解害，大病化小，重病化轻，得逢良医，得遇救星，疾病得好，治得断根，全面康复，永不生病，一好百好，健康旺盛。

保了要保，佑了要佑。保佑信士，保佑财源，通达旺盛。天天发财，日日喜庆。日得千金，月进万银。百万千万，万万倍增。利路通达，财路通顺。利益广得，财源广进。利禄丰厚，财源滚滚。一本万利，平步青云。

保了要保，佑了要佑。保佑信士，屋场得坐，水井得吃，查名得应，点字得齐，活过百年，坐得千岁，发白转青，齿脱转生，鹤发童颜，越活越精，返老还童，堪称寿星，坐如彭祖，天地共存。

保了要保，佑了要佑。保佑信士，求财得发，求有得收，求财到堂，求利到手，五路进财，八方顺头，财源广进，利禄丰厚，一本万利，富贵长久。

保了要保，佑了要佑。保佑信士，求财得财，求官得官，官运亨通，官禄丰厚，升官发财，高升出头，出众显达，名利双收，平稳通顺，直到退休，幸福快乐，无忧无愁，尽享天年，五福全收。

保了要保，佑了要佑。保佑信士，万事如意，心想事成。所谋成就，一帆风顺。招财有路，聚宝有盆。金堆北斗，玉积满门。亿万富翁，福寿康宜。出众显达，天下扬名。

保佑已了，退下又到。

退下黄缸米酒，一杯一碗，二呈二献。交生酒呈，交生酒献。

敬送云雄大王，马雄大将。铜马沙郎，铁马沙将。五面药公药母，五面药子药孙。第一马杂，第二马打。马牙马口，马肠马肚。拿愿郎子，收愿郎君。

吃了保佑信士，病害良人某某某，好疾好病，好病好痛。大消大散，大减大退。黄缸米酒，一杯二碗，一呈二献。破在金牙银齿，倒在金肠银肚。

含爷也——含爷也。（对酒碗吹一口气并倒点酒在纸钱炉内）

吃了一杯一碗，二呈二献。要来敬上三杯三碗，三呈四献。保佑酒呈，保佑酒献。

敬送云雄大王，马雄大将。铜马沙郎，铁马沙将。五面药公药母，五面药子药孙。第一马杂，第二马打。马牙马口，马肠马肚。拿愿郎子，收愿郎君。

吃了保佑信士户主，病害良人某某某，好了不加不重，退了不反不复。吃茶甜肚，吃饭甜心。吉康安泰，大吉大利。黄缸米酒，二杯三碗，三呈四献。破在金牙银齿，倒在金肠银肚。

含爷也——含爷也。（对酒碗吹一口气并倒点酒在纸钱炉内）

吃了三杯四碗，三呈四献。要来敬上五杯五碗，五呈五献。

先来敬送云雄大王，马雄大将。铜马沙郎，铁马沙将。五面药公药母，五面药子药孙。第一马杂，第二马打。马牙马口，马肠马肚。拿愿郎子，收愿郎君。

后来敬上九州兵马，前师后教。功曹武猖，家亡先祖、家先等众。村头龙神，寨尾土地。灶公土地，灶王菩萨。门头老鬼，把门将军。

吃了保佑信士某某某，家门清吉，人口平安。发达兴旺，富贵双全，无灾无难，大吉大利。黄缸米酒，一杯化作千杯，一碗化作千碗。千人共杯，万人共碗。阴间不吃不领，阳间不领不剩。破在金牙银齿，倒在金肠银肚。还有糍粑糯供，细炒大肉（或水下鲜鱼）也都一起破在金牙银齿，倒在金肠银肚。

含爷也——含爷也。

（对酒碗吹一口气并倒点酒在纸钱炉内，放倒筷子，动口吃点供品。）

阴间吃了得饱，阳间喝了得醉。养牲供狗，黄犬一只。先来交生，后来交熟。交生交在你的手中，送在你的手内。后来退送厨官刀手，将牲杀死，杀生害命。缸中泡水，火上烧毛。开膛破肚，下锅煮熟。慢来办好登盘上熟，呈敬献供。停车一步，驻马一时。

含爷也——含爷也——

（狗杀死后，开膛破肚，留下头和带尾的一腿摆在凳上，其余的下锅炒熟，装一碗摆在凳上。用五藏生狗肠摆在木板上的生糍粑上，肝肺心肾、前胸后膀、煮熟后各切一块摆在糍粑上。）

含爷也——含爷也——

养牲供狗，黄犬一只。先来交生，后来交熟。交生交在你的手中，送在你的手内。后来退送厨官刀手，将牲杀死，杀生害命。缸中泡水，火上烧毛。开膛破肚，下锅煮熟。如今给你赐办登盘上熟，交在手中，送在手内。

交纳何财，领受何财。交纳何物，领受何物。领受在前，保佑在后，领受在左，保佑在右。

上来不保千家人名，下来不保万家名字。当保信士户主，病害良人某某某，正魂在我手中，本命在我手内（把包魂纸筒夹在师刀圈根部）。身上少力，（对包魂纸吹一口气）学——化了替他添力。身上少气，（对包魂纸吹一口气）学——化了替他添气。左边添他龙力虎气，右边补他龙心虎胆。添了龙力莫倒，补了虎气莫崩。千年禄在本魂，万代马在本命。

当面有枷，要收鬼枷。颈上有锁，要收鬼锁。要收牛罗枷锁，板子夹棍。铜箍铁押，铜押铁撑。铜锤铁棒，板子夹棍。千百斤手囚，万百斤脚链。上有宽州，收去宽州。下有宽县，收去宽县。收去宽州大里，押送宽冈大县。收得过门过后，收得过堂过殿。

收了要收，要收早梦不灵不顺，夜梦不祥不安。早梦死人同路，夜梦死鬼同床。梦风梦雨，梦山梦水。杀牛宰马，破篾刈竹。奔田烂地，崩岩烂坎。上有宽州，收去宽州。下有宽县，收去宽县。收去宽州大里，押送宽冈大县。收得过门过后，收得过堂过殿。噩梦去了，好梦又来。早梦骑驴，夜梦跨马。早梦轿行得真，夜梦轿坐得稳。早梦日头来照，夜梦海水来淋。

收了要收，要收衣毛光裤。哭声登堂，喊号登殿。三块烂木，四块烂板。桐木板装，紫木板盖。灯笼篙把，毛竹火烟。黄土盖身，黑土盖面。木头两对，木马两双。男人披头，女人戴号。上有宽州，收去宽州。下有宽县，收去宽县。收去宽州大里，押送宽冈大县。收得过门过后，收得过堂过殿。

收了要收，要收东方官牙，南方口嘴。西方官牙，北方口嘴。中央官牙，五方堂殿官牙口嘴，官司口气。作抄拿人，土匪抢犯，贼盗小人。天火地火，阴火阳火。天怪地怪，双猪独狗，七狗八怪，八八六十四怪。上有宽州，收去宽州。下有宽县，收去宽县。收去宽州大里，押送宽冈大县。收得过门过后，收得过堂过殿。

收了要收，要收年来失财，月来破米。失财破米，麻言怄气。年来猪瘟，月来时气。猪瘟时气，牛瘟马匠。上有宽州，收去宽州。下有宽县，收去宽县。收去宽州大里，押送宽冈大县。收得过门过后，收得过堂过殿。

收了要收，要收早来发冷，夜来发热。早来痛头，夜来痛脑。病床多久，眠床多日。天煞地煞，年煞月煞，日煞时煞，一百二十凶神恶煞。天瘟地气，天灾地难，种麻郎子，种痘郎君。屙血郎子，屙痢郎君。阴包草药，阳包草变。上有宽州，收去宽州。下有宽县，收去宽县。收去宽州大里，押送宽冈大县。收得过门过后，收得过堂过殿。

收了要收，要收前门猪来送屎，后门狗来送尿。前门前代伤亡，后门后代伤亡。滚坡滚岭，滚岩滚坎。早来倒在枪头，夜来死在枪尾，外音门下，本音门下，连亲门下，五音七姓男女伤亡。押送阳州以西，收送阴土地盖。早来不许相逢，夜来不许相见。若有早来相逢，夜来相见。上有宽州，收去宽州。下有宽县，收去宽县。收去宽州大里，押送宽冈大县。收得过门过后，收得过堂过殿。

千般收了得到，万般保了得到。上来不保千家人名，下来不保万家名字。当保信士户主，病害良人某某某，年坐清吉，月坐平安。屋场得坐，水井得吃。查名得应，点字得齐。活过百年，坐得千岁。

保了要保，佑了要佑。保佑信士户主，病害良人某某某，好了不加不重，退了不反不复。大病化小，小病化无。口讲合合，脸笑眯眯。吃茶甜肚，吃饭甜心。上山得到，下水得临。千年坐到管儿管女，万代坐到管子管孙。风吹保佑莫动，浪打保佑莫流。青龙不动，白虎不开。千年禄在本魂，万代马在本命。

保了要保，佑了要佑。保佑高楼养猪，低楼养羊。槽头吃水，槽尾吃糠。不养自肥，不喂自长。早长千斤，夜长万两。千年是信士户主家财家本，万代是家本家利。养公成对，养母成双。财来坐得千千余年，米来坐得万万余岁。

保了要保，佑了要佑。王儿大财，丝绸大宝。黄牛大财，水牛大宝。上坡吃草，满肚肥饱。下河吃水，满肚肥了。上坡吃草，不要吃着瘟草。千年背犁得走，万代背耙得重。耙重得山。千年是信士户主家财家本，万代是家本家利。养公成对，养母成双。财来坐得千千余年，米来坐得万万余岁。

打开东方求财，东路来财，南方求米，南路来米。西方求财，西路来财，北方求米，北路来米。中央求财，中路来财，五方堂殿求米来米。不会求财，财来进家，不会求米，米来进户。财来坐得千千余年，米来坐得万万余岁。

打开正月无风扫地，二月砍草平洋，三月抛粮下种。一个落地、百个成气，一个落土、百个生口，一个落下、百个生芽。保佑七月熟谷，八月熟米。生像牛头，壮像马尾。男人得挑，女人得背。吃不了存谷烂酒，用不了存米烂饭。吃不了烂饭白财，用不尽烂饭白米。财来坐得千千余年，米来坐得万万余岁。

保佑已了，挡隔又到。上不挡州，下不挡县。

一挡一隔，病害良人某某，当面有枷、要挡鬼枷，颈上有锁、要挡鬼锁。要挡牛罗枷锁，板子夹棍。铜箍铁押，铜押铁撑。铜锤铁棒，板子夹棍。千百斤手囚，万百斤脚链。上有宽州，挡去宽州。下有宽县，挡去宽县。挡去宽州大里，隔去宽岗大县。挡得过门过后，隔得过堂过殿。

二挡二隔，要挡年来失财，月来破米。失财破米，麻言怄气。年来猪瘟，月来时气。猪瘟时气，牛瘟马匠。上有宽州，挡去宽州。下有宽县，挡去宽县。挡去宽州大里，隔去宽岗大县。挡得过门过后，隔得过堂过殿。

三挡三隔，要挡病害良人某某某，早来发冷，夜来发热。早来痛头，夜来痛脑。病床多久，眠床多日。天煞地煞，年煞月煞，日煞时煞，一百二十凶神恶煞。天瘟地气，天灾地难。种麻郎子，种痘郎君。屙血郎子，屙痢郎君。阴包草药，阳包草变。上有宽州，挡去宽州。下有宽县，挡去宽县。挡去宽州大里，隔去宽岗大县。挡得过门过后，隔得过堂过殿。

交纳已了，放魂又到。关了良魂，放出良魂。信士户主，还了得保，醉了得到。所扣信士的正魂本命，三魂七魄，当放回信士的正魂本命，三魂七魄。两下皆清，平安清泰。打开牢头，良魂放得回转，打开枷锁，魂魄放得回来。关在五方五牢，打开五方五牢。关在天牢地牢，风牢火牢，干牢湿牢，木牢土牢，亮牢黑牢，岩牢土牢，明牢暗牢，深牢浅牢，一十二牢，二十五牢，三十六牢，七十二牢，全部要来打开你五方五牢，关在天牢地牢，风牢火牢，干牢湿牢，木牢土牢，亮牢黑牢，岩牢土牢，明牢暗牢，深牢浅牢，一十二牢，二十五牢，三十六牢，七十二牢，点名喊字，放出信士的头上三魂，腰中三魂，脚下三魂，三魂七魄，七魄三魂。三魂放全，七魄放齐。放龙归位，放虎归山。魂归本身，魄归本人。有灾消灾，有难消难，有病退病，有疫退疫，消得清清，退得净净，保得信士，增福延寿，福寿齐增，吉康安泰，吉祥如意，大吉大利。

三魂归身坐得千年，七魄归体坐过百岁，青龙不动，白虎不开。

弟子要帮信士问卦，师郎要替户主问答。问卦以卦为准，问答以筊为凭。竹筊竹苽两块，神卦竹根两片。两块竹筊打通阴阳，两片神卦沟通人神。神灵你用神筊传信，阳人我用神卦传话。传信要传得准数，传话要传得真话。此后才会有人来敬，今后才会有人来信。传信传得不准，传话传得不灵，神灵妄语触犯天规，阴间不实会犯天条，天规打下凡尘，天条打下地狱。人讲诚信，神讲灵验，得人供奉，替人隔煞，受人钱财，替人消灾。要敬要奉要有诚信，要祭要祀要有验。信士今日求你到堂，户主今日奉你到殿，凡尘之礼备齐备全，凡供之仪备足备全，一样备办不少，两样备得不欠。项项交在你的手中，样样送在你的手内。交纳交得清清，领受领得明明。钱财不是空闲钱财，续魂买命钱财，钱米不是空闲钱米，消灾免难钱米。信士供神不是余钱剩米，户主敬祭不是没有事做，求你要保，敬你要佑。保佑户主，敬了之后，消灾免难，脱祸得财，无灾无难，无祸无害，无失无破，不缺无欠，疾不侵体，病不染身，病根脱体，灾难消除。

阴把香烟为据，阳把竹筊为凭，神看香烟，人看神卦，神筊神卦。阴阳两顺，一阴一阳，人神两通。神筊要打三筊为据，神卦要打三卦为凭。

求你不保，敬你不佑。信士户主，敬了之后，灾难不消，祸害不脱，当灾当难，当祸当害，有失有破，有缺有欠，疾来侵体，病来染身，病根不脱，灾难不除。

阴把香烟为据，阳把竹筊为凭，神看香烟，人看神卦，阳筊阳卦，两块看天，阳卦阳筊，两片背地。阳筊要打三筊为据，阳卦要打三卦为凭。

求你不保，敬你不佑。信士户主，敬了之后，家中还有凶神兴灾，宅内还有恶煞作祸，致使灾难不消，祸害不脱，当灾当难，当祸当害，有失有破，有缺有欠，疾来侵体，病来染身，病根不脱，灾难不除。

阴把香烟为据，阳把竹筊为凭，神看香烟，人看神卦，阴筊阴卦，两块看地。阴卦阴筊，两片背天。阴筊要打三筊为据，阴卦要打三卦为凭。

【一块阴一块阳的话】

求你要保，敬你要佑。保佑户主，敬了之后，消灾免难，脱祸得财，无灾无难，无祸无害，无失无破，不缺无欠，疾不侵体，病不染身，病根脱体，灾难消除。

阴把香烟为据，阳把竹筶为凭，神看香烟，人看神卦，神筶神卦，阴阳两顺。一阴一阳人神两通。神筶要打一筶为据，神卦要打一卦为凭。（打筶）

初打顺卦不可不信，真是神灵保佑户主，敬了之后，消灾免难，脱祸得财，无灾无难，无祸无害，无失无破，不缺无欠，疾不侵体，病不染身，病根脱体，灾难消除。

阴把香烟为据，阳把竹筶为凭，神看香烟，人看神卦，神筶神卦，阴阳两顺，一阴一阳人神两通。神筶要打二筶为据，神卦要打二卦为凭。（打筶）

二打顺卦不可不信，真是神灵保佑户主，敬了之后，消灾免难，脱祸得财，无灾无难，无祸无害，无失无破，不缺无欠，疾不侵体，病不染身，病根脱体，灾难消除。

阴把香烟为据，阳把竹筶为凭，神看香烟，人看神卦，神筶神卦阴阳两顺，一阴一阳人神两通。神筶要打三筶为据，神卦要打三卦为凭。（打筶）

【两块阳筶的话】

弟子一筶打得阳筶下地，真是求你不保，敬你不佑。信士户主，敬了之后，灾难不消，祸害不脱，当灾当难，当祸当害，有失有破，有缺有欠，疾来侵体，病来染身，病根不脱，灾难不除。

初打阳筶不可不信，阳筶要打二筶为据，阳卦要打二卦为凭。（打筶）

弟子二筶打得阳卦下地，真是求你不保，敬你不佑。信士户主，敬了之后，灾难不消，祸害不脱，当灾当难，当祸当害，有失有破，有缺有欠，疾来侵体，病来染身，病根不脱，灾难不除。

二打阳筶不可不信，阳筶要打三筶为据，阳卦要打三卦为凭。（打筶）

【两块阴筶的话】

求你不保，敬你不佑。信士户主，敬了之后，家中还有凶神兴灾，宅内还有恶煞作祸，致使灾难不消，祸害不脱，当灾当难，当祸当害，有失有破，有缺有欠，疾来侵体，病来染身，病根不脱，灾难不除。

阴把香烟为据，阳把竹筶为凭，神看香烟，人看神卦，阴筶阴卦两块看地，阴卦阴筶两片背天。阴筶要打二筶为据，阴卦要打二卦为凭。（打筶）

阴筶二打不可不信，真是求你不保，敬你不佑。信士户主，敬了之后，家中还有凶神兴灾，宅内还有恶煞作祸，致使灾难不消，祸害不脱，当灾当难，当祸当害，有失有破，有缺有欠，疾来侵体，病来染身，病根不脱，灾难不除。

阴筶要打三筶为据，阴卦要打三卦为凭。（打筶）

凶神恶煞何名何号，别神外鬼何名何姓，打卦要查清楚，打筶要问明白……

放魂已了，和你勾愿又到。前愿前勾，后愿后勾。兴良兴许，兴愿兴还。许了何财，还了何物。许了何物，还了何物。长台师椅，桌台椅凳。金杯银碗，金调银筷。还了得饱，醉了得到。细箩大肉，香米利是。还了得饱，醉了得到。斋供一筵，斋筵果供。黄缸米酒，还了得饱，醉了得到。金钱银钱，纸马钱财。陈香华香，龙凤宝香。还了得饱，醉了得到。一样不少，两样不欠。还了得饱，醉了得到。圆满毕中，圆满毕中，奉请太上老君，红笔上簿，黑笔勾销。隔五重天，把簿仙官。

大金刀。大愿撤头，（拿愿标在手用大金刀诀作砍状）

小金刀，小愿撤尾。（用大金刀诀作砍状）

撤良了良，撤愿了愿。挪良了良，挪愿了愿。挪了千年不得成良，万代不得成愿。勾良请下五阴倒地，五马奔槽。起在卦前卦后，倒在卦头卦尾。

含爷也——含爷也。

（打一副阴筶，然后将愿标弄断，并放在桌下烧纸处。厨官刀手拿一碗肉，上摆一双筷子，站在巴代旁边，巴代拿着酒碗，边念边游动，之后吹一口气，并夹一片肉放在糍粑上面。然后又去锅里夹一点肉放在碗内，回来再敬。敬后另换一碗酒。如此三次。）

退下黄缸米酒，一杯一碗，二呈二献。上熟酒呈，上熟酒献。

敬送云雄大王，马雄大将。铜马沙郎，铁马沙将。五面药公药母，五面药子药孙。第一马杂，第二马打。马牙马口，马肠马肚。拿愿郎子，收愿郎君。

吃了保佑信士，病害良人某某某，好疾好病，好病好痛。大消大散，大减大退。黄缸米酒，一杯二碗，一呈二献。上熟大肉，左边加在碗中，右边添在盘内。破在金牙银齿，倒在金肠银肚。

含爷也——含爷也。（对酒碗吹口气，并倒点酒在纸钱炉内）

吃了一杯一碗，二呈二献。要来敬上三杯三碗，三呈四献。保佑酒呈，保佑酒献。

敬送云雄大王，马雄大将。铜马沙郎，铁马沙将。五面药公药母，五面药子药孙。第一马杂，第二马打。马牙马口，马肠马肚。拿愿郎子，收愿郎君。

吃了保佑信士户主，病害良人某某某，好了不加不重，退了不反不复。吃茶甜肚，吃饭甜心。吉康安泰，大吉大利。黄缸米酒，二杯三碗，三呈四献。上熟大肉，左边加在碗中，右边添在盘内。破在金牙银齿，倒在金肠银肚。

含爷也——含爷也。（对酒碗吹一口气，并倒点酒在纸钱炉内）

吃了三杯四碗，三呈四献。要来敬上五杯五碗，五呈五献。

先来敬送云雄大王，马雄大将。铜马沙郎，铁马沙将。五面药公药母，五面药子药孙。第一马杂，第二马打。马牙马口，马肠马肚。拿愿郎子，收愿郎君。

后来敬上九州兵马，前师后教。功曹武猖，家亡先祖、家先等众。村头龙神，寨尾土地。灶公土地，灶王菩萨。门头老鬼，把门将军。

吃了保佑信士某某某，家门清吉，人口平安。发达兴旺，富贵双全。无灾无难，大吉大利。黄缸米酒，一杯化作千杯，一碗化作千碗。千人共杯，万人共碗。阴间不吃不领，阳间不领不剩。破在金牙银齿，倒在金肠银肚。还有糍粑糯供，上熟大肉，左边加在碗中，右边添在盘内。也都一起破在金牙银齿，倒在金肠银肚。

含爷也——含爷也。

（对酒碗吹一口气并倒点酒在纸钱炉内，再放倒筷子，动口吃点供品。巴代吃交生的肉或鱼虾，不吃狗肉。办供人吃狗肉。）

（用两个碗各装点饭，一碗泡上狗肉汤，另一碗不泡汤。不泡汤的是让巴代吃的，因为巴代不吃狗肉。两碗饭放在桌上，巴代仍然拿酒碗，刀手拿泡了肉汤的饭碗，边走边念，然后二人各将一碗饭吃了。）

含爷也——含爷也。

信士户主，如今做了肉来淘堂，酒来洗殿。洗锅浓汤，稀饭浓碗。一堂准了千堂，一愿准了万愿。若是不做肉来淘堂，酒来洗殿。洗锅浓汤，稀饭浓碗。一堂不准千堂，一愿不准万愿。如今做了肉来淘堂，酒来洗殿。洗锅浓汤，稀饭浓碗。一堂准了千堂，一愿准了万愿。

肉来淘堂，酒来洗殿。洗锅浓汤，稀饭浓碗。先来敬送云雄大王，马雄大将。铜马沙郎，铁马沙将。五面药公药母，五面药子药孙。第一马杂，第二马打。马牙马口，马肠马肚。拿愿郎子，收愿郎君。

后来敬上九州兵马，前师后教。功曹武猖，家亡先祖、家先等众。村头龙神，寨尾土地。灶公土地，灶王菩萨。门头老鬼，把门将军。

吃了保佑信士某某某，家门清吉，人口平安。发达兴旺，富贵双全。无灾无难，大吉大利。

阴间吃了得饱，阳间喝了得醉。信士户主，冬免三灾，夏除八难。春秋清吉，四季平安。灾难消散，祸害消除。罪孽冰消，恶果不出。灾萌不起，火盗不侵。口牙永息，是非不生。遇难成祥，逢凶化吉。凶煞退尽，吉星降临。保佑信士户主，病害良人某某某，好了不加不重，退了不反不复。大病化小，小病化无。口讲合合，脸笑眯眯。吃茶甜肚，吃饭甜心。上山得到，下水得临。千年坐到管儿管女，万代坐到管子管孙。风吹保佑莫动，浪打保佑莫流。青龙不动，白虎不开。千年禄在本魂，万代马在本命。

茶来吃剩交在你的茶坊，酒来吃剩交在你的酒店。黄缸米酒，交在金缸，送在银缸。刀头压盘，香米利是。水化豆腐，白粮米饭。交在你的手中，送在你的手内。金钱银钱，纸马钱财。人会发火，火化钱财，钱财用凭火化，收钱上仓，收米上库。

行兵弟子，投坛年久，拜法年多。话多难讲，路远难行。不讲九州歇马，不讲车练停场。讲多几句祖师来改，讲少几句本师来添。千年要留本魂交钱，万代要留本命度纸。放下左阴右阳，黄土神墙。

（把筶放在桌上，然后送神。）

信士户主，法事圆满，祀事圆成。有堂各人归堂，有殿各人归殿。无堂无殿，各人逃散。

师爷，敬了得保，奉了得佑。保得千年清吉，佑得万代平安。一堂准了千堂，一愿准得万愿。法事圆满，盛会周隆。送客回堂，送神回殿。莲花宝柱，莲花宝诀。正法正教，正诀正法。收起长台师椅，桌台椅凳。金杯银碗，金调银筷。黄缸米酒，刀头压盘。斋筵果品，凡供诸般。金银纸币，纸马钱财。交去你的千年本堂，送去你的万年本殿。送去天涯，交去海角。千年不转，万代不回。弟子交钱保得长生，度纸佑得长命。无灾无难，百年长寿。儿女发旺，家道兴隆旺盛。

弟子背负正魂本命，三魂七魄。荣华富贵，福禄寿喜，财宝利禄，大吉大利。平安坐得千年，吉康活过百岁。借起五百蛮雷，打断东西南北回头之路，劈断五方五位回头之道。从此一别，永不相见。

（实际作法，要加上"夏孺"一坛才行。请参阅"夏孺"科仪。）

二十二、填空科仪

【题解】

本堂所记载的填空是指人的八字命局中，犯有空亡的，据说要填空，把所犯的空亡填满填实，然后才能事业有成，进财可聚。否则，即使你拼命地去勤干苦做，事业、功名还是难以成就，所得的钱财聚不住，造成左手得钱右手走，甚至入不敷出穷困潦倒。还有，若在时柱逢空者，子嗣难得；若在日柱逢空者，妻室难求；若在月柱逢空者，兄弟无靠；年柱逢空者，祖业破败。总之，架空就不得力，逢空则会漏，得不到手，即使到手的东西也会失去。此外，命局中有空亡者，若空凶神则吉，若空吉神则凶。这些都是传统说法。

填空一般有填九空、填六甲空、填米粮空、填五鬼空、填截路空、填破祖空、填克害空等。

填空的场地视其名目而定：

若填九空者，则须在堂屋四角各挖一眼，在大门内中间位置再挖一眼填之。

若填截路空者，则须在进入其家的路口挖眼填之。

若填子孙空者，则须根据其八字时柱的方位，在堂屋的相应位置挖眼填之。

若填米粮空者，则须根据其所犯空的地支方位，在堂屋的相应位置挖眼填之。

若填妻室空者，则须根据其所犯空的日柱方位，在堂屋的相应位置挖眼填之。

......

填空一般在大门内一边举行。一张木凳上摆一把隔筛，隔筛内摆香米利是、刀头压盘、三炷香、五柱糍粑、适量水果、五供糖、三杯酒。桌下缚一只公鸡，放一沓纸钱、一双新鞋。一个大碗，内装五谷，加上一点朱砂，上面再盖一个小碗，俗称"阴阳碗"，是用来填埋入地下的填空物。地面摆一铁盆或水火盆烧纸。

先要在相应的位置挖好眼，找来一块四方的岩板放在一边。请神前，在桌前焚香烧纸，叩师藏身之后才能正式请神。仪式中，要一人烧纸，一张接一张一直烧到仪式完毕，过后将纸灰倒在挖好的土坑内，然后将装有五谷的碗放进去，盖上小碗，填上土，再把岩板铺上去，与地面一样平。要将鸡冠掐破出血，涂在岩板上以驱除煞气。填好之后即可送神。

填空要选择"十二月建神"中的"满、平"二日。

填空的供品　（石金津摄）

【神辞】

行则依念，动则缘心。缘起缘灭，缘往缘行。依善念缘起福报，以恶孽必获苦轮。法筵之初，科范首行。弟子依教，诚心叩行。行则必达，动则必应。

伏以钱财告报：本坊通灵土地，里域正神。过往虚空，无边真宰。溪源

潭洞，水土龙神。良民相老，土主恩官。地神地主，地脉龙神。请降仪坛，领受钱财。（烧三张纸钱，作一个揖）

伏以钱财告报：天地水阳，年月日时，四值功曹。请降仪坛，领受钱财。（烧三张纸钱，作一个揖）

伏以钱财告报：家奉儒释道三教，净荤有感一切福神。斋神功德，佛道真仙。文昌开化，梓潼帝君。求财有感，四官大神。九天司命，太乙府君。当年太岁，至德尊神。请降仪坛，领受钱财。（烧三张纸钱，作一个揖）

伏以钱财告报：本音堂上，历代祖先。家亡先祖，老少众魂。上至高尊祖考，下至玄远宗亲。男昌伯叔，女妹姑嫜。老不真名，少不到此。是其宗支，普同供养。家龛位上，父兮母兮。前亡后化，老幼一派灵魂。请降仪坛，领受钱财。（烧三张纸钱，作一个揖）

伏以钱财告报：弟子法坛会上，无量高尊。左右临坛，赵大元帅。上坛七千祖师，下坛八万兵马。南郊大王，北郊天子。天仙兵马，地仙兵将。交钱祖师、度钱祖师、前传后教、宗本二师。请降仪坛，领受钱财。（烧三张纸钱，作一个揖）

伏以钱财告报：古往今来，阴阳星士。填空仙师，补漏仙人。请降仪坛，领受钱财。（烧三张纸钱，作一个揖）

伏以钱财告报：祖师法高法旺、法胜法高。请降仪坛，领受钱财。（烧三张纸钱，作一个揖）

伏以钱财上奉已毕，弟子在于香炉头上，焚香叩请祖师石法高、石法旺、石法胜、石法高。叩在弟子身前身后，身左身右。同我弟子起手成法成诀，动脚成罡成步。早讲早灵，夜讲夜顺。

奉请掌教宗师，掌坛祖师，吾奉太上老君急急如律令。弟子借你金刀一把，银刀一根。不破儿魂女命，元辰本命。破起东方青龙肚，南方青龙肚，西方青龙肚，北方青龙肚，中央青龙肚。收起弟子三魂七魄，元辰本命。藏在东方青龙肚中，南方青龙肚内，西方青龙肚中，北方青龙肚内，中央青龙肚中，五方五位五龙肚内。弟子借用一堂草药，两堂妙药。医治合好五龙伤，五龙好了肚内神。五龙下海起波浪，人看不知鬼不明。

吾奉太上老君急急如律令敕。

师爷！飞飞扬扬宝香雾，缥缥缈缈宝香云。香烟团团达上苍，香云朵朵绕法门。信士诚心来奉请，弟子诚意进家门。来到某氏门中，来临某家屋内。焚燃宝香，烧起正香。有请才临宝地，有奉才来此间。凭起天地日月三光，恭就法坛香火门下。烧起龙凤宝香，不请何神，不奉别鬼。有名有请才到，无名无请不闻。有请有奉有灵，无名无请无应。弟子烧起琉璃宝香，专来感应宗本祖师。

奉请，弟子一心皈命礼请：开坛宗师，演教祖师。行教本师，帮教仁师。宗师鸿君老宗，祖师道德老祖。自古一教传三友，老子一炁化三清。天下法堂共一教，世上法坛共老君。弟子祖传祖教坛上，历代宗本祖师。师郎本坛本教坛中，历代先宗先师先人。只请本坛，别坛勿动。只奉本教，别勿无奉。宗师法高法旺，祖师法灵法顺。双名两字，双字两名。查名奉请，依教奉行。随心念到，观想自临。一顺百顺，有验有灵。祖师来到堂中，本师来临堂内。

谨焚真香，一心奉请。弟子法坛会上，开坛传教，历代先祖先宗，宗本祖师，祖本仁师。查名不到自到，点字不齐自齐。随心观想祖师，随意乘念祖师，传我教我祖师，拥我护我祖师。请得宗师齐来到，迎得祖师降来临。祖师石法高座上祖师，祖师石法旺座上祖师。石法灵座上，石法顺座上，随同法号有请，一齐降下来临。传教护教，行教演教，行教得准祖师，演教得灵本师。护教得安祖师，帮教得力仁师。三教两教祖师，五坛七教仁师。腾云乘风而至，驾雾乘光而临。神通闪闪，雷鸣轰轰。威灵赫赫，威仪堂堂。来到上排上坐，中排中坐，排方正坐。

填空的巴代　（石金津摄）

奉请三清玉皇宝坛，老君法堂。当差当值，当传当奏。本年当值功曹神官，本月当值神员，本日当值神将，本时当值神兵。上天入地，翻山过水，飞云驾雾，走马乘风。早喊早来，夜喊夜到。传书达信，传言达呈(情)。随传随到，随奏随达。腾云而出，乘风而达。随心即往，随念即至。法坛传奏三十六道功曹。

奉请九州兵马，九宫官将。武猖兵马，五雷兵将，五营兵马，五哨兵将。腾云驾雾追魂，钻天入地翻案。铺天盖地围拿，镇天镇地锁监。吃毛吃血武猖，吃生吃熟武猖。铜头铁面武猖，牛头马面武猖。敲枷打锁武猖，解锁脱枷武猖。驱瘟打邪武猖，除灾灭火武猖。破牢打监武猖，穿山破石武猖。霹雳震天武猖，地动山摇武猖。翻天倒地武猖，翻跟倒斗武猖。

出兵出在何州，请到何州。出马出在何县，请到何县。请到十重云头，九霄云雾。七里桥头，奈何桥上。老君大堂，玉皇大殿。老君殿前殿后，老君殿左殿右。学师堂中，学法堂内。教师堂中，教法堂内。云贵两广，永保二州，湖南湖北。祖师在起湖南大堂，请到湖南大堂，本师在起湖北大殿，请到湖北大殿。大兵请上八抬大轿，小兵请上高头大马。

风快请来跟风，雨快请来跟雨。山快请来跟山，水快请来跟水。铺去阴阳二桥，请下凡间之中，洞冲大寨，土地祠下。人请千家开门莫过，神请万家开户莫行。请到信士户主，某氏门中某某某，三衙门口，四脚门外。屋檐童子，接水阶前。大门之中，小门之内。堂屋之中，中堂里内。有车请来众人不要下车，有马请来众人不要下马。人人请来装车，个个请来装马。装车不请何神，发马不叫何鬼。

伏以——(作一个揖)

当堂招请：祭奉何人先来，祀典何神先到。祭奉家祖先来，祀典家宗先到。家神先来为主，家祖先到做东。专申招请某氏堂上历代先祖，某氏门中历辈先人。九代祖公，八代祖婆。高太尊太祖太宗太，太公太婆先母先父。查名难以细致，点字难以明白。但请信士本家先宗先祖，专迎户主先辈先人。人人祖魂祖魄，个个祖宗阴灵。儿孙虔备凡礼相请，后代诚心凡仪相奉。请来堂中做主做东，迎到堂内做主敬神。先有东道主，后有西客宾。闻今有请，急速降临。

一心奉请：本境土地，瑞庆夫人。招财童子，进宝郎君。五方五位，五土龙神。本坊通灵土地，老尊正神。屋檐童子，把门将军。过往虚空，无边真宰。溪源潭洞，水土龙神。良民相老，地主恩官。地神地主，地脉龙神。降临法会，受今迎请。

奉请一村之祖，一寨之宗。先来先开，先居先坐。地盘是你先开，村寨是你先立。经代代繁衍而满村，过世世生养而满寨。公公发一村而为村祖，婆婆养一寨而成寨宗。先时古木树下岩块为屋，而今古老树下岩板为祠。管虎狼猛兽不伤人畜，除瘟疫火灾不殃村寨。每家祭祖必先请你，每户敬神必先奉驾。保得清吉，佑得平安。大宗大祖，土地尊神。道高三天，德被三界。本境本地祀奉有请，本村本寨祈福有敬。礼当请你先来为主，后请他神后到为宾。该当家祖寨祖先奉，本应村宗家祖先迎。村宗久远查名不到，寨祖久长点字不明。专请本村本寨先祖土地，接受全村香火，保佑全寨平安。本村当坊土地，本寨老祖正神。

出兵出在何州，请到何州。出马出在何县，请到何县。请到老木堂中，古树堂内。四个天门，八个地户。四个老堂，八个老殿。在堂请堂，在殿请殿。铺去阴阳二桥，请下凡间之中，洞冲大寨，土地祠下。人请千家开门莫过，神请万家开户莫行。请到信士户主，某氏门中某某某，三衙门口，四脚门外。屋檐童子，接水阶前。大门之中，小门之内。堂屋之中，中堂里内。有车请来众人不要下车，有马请来众人不要下马。人人请来装车，个个请来装马。装车不请何神，发马不叫何鬼。

伏以——（作一个揖）

奉请某氏门中家亡先祖、家先等众。七代祖公，八代祖婆。一份请到墓坟山水，盘龙吉地。二份请到水火炉位前，飞林子幕、花林子盖。三份请到堂屋之中，中堂里内。有车请来众人不要下车，有马请来众人不要下马。人人请来装车，个个请来装马。装车不请何神，发马不叫何鬼。

伏以——（作一个揖）

尚来迎请，古今历代祖师，法坛护法将军。功曹传文使者，本境土地龙神。本家历朝先祖，本族历代先人。东厨灶公灶母，本年太岁神君。主家东道主者，主东福德正神。要与主东代理，阴间一切事情。

人人请来装车，个个请来装马。装车不请何神，发马不叫何鬼。

伏以——（作一个揖）

请解煞神

奉请乾下坤上，万象森罗。天地合其德，日月合其明，四时合其序，神圣合其吉。子丑寅卯，辰巳午未，申酉戌亥。皇天无私，灵卦有感。谨用真香，一心拜请，八卦祖师。伏羲文王，周公孔子，五大圣人。云梦山头鬼谷先生，左衙判事陈抟先生，右衙掌印穆修先生，传下凡间孙膑先生，诸葛孔明先生，李淳风先生，袁氏天罡先师。杨救贫、刘伯温先生。祖师石明章、石明玉、石光三、石光求、石长春、石长先。古往今来算命先生，改命先人。填空先师，补漏仙人。空中得听，回转云头。路中得听，回转车头。水中得听，回转船头。回转车头，调转马尾。铺去阴阳二桥，请下凡间之中，洞冲大寨，土地祠下。人请千家开门莫过，神请万家开户莫行。请到信士户主，某氏门中某某某，三衙门口，四脚门外。屋檐童子，接水阶前。大门之中，小门之内。（或三衙门口，四脚门外。）有车请来众人下车，有马请来众人下马。请来上排上坐，下排下坐，排方正坐。上请莫动，下请莫游。

伏以——（作一个揖）

一份来了，二份不请同来，飞云走马功曹上参。一份来到，二份不请同到，飞云走马功曹上报。二份转来奉请——

乾下坤上，万象森罗。天地合其德，日月合其明，四时合其序，神圣合其吉。子丑寅卯，辰巳午未，申酉戌亥。皇天无私，灵卦有感。谨用真香，一心拜请，八卦祖师。伏羲文王，周公孔子，五大圣人。云梦山头鬼谷先生，左衙判事陈抟先生，右衙掌印穆修先生，传下凡间孙膑先生，诸葛孔明先生，李淳风先生，袁氏天罡先师。杨救贫、刘伯温先生。祖师石明章、石明玉、石光三、石光求、石长春、石长先。古往今来算命先生，改命先人。填空先师，补漏仙人。空中得听，回转云头。路中得听，回转车头。水中得听，回转船头。回转车头，调转马尾。铺去阴阳二桥，请下凡间之中，洞冲大寨，土地祠下。人请千家开门莫过，神请万家开户莫行。

请到信士户主，某氏门中某某某，三衙门口，四脚门外。屋檐童子，接水阶前。大门之中，小门之内。（或三衙门口，四脚门外。）有车请来众人下车，有马请来众人下马。请来上排上坐，下排下坐，排方正坐。上请莫动，下请莫游。

伏以——（作一个揖）

二份来了，三份不请同来，飞云走马功曹上参。二份来到，三份不请同到，飞云走马功曹上报。三份转来奉请——

乾下坤上，万象森罗。天地合其德，日月合其明，四时合其序，神圣合其吉。子丑寅卯，辰巳午未，申酉戌亥。皇天无私，灵卦有感。谨用真香，一心拜请，八卦祖师。伏羲文王，周公孔子，五大圣人。云梦山头鬼谷先生，左衙判事陈抟先生，右衙掌印穆修先生，传下凡间孙膑先生，诸葛孔明先生，李淳风先生，袁氏天罡先师。杨救贫、刘伯温先生。祖师石明章、石明玉、石光三、石光求、石长春、石长先。古往今来算命先生，改命先人。填空先师，补漏仙人。空中得听，回转云头。路中得听，回转车头。水中得听，回转船头。回转车头，调转马尾。铺去阴阳二桥，请下凡间之中，洞冲大寨，土地祠下。人请千家开门莫过，神请万家开户莫行。

请到信士户主，某氏门中某某某，三衙门口，四脚门外。屋檐童子，接水阶前。大门之中，小门之内。（或三衙门口，四脚门外。）有车请来众人下车，有马请来众人下马。请来上排上坐，下排下坐，排方正坐。上请莫动，下请莫游。

伏以——（作一个揖）

人行千里，神降一时。阴间来的好客，阳间到得好马。行兵弟子，阴请阴来，阳请阳到。三请同来，四请同到。有事和你通呈，无事不敢通呈，半天云云，着耳听文。有事和你登堂，无事不敢登堂，半天洋洋，着耳听章。壶中有酒，开壶奠献。茶献一呈，酒分三献。今据公元某某某某年某某月某某日清早良旦，上午之时，下午之时，晚上之期，在起信士户主某氏门中，不管别神外鬼，不管别处外路。

当管乾下坤上，万象森罗。天地合其德，日月合其明，四时合其序，神圣合其吉。子丑寅卯，辰巳午未，申酉戌亥。皇天无私，灵卦有感。谨用真香，一心拜请，八卦祖师。伏羲文王，周公孔子，五大圣人。云梦山头鬼谷先生，左衙判事陈抟先生，右衙掌印穆修先生，传下凡间孙膑先生，诸葛孔明先生，李淳风先生，袁氏天罡先师。杨救贫、刘伯温先生。祖师石明章、石明玉、石光三、石光求、石长春、石长先。古往今来算命先生，改命先人。填空先师，补漏仙人。空中得听，回转云头。路中得听，回转车头。水中得听，回转船头。回转车头，调转马尾。铺去阴阳二桥，管下凡间之中，洞冲大寨，土地祠下。人管千家开门莫过，神管万家开户莫行。管到信士户主，某氏门中某某某，三衙门口，四脚门外。屋檐童子，接水阶前。大门之中，小门之内。堂屋之中，中堂里内。有车管来众人下车，有马管来众人下马。

管来上排上坐，下排下坐，排方正坐。上请莫动，下请莫游。伏以——（作一个揖）

管来不为千斤大事，不为并无小难。上山不为砍木，下水不为拖船。因为信士某某某，时辰带来，八字带到。本命生于某某某某年某某月某某日某某时，年犯月犯，日犯时犯，犯了某某空亡。以致事业不顺，财源不进，失财破米，麻言怄气。一屋人口，一家人眷。男人不做长心大胆，女人不做三心二意。算得好日，择得好字。选得留连太安，请得行兵弟子，前门跟你相求，后门给你相醉。

面前备办何财，要来交你何财。备办何物，要来交你何物。备办长台师椅，桌台椅凳。金杯银碗，金调银筷。刀头压盘，香米利是。斋供一筵，斋筵果供。黄缸米酒，糍粑糯供。金钱银钱，纸马钱财。陈香华香，龙凤宝香。明灯照亮，灯花蜡烛。一样不少，两样不欠。项项交在你的手中，样样送在你的手内。

交纳何财，领受何财。交纳何物，领受何物。领受在前，保佑在后，领受在左，保佑在右。

上来不保千家人名，下来不保万家名字。当保信士户主，犯空信士某某某，填空得满，补漏得实。求财得发，求利得收。人财两发，富贵长久。凶煞退尽，吉星降临。谋事如意，心想事成。吉康安泰，吉祥如意，大吉大利。

敬献供品

保佑已了，献供又到。（献茶）敬献高山岭水，杨柳净茶。（豆腐）水化豆腐，斋筵果供。斋的在前，荤的在后。斋的在左，荤的在右。斋的领斋，荤的领荤。

伏以——（倒点茶于纸钱火炉内）

献上黄缸米酒，一杯一碗，二呈二献。填空酒呈，补漏酒献。敬送乾下坤上，万象森罗。天地合其德，日月合其明，四时合其序，神圣合其吉。子丑寅卯，辰巳午未，申酉戌亥。皇天无私，灵卦有感。谨用真香，一心拜请，八卦祖师。伏羲文王，周公孔子，五大圣人。云梦山头鬼谷先生，左衙判事陈抟先生，右衙掌印穆修先生，传下凡间孙膑先生，诸葛孔明先生，李淳风先生，袁氏天罡先师。杨救贫、刘伯温先生。祖师石明章、石明玉、石光三、石光求、石长春、石长先。古往今来算命先生，改命先人。填空先师，补漏仙人。

吃了保佑信士某某某，填空填满，补漏补实。财源广进，事业有成。黄缸米酒，一杯二碗，一呈二献。破在金牙银齿，倒在金肠银肚。

伏以——（倒点酒在纸钱炉内）

吃了一杯一碗，二呈二献。要来敬上三杯三碗，三呈四献。保佑酒呈，保佑酒献。

敬送乾下坤上，万象森罗。天地合其德，日月合其明，四时合其序，神圣合其吉。子丑寅卯，辰巳午未，申酉戌亥。皇天无私，灵卦有感。谨用真香，一心拜请，八卦祖师。伏羲文王，周公孔子，五大圣人。云梦山头鬼谷先生，左衙判事陈抟先生，右衙掌印穆修先生，传下凡间孙膑先生，诸葛孔明先生，李淳风先生，袁氏天罡先师。杨救贫、刘伯温先生。祖师石明章、石明玉、石光三、石光求、石长春、石长先。古往今来算命先生，改命先人。填空先师，补漏仙人。

吃了保佑信士某某某，求财得发，求利得收。万事如意，心想事成。无灾无难，大吉大利。黄缸米酒，二杯三碗，三呈四献。破在金牙银齿，倒在金肠银肚。

伏以——（倒点酒在纸钱炉内）

吃了三杯四碗，三呈四献。要来敬上五杯五碗，五呈五献。保佑酒呈，保佑酒献。

先来敬送乾下坤上，万象森罗。天地合其德，日月合其明，四时合其序，神圣合其吉。子丑寅卯，辰巳午未，申酉戌亥。皇天无私，灵卦有感。谨用真香，一心拜请，八卦祖师。伏羲文王，周公孔子，五大圣人。云梦山头鬼谷先生，左衙判事陈抟先生，右衙掌印穆修先生，传下凡间孙膑先生，诸葛孔明先生，李淳风先生，袁氏天罡先师。杨救贫、刘伯温先生。祖师石明章、石明玉、石光三、石光求、石长春、石长先。古往今来算命先生，改命先人。填空先师，补漏仙人。

后来敬上九州兵马，前师后教。功曹武猖，家亡先祖、家先等众。村头龙神，寨尾土地。灶公土地，灶王菩萨。门头老鬼，把门将军。

吃了保佑信士某某某，填空填满，补漏补实。财源广进，事业有成。求财得发，求利得收。万事如意，心想事成。无灾无难，大吉大利。黄缸米酒，一杯化作千杯，一碗化作千碗。千人共杯，万人共碗。阴间不吃不领，阳间不领不剩。还有刀头压盘，糍粑果供。也都破在金牙银齿，倒在金肠银肚。

伏以——（倒点酒在纸钱炉内）

在大门后挖一孔来填上五谷碗 （石金津摄）

掐祖师诀于香烟上集合师众

阴间吃了得饱，阳间喝了得醉。奉请九州兵马，前师后教。功曹武猖，家亡先祖、家先等众。村头龙神，寨尾土地。灶公土地，灶王菩萨。门头老鬼，把门将军。填空仙师，补漏仙人。填空祖师，补漏尊师。古往今来，历代仙师。随前随后，随左随右。同我弟子起手成法成诀，动脚成罡成步。用法得准，用诀得灵。

将五谷碗游于香烟上

伏以五谷过香，一变祖师与我，敕变五谷过香。二变本师与我，敕变五谷过香。三变三元祖师与我，敕变五谷过香。五谷不敕不灵，敕了便灵，变敕为现、变赐为献。

将五谷碗放在地上，用燃香在上面画符

伏以角亢氏房心尾箕，斗牛女虚危室壁。奎娄胃昴毕觜参，井鬼柳星张翼轸。斗、错、权、衡、毕、伏、标。吾奉太上老君急急如律令。（画一紫微符于碗口上，即雨渐耳拖一圆圈点七点）

伏以道法不用多，南山观北河。斗然一个字，降尽世间魔。吾奉太上老

君急急如律令。（画一降魔符于碗口上，即雨渐斗拖一圆圈）

伏以一点乾坤大，横担日月长。波浪天地盖，凶煞一扫光。吾奉太上老君急急如律令。（画一斩煞符在碗口上，即一叉倒立再横一笔加上一点）

奉请画符仙师，造符仙人。一道化为百道，百道化为千千万万道。画符一道有准万道有灵，填空得满，补漏得实。吾奉太上老君急急如律令。

（打一顺筶，若不得筶，则需再念一次此段神咒，直到打得顺筶为止。得筶后即用盖碗盖上，在其上用宝盖诀盖住。）

下金钢宝盖，银铁宝盖。千年不揭，万代不动。填空得满，补漏得实。求财得财，求利得利。所谋如意，心想事成。富贵双全，大吉大利。

（先将纸灰倒入土坑中，再摆五谷碗，填土，再盖上岩板，然后用鸡血、鸡毛涂在岩板上挡煞。）

用鸡挡煞

伏以：此鸡此鸡，非凡之鸡。王母娘娘抱此鸡，生得头高尾高中间低，身穿绿毛五色衣。别人拿来无用处，弟子拿来挡煞鸡。要挡天煞地煞、年煞月煞、日煞时煞，一百二十凶神恶煞。天煞要挡归天，地煞要挡归地。鸡血落地，凶神恶煞远远退去。保佑信士吉祥如意，大吉大利。

（左手拿鸡翅，右手作剑诀对鸡冠做斩状，然后掐破鸡冠，放出鸡血，涂在盖板四角，再粘上几根鸡腿毛。）

交纳雄鸡

尚来，解除凶煞已毕，雄鸡一只，交送填空仙师，补漏仙人，阴阳祖师。化作白马一匹，上山骑着交钱，下水骑去度纸。交在手中，送在手内。

（再扯几根鸡腿毛放在地上，接着赏兵赏马。再添加一点酒在碗内，然后游于香烟上。）

赏兵赏马

尚来，填空已满，补漏已毕，辛苦大众。辛苦酒呈，辛劳酒献。敬送九州兵马，前师后教。功曹武猖，家亡先祖、家先等众。村头龙神，寨尾土地。灶公土地，灶王菩萨。门头老鬼，把门将军。填空仙师，祖漏仙人。古往今来，历代仙师。喝在金牙银口，倒在金肠银肚。伏以——

交纳余供

茶来吃剩交在你的茶坊，酒来吃剩交在你的酒店。黄缸米酒，交在金缸，送在银缸。刀头压盘，香米利是。斋供一筵，斋筵果供。交在你的手中，送在你的手内。金钱银钱，纸马钱财。人会发火，火化钱财，钱财用凭火化，

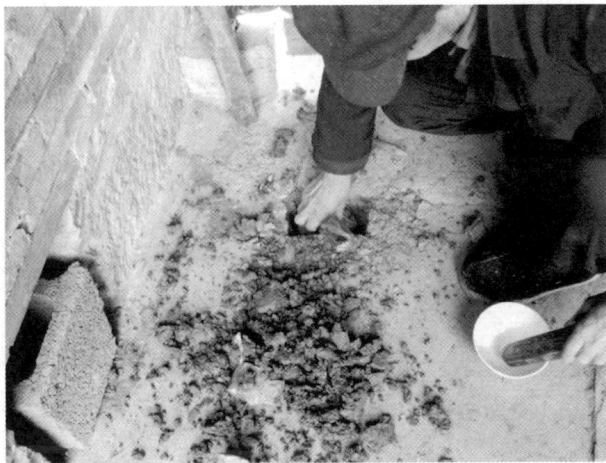

将塑料袋里装着的五谷碗置入土孔内然后盖上土即可　（石金津摄）

收钱上仓，收米上库。

送神

行兵弟子，投坛年久，拜法年多。话多难讲，路远难行。不讲九州歇马，不讲车练停场。讲多几句祖师来改，讲少几句本师来添。千年要留本魂交钱，万代要留本命度纸。放下左阴右阳，黄土神墙。

（放箸在桌子上，然后送神。）

信士户主，法事圆满，祀事圆成。有堂各人归堂，有殿各人归殿。无堂无殿，各人逃散。

适来弟子代为户主，敬奉神灵，神愿还了得保，心愿敬了得佑。保得千年发达兴旺，佑得万代平安吉利。得人钱财，替人消灾。神圣有德，应无食言。今天求了得保，敬了得佑。世上没有永恒的团聚，天下没有不散的筵席。适今法事圆满，盛事圆毕。凡供打包相交，凡仪打包相送。交在你的手中，送在你的手内。送神回堂，送官回衙。上车上马，上座上轿。诸神回堂，众位回殿。众神不许偏东偏西，列位不许偏前偏后，神归正路回去千年本堂，马归正道回去万年本殿。千年不许回头来扰东家，万代不准转面来侵信士。大人大肚，大神大量。阴阳都好，人神皆利。先祖归堂，土地归祠，祖师回堂，本师回殿。弟子背负正魂本命，三魂七魄。荣华富贵，福禄寿喜，财宝利禄，大吉大利。平安坐得千年，吉康活过百岁。立铜城墙铁城墙，高上高万丈。立铜篱笆铁篱笆，三十六道金绞大笆。黄斑送去千年路，千年万代不回府——神。

巴代高声云：恭喜发财，大吉大利！
主人家答：谢谢师父！

二十三、解丧门星科仪

【题解】

丧门星是人在运程中年运所遭逢的一个凶星，在本命年中排第三位。如子年生人，一年在子，为"太岁"年；二年在丑，为"太阳"年；三年在寅，为"丧门"年……一路顺数而去，其顺序为：一"太岁"，二"太阳"，三"丧门"，四"勾绞"，五"五鬼"，六"死符"，七"岁破"，八"龙德"，九"白虎"，十"福德"，十一"天狗"，十二"陌越"。以子年生人为例，其丧门星即在寅年，寅即虎也，以后每逢虎年，便是丧门星值年了。如果大运吉利，遇此年运则没有什么祸害；如果大运不吉，遇此年运则就惨了。关于丧门星的灾祸有如是说：

丧门丧门，不顺人情。

不丧自己，就丧亲人。

丧门地支地丧星，孝服不免动哭声……

所以，历朝历代以来，民间都有解丧门星的说法与做法。

解丧门星在大门内一边举行。一张木凳上摆一把隔筛，隔筛内摆香米利是、刀头压盘、三炷香、五柱糍粑、适量水果、五供糖。凳上摆一碗桃叶水（当茶）、三杯酒。凳下缚一只雄鸡，放一沓纸钱、一双新鞋。地面摆一个铁盆或水火盆烧纸。

还要先用杉木皮做成一个小箱，用来抵棺椁之灾。用朱砂在黄纸纸片上按所值的月份写字。

一、二、六、九、十二月写"六庚天刑"

三月写"六辛天延"

四月写"六壬天牢"

五月写"六癸天狱"

七月写"六甲天福"

八月写"六乙天德"

十月写"六丙天成"

十一月写"六丁天阴"

写好后，放入小杉木皮箱内，再放一个鸡蛋，盖好盖子，箱子摆在两个芭谷球(当棺材的三脚马)上。在捆皮箱的草索缝里插上三炷燃香，旁边插上一束长纸钱。在大门外摆上锄头、镰刀，接着用长纸钱打扫屋，用香发丧，然后将此杉皮棺抬去村外三岔路口埋了，把长纸钱插在假坟上。

请神前，在坛前焚香烧纸，叩师藏身后才可正式请神。仪式中，要一人烧纸，一张接一张一直烧到仪式完毕，过后将纸灰倒到假坟边。要将鸡冠掐破出血，涂在大门上以驱除煞气。埋好杉皮棺之后即可送神。

解丧门是要选择"十二月建神"中的"除、破"二日。

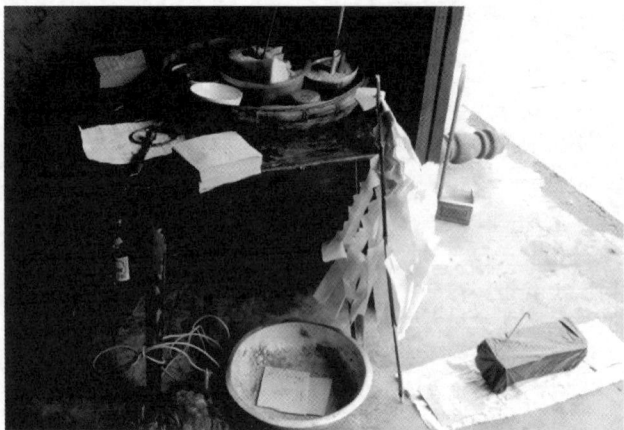

在大门边设坛解丧门星　　(石金津摄)

【神辞】

奉请太上老君三昧真火，不烧儿魂女命。本魂本命，三魂七魄。

当烧巧脚弄手，巧手弄匠，弹匠勾匠，剃头道士，光头和尚，游傩打卦，讨米叫花，红衣老司，黑衣道士，苗师客师，十二五等不正邪师，邪神邪法，邪诀邪鬼，烧起远远退在十方门下。

吾奉太上老君急急如律令。

伏以钱财告报：本坊通灵土地，里域正神。过往虚空，无边真宰。溪源潭洞，水土龙神。良民乡老，土主恩官。地神地主，地脉龙神。请降仪坛，领受钱财。（烧三张纸钱，作一个揖）

伏以钱财告报：天地水阳，年月日时，四值功曹。请降仪坛，领受钱财。（烧三张纸钱，作一个揖）

伏以钱财告报：家奉儒释道三教，净莘有感一切福神。斋神功德，佛道真仙。文昌开化，梓潼帝君。求财有感，四官大神。九天司命，太乙府君。当年太岁，至德尊神。请降仪坛，领受钱财。（烧三张纸钱，作一个揖）

伏以钱财告报：本音堂上，历代祖先。家亡先祖，老少众魂。上至高尊祖考，下至玄远宗亲。男昌伯叔，女妹姑婶。老不真名，少不到此。是其宗支，普同供养。家龛位上，父兮母兮。前亡后化，老幼一派灵魂。请降仪坛，领受钱财。（烧三张纸钱，作一个揖）

伏以钱财告报：弟子法坛会上，无量高尊。左右临坛，赵大元帅。上坛七千祖师，下坛八万兵马。南郊大王，北郊天子。天仙兵马，地仙兵将。交钱祖师、度钱祖师、前传后教、宗本二师。请降仪坛，领受钱财。（烧三张纸钱，作一个揖）

伏以钱财告报：古往今来，阴阳星士。填空仙师，补漏仙人。请降仪坛，领受钱财。（烧三张纸钱，作一个揖）

伏以钱财告报：祖师法高法旺、法胜法高。请降仪坛，领受钱财。（烧三张纸钱，作一个揖）

（在香烟上掐祖师诀叩齿三下默念：）

伏以钱财上奉已毕，弟子在于香炉头前，焚香叩请祖师石法高、石法旺、石法胜、石法高。叩在弟子身前身后，身左身右。同我弟子起手成法成诀，动脚成罡成步。早讲早灵，夜讲夜顺。

（用莲华诀顺收然后双手掐祖师诀交叉藏于腋窝下。）

伏以——

东方青云起，南方赤云起，西方白云起，北方青云起，中央黄云起。五云朵朵盖我行坛弟子，千千兵马，万万兵将。人不知，鬼不见。

吾奉太上老君急急如律令。

抬眼看青天，师父在眼前。闭眼看身后，师父在左右。太上老君随前随后，随左随右，身左身右。同我弟子起手成法成诀，动脚成罡成步。弟子筑起铜篱笆，铁篱笆，篱笆铁绞腾云走，驾雾行走，上山变虎爪，下海变龙身。（三遍）

吾奉太上老君急急如律令。

师爷！正法传万里，正教遍天下。法靠心传授，教演三界灵。人怀虔诚之心，师着恭敬之意。逢此宣拔正法之日，值今宣演正教之时。户主虔备香花宝烛，凡供之仪，弟子在于正坛炉中，焚起三炷真香，师郎在起正堂桌上，燃起三界宝香。大道概由心学，诚心假以香传。香传诚心，上透天庭。香传虔心，上达群真。启运三炷真香，三界宝香。虔诚叩请本坛本教，交钱祖师，度钱宗师，前传后教，宗本二师。

一心皈命礼请：法堂宝殿，老堂旧殿。法堂法殿，高堂大殿。宗本堂中，祖师殿内。教师堂中，教法堂内。香火坛中，香灯坛内。开坛演教，护坛传教。祖师大殿，兵马大营。坛上七千，坛下八万。开坛祖师石法高，传教祖师石法旺、石法灵、石法胜、龙法灵、龙法胜、龙法通、龙法高、龙法旺、江法灵、吴法德、侯法斌、田法魁、田法寿、吴法成。掌度祖师龙法胜，前代安坛刘法旺，后代祖师龙法胜、龙法明、龙法胜、石法明、石法胜。高公祖师石法旺，尊公祖师石法高、石法魁。后代安坛龙法灵。祖公祖师石法高、石法旺。师伯石法胜，严父祖师石法高。闻今有请，急速降临。出离老君大堂，离别玉皇大殿。请降法筵，受今迎请。

一心皈命礼请：开坛宗师，演教祖师。行教本师，帮教仁师。宗师鸿君老宗，祖师道德老祖。自古一教传三友，老子一炁化三清。天下法堂共一教，世上法坛共老君。弟子祖传祖教坛上，历代宗本祖师。师郎本坛本教坛中，历代先宗先师先人。只请本坛，别坛勿动。只奉本教，别勿无奉。宗师法高法旺，祖师法灵法顺。双名两字，双字两名。查名奉请，依教奉行。随心念到，观想自临。一顺百顺，有验有灵。祖师来到堂中，本师来临堂内。

奉请一村之祖，一寨之宗。先来先开，先居先坐。地盘是你先开，村寨是你先立。经代代繁衍而满村，过世世生养而满寨。公公发一村而为村祖，婆婆养一寨而成寨宗。先时古木树下岩块为屋，而今古老树下岩板为祠。管虎狼猛兽不伤人畜，除瘟疫火灾不殃村寨。每家祭祖必先请你，每户敬神必先奉驾。保得清吉，佑得平安。大宗大祖，土地尊神。本境本地祀奉有请，本村本寨祈福有敬。礼当请你先来为主，后请他神后到为宾。该当家祖寨祖先奉，本应村宗家祖先迎。村宗久远查名不到，寨祖久长点字不明。专请本村本寨先祖土地，专奉本境本处始祖正神。闻今有请，感应降临。

以此真香，一心奉请：信士本宗本祖，户主本房本族。始祖一家，先宗一房。一家发了千家，一户发了万户。历朝历代先祖，历代历朝先人。先祖堂中众位元老，先宗堂内众位先辈。本家本姓祖宗，本房本族祖德。家堂香火，福德正神。保佑儿孙发达先祖，庇佑后代发旺先人。回归天堂不同年月，请坐香炉同日同时。一份请到先祖堂中，二份请到墓坟山地，三份请到家堂香火，乘香来到，随请来临。

奉请龙虎山头张老祖，番解张五郎。左衙张天师，右衙李真人。部下雄兵千百万，旗下猛将万千员。三元将军，四员枷栲。五营兵马，六丁六甲。七千雄兵，八万猛将。上天管星斗，下界管山河。阴间伏魔王，阳间镇邪精。纠善察恶闪火眼，穿山破石捉鬼魅。披牌披甲，提枪鸣号。拿枷把锁，拿锤把棒。大旗铺天，小旗盖地。五百蛮雷打妖魔，三昧真火烧五瘟。移星换斗，扶善除恶。法坛兵将，宝殿神员。护法天王，护教元帅。敕符仙师，掌箓掌教。天仙兵马，地仙兵将。

一心奉请：上坛七千祖师，下坛八万兵马。南郊大王，北郊天子。东路东营木神兵马，南路南营火神兵将。西路西营金神兵马，北路北营水神兵将。中路中营土神兵马，五路五营兵马兵将。五营四哨武猖，五路五界武猖。牛头马面武猖，青脸蓝面武猖。翻天倒地武猖，吃毛吃血，吃生吃熟武猖。拿枷把锁、拿枷把锁，拿锤把棒武猖。抬旗掌号，追魂翻案武猖。三十六部护法，三十六道武猖。

一心奉请：东西南北即刻到，十方上下一时临。传达法音，护持法会。行香走火去传奏，腾云驾雾传法音。骑凤天界，张大功曹。骑虎地界，狄大功曹。骑龙水界，肖大功曹。骑虎阳界，陈大功曹。天地水阳，张狄肖陈，四京四值功曹，四官四姓功曹。急急传奏功曹，忙忙传信功曹。龙神土地功曹，值坛值殿功曹，当坛当值功曹神众。

一心奉请：玉皇正教，老君门下。法堂宝殿，功曹神众。天界功曹，骑凤飞云驾雾传奏，天府浩浩，天京上圣，各神圣真宫口殿下呈疏。地界功曹，骑虎出幽入冥传奏，地府冥冥，地府王官，各殿阎君大王案下呈疏。水界功曹，骑龙漂洋过海传奏，水府滔滔，水国真仙，各海龙王水晶宫殿呈疏。阳界功曹，骑马翻山越岭传奏，阳府烈烈，阳元祀典，三下五岳神祠庙宇呈疏。

三界四府，三十六路七十二道神众功曹。

出兵出在何州，请到何州。出马出在何县，请到何县。请到十重云头，九霄云雾。七里桥头，奈何桥上。老君大堂，玉皇大殿。老君殿前殿后，老君殿左殿右。学师堂中，学法堂内。教师堂中，教法堂内。云贵两广，永保二州。湖南湖北。祖师在起湖南大堂，请到湖南大堂，本师在起湖北大殿，请到湖北大殿。大兵请上八抬大轿，小兵请上高头大马。

风快请来跟风，雨快请来跟雨。山快请来跟山，水快请来跟水。铺去阴阳二桥，请下凡间之中，洞冲大寨，土地祠下。人请千家开门莫过，神请万家开户莫行。请到信士户主，某氏门中某某某，三衙门口，四脚门外。屋檐童子，接水阶前。大门之中，小门之内。堂屋之中，中堂里内。有车请来众人不要下车，有马请来众人不要下马。人人请来装车，个个请来装马。装车不请何神，发马不叫何鬼。

　　伏以——（作一个揖）

　　奉请一村之祖，一寨之宗。先来先开，先居先坐。地盘是你先开，村寨是你先立。经代代繁衍而满村，过世世生养而满寨。公公发一村而为村祖，婆婆养一寨而成寨宗。先时古木树下岩块为屋，而今古老树下岩板为祠。管虎狼猛兽不伤人畜，除瘟疫火灾不殃村寨。每家祭祖必先请你，每户敬神必先奉驾。保得清吉，佑得平安。大宗大祖，土地尊神。

出兵出在何州，请到何州。出马出在何县，请到何县。请到老木堂中，古树堂内。四个天门，八个地户。四个老堂，八个老殿。在堂请堂，在殿请殿。铺去阴阳二桥，请下凡间之中，洞冲大寨，土地祠下。人请千家开门莫过，神请万家开户莫行。请到信士户主，某氏门中某某某，三衙门口，四脚门外。屋檐童子，接水阶前。大门之中，小门之内。堂屋之中，中堂里内。有车请来众人不要下车，有马请来众人不要下马。人人请来装车，个个请来装马。装车不请何神，发马不叫何鬼。

　　伏以——（作一个揖）

　　奉请某氏门中家亡先祖、家先等众。七代祖公，八代祖婆。一份请到墓坟山水，盘龙吉地。二份请到水火炉位前，飞林子幕、花林子盖。三份请到堂屋之中，中堂里内。有车请来众人不要下车，有马请来众人不要下马。人人请来装车，个个请来装马。装车不请何神，发马不叫何鬼。

　　伏以——（作一个揖）

解丧门星的供品 （石金津摄）

尚来奉请，开坛演教宗师，前传后教祖师。阴传阳教本师，边传外教仁师。三传两教祖师，同坛共教本师。武猖兵马，功曹土地。家亡先祖，灶王菩萨。门神门将，把门将军。奉请齐齐来到，满满来临。来到堂中，齐到堂内。人人请来装车，个个请来装马。装车不请何神，发马不叫何鬼。

伏以——（作一个揖）

奉请乾下坤上，万象森罗。天地合其德，日月合其明，四时合其序，神圣合其吉。子丑寅卯，辰巳午未，申酉戌亥。皇天无私，灵卦有感。谨用真香，一心拜请，八卦祖师。伏羲文王，周公孔子，五大圣人。云梦山头鬼谷先生，左衙判事陈抟先生，右衙掌印穆修先生，传下凡间孙膑先生，诸葛孔明先生，李淳风先生，袁氏天罡先师。杨救贫、刘伯温先生。祖师石明章、石明玉、石光三、石光求、石长春、石长先。古往今来算命先生，改命先人。填空先师，补漏仙人。

空中得听，回转云头。路中得听，回转车头。水中得听，回转船头。回转车头，调转马尾。铺去阴阳二桥，请下凡间之中，洞冲大寨，土地祠下。人请千家开门莫过，神请万家开户莫行。请到信士户主，某氏门中某某某，三衙门口，四脚门外。屋檐童子，接水阶前。大门之中，小门之内。（或三衙门口，四脚门外。）有车请来众人下车，有马请来众人下马。请来上排上坐，下排下坐，排方正坐。上请莫动，下请莫游。

伏以——（作一个揖）

一份来了，二份不请同来，飞云走马功曹上参。一份来到，二份不请同到，飞云走马功曹上报。二份转来奉请——

乾下坤上，万象森罗。天地合其德，日月合其明，四时合其序，神圣合其吉。子丑寅卯，辰巳午未，申酉戌亥。皇天无私，灵卦有感。谨用真香，一心拜请，八卦祖师。伏羲文王，周公孔子，五大圣人。云梦山头鬼谷先生，左衙判事陈抟先生，右衙掌印穆修先生，传下凡间孙膑先生，诸葛孔明先生，李淳风先生，袁氏天罡先师。杨救贫、刘伯温先生。祖师石明章、石明玉、石光三、石光求、石长春、石长先。古往今来算命先生，改命先人。填空先师，补漏仙人。空中得听，回转云头。路中得听，回转车头。水中得听，回转船头。回转车头，调转马尾。铺去阴阳二桥，请下凡间之中，洞冲大寨，土地祠下。人请千家开门莫过，神请万家开户莫行。请到信士户主，某氏门中某某某，三衙门口，四脚门外。屋檐童子，接水阶前。大门之中，小门之内。（或三衙门口，四脚门外。）有车请来众人下车，有马请来众人下马。请来上排上坐，下排下坐，排方正坐。上请莫动，下请莫游。

伏以——（作一个揖）

二份来了，三份不请同来，飞云走马功曹上参。二份来到，三份不请同到，飞云走马功曹上报。三份转来奉请——

乾下坤上，万象森罗。天地合其德，日月合其明，四时合其序，神圣合其吉。子丑寅卯，辰巳午未，申酉戌亥。皇天无私，灵卦有感。谨用真香，一心拜请，八卦祖师。伏羲文王，周公孔子，五大圣人。云梦山头鬼谷先生，左衙判事陈抟先生，右衙掌印穆修先生，传下凡间孙膑先生，诸葛孔明先生，李淳风先生，袁氏天罡先师。杨救贫、刘伯温先生。祖师石明章、石明玉、石光三、石光求、石长春、石长先。古往今来算命先生，改命先人。填空先师，补漏仙人。空中得听，回转云头。路中得听，回转车头。水中得听，回转船头。回转车头，调转马尾。铺去阴阳二桥，请下凡间之中，洞冲大寨，土地祠下。人请千家开门莫过，神请万家开户莫行。请到信士户主，某氏门中某某某，三衙门口，四脚门外。屋檐童子，接水阶前。大门之中，小门之内。（或三衙门口，四脚门外。）有车请来众人下车，有马请来众人下马。请来上排上坐，下排下坐，排方正坐。上请莫动，下请莫游。

伏以——（作一个揖）

人人来到，个个来临。阴间来的好客，阳间到得好马。行兵弟子，阴请阴来，阳请阳到。三请同来，四请同到。有事和你通呈，无事不敢通呈，半天云云，着耳听文。有事和你登堂，无事不敢登堂，半天洋洋，着耳听章。壶中有酒，开壶奠献。茶献一呈，酒分三献。今据公元某某某某年某某月某某日清早良旦，上午之时，下午之时，晚上之期，在起信士户主某氏门中，不管别神外鬼，不管别处外路。

　　当管乾下坤上，万象森罗。天地合其德，日月合其明，四时合其序，神圣合其吉。子丑寅卯，辰巳午未，申酉戌亥。皇天无私，灵卦有感。谨用真香，一心拜请，八卦祖师。伏羲文王，周公孔子，五大圣人。云梦山头鬼谷先生，左衙判事陈抟先生，右衙掌印穆修先生，传下凡间孙膑先生，诸葛孔明先生，李淳风先生，袁氏天罡先师。杨救贫、刘伯温先生。祖师石明章、石明玉、石光三、石光求、石长春、石长先。古往今来算命先生，改命先人。填空先师，补漏仙人。

　　空中得听，回转云头。路中得听，回转车头。水中得听，回转船头。回转车头，调转马尾。铺去阴阳二桥，管下凡间之中，洞冲大寨，土地祠下。人管千家开门莫过，神管万家开户莫行。管到信士户主，某氏门中某某某，三衙门口，四脚门外。屋檐童子，接水阶前。大门之中，小门之内。堂屋之中，中堂里内。有车管来众人下车，有马管来众人下马。管来上排上坐，下排下坐，排方正坐。上请莫动，下请莫游。

　　伏以——（作一个揖）

　　管来不为千斤大事，不为并无小难。上山不为砍木，下水不为拖船。因为信士某某某，时辰带来，八字带到。本命生于某某某某年某某月某某日某某时，年犯月犯，日犯时犯，在今某某年犯了丧门星。唯恐事业不顺，财源不进，失财破米，麻言怄气。一屋人口，一家人眷。男人不做长心大胆，女人不做三心二意。算得好日，择得好字。选得留连太安，请得行兵弟子，前门跟你相求，后门给你相醉。

　　面前备办何财，要来交你何财。备办何物，要来交你何物。备办长台师椅，桌台椅凳。金杯银碗，金调银筷。刀头压盘，香米利是。斋供一筵，斋筵果供。黄缸米酒，糍粑糯供。金钱银钱，纸马钱财。陈香华香，龙凤宝香。明灯照亮，灯花蜡烛。一样不少，两样不欠。项项交在你的手中，样样送在你的手内。

交纳何财,领受何财。交纳何物,领受何物。领受在前,保佑在后,领受在左,保佑在右。

上来不保千家人名,下来不保万家名字。当保信士户主,犯空信士某某某,解了丧门星,除了丧门星。凶煞退位,吉星照临。求财得发,求利得收。人财两发,富贵长久。谋事如意,心想事成。吉康安泰,吉祥如意,大吉大利。

解丧门星的鸡和摆在大门一边的祭桌 (石金津摄)

保佑已了,献供又到。(献茶)敬献高山岭水,杨柳净茶。(豆腐)水化豆腐,斋筵果供。斋的在前,荤的在后。斋的在左,荤的在右。斋的领斋,荤的领荤。

伏以——(倒点茶于纸钱火炉内)

献上黄缸米酒,一杯一碗,二呈二献。填空酒呈,补漏酒献。敬送乾下坤上,万象森罗。天地合其德,日月合其明,四时合其序,神圣合其吉。子丑寅卯,辰巳午未,申酉戌亥。皇天无私,灵卦有感。谨用真香,一心拜请,八卦祖师。伏羲文王,周公孔子,五大圣人。云梦山头鬼谷先生,左衙判事陈抟先生,右衙掌印穆修先生,传下凡间孙膑先生,诸葛孔明先生,李淳风先生,袁氏天罡先师。杨救贫、刘伯温先生。祖师石明章、石明玉、石光三、石光求、石长春、石长先。古往今来算命先生,改命先人。填空先师,补漏仙人。吃了保佑信士某某某,填空填满,补漏补实。财源广进,事业有成。黄缸米酒,一杯二碗,一呈二献。破在金牙银齿,倒在金肠银肚。

伏以——(倒点酒在纸钱炉内)

吃了一杯一碗，二呈二献。要来敬上三杯三碗，三呈四献。保佑酒呈，保佑酒献。敬送乾下坤上，万象森罗。天地合其德，日月合其明，四时合其序，神圣合其吉。子丑寅卯，辰巳午未，申酉戌亥。皇天无私，灵卦有感。谨用真香，一心拜请，八卦祖师。伏羲文王，周公孔子，五大圣人。云梦山头鬼谷先生，左衙判事陈抟先生，右衙掌印穆修先生，传下凡间孙膑先生，诸葛孔明先生，李淳风先生，袁氏天罡先师。杨救贫、刘伯温先生。祖师石明章、石明玉、石光三、石光求、石长春、石长先。古往今来算命先生，改命先人。填空先师，补漏仙人。吃了保佑信士某某某，求财得发，求利得收。万事如意，心想事成。无灾无难，大吉大利。黄缸米酒，二杯三碗，三呈四献。破在金牙银齿，倒在金肠银肚。

伏以——（倒点酒在纸钱炉内）

吃了三杯四碗，三呈四献。要来敬上五杯五碗，五呈五献。保佑酒呈，保佑酒献。

先来敬送乾下坤上，万象森罗。天地合其德，日月合其明，四时合其序，神圣合其吉。子丑寅卯，辰巳午未，申酉戌亥。皇天无私，灵卦有感。谨用真香，一心拜请，八卦祖师。伏羲文王，周公孔子，五大圣人。云梦山头鬼谷先生，左衙判事陈抟先生，右衙掌印穆修先生，传下凡间孙膑先生，诸葛孔明先生，李淳风先生，袁氏天罡先师。杨救贫、刘伯温先生。祖师石明章、石明玉、石光三、石光求、石长春、石长先。古往今来算命先生，改命先人。填空先师，补漏仙人。后来敬上九州兵马，前师后教。功曹武猖，家亡先祖、家先等众。村头龙神，寨尾土地。灶公土地，灶王菩萨。门头老鬼，把门将军。

吃了保佑信士某某某，填空填满，补漏补实。财源广进，事业有成。求财得发，求利得收。万事如意，心想事成。无灾无难，大吉大利。黄缸米酒，一杯化作千杯，一碗化作千碗。千人共杯，万人共碗。阴间不吃不领，阳间不领不剩。还有刀头压盘，糍粑果供。也都破在金牙银齿，倒在金肠银肚。

伏以——（倒点酒在纸钱炉内）

在香烟上掐祖师诀，集合师众

阴间吃了得饱，阳间喝了得醉。奉请九州兵马，前师后教。功曹武猖，家亡先祖、家先等众。村头龙神，寨尾土地。灶公土地，灶王菩萨。门头老鬼，把门将军。解煞仙师，除凶仙人。古往今来，历代仙师。随前随后，随左随右。同我弟子起手成法成诀，动脚成罡成步。用法得准，用诀得灵。

（手拿三炷香站于杉木皮棺头，高声云：）

伏以：行行昌昌一炷香，悲悲切切断肝肠。

日吉时良，天地开昌。鲁班造屋不许停丧。

何人差我来发丧，祖师差我来发丧，龙神土地与我驾云车！

此火此火，非凡之火，祖师赐我三昧火。尚来招天天开，招地地裂，招人人生百福，烧鬼鬼尽消灭。

尚来招到：孝家大男小女，三班老少。师郎弟子，帮忙人众。头上三魂，腰中三魂，脚下三魂，三魂七魄，七魄三魂。生魂扫出，生魂若是不出，弟子化起金刀押出。

尚来招到：丧门丧星，丧棺丧椁。瘟疫时气，疾病疼痛，灾难祸害，六十四怪，麻衣孝服，哭声喊号，木头两对，木马两双，重丧重复，三丘五墓，天殃地殃，年殃月殃日殃时殃，天瘟地气，天灾地难，五瘟百怪，统统扫进入棺木，招入棺椁抬出去！

此火此火，非凡之火，祖师赐我三昧火。当烧大岩小块，长刺短刺。当烧邪法弄手，邪师弄匠。长发道士，光头和尚。红衣老司，黑衣道师。苗师客师，十二五等不正邪师。邪恶邪法，邪师邪教，邪诀邪咒，邪神邪鬼。烧去他处，隔去别地。不许拦前挡后，不许拦左挡右。

木扛化为金扛，草索化为麻索。棺椁化为方函一个，四角化为四大菩萨，抬丧之人化为八大金刚。龙神土地与我驾云车！（拍牌一下）

八大金刚齐着力，轻轻抬茅草去如，抬出去！

（把香扔出门外，主人即将杉木皮棺抬出门外。）

从此发丧之后，弟子增福延寿，百岁安康大吉祥！

打扫屋。

用长纸钱绕堂屋打扫出门外

伏以：天灵灵，地灵灵。祖师赐我神幡来扫瘟。扫除丧门丧星，丧棺丧椁。瘟疫时气，疾病疼痛，灾难祸害，六十四怪，麻衣孝服，哭声喊号，木头两对，木马两双，重丧重复，三丘五墓，天殃地殃，年殃月殃日殃时殃，天瘟地气，天灾地难，五瘟百怪。在屋梁上，扫屋梁上。在屋梁下，扫屋梁下。黑处莫躲，暗处莫藏。扫走快走，若还不走，太上老君动手！五百蛮雷打走！扫去天边，除去地角。

吾奉太上老君急急如律令敕！

弟子手拿雄鸡一只，交送东路武猖神兵，拿去除灾灭殃。交送南路武猖神将，拿去除凶隔煞。交送西路武猖神兵，拿去除妖降魔。交送北路武猖神将，拿去除祸灭害。交送中路武猖神兵，拿去除鬼灭怪。交送五路武猖神将，拿去除邪隔瘟。鸡毛鸡血，五雷神诀。降龙伏虎，斩妖除邪。鸡血落地，正气上升，邪气远隔。挡去十方门下，隔去天涯海角。一隔千重山，二隔万条河，三隔三千八洋大海。隔去天煞地煞，年煞月煞，日煞时煞，一百二十凶神恶煞。千年不许回头，万代不准现面。一刀两断，永不再见。一隔两断，永不再现。凶煞远遁，邪魔远离。急退急退，五百蛮雷打退！

（左手拿鸡翅，右手作剑诀对鸡冠做斩状。然后掐破鸡冠，放出鸡血，涂在大门上下左右，再粘上几根鸡腿毛。端上隔筛，拿起锄头、镰刀等物，一行人去村外三岔路口挖坑将杉木皮箱子埋了，将长纸钱插于假坟上。最后送神。）

把象征丧门星的杉木皮匣子埋入土中　（石金津摄）

尚来，丧门已解，丧星已除。辛苦大众。辛苦酒呈，辛劳酒献。敬送九州兵马，前师后教。功曹武猖，家亡先祖、家先等众。村头龙神，寨尾土地。灶公土地，灶王菩萨。门头老鬼，把门将军。解煞仙师，除凶仙人。古往今来，历代仙师。喝在金牙银口，倒在金肠银肚。

伏以——

交纳余供

茶来吃剩交在你的茶坊，酒来吃剩交在你的酒店。黄缸米酒，交在金缸，送在银缸。刀头压盘，香米利是。斋供一筵，斋筵果供。交在你的手中，送在你的手内。金钱银钱，纸马钱财。人会发火，火化钱财，钱财用凭火化，收钱上仓，收米上库。

送神

行兵弟子，投坛年久，拜法年多。话多难讲，路远难行。不讲九州歇马，不讲车练停场。讲多几句祖师来改，讲少几句本师来添。千年要留本魂交钱，万代要留本命度纸。放下左阴右阳，黄土神墙。

（放箸在桌子上，然后送神。）

上来，众神吃了得保，喝了得醉。来时肚饥，回时肚饱。若吃不了，今当打包来交，若喝不完，师郎打包去送。祖师去交圆满，本师去交圆毕。无缺无欠，无失无破。交了得圆，送了得满。祖师送神回府，诸神打马回衙。回去你的千年本堂，转到你的万年本殿。人归正路，马归正道。不许偏左偏右，不许倒前倒后。千年不许回头，万代不准转面。送去归堂，回去归殿。不许兴风作浪，不准兴灾作难。人归人路，神走神道，互不相侵，井河不犯。弟子背负正魂本命，三魂七魄。荣华富贵，福禄寿喜，财宝利禄，大吉大利。平安坐得千年，吉康活过百岁。借起太上老君天隔地隔，阴隔阴隔。隔去九万八千里。阻断十万八千程。千年万代，永不回神。

巴代高声云：恭喜发财，大吉大利！

主人家答：谢谢师父！

（隔筛上的供品由巴代拿回自家，主人只抬隔筛和工具回家。）

二十四、解五鬼煞科仪

【题解】

五鬼是人在运程中年运所遭逢的一个凶星，排在本命年第五位。如子年生人，一年在子，为"太岁"年国；二年在丑，为"太阳"年；三年在寅，为"丧门"年，四年在卯，为"勾绞"年；五年在辰，为"五鬼"年……一路顺数而去，其顺序为：一"太岁"，二"太阳"，三"丧门"，四"勾绞"，五"五鬼"，六"死符"，七"栏干"，八"龙德"，九"飞廉"，十"福德"，十一"天狗"，十二"陌越"。这些都是值年星，是掌控其人其年吉凶祸福的星辰。以子年生人为例，其五鬼星即在辰年，辰即龙，以后每逢龙年，便是五鬼星值年。如果大运吉利，遇此年运则没有什么祸害。如果大运不吉，遇此五鬼值年，其年运驳杂不堪，明的一面没有什么，暗地里小人却特别多，即小人在暗地里挑拨是非、作三弄四，好心不得好报，办好事却得不到好的结果。五鬼预示着小人，有"当面说好话，背后乱搞鬼"的坏处。关于五鬼星的祸害，传说如下：

五鬼五个头，十人看见九人愁。

阎王见了要拱手，判官见了要低头。

值年遇此事不顺，官鬼小人犯难休……

所以，历朝历代以来，民间都有解五鬼煞的说法与作法。

解五鬼煞在大门外边坪场上举行。面朝东方，摆一张木凳，凳上摆隔筛，筛内摆香米利是、刀头压盘、三炷香、五柱糍粑、适量水果、五供糖、一碗桃叶水(当茶)、三杯酒，用五个蛋壳来代表五个小鬼。桌下缚一只雄鸡，放一沓纸钱、一双新鞋。地面摆一个铁盆或水火盆烧纸。

请神前，坛前焚香烧纸，叩师藏身后才可正式请神。神请后，通呈保佑，敬吃送喝，然后化水化鸡，用鸡解五鬼煞，接着用诀斩除五鬼头（五个蛋壳），最后送神。仪式中，一人帮烧纸，一张接一张，一直烧到仪式完毕，过后将纸灰倒到假坟边。要将鸡冠掐破出血，涂在大门上以驱除煞气。

解五鬼煞要选用"十二月建神"中的"除、破"二日。除日是开除之意，破日是破开之意，二者都有破开、除去之作用。选择此二日才能将五鬼煞赶走。

【神辞】

师爷！命阳以食养，神以香灵。伏此香烟，能通碧罗，散透清霄。飞云飞雾于三界，传通传奏于万灵。人无请则不至，神无香则不达。今者信士某某某，虔备香花灯烛，果供凡仪。敬奉于三教福神，祈叨于三教福德。谨以一炷二炷三炷宝香，诚心叩请于弟子法坛会上，古往今来历代祖师。三坛两教，五坛七教，共坛共教，源渊祖师。

伏以钱财告报：辖本境界内，土地老祖正神，管到五方五位，五土龙脉龙神。先祖开辟本境而居，先宗生育本村子民。生为本境里域业主，死为本境土地正神。道高三天，德被三界。本境本地祀奉有请，本村本寨祈福有敬。礼当请你先来为主，后请他神后到为宾。该当家祖寨祖先奉，本应村宗家祖先迎。村宗久远查名不到，寨祖久长点字不明。专请本村本寨先祖土地，专奉本境本处始祖正神。请降仪坛，领受钱财。（烧三张纸钱，作一个揖）

伏以钱财告报：天地水阳，年月日时，四值功曹。请降仪坛，领受钱财。（烧三张纸钱，作一个揖）

伏以钱财告报：家奉儒释道三教，净莘有感一切福神。斋神功德，佛道真仙。文昌开化，梓潼帝君。求财有感，四官大神。九天司命，太乙府君。当年太岁，至德尊神。请降仪坛，领受钱财。（烧三张纸钱，作一个揖）

伏以钱财告报：本音堂上，历代祖先。家亡先祖，老少众魂。上至高尊祖考，下至玄远宗亲。男昌伯叔，女妹姑嬗。老不真名，少不到此。是其宗支，普同供养。家龛位上，父兮母兮。前亡后化，老幼一派灵魂。请降仪坛，领受钱财。（烧三张纸钱，作一个揖）

伏以钱财告报：弟子法坛会上，无量高尊。左右临坛，赵大元帅。上坛七千祖师，下坛八万兵马。南郊大王，北郊天子。天仙兵马，地仙兵将。交

钱祖师、度钱祖师、前传后教、宗本二师。请降仪坛，领受钱财。（烧三张纸钱，作一个揖）

伏以钱财告报：古往今来，阴阳星士。填空仙师，补漏仙人。请降仪坛，领受钱财。（烧三张纸钱，作一个揖）

伏以钱财告报：祖师法高法旺、法胜法高。请降仪坛，领受钱财。（烧三张纸钱，作一个揖）

伏以钱财上奉已毕，弟子在于香炉头上，焚香叩请祖师石法高、石法旺、石法胜、石法高。叩在弟子身前身后，身左身右。同我弟子起手成法成诀，动脚成罡成步。早讲早灵，夜讲夜顺。

大金刀，破太上老君上元盘古肚；小金刀，破太上老君中元盘古肚；第三金刀，破太上老君下元盘古肚。化会我身，变会我身，我身藏在太上老君上元盘古肚；藏在太上老君中元盘古肚；藏在太上老君下元盘古肚。阴药来盖，阳药来作。合太上老君上元盘古肚；合太上老君中元盘古肚；破合太上老君下元盘古肚。金华锁线，银华锁线。人看不知，鬼看不见。脑壳变作螺蛳田，头发变作万里青山。眼睛变作日月二宫，耳朵变作老君朋扇。鼻子变作天通地亮，牙齿变作金咬大王。左手变作左营兵，右手变作右营兵。大肠变作大江河，小肠变作小江河。脚杆变作冲天桅杆。头戴五百蛮雷，脚踏九州四海。

吾奉太上老君化验化灵，急急如律令。

师爷！玉皇正教，老君门下弟子某某某，在起信士户主某氏门中，大门之边，下门之外。堂屋之中，中堂里内。烧起三炷陈香华香，琉璃七宝正香。香焚玉炉，心诚帝前。伏以真香，香气非常，南瞻丛中为第一，旛坛林里号无双。焚香瑞气，遍满十方。神闻则达，人闻则康。邪魔供首，外道皈依。正法正教，百用百灵。香烟奉请，弟子本坛本教师真来临。当来奉请：

谨焚真香，一心奉请。弟子法坛会上，开坛传教，历代先祖先宗，宗本祖师，祖本仁师。奉请前传后教祖师石法高、石法旺、石法灵、石法胜、石法魁、石法雷、石法全、石法明、石法科、石法信、石法成、石法应、石法德、石法龙、石法相、石法清、石法圆、石法道、石法虎、石法顺、石法通、石法威、石法荣、石法兵、石法显、石法威、石法真、石法正、石法远、石法寿、石法福、石法臻。

帮师帮教祖师龙法灵、龙法胜、龙法通、龙法高、龙法旺、江法灵、吴法德、侯法斌、田法魁、田法寿、吴法成、吴法雷、龙法魁、龙法胜、龙法明、龙法德、龙法全。

三坛两教祖师黄文隆、黄意阶、吴礼清、吴礼源、李礼超、李礼显、吴意信、礼意僧、范亨敏、李亨旺、李吾民、孙传芳、石智慧、石慧海、文意忠信，礼义亨悟，智慧清净，道德圆明，吴法雷，石法高，石法魁，石法旺，石法顺。

查名不到自到，点字不齐自齐。随心观想祖师，随意乘念祖师，传我教我祖师，拥我护我祖师。请得宗师齐来到，迎得祖师降来临。祖师石法高座上祖师，祖师石法旺座上祖师。石法灵座上，石法顺座上，随同法号有请，一齐降下来临。传教护教，行教演教，行教得准祖师，演教得灵本师。护教得安祖师，帮教得力仁师。三教两教祖师，五坛七教仁师。腾云乘风而至，驾雾乘光而临。神通闪闪，雷鸣轰轰。威灵赫赫，威仪堂堂。来到上排上坐，中排中坐，排方正坐。

奉请太上老君，正君道君。张赵二郎、圣水三郎，十二婆令大娘，花林姊妹。阴传阴教，阳传阳教，梦传梦教、不传自教、三坛两教，三十六道祖师。

奉请九州兵马，法坛兵将。上元郭将军，中元唐将军，下元陈将军。游兵游将，五圣兵主。头戴八只角，身披倒毛衣。山兵土将，岩兵木将。铜兵铁将，水兵火将。牛头马脸，兽头怪面。排山倒海。赶山倒水。风火云雷，霹雳闪电。杀鬼缚魅，打邪驱瘟。破岩打洞，追魂翻案。左边千里眼，右边顺风耳。坛左青龙将，坛右白虎兵。坛前朱雀盾，坛后玄武阵。天仙护法百万将，地仙护教百万兵。

一心奉请：东路东营木神兵马，南路南营火神兵将。西路西营金神兵马，北路北营水神兵将。中路中营土神兵马，五路五营兵马兵将。五营四哨武猖，五路五界武猖。牛头马面武猖，青脸蓝面武猖。翻天倒地武猖，吃毛吃血，吃生吃熟武猖。拿枷把锁，拿枷把锁、拿锤把棒武猖。抬旗掌号，追魂翻案武猖。三十六部护法，三十六道武猖。

旗头雄兵千百万，旗下猛将万百千。大将军管大营盘，小将军镇五方界。伏魔大帝大将军，镇妖将王大元帅。四方四大四天王，八轮八大八金刚。左右护坛，赵大元帅。阴阳护法，钟馗神王。上坛七千官将，下坛百万雄兵。呼风唤雨，飞沙走石。穿山破牢，追魂翻案。五圣神祖，兵主神王。五路武猖，五营兵马。南郊大王，北郊天子。天仙兵马，地仙兵将。降临法会，受今迎请。

一心奉请：东西南北即刻到，十方上下一时临。传达法音，护持法会。

行香走火去传奏，腾云驾雾传法音。骑凤天界，张大功曹。骑虎地界，狄大功曹。骑龙水界，肖大功曹。骑虎阳界，陈大功曹。天地水阳，张狄肖陈，四京四值功曹，四官四姓功曹。急急传奏功曹，忙忙传信功曹。龙神土地功曹，值坛值殿功曹，当坛当值功曹神众。

出兵出在何州，请到何州。出马出在何县，请到何县。请到十重云头，九霄云雾。七里桥头，奈何桥上。老君大堂，玉皇大殿。老君殿前殿后，老君殿左殿右。学师堂中，学法堂内。教师堂中，教法堂内。云贵两广，永保二州。湖南湖北。祖师在起湖南大堂，请到湖南大堂，本师在起湖北大殿，请到湖北大殿。大兵请上八抬大轿，小兵请上高头大马。

风快请来跟风，雨快请来跟雨。山快请来跟山，水快请来跟水。铺去阴阳二桥，请下凡间之中，洞冲大寨，土地祠下。人请千家开门莫过，神请万家开户莫行。请到信士户主，某氏门中某某某，三衙门口，四脚门外。屋檐童子，接水阶前。大门之中，小门之内。堂屋之中，中堂里内。有车请来众人不要下车，有马请来众人不要下马。人人请来装车，个个请来装马。装车不请何神，发马不叫何鬼。

伏以——（作一个揖）

奉请村宗寨祖，土地龙神。一村之祖，一寨之尊。立在老木岩板屋，安在古树岩板存。保村保寨得清吉，保子保孙得安宁。坐管溪源潭洞，尊为水土龙神。全村全寨你儿子，此山此水你为尊。保人保畜得清泰，管山管水得太平。东家先来请你，请移大驾光临。

出兵出在何州，请到何州。出马出在何县，请到何县。请到老木堂中，古树堂内。四个天门，八个地户。四个老堂，八个老殿。在堂请堂，在殿请殿。铺去阴阳二桥，请下凡间之中，洞冲大寨，土地祠下。人请千家开门莫过，神请万家开户莫行。请到信士户主，某氏门中某某某，三衙门口，四脚门外。屋檐童子，接水阶前。大门之中，小门之内。堂屋之中，中堂里内。有车请来众人不要下车，有马请来众人不要下马。人人请来装车，个个请来装马。装车不请何神，发马不叫何鬼。

伏以——（作一个揖）

奉请某氏门中家亡先祖、家先等众。七代祖公，八代祖婆。信士本宗本祖，户主本房本族。始祖一家，先宗一房。一家发了千家，一户发了万户。历朝历代先祖，历代历朝先人。先祖堂中众位元老，先宗堂内众位先辈。本家本姓祖宗，本房本族祖德。家堂香火，福德正神。保佑儿孙发达先祖，庇佑后代发旺先人。始宗始祖，发子发孙。发千发万，发达发旺。信士本家堂上香火，户主本族本房香灯。历代先宗先祖，历朝先公先婆，先父先母，先辈先人。堂上高尊祖考妣，炉中太祖父辈魂。查得有名不到，点得有字不齐。心到请到，意到念临。人人祖魂祖魄，个个祖宗阴灵。儿孙虔备凡礼相请，后代诚心凡仪相奉。请来堂中做主做东，迎到堂内做主敬神。先有东道主，后有西客宾。闻今有请，急速降临。

一份请到墓坟山水，盘龙吉地。二份请到水火炉位前，飞林子幕、花林子盖。三份请到堂屋之中，中堂里内。有车请来众人不要下车，有马请来众人不要下马。人人请来装车，个个请来装马。装车不请何神，发马不叫何鬼。伏以——（作一个揖）

有理无理、家神先起，有请无请，家神先请。先有主人，才有嘉宾。先请主神，后请客人。先来奉请，坛头香火，法堂师尊。开坛启教宗师，立坛传教祖师。十方演教祖师，坛头行教本师。法坛法殿兵马，追魂翻案武猖。传文功曹使者，保村保寨土地。户主本家先祖，信士本家灶神。看家护院童子，守家守户门神。本家保安保吉主者，本户东道主神。人人请来装车，个个请来装马。装车不请何神，发马不叫何鬼。

伏以——（作一个揖）

奉请乾下坤上，万象森罗。天地合其德，日月合其明，四时合其序，神圣合其吉。子丑寅卯，辰巳午未，申酉戌亥。皇天无私，灵卦有感。谨用真香，一心拜请，八卦祖师。伏羲文王，周公孔子，五大圣人。云梦山头鬼谷先生，左衙判事陈抟先生，右衙掌印穆修先生，传下凡间孙膑先生，诸葛孔明先生，李淳风先生，袁氏天罡先师。杨救贫、刘伯温先生。祖师石明章、石明玉、石光三、石光求、石长春、石长先。古往今来算命先生，改命先人。填空先师，补漏仙人。空中得听，回转云头。路中得听，回转车头。水中得听，回转船头。回转车头，调转马尾。铺去阴阳二桥，请下凡间之中，洞冲大寨，土地祠下。人请千家开门莫过，神请万家开户莫行。请到信士户主，某氏门中某某某，三衙门口，四脚门外。有车请来众人下车，有马请来众人下马。请来上排上坐，下排下坐，排方正坐。上请莫动，下请莫游。

伏以——（作一个揖）

一份来了，二份不请同来，飞云走马功曹上参。一份来到，二份不请同到，飞云走马功曹上报。二份转来奉请——

乾下坤上，万象森罗。天地合其德，日月合其明，四时合其序，神圣合其吉。子丑寅卯，辰巳午未，申酉戌亥。皇天无私，灵卦有感。谨用真香，一心拜请，八卦祖师。伏羲文王，周公孔子，五大圣人。云梦山头鬼谷先生，左衙判事陈抟先生，右衙掌印穆修先生，传下凡间孙膑先生，诸葛孔明先生，李淳风先生，袁氏天罡先师。杨救贫、刘伯温先生。祖师石明章、石明玉、石光三、石光求、石长春、石长先。古往今来算命先生，改命先人。填空先师，补漏仙人。

空中得听，回转云头。路中得听，回转车头。水中得听，回转船头。回转车头，调转马尾。铺去阴阳二桥，请下凡间之中，洞冲大寨，土地祠下。人请千家开门莫过，神请万家开户莫行。请到信士户主，某氏门中某某某，三衙门口，四脚门外。有车请来众人下车，有马请来众人下马。请来上排上坐，下排下坐，排方正坐。上请莫动，下请莫游。

伏以——（作一个揖）

二份来了，三份不请同来，飞云走马功曹上参。二份来到，三份不请同到，飞云走马功曹上报。三份转来奉请——

乾下坤上，万象森罗。天地合其德，日月合其明，四时合其序，神圣合其吉。子丑寅卯，辰巳午未，申酉戌亥。皇天无私，灵卦有感。谨用真香，一心拜请，八卦祖师。伏羲文王，周公孔子，五大圣人。云梦山头鬼谷先生，左衙判事陈抟先生，右衙掌印穆修先生，传下凡间孙膑先生，诸葛孔明先生，李淳风先生，袁氏天罡先师。杨救贫、刘伯温先生。祖师石明章、石明玉、石光三、石光求、石长春、石长先。古往今来算命先生，改命先人。填空先师，补漏仙人。

空中得听，回转云头。路中得听，回转车头。水中得听，回转船头。回转车头，调转马尾。铺去阴阳二桥，请下凡间之中，洞冲大寨，土地祠下。人请千家开门莫过，神请万家开户莫行。请到信士户主，某氏门中某某某，三衙门口，四脚门外。有车请来众人下车，有马请来众人下马。请来上排上坐，下排下坐，排方正坐。上请莫动，下请莫游。

伏以——（作一个揖）

人行千里，神降一时。阴间来的好客，阳间到得好马。行兵弟子，阴请阴来，阳请阳到。三请同来，四请同到。有事和你通呈，无事不敢通呈，半天云云，着耳听文。有事和你登堂，无事不敢登堂，半天洋洋，着耳听章。壶中有酒，开壶奠献。茶献一呈，酒分三献。今据公元某某某某年某某月某某日清早良旦(上午之时，下午之时，晚上之期)，在起信士户主某氏门中，不管别神外鬼，不管别处外路。

当管乾下坤上，万象森罗。天地合其德，日月合其明，四时合其序，神圣合其吉。子丑寅卯，辰巳午未，申酉戌亥。皇天无私，灵卦有感。谨用真香，一心拜请，八卦祖师。伏羲文王，周公孔子，五大圣人。云梦山头鬼谷先生，左衙判事陈抟先生，右衙掌印穆修先生，传下凡间孙膑先生，诸葛孔明先生，李淳风先生，袁氏天罡先师。杨救贫、刘伯温先生。祖师石明章、石明玉、石光三、石光求、石长春、石长先。古往今来算命先生，改命先人。填空先师，补漏仙人。

空中得听，回转云头。路中得听，回转车头。水中得听，回转船头。回转车头，调转马尾。铺去阴阳二桥，管下凡间之中，洞冲大寨，土地祠下。人管千家开门莫过，神管万家开户莫行。管到信士户主，某氏门中某某某，三衙门口，四脚门外。有车管来众人下车，有马管来众人下马。管来上排上坐，下排下坐，排方正坐。上请莫动，下请莫游。

伏以——(作一个揖)

管来不为千斤大事，不为并无小难。上山不为砍木，下水不为拖船。因为信士某某某，时辰带来，八字带到。本命生于某某某某年某某月某某日某某时，年犯月犯，日犯时犯，在今某某年犯东方青脸、五鬼大煞，南方赤脸、五鬼大煞，西方白脸、五鬼大煞，北方黑脸、五鬼大煞，中央黄脸、五鬼大煞，天煞地煞，年煞月煞，日煞时煞，一百二十凶神恶煞。唯恐事业不顺，财源不进，失财破米，麻言怄气。一屋人口，一家人眷。男人不做长心大胆，女人不做三心二意。算得好日，择得好字。选得留连太安，请得行兵弟子，前门跟你相求，后门给你相醉。

面前备办何财，要来交你何财。备办何物，要来交你何物。备办长台师椅，桌台椅凳。金杯银碗，金调银筷。刀头压盘，香米利是。斋供一筵，斋筵果供。黄缸米酒，糍粑糯供。金钱银钱，纸马钱财。陈香华香，龙凤宝香。明灯照亮，灯花蜡烛。一样不少，两样不欠。项项交在你的手中，样样送在你的手内。

交纳何财，领受何财。交纳何物，领受何物。领受在前，保佑在后，领受在左，保佑在右。

上来不保千家人名，下来不保万家名字。当保信士户主，犯空信士某某某，解了五鬼煞，除了五鬼煞。凶煞退位，吉星照临。求财得发，求利得收。人财两发，富贵长久。谋事如意，心想事成。吉康安泰，吉祥如意，大吉大利。

保佑已了，献供又到。（献茶）敬献高山岭水，杨柳净茶。（豆腐）水化豆腐，斋筵果供。斋的在前，荤的在后。斋的在左，荤的在右。斋的领斋，荤的领荤。

伏以——（倒点茶于纸钱火炉内）

献上黄缸米酒，一杯一碗，二呈二献。填空酒呈，补漏酒献。敬送乾下坤上，万象森罗。天地合其德，日月合其明，四时合其序，神圣合其吉。子丑寅卯，辰巳午未，申酉戌亥。皇天无私，灵卦有感。谨用真香，一心拜请，八卦祖师。伏羲文王，周公孔子，五大圣人。云梦山头鬼谷先生，左衙判事陈抟先生，右衙掌印穆修先生，传下凡间孙膑先生，诸葛孔明先生，李淳风先生，袁氏天罡先师。杨救贫、刘伯温先生。祖师石明章、石明玉、石光三、石光求、石长春、石长先。古往今来算命先生，改命先人。填空先师，补漏仙人。

吃了保佑信士某某某，赶除五鬼，隔开小人。财源广进，事业有成。黄缸米酒，一杯二碗，一呈二献。破在金牙银齿，倒在金肠银肚。

伏以——（倒点酒在纸钱炉内）

吃了一杯一碗，二呈二献。要来敬上三杯三碗，三呈四献。保佑酒呈，保佑酒献。

敬送乾下坤上，万象森罗。天地合其德，日月合其明，四时合其序，神圣合其吉。子丑寅卯，辰巳午未，申酉戌亥。皇天无私，灵卦有感。谨用真香，一心拜请，八卦祖师。伏羲文王，周公孔子，五大圣人。云梦山头鬼谷先生，左衙判事陈抟先生，右衙掌印穆修先生，传下凡间孙膑先生，诸葛孔明先生，李淳风先生，袁氏天罡先师。杨救贫、刘伯温先生。祖师石明章、石明玉、石光三、石光求、石长春、石长先。古往今来算命先生，改命先人。填空先师，补漏仙人。吃了保佑信士某某某，赶除五鬼，隔开小人。办事得顺，事业有成。求财得发，求利得收。万事如意，心想事成。无灾无难，大吉大利。黄缸米酒，二杯三碗，三呈四献。破在金牙银齿，倒在金肠银肚。

伏以——（倒点酒在纸钱炉内）

吃了三杯四碗，三呈四献。要来敬上五杯五碗，五呈五献。保佑酒呈，保佑酒献。

先来敬送乾下坤上，万象森罗。天地合其德，日月合其明，四时合其序，神圣合其吉。子丑寅卯，辰巳午未，申酉戌亥。皇天无私，灵卦有感。谨用真香，一心拜请，八卦祖师。伏羲文王，周公孔子，五大圣人。云梦山头鬼谷先生，左衙判事陈抟先生，右衙掌印穆修先生，传下凡间孙膑先生，诸葛孔明先生，李淳风先生，袁氏天罡先师。杨救贫、刘伯温先生。祖师石明章、石明玉、石光三、石光求、石长春、石长先。古往今来算命先生，改命先人。填空先师，补漏仙人。后来敬上九州兵马，前师后教。功曹武猖，家亡先祖、家先等众。村头龙神，寨尾土地。灶公土地，灶王菩萨。门头老鬼，把门将军。

吃了保佑信士某某某，赶除五鬼，隔开小人。办事得顺，事业有成。求财得发，求利得收。万事如意，心想事成。无灾无难，大吉大利。黄缸米酒，一杯化作千杯，一碗化作千碗。千人共杯，万人共碗。阴间不吃不领，阳间不领不剩。还有刀头压盘，糍粑果供。也都破在金牙银齿，倒在金肠银肚。

伏以——（倒点酒在纸钱炉内）

掐祖师诀于香烟上集合师众

阴间吃了得饱，阳间喝了得醉。奉请九州兵马，前师后教。功曹武猖，家亡先祖、家先等众。村头龙神，寨尾土地。灶公土地，灶王菩萨。门头老鬼，把门将军。解关仙师，脱煞仙人。填空仙师，阻漏仙人。古往今来，历代仙师。随前随后，随左随右。同我弟子起手成法成诀，动脚成罡成步。用法得准，用诀得灵。

用叉诀托水碗游于香烟之上敕水

伏以圣水过香，一变祖师与我，敕变圣水过香。二变本师与我，敕变圣水过香。三变三元祖师与我，敕变圣水过香。圣水不敕不灵，敕了便灵，变敕为现，变赐为献。

右手叉诀托水碗、左手拿令牌于水碗上画符

伏以角亢氐房心尾箕，斗牛女虚危室壁。奎娄胃昴毕觜参，井鬼柳星张翼轸。斗、错、权、衡、毕、伏、标。吾奉太上老君急急如律令。（画一紫微符于水碗上，即雨渐耳拖一圆圈点七点）

伏以道法不用多，南山观北河。斗然一个字，降尽世间魔。吾奉太上老

君急急如律令。（画一降魔符于水碗上，即雨渐斗拖一圆圈）

伏以一点乾坤大，横担日月长。波浪天地盖，凶煞一扫光。吾奉太上老君急急如律令。（画一斩煞符于水碗上，即一叉倒立，再横一笔加上一点）

奉请画符仙师，造符仙人。一道化为百道，百道化为千千万万道。画符一道有准，万道有灵，人往符下生，鬼往符下亡。吾奉太上老君急急如律令。（打一顺筶，若不得筶，则需再念一次此段神咒，直到打得顺筶为止。得筶后放水碗在桌上，再去拿鸡挡煞。）

用鸡挡煞

此鸡此鸡，非凡之鸡。叫则三千玄应，啼则万里光明。日落它送，日出它迎。身亮如锦，五彩祥云。在人间名为五德，在吾于化为灵凤。出神入化，一身正气。雄风纠察，气势非凡。

有煞无煞，雄鸡挡煞。有殃无殃，雄鸡除殃。有灾无灾，鸡血消灾。有祸无祸，鸡血隔脱，有冤无冤，鸡血当斩，一斩天殃地煞不敢当，二斩凶神恶煞尽躲藏，三斩年煞月煞，日煞时煞，一百二十凶神恶煞尽消亡。凶神挡归天涯去，恶煞隔归大海洋。千年万代回不转，从今之后无灾殃。

（左手抓住鸡翅，右手作剑诀对鸡冠做斩状，然后掐破鸡冠，放出鸡血。叫来犯煞人手拿三根燃香站在桌前，巴代将三张纸钱折后沾上一点鸡血并扯下几根鸡腿毛一起拿在右手上，在犯煞人的背后从头扫到脚，共三次后，再放入纸钱炉中烧掉。若犯罗网则右手拿纸钱、鸡毛和头发网子，扫后用剪刀剪破然后烧掉则表示破开罗网了。如此作法三次，每次扫三下。）

用鸡毛鸡血涂纸钱解扫凶煞

伏以：信士某某某，生于某某某某年某某月某某日。时辰带来，八字带到。年犯月犯，日犯时犯，今年犯了东方青脸、五鬼大煞，南方赤脸、五鬼大煞，西方白脸、五鬼大煞，北方黑脸、五鬼大煞、中央黄脸、五鬼大煞，天煞地煞、年煞月煞、日煞时煞，一百二十凶神恶煞。头上解身上，身上解脚下。天煞归天，地煞归地。鸡血扫到，凶神恶煞远远退位。

（上段神辞要念三次，每次扫三下。烧掉后要再扯鸡毛涂血。）

用令牌沾圣水于犯煞人背上扫下以示清洗

伏以：金吒金吒僧金吒，吾今为汝解金吒。唵，祥中祥，吉中吉，般若会上有殊利，一切凶煞离开信人身，摩诃般若波罗蜜，甚深般若波罗蜜。

尚来，代为信士某某某，解除五方五位，五鬼星煞。天煞地煞，年煞月煞，日煞时煞，一百二十凶神恶煞。解去天涯，除去海角。从今之后，谋事

如意，心想事成。增福延寿，吉康安泰，大吉大利。阴把香烟为据，阳把竹
筶为凭。放下众凭神筶，众马神骑。

（拍牌打筶，打得顺筶即可。若没得顺筶，则还需再用令牌沾圣水给信
士洗扫一次，然后打筶。打得顺筶后则说："脱灾脱难，大吉大利！"叫信士
将手中的香放在纸钱炉中烧掉，并退去一边。）

<u>破鬼头送五鬼</u>

东方青脸，五鬼大煞，起车前步，起马前行。

化大金刀，砍鬼头，（用大金刀诀斩鸡蛋壳）

化小金刀，切鬼脑。（用大金刀诀斩鸡蛋壳）

第三金刀砍鬼头，切鬼脑。（用大金刀诀斩鸡蛋壳）

（用诀后掐碎蛋壳，丢在纸钱炉内。每个蛋壳代表一方，每方都同此
作法。）

南方赤脸，五鬼大煞，起车前步，起马前行。（诀法同上）

西方白脸，五鬼大煞，起车前步，起马前行。（诀法同上）

北方黑脸，五鬼大煞，起车前步，起马前行。（诀法同上）

中央黄脸，五鬼大煞，天煞地煞，年煞月煞，日煞时煞，一百二十凶神恶
煞。起车前步，起马前行。（诀法同上）

<u>交纳雄鸡</u>

尚来，解除凶煞已毕，一只公鸡，交送解关仙师，脱煞仙人，化作白马一
匹，上山骑着交钱，下水骑去度纸。交在手中，送在手内。

（扯几根鸡腿毛烧在炉中，将鸡放在一边。解除后，接下来赏兵赏马。
再添加一点酒在碗内，然后游于香烟上。）

<u>赏兵赏马</u>

尚来，五鬼已解，小人已除。辛苦大众。辛苦酒呈，辛劳酒献。敬送九
州兵马，前师后教。功曹武猖，家亡先祖、家先等众。村头龙神，寨尾土地。
灶公土地，灶王菩萨。门头老鬼，把门将军。解煞仙师，除凶仙人。古往今
来，历代仙师。喝在金牙银口，倒在金肠银肚。

伏以——

<u>交纳余供</u>

茶来吃剩交在你的茶坊，酒来吃剩交在你的酒店。黄缸米酒，交在金
缸，送在银缸。刀头压盘，香米利是。斋供一筵，斋筵果供。交在你的手中，
送在你的手内。金钱银钱，纸马钱财。人会发火，火化钱财，钱财用凭火化，

收钱上仓,收米上库。

行兵弟子,投坛年久,拜法年多。话多难讲,路远难行。不讲九州歇马,不讲车练停场。讲多几句祖师来改,讲少几句本师来添。千年要留本魂交钱,万代要留本命度纸。放下左阴右阳,黄土神墙。(放筶在桌子上,然后送神)

再有金钱烧交,银钱烧送。收钱上仓,收米上库。吃了得饱,喝了得醉。茶供三盏,酒敬三杯,礼仪已周,法事圆毕。此地不许停车,里内不许停马。有车请来上车,有马请来上马。上车上马,打马回堂。领受凡供酒礼,带起回堂转殿。回去老堂有大路,欲转此地断无门。众神回府,客官回衙。各归各位,各回各处。回到你的千年本堂,转到你的万年本殿。一刀两断,永不相见。次送先祖归堂,土地归祠,祖师回堂,本师回殿。阴归阴路,阳归阳路,阴阳各别。弟子背负正魂本命,三魂七魄。荣华富贵,福禄寿喜,财宝利禄,大吉大利。平安坐得千年,吉康活过百岁。阴堂拆堂,阴殿拆殿。拆了供坛,倒了供桌。户主清吉,人眷平安。

二十五、赶白虎鬼科仪

【题解】

赶白虎鬼又叫作"解白虎"。八字中的"白虎"和"飞廉"是在一起的。俗话说"左青龙，右白虎"，是指天上二十八宿的东方七宿和西方七宿。东方七宿为"青龙"星，西方七宿为"白虎"星。传说青龙为吉神，白虎为凶神，哪家若是轮到白虎当值其宅向时，就会驳杂多事，表现在官司口舌东伏西起，接连不断，或者遭不预之灾、突发之难，死猪死羊、失财破米，使人伤心之至，烦恼至极，度日如年，不堪忍受。人的命局和运程若值此神，也会遭到不白之冤、伤残之难。

《封神演义》中的飞廉和恶难，死后被封为白虎星，主宰人间灾难祸害，主要是血光伤灾、残疾破相。关于白虎星的祸害，有传说为：

白虎当堂坐，无灾必有祸。

行年若值此，财了锅又破。

飞廉白虎张桂芳，封神榜上把名扬。

家下口舌驳杂事，无鬼都要闹一场。

所以，历朝历代，民间都有赶白虎鬼的说法与做法。

赶白虎鬼在大门外坪场上举行。面向东方，摆一张木凳，凳上摆一把隔筛，筛内摆香米利是、刀头压盘、三炷香、五柱糍粑、三杯酒。桌下缚一只雄鸡，放一沓纸钱、一双新鞋。插一束长纸钱(用来驱赶白虎鬼)，旁边摆一架纺车(用来送白虎鬼)。地面摆一个铁盆或水火盆烧纸。

请神前，在坛前焚香烧纸，叩师藏身后才可摇师刀正式请神。神请到后，通呈保佑，敬吃送喝，然后化鸡，用鸡血涂在长纸钱上。巴代右手拿长刀，左手拿长纸钱，身披棕片蓑衣，用锅底灰画脸涂面，满屋驱赶白虎鬼，赶出门外后摇动纺车送白虎，让它晕头转向，去不回头。再将鸡冠血涂在大门上以隔断煞气。最后送神。

赶白虎鬼要选择"十二月建神"中的"除、破"二日。除日是开除之意，破日是破开之意，二者都有破开、除去之作用，选择此二日才能将白虎鬼赶走。

赶白虎鬼仪式的祭坛摆设 （石金津摄）

【神辞】

莲花宝座，莲花宝诀。三十六道正传，七十二道正诀。不收儿魂女命，不收正魂本命，三魂七魄。当收巧脚弄手，巧手弄匠，弹匠勾匠，剃头道士，光头和尚，游傩打卦老司，叫花讨米老司，红衣老司，黑衣道士，苗师客师，十二五等不正邪师，邪神邪法，邪师邪教邪诀邪鬼。弟子东收五里，南收五里，西收五里，北收五里，中收五里，五五收去二十五里，祖师收来，本师收尽，收在天牢，押在地井，收在千丈深潭，押在万丈古井。莫惊莫动，莫走莫行。

再来当收，天煞地煞，年煞月煞，日煞时煞，一百二十凶神恶煞，要收四方官牙，五方口嘴。千人乱说，百人乱讲。吵事郎子，闹事郎君。五瘟时气，麻衣孝服。迫肠郎子，胀肚郎君。屙血郎子，屙痢郎君。阴包草药，阳包草变。收在天牢，押在地井，收在千丈深潭，押在万丈古井。莫惊莫动，莫走莫行。

吾奉太上老君急急如律令。

伏以——

赫赫闪闪赤电，紫气光璘璘。

神号宣扬山岳动，神鞭舞动鬼神惊。

维护人间平安事，邪魔妖鬼化为尘。

威灵感应，正直无私，

一身正气，万道光明，

先天御前，

吾奉栲绞铁面王元帅大神敕令。

今者，弟子奉行祖师法令，宣演玉皇正教有灵。焚起一炷陈香，二炷华香，三炷龙凤宝香。焚起一炷陈香，结出天地正气。烧起二炷华香，飘出万朵香云。燃起三炷龙凤宝香，盖天盖地，封禁邪魔鬼神。鬼妖闻之丧胆，精怪惧恐亡形。三炷真香才烧起，功曹使者上遥闻。香烟上达神真府，奏启道德李老君。老君布下法令旨，宗本祖师降来临。

师爷——师爷。

弟子在起信士户主某某某，门前空地，门外坪场。立造坛场，摆设香案。烧起一炷金炉宝香，二炷银炉真香，三炷明炉信香。烧香洋洋，立造坛场。邪魔拱首，外道惊慌。烧香浓浓，立造坛中。凶煞退尽，恶鬼无踪。烧香纷纷，立造坛庭。凶星退位，吉星照临。香云盖天，紫云盖地。人看不见，鬼看不明。香不乱烧，神不乱请。

师爷——师爷。

谨焚宝香，一心奉请：敲角七声，三元盘古，三元法主，三桥王母，三清大道。弟子法堂会中，师郎宝殿坛上。阴传阴教，阳传阳教。前传后教，不传自教。梦传梦教，祖传师教。三坛两教，同坛共教。拥我护我，源渊祖师。闻今有请，伏愿降临。请降法坛，受今供奉。

师爷——师爷。

谨焚宝香，一心奉请：三元将军，四员栲栲。五营兵马，六丁六甲。七千雄兵，八万猛将。巡坛师，鉴坛师。掌坛大法师尊，兴教大法师人。左边执肃静，右边拿回避。抬旗掌号，鸣锣开道。天仙猛将，地仙神兵。闻今有请，急速降临。请降法坛，受今年饭供奉。

师爷——师爷。

谨焚宝香，一心奉请：前代祖师石法高，后代祖师石法旺、石法灵、石法胜、龙法灵、龙法胜、龙法通、龙法高、龙法旺、江法灵、吴法德、侯法斌、田法魁、田法寿、吴法成。掌度祖师龙法胜，前代安坛刘法旺，后代祖师龙法胜、龙法明、龙法胜、石法明、石法胜。高公祖师石法旺，尊公祖师石法高、石法魁。后代安坛龙法灵，祖公祖师石法高、石法旺。师伯石法胜，严父祖师石法高。闻今有请，急速降临。请降法坛，受今年饭供奉。

师爷——师爷。

赶白虎鬼的供品（用糖糕来代替糍粑）

谨焚宝香，一心奉请：上坛七千祖师，下坛八万兵马。南郊大王，北郊天子。十二统兵大旗，十二统天大将。红旗红号旗头鸡毛，黄旗黄号旗下兵马。旗头雄兵千百万，旗下猛将万百千。大将军管大营盘，小将军镇五方界。伏魔大帝大将军，镇妖将王大元帅。四方四大四天王，八轮八大八金刚。左右护坛，赵大元帅。阴阳护法，钟馗神王。上坛七千官将，下坛百万雄兵。武猖兵马，五雷兵将，五营兵马，五哨兵将。腾云驾雾追魂，钻天入地翻案。铺天盖地围拿，镇天镇地锁监。吃毛吃血武猖，吃生吃熟武猖。铜头铁面武猖，牛头马面武猖。敲枷打锁武猖，解锁脱枷武猖。驱瘟打邪武猖，除灾灭火武猖。破牢打监武猖，穿山破石武猖。霹雳震天武猖，地动山摇武猖。翻天倒地武猖，翻跟倒斗武猖。

一心奉请：玉皇正教，老君门下。法堂宝殿，功曹神众。天界功曹，骑凤飞云驾雾传奏，天府浩浩，天京上圣，各神圣真宫口殿下呈疏。地界功曹，骑虎出幽入冥传奏，地府冥冥，地府王官，各殿阎君大王案下呈疏。水界功曹，骑龙漂洋过海传奏，水府滔滔，水国真仙，各海龙王水晶宫殿呈疏。阳界功曹，骑马翻山越岭传奏，阳府烈烈，阳元祀典，三下五岳神祠庙宇呈疏。三界四府，三十六路七十二道神众功曹。

一心奉请：本境土地，瑞庆夫人。招财童子，进宝郎君。五方五位，五土龙神。本坊通灵土地，老尊正神。地盘是你先开，村寨是你先立。经代代繁衍而满村，过世世生养而满寨。公公发一村而为村祖，婆婆养一寨而成寨宗。先时古木树下岩块为屋，而今古老树下岩板为祠。管虎狼猛兽不伤人畜，除瘟疫火灾不殃村寨。每家祭祖必先请你，每户敬神必先奉驾。此村人家是你所发，此寨人户为你所兴。立为先祖，奉为先宗。生时管山管水，死后成龙成神。安在村中，奉于村内。村头古老林下岩屋为祠，寨中古老树下岩板为堂。管村管寨虎狼不凶，管坊管地瘟火不侵。接受全村香火，保佑全寨平安。本村当坊土地，本寨老祖正神。

以此真香，一心奉请：信士本宗本祖，户主本房本族。始祖一家，先宗一房。一家发了千家，一户发了万户。历朝历代先祖，历代历朝先人。先祖堂中众位元老，先宗堂内众位先辈。本家本姓祖宗，本房本族祖德。家堂香火，福德正神。历代先宗先祖，历朝先公先婆，先父先母，先辈先人。堂上高尊祖考妣，炉中太祖父辈魂。查得有名不到，点得有字不齐。心到请到，意到念临。去是前后陆续，来时同请同到。到堂把持香火，到殿把持香灯。来到堂中，迎到堂内。

师爷——师爷。

谨焚宝香，一心奉请：乾下坤上，万象森罗。天地合其德，日月合其明，四时合其序，神圣合其吉。子丑寅卯，辰巳午未，申酉戌亥。皇天无私，灵卦有感。谨用真香，一心拜请，八卦祖师。伏羲文王，周公孔子，五大圣人。云梦山头鬼谷先生，左衙判事陈抟先生，右衙掌印穆修先生，传下凡间孙膑先生，诸葛孔明先生，李淳风先生，袁氏天罡先师。杨救贫、刘伯温先生。祖师石明章、石明玉、石光三、石光求、石长春、石长先。古往今来算命先生，改命先人。

谨焚宝香，一心奉请：某氏堂上，石氏门中，家奉儒释道三教，净荤有感一切福神。斋神功德，佛道真仙。文昌开化，梓潼帝君。伏魔大帝，关圣帝君。求财有感，四官大神。九天司命，太乙府君。灶公灶母，灶王灶君。当年太岁。至德真神。闻今有请，急速降临。请降法坛，受今年饭供奉。

师爷——师爷。

谨焚宝香，一心奉请：本音堂上，历代祖先。家亡先祖，老少众魂。上至高尊祖考，下至玄远宗亲。男昌伯叔，女妹姑嫜。老不真名，少不到此。是其宗支，普同供养。家龛位上，父兮母兮。前亡后化，老幼一派灵魂。闻今有请，急速降临。请降法坛，受今年饭供奉。

师爷——师爷。

谨焚宝香，一心奉请：本境土地，瑞庆夫人。招财童子，进宝郎君。五方五位，五土龙神。本坊通灵土地，老尊正神。屋檐童子，把门将军。过往虚空，无边真宰。溪源潭洞，水土龙神。良民相老，地主恩官。地神地主，地脉龙神。闻今有请，急速降临。请降法坛，受今年饭供奉。

师爷——师爷。

用长刀和纺车赶白虎

尚来，专申礼请，神圣降临。因为信士某某某，家中犯了东方青脸、白虎鬼煞，南方赤脸、白虎鬼煞，西方白脸、白虎鬼煞，北方黑脸、白虎鬼煞，中央黄脸、白虎鬼煞，天煞地煞、年煞月煞、日煞时煞，一百二十凶神恶煞。闹得家中不吉，事业不顺。官非口舌，血光伤祸。失财破米，麻言怄气。一屋人口，一家人眷。男人不做长心大胆，女人不做三心二意。算得好日，择得好字。选得留连太安，虔诚备办，信香宝烛，纸马钱财。黄缸米酒，糍粑糯供。刀头酒礼，凡供礼仪。伏愿诸位神真，兵将神众。件件皆纳，细细领受。

（奠酒、肉、糍粑、香米等供品于纸钱炉中以示敬奉）

师爷——师爷。

阴间吃了得饱，阳间喝了得醉。奉请九州兵马，前师后教。功曹武猖，家亡先祖、家先等众。村头龙神，寨尾土地。灶公土地，灶王菩萨。门头老鬼，把门将军。古往今来，历代仙师。随前随后，随左随右。同我弟子起手成法成诀，动脚成罡成步。用法得准，用诀得灵。

用鸡挡煞

此鸡此鸡，非凡之鸡，挡凶之鸡，隔煞之鸡，正大之鸡，光明之鸡。专挡世上一切凶神，专隔人间一切恶煞。五百蛮雷头上戴，三昧真火起祥烟。鬼见鬼怕，魔见魔骇。吉神见了心中爱，恶鬼见了远离开。

此鸡头向东，凶煞消无踪。此鸡头向南，凶煞远远开。此鸡头向西，凶煞走远离。此鸡头向北，凶煞定消灭。此鸡头向中，凶煞永无踪。鸡血扫过后，大吉大利保平安。

（左手抓住鸡翅，右手作剑诀对鸡冠做斩状，然后掐破鸡冠，放出鸡血，涂在长纸钱及长刀口上。用锅底灰画脸涂面，披蓑衣，左手拿长纸钱，右手拿长刀，叫主人端隔筛、鸡并进屋绕堂屋一圈，以驱赶砍杀白虎鬼。）

用白鸡象征白虎鬼　（石金津摄）

驱赶白虎鬼

千兵上前！万马上前！不赶信士户主儿魂女命，不扫三魂七魄。当赶东方青脸、白虎大煞，南方赤脸、白虎大煞，西方白脸、白虎大煞，北方黑脸、白虎大煞，中央黄脸、白虎大煞，天煞地煞，年煞月煞，日煞时煞，一百二十凶神恶煞。在屋梁上，扫屋梁上。在屋梁下，扫屋梁下。黑处莫躲，暗处莫藏。扫走快走，若还不走，太上老君动手！五百蛮雷打走！扫去天边，除去地角。

吾奉太上老君急急如律令敕！

用鸡在大门边挡煞

伏以：此鸡此鸡，非凡之鸡。隔鬼之鸡，挡煞之鸡。要挡天煞地煞、年煞月煞、日煞时煞，一百二十凶神恶煞。天煞要挡归天，地煞要挡归地。鸡血落地，凶神恶煞远远退去。保佑信士吉祥如意，大吉大利。

（左手拿鸡翅，右手作剑诀对鸡冠做斩状，然后掐破鸡冠，放出鸡血，涂在大门上下左右，沾上几根鸡腿毛。在门外坪场尽头，摇纺车送白虎。）

端着筛盘（隔筛）满屋追杀白虎鬼　　（石金津摄）

送白虎鬼

东方青脸，白虎鬼煞，起车前步，起马前行。

（边摆纺车边念：）

翻天倒地，倒地翻天。倒转乾坤，东西南北。

去时有路，转来无门。送去千里，隔去万程。

（以下每方如此送，并朝外撒几粒米。）

南方赤脸，白虎鬼煞，起车前步，起马前行。（诀法同上）

西方白脸，白虎鬼煞，起车前步，起马前行。（诀法同上）

北方黑脸，白虎鬼煞，起车前步，起马前行。（诀法同上）

中央黄脸，白虎鬼煞，天煞地煞，年煞月煞，日煞时煞，一百二十凶神恶煞。起车前步，起马前行。（诀法同上）

交纳雄鸡

尚来,解除凶煞已毕,一只公鸡,交送解关仙师,脱煞仙人,化作白马一匹,上山骑着交钱,下水骑去度纸。交在手中,送在手内。

(扯几根鸡腿毛烧在炉中,将鸡放到一边。解除后,下接赏兵赏马。再添加一点酒在碗内,然后游于香烟上。)

赏兵赏马

尚来,白虎已赶,鬼煞已除。保佑信士户主,一屋人口,一家人眷。人人吉祥,个个吉利。吉康安泰,吉祥如意。辛苦大众。辛苦酒呈,辛劳酒献。敬送九州兵马,前师后教。功曹武猖,家亡先祖、家先等众。村头龙神,寨尾土地。灶公土地,灶王菩萨。门头老鬼,把门将军。解煞仙师,除凶仙人。古往今来,历代仙师。喝在金牙银口,倒在金肠银肚。

伏以——

交纳余供

茶来吃剩交在你的茶坊,酒来吃剩交在你的酒店。黄缸米酒,交在金缸,送在银缸。刀头压盘,香米利是。斋供一筵,斋筵果供。交在你的手中,送在你的手内。金钱银钱,纸马钱财。人会发火,火化钱财,钱财用凭火化,收钱上仓,收米上库。

用白鸡送走白虎鬼　(石金津摄)

送神

行兵弟子,投坛年久,拜法年多。话多难讲,路远难行。不讲九州歇马,不讲车练停场。讲多几句祖师来改,讲少几句本师来添。千年要留本魂交钱，万代要留本命度纸。放下左阴右阳，黄土神墙。

（放下筶子，然后送神。）

法事已将圆满，盛会已经圆毕。来时有请，去时有送。弟子用起祖师三十六道正法，施起宗师七十二道正诀。发去天仙兵马，地仙兵将。奉送诸神回府，送去列位回殿。下有回府钱财烧交，还有回殿纸马烧送。烧化钱财，各各领受。收钱上仓，收米上库。发兵送归，发马送回。回到你的千年本堂，转到你的万年本殿。阴风不许来起，灾祸不准来作。受人钱财，替人消灾。神鬼不讲信用，必受律令天谴。一句准得万句，一言准得万言。太上老君大法，一刀两断。先祖归堂，土地归祠，祖师回堂，本师回殿。阴归阴路，阳归阳路，阴阳各别。弟子背负正魂本命，三魂七魄。荣华富贵，福禄寿喜，财宝利禄，大吉大利。平安坐得千年，吉康活过百岁。阴兵回堂，阳人安康。阴兵回去，阳人吉利。

信士户主，法事圆满，祀事圆成。有堂各人归堂，有殿各人归殿。无堂无殿，各人逃散。

巴代高声云：清吉平安，大吉大利！
主人家答：谢谢师父！

后 记

　　笔者在本家32代祖传的丰厚资料的基础上，通过50多年来对湖南、贵州、四川、湖北、重庆等五省市及周边各地苗族巴代文化资料的挖掘、搜集、整理和译注，最终完成了这套"湘西苗族民间传统文化丛书"。

　　本套丛书共7大类76本2500多万字及4000余幅仪式彩图，这在学术界可谓鸿篇巨制。如此成就的取得，除了本宗本祖、本家本人、本师本徒、本亲本眷之人力、财力、物力的投入外，还离不开政界、学术界以及其他社会各界热爱苗族文化的仁人志士的大力支持。首先，要感谢湖南省民族宗教事务委员会、湘西州政府、湘西州人大、湘西州政协、湘西州文化旅游广电局、花垣县委、花垣县民族宗教事务和旅游文化广电新闻出版局、吉首大学历史文化学院、吉首大学音乐舞蹈学院、湖南省社科联等各级领导和有关工作人员的大力支持；其次，要感谢中南大学出版社积极申报国家出版基金，使本套丛书顺利出版；再次，要感谢整套丛书的苗文录入者石国慧、石国福先生以及龙银兰、王小丽、龙春燕、石金津女士；最后，还要感谢苗族文化研究者、爱好者的大力推崇。他们的支持与鼓励，将为苗族巴代文化迈入新时代打下牢固的基础、搭建良好的平台；他们的功绩，将铭刻于苗族文化发展的里程碑，将载入史册。"湘西苗族民间传统文化丛书"会记住他们，苗族文化阵营会记住他们，苗族的文明史会记住他们，苗族的子子孙孙也会永远记住他们。

浩浩宇宙，莽莽苍穹，茫茫大地，悠悠岁月，古往今来，曾有我者，一闪而过，何失何得？我们匆匆忙忙地从苍穹走来，还将促促急急地回到碧落去，当下只不过是到人世间这个驿站小驻一下。人生虽然只是一闪而过，但我们总该为这个驿站做点什么或留点什么，瞬间的灵光，留下这一丝丝印记，那是供人们记忆的，最后还是得从容地走，而且要走得自然、安详、果断和干脆，消失得无影无踪……

编　者

2020 年 11 月

图书在版编目(CIP)数据

客师科仪. 第三册 / 石寿贵编. —长沙：中南大学
出版社, 2022.12
(湘西苗族民间传统文化丛书. 三)
ISBN 978-7-5487-4724-6

Ⅰ. ①客… Ⅱ. ①石… Ⅲ. ①苗族－原始宗教－宗教
仪式－介绍－湘西土家族苗族自治州 Ⅳ. ①B933
②K281.6

中国版本图书馆 CIP 数据核字(2021)第 250390 号

客师科仪(第三册)
KESHI KEYI(DI-SAN CE)

石寿贵 编

□出 版 人　吴湘华
□责任编辑　陈应征
□责任印制　李月腾
□出版发行　中南大学出版社
　　　　　　社址：长沙市麓山南路　　　　邮编：410083
　　　　　　发行科电话：0731-88876770　　传真：0731-88710482
□印　　装　湖南省众鑫印务有限公司

□开　　本　710 mm×1000 mm 1/16　□印张 21.75　□字数 388 千字
□互联网+图书 二维码内容　视频 2 小时 52 分钟
□版　　次　2022 年 12 月第 1 版　　□印次 2022 年 12 月第 1 次印刷
□书　　号　ISBN 978-7-5487-4724-6
□定　　价　228.00 元